权威·前沿·原创

皮书系列为
"十二五""十三五""十四五"时期国家重点出版物出版专项规划项目

BLUE BOOK

智库成果出版与传播平台

茶业蓝皮书

BLUE BOOK OF TEA INDUSTRY

中国茶产业发展报告
（2022~2023）

REPORT ON THE DEVELOPMENT OF
CHINA'S TEA INDUSTRY (2022-2023)

主　　编／杨江帆　管　曦　李闽榕
常务副主编／林金科　王岳飞　李大祥
副　主　编／高水练　谢向英　欧阳道坤　周红杰
　　　　　　苏祝成　李道和　宗庆波　陈皓阳
　　　　　　李　转

社会科学文献出版社
SOCIAL SCIENCES ACADEMIC PRESS (CHINA)

图书在版编目(CIP)数据

中国茶产业发展报告.2022-2023／杨江帆，管曦，李闽榕主编；高水练等副主编.--北京：社会科学文献出版社，2024.10.--（茶业蓝皮书）.--ISBN 978-7-5228-3799-4

Ⅰ.F326.12

中国国家版本馆 CIP 数据核字第 20240VU501 号

茶业蓝皮书
中国茶产业发展报告（2022~2023）

| 主　　　编 / 杨江帆　管　曦　李闽榕 |
| 常务副主编 / 林金科　王岳飞　李大祥 |
| 副　主　编 / 高水练　谢向英　欧阳道坤　周红杰　苏祝成　李道和　宗庆波 |
|　　　　　　　陈皓阳　李　转 |

出 版 人 / 冀祥德
责任编辑 / 张建中
文稿编辑 / 王　娇
责任印制 / 王京美

出　　　版 / 社会科学文献出版社·文化传媒分社（010）59367004
　　　　　　 地址：北京市北三环中路甲29号院华龙大厦　邮编：100029
　　　　　　 网址：www.ssap.com.cn
发　　　行 / 社会科学文献出版社（010）59367028
印　　　装 / 天津千鹤文化传播有限公司

规　　　格 / 开　本：787mm×1092mm　1/16
　　　　　　 印　张：32.25　字　数：488千字
版　　　次 / 2024年10月第1版　2024年10月第1次印刷
书　　　号 / ISBN 978-7-5228-3799-4
定　　　价 / 209.00元

读者服务电话：4008918866

▲ 版权所有 翻印必究

《中国茶产业发展报告（2022~2023）》
编　委　会

顾　　　　问	陈宗懋	刘仲华	江用文	王　庆	
编委会主任	黄恒学	刘勤晋	姜仁华	杨江帆	
编委会副主任	叶乃兴	王岳飞	陈荣生	张　渤	林　治
	林金科	屠幼英	萧力争	李大祥	
主　　　编	杨江帆	管　曦	李闽榕		
常务副主编	林金科	王岳飞	李大祥		
副　主　编	高水练	谢向英	欧阳道坤	周红杰	
	苏祝成	李道和	宗庆波	陈皓阳	李　转
编　　　委	周琼琼	张冬川	郑廼辉	孙　晨	周彦会
	王玉花	贺　鼎	李中华	黄建璋	刘玫辰
	陈　潜	林　畅	江　铃	吴洪辉	陈奕甫
	阮润春	张　渤	郭玉琼	金　珊	王　芳
编写人员	付　艳	李亚莉	李　洁	曾维超	陈岱卉
	金日良	黄韩丹	胡启明	赵仁亮	陈江华
	李玉胜	黎　谋	田友龙	童耀南	陈丹阳

郑佳慧	田　迪	邓秀娟	杨莹燕	王　准
伍崇岳	尹　钟	沈周高	孙　桐	孙庆磊
王　龙	钟恬玥	李　萌	赵　真	杨京京
王智慧	于　娟	黄　媛	李沅达	王欣雨
任　玲	鲁　倩	高斯婷	董　蕊	熊梦钒
陈泽文	马晨阳	周小慧	杨雪怡	

主要编撰者简介

杨江帆 博士，教授、博士生导师，研究方向为茶叶资源利用与茶文化经济。福建省政府参事、福建省文史研究馆馆员、享受国务院政府特殊津贴专家、全国优秀科技工作者、茶学国家特色专业负责人、中国乌龙茶产业协同创新中心首席专家、《中华茶通典》副主编。北京大学访问学者，曾赴美国南加州大学、乔治梅森大学学习培训。先后主持国家发改委、科技部、福建省科技厅等各类重大科研项目多项，获福建省教学成果奖特等奖1项，福建省科学技术进步奖、福建省社会科学优秀成果奖和国家发明专利多项，先后主编国家级规划教材和茶叶专著20多部，在国内率先系统开展茶产业经济研究，研究水平处于领先地位，在学界和业界具有较大影响。

管　曦 管理学博士，福建农林大学经济管理学院副院长、副教授，研究方向为茶产业经济、茶叶消费。福建省现代茶产业体系岗位专家，中国茶叶学会茶叶经济研究专业委员会委员，中国农业经济学会理事，《中国茶叶》《中国茶叶加工》编委会委员，在《中国农村经济》《茶叶科学》上发表茶叶相关学术论文10余篇。

李闻榕 经济学博士，福建师范大学兼职教授、博士生导师，研究方向为宏观经济学、区域经济学、国家竞争力、科技创新评价等。现任中智科学技术评价研究中心理事长，曾任福建省政府办公厅副主任及党组成员、福建省委副秘书长、福建省委办公厅厅务会议成员、福建省新闻出版广电局

（福建省版权局）党组书记和副局长、福建省人民政府发展研究中心主任。曾主持国家社会科学基金和世界知识产权组织、国家版权局重要项目。先后在《人民日报》《求是》《管理世界》《经济学动态》《经济日报》《中国党政干部论坛》《中国改革》《经济学家》《经济理论与经济管理》《科学社会主义》等上发表各类文章300余篇。曾获福建省第十一届社会科学优秀成果奖一等奖（排名第二）、教育部第七届高等学校科学研究优秀成果奖三等奖（排名第二）、国务院发展研究中心中国发展研究奖三等奖（排名第二）、福建省第十届社会科学优秀成果奖一等奖（排名第二）、福建省第九届社会科学优秀成果奖一等奖（排名第二）等奖项。

林金科 福建农林大学园艺学院教授、博士生导师，教育部高等学校教学指导委员会委员，海峡两岸农业技术合作中心副主任，《茶叶科学》编委，福建省新世纪优秀人才，福建省优秀教师。研制出高EGCG茶生产技术，解决了茶叶感官品质与儿茶素含量之间不协调的生产实践重要问题。主持国家重点研发计划子课题等科研项目12项，获国家级教学成果奖二等奖1项、省科技进步奖二等奖1项，在 *Food Chemistry* 等上发表论文91篇，获国家发明专利9项，主编国家级规划教材《茶叶深加工学》，主讲国家级一流课程1门，负责茶学国家级一流专业建设点有关工作。

王岳飞 浙江大学求是特聘学者、教授、博士生导师，国家一级评茶师。国务院学位委员会学科（园艺）评议组成员，农业农村部茶叶专家指导组成员，浙江大学茶学学科带头人，浙江大学湄潭茶叶研究院院长，浙江大学茶叶研究所所长，浙江大学茶学专业负责人。兼任中国国际茶文化研究会副会长、中国茶叶学会副理事长、中国茶叶流通协会专家委员会副主任、中华预防医学会自由基预防医学专业委员会常务委员、浙江省茶叶学会理事长、杭州中国茶都品牌促进会理事长，为中国科协全国首席科学传播茶学专家。研究方向为茶叶生物化学、天然产物健康功能与机理、茶资源综合利用等，主持国家科技支撑项目和省重大科技专项，研发成功茶终端产品50多种，发表学术论文 100 余篇，出版著作 10 余部，获国家发明专利多项。获第二届全国创新争先奖、宝钢优秀教师奖、浙江省科技进步奖一等奖、中国茶叶学会科学技术奖一等奖、全国商业科技进步奖特等奖、全国科技助力精准扶贫先进个人、全国优秀茶叶科技工作者、杰出中华茶人、中华茶文化优秀教师、浙江省师德先进个人、浙江大学永平杰出教学贡献奖等。主讲的国家级大学精品视频公开课"茶文化与茶健康"点击量 3000 多万人次。近年来，在国内外做茶文化、茶科技、茶健康讲座 500 余场，直接听众上百万人次。

李大祥 博士，教授、博士生导师、留学回国人员，主要从事茶叶营养品质与健康、茶叶生物化学与综合利用、茶叶标准等教学科研工作。现任安徽农业大学茶与食品科技学院院长、国家茶叶产业技术体系营养品质评价岗位科学家，兼任中国茶叶学会副理事长和青年工作委员会主任委员、安徽省茶业学会理事长、全国茶叶标准化技术委员会副秘书长，为国家级精品课程"茶叶生物化学"主讲教师。获中国茶叶学会青年科技奖、安徽省教学名师等。公开发表学术论文 100 余篇，与他人共同主编中国轻工业"十三五"规划教材《茶学专业英语》。参与项目获安徽省科学技术奖一等奖 1 项、二等奖 2 项，国家级教学成果奖 1 项，安徽省教学成果奖一等奖 3 项、二等奖 2 项。

摘 要

中国是世界上重要的茶叶生产国、贸易国和消费国，2022年中国茶叶产量达到334.2万吨，茶园面积达到3389.0千公顷，茶叶出口量达到37.53万吨，同比增长1.59%，创下新高。中国茶叶以其在全球茶叶中的绝对占比，深刻影响和引领着全球茶产业的发展。因此，无论是中国茶叶的生产效率，还是茶叶流通体系的建设，抑或国内茶叶供求关系，以及茶叶出口的差异化特征，都对中国茶产业的现状分析具有举足轻重的作用。

基于中国在全球茶产业中的地位越发重要，本系列皮书长期坚持用学术的视野和科学的方法，在中国茶产业整体数据较为分散和细碎的大背景下致力于茶产业数据的整合，做到以数据为依据，结合方法和视角的创新，对中国茶产业的发展及其热点问题进行梳理和思考。在延续原有报告分析框架的基础上，结合2020年以来中国茶产业出现的新现象和新问题，本报告从以下几个方面展开了相对应的分析。

首先是中国茶产业整体分析，系统梳理了2020年以来中国茶产业生产、流通、消费和贸易四个领域的发展情况，特别是结合中国茶产业出现的新现象和新问题，对中国茶产业的发展不均衡状况、"一带一路"的茶叶出口效应、茶文化经济、茶叶电子商务等展开了分析。在此基础上提出了未来中国茶产业发展的对策建议。其次是中国不同茶区的分析报告，延续茶业蓝皮书的传统，通过对各个茶区最新发展状况的观察和分析，勾画出中国茶产业近年来的动态变化及其特征。最后是中国茶产业特色报告，围绕2020年以来茶产业的发展趋势，展开细致的分析。中国"茶文化、茶产业、茶科技"

统筹发展，中国茶叶谱系问世，茶叶区域公用品牌价值、茶叶单产水平的提升以及茶产业政策的不断出台等因素对于推动茶区茶园面积的扩张具有积极的作用；茶产业呈现"品牌两极化、品饮便捷化、赛道多样化、渠道立体化、流量私域化、资本不喝茶"六大特征。

关键词： 茶产业　大数据　茶叶

目 录

Ⅰ 总报告

B.1 中国茶产业发展报告
　　……………………… 杨江帆　管　曦　付　艳　陈丹阳　郑佳慧 / 001

Ⅱ 区域篇

B.2 福建省茶产业发展研究报告………………… 郑廼辉　江　铃 / 058
B.3 云南省茶产业发展研究报告
　　……………… 周红杰　李亚莉　田　迪　邓秀娟　王智慧
　　　　　　　　　　　　　　　　　　　　　于　娟　黄　媛 / 101
B.4 四川省茶产业发展研究报告………………… 张冬川　李　洁 / 140
B.5 贵州省茶产业发展研究报告………… 杨　文　潘　科　刘建军 / 153
B.6 湖北省茶产业发展研究报告………………… 宗庆波　曾维超 / 176
B.7 湖南省茶产业发展研究报告
　　……………… 萧力争　陈岱卉　王　准　伍崇岳　尹　钟 / 201
B.8 浙江省茶产业发展研究报告………………… 苏祝成　黄韩丹 / 244

B.9 安徽省茶产业发展研究报告
.... 孙　晨　李大祥　沈周高　孙　桐 / 276

B.10 广东省茶产业发展研究报告 .... 陈皓阳 / 291

B.11 广西壮族自治区茶产业发展研究报告
.... 周彦会　胡启明　孙庆磊 / 310

B.12 河南省茶产业发展研究报告 .... 周琼琼　赵仁亮　王　龙 / 332

B.13 江西省茶产业发展研究报告 .... 李道和　陈江华　钟恬玥 / 340

B.14 重庆市茶产业发展研究报告 .... 贺　鼎　张　凯 / 358

B.15 山东省茶产业发展研究报告 .... 李中华　李玉胜　李　萌 / 373

B.16 江苏省茶产业发展研究报告 .... 王玉花　黎　谋　赵　真 / 396

Ⅲ　专题篇

B.17 中国茶叶谱系构建 .... 中国茶叶谱系构建研究团队 / 419

B.18 中国茶产业的新特点与变化趋势
.... 欧阳道坤　田友龙　杨京京 / 465

B.19 福建政和锦屏村茶产业历史、现状与发展措施
.... 政和县岭腰乡人民政府 / 472

Abstract .... / 484

Contents .... / 486

总 报 告

B.1 中国茶产业发展报告

杨江帆　管曦　付艳　陈丹阳　郑佳慧**

摘　要： 本报告通过综合历年《中国统计年鉴》和《中国农村统计年鉴》数据、商务部网站茶叶出口数据和实地调研数据，结合新冠疫情以来的一些趋势，系统梳理2020年以来中国茶产业生产、流通、消费和贸易四个领域的发展情况，并结合中国茶产业出现的新现象和新问题，对中国茶产业的发展不均衡状况、"一带一路"的茶叶出口效应、茶文化经济、茶叶电子商务等展开了分析，旨在推动中国茶产业高质量发展。

---

* 总报告部分内容发表在《茶叶科学》2022年第1期《可追溯茶叶产品的认知、信任与购买意愿研究》和《茶叶科学》2022年第2期《中国茶叶生产布局变迁研究》上；总报告与其他报告部分数据不一致系统计口径不一所致。

** 杨江帆，博士，福建农林大学教授、博士生导师，福建省重点学科茶学学科带头人，武夷学院原校长，现任福建省文史研究馆馆员、省老科协常务副会长，研究方向为茶叶资源利用与茶文化经济；管曦，管理学博士，福建农林大学经济管理学院副院长、副教授，研究方向为茶产业经济、茶叶消费；付艳，福建农林大学乡村振兴学院农村发展专业研究生，研究方向为农业农村发展、茶叶经济；陈丹阳，福建农林大学乡村振兴学院农村发展专业研究生，研究方向为农业农村发展；郑佳慧，福建农林大学乡村振兴学院农村发展专业研究生，研究方向为农业农村发展、资源与环境经济。

关键词： 茶产业 "一带一路" 茶文化

茶叶是中国重要的经济作物，在许多方面发挥着重要的作用。新冠疫情期间，茶产业的发展受到了很大的影响，此后无论是生产、流通还是消费，一些新业态都发展得很快。但是受制于中国茶产业部分相关数据的缺失，加之国家统计局统计数据的相对滞后性，如下分析只能更多依托于省级层面数据和调研数据。

一 茶叶生产

茶叶发源于中国，同时中国是全球茶叶的主要生产国，茶叶是中国重要的经济作物。陈婧研究指出，茶产业作为我国许多地区的支柱性产业，其发展为农业高质量发展、乡村振兴和农民增收致富提供了有力支持。[1] 总体来看，虽然经历了新冠疫情，但随着社会经济的迅速发展，人们对健康美好生活的追求不断凸显，科学饮茶的知识得到了普及，消费者对茶叶的认知水平不断提升，市场需求也在不断扩大，从而促使茶园规模迅速扩张。杨莉[2]以及梅宇等[3]的研究表明，在2020年疫情防控常态化下，中国茶叶的生产、销售虽然受到一定程度的阻碍，但茶园面积仍保持微增态势，茶叶产量缓慢增长，茶叶产值则增长显著。2021年上半年，随着各地茶叶种植面积的扩大、疫情的缓解以及天气条件的改善，全国绝大多数茶叶产区（除河南、广东和重庆外）春茶产量呈现不同程度的增长。2022年，中国茶产业继续小幅稳定增长，茶园面积达到3389.0千公顷，同比增加85.8千公顷，增幅为2.60%；茶叶产量则达到334.2万吨，增幅为5.63%。

---

[1] 陈婧：《后疫情时代下赋能"新茶人"的探索与启示》，《就业与保障》2022年第10期。
[2] 杨莉：《新冠疫情（COVID-19）对全球茶叶市场的影响分析》，《茶叶通讯》2022年第1期。
[3] 梅宇、张朔：《2022年中国茶叶生产与内销形势分析》，《中国茶叶》2023年第4期。

（一）2020~2022年中国茶叶生产概述

2020~2022年，中国茶园规模以较小幅度持续扩张，茶园面积从2020年的3212.9千公顷增加到2022年的3389.0千公顷，增长率为5.48%。且根据各省份统计数据，这一时期云南、湖南、广东和湖北四个省份的茶园面积呈现最大增长量，分别是36.8千公顷、24.7千公顷、21.3千公顷和17.7千公顷，相应的增幅分别为7.46%、13.29%、27.24%和4.94%。特别需要注意的是，在这一时期，江苏、山东、贵州三个省份的茶园面积出现较小幅度的负增长（见表1）。

表1　2020~2022年中国茶园面积变动情况

单位：千公顷，%

地区	2020年茶园面积	2021年茶园面积	2022年茶园面积	2020~2022年增长量	2020~2022年增长率	2021~2022年增长率
山西	0.8	1.1	1.3	0.5	62.50	18.18
江苏	34.2	34.2	33.9	-0.3	-0.88	-0.88
浙江	206.6	206.2	208.7	2.1	1.02	1.21
安徽	194.7	205.0	209.3	14.6	7.50	2.10
福建	223.9	232.1	241.0	17.1	7.64	3.83
江西	113.2	117.1	120.0	6.8	6.01	2.48
山东	27.2	26.9	26.7	-0.5	-1.84	-0.74
河南	113.0	115.8	116.6	3.6	3.19	0.69
湖北	358.4	369.1	376.1	17.7	4.94	1.90
湖南	185.8	203.3	210.5	24.7	13.29	3.54
广东	78.2	89.3	99.5	21.3	27.24	11.42
广西	91.3	96.1	102.5	11.2	12.27	6.66
海南	2.2	2.3	2.3	0.1	4.55	0.00
重庆	52.1	54.3	55.7	3.6	6.91	2.58
四川	396.4	404.8	410.6	14.2	3.58	1.43
贵州	476.4	472.2	470.6	-5.8	-1.22	-0.34
云南	493.5	504.6	530.3	36.8	7.46	5.09
陕西	152.7	156.5	160.7	8.0	5.24	2.68
甘肃	12.3	12.3	12.7	0.4	3.25	3.25
合计	3212.9	3303.2	3389.0	176.1	5.48	2.60

资料来源：历年《中国农村统计年鉴》。

2020~2022年，随着茶园面积的稳定增加，中国的茶叶产量也持续扩增，从2020年的293.2万吨增至2022年的334.2万吨，增幅达到14.02%。大多数地区的茶叶产量增长规模基本趋于稳定。其中，云南、福建、湖北和贵州四个省份的茶叶产量增长量居于前四位，均超过5万吨。与茶园面积增长趋势不同的是，茶园面积出现负增长的江苏省、山东省和贵州省，前两者茶叶产量还保持相对稳定的状态，而贵州省的茶叶产量明显增加（见表2）。

表2　2020~2022年中国茶叶产量变动情况

单位：万吨，%

地区	2020年茶叶产量	2021年茶叶产量	2022年茶叶产量	2020~2022年增长量	2020~2022年增长率	2021~2022年增长率
山西	0.1	0.1	0.2	0.1	100.00	100.00
江苏	1.1	1.1	1.1	0.0	0.00	0.00
浙江	17.7	18.1	18.1	0.4	2.26	0.00
安徽	12.9	13.7	14.2	1.3	10.08	3.65
福建	46.1	48.8	52.1	6.0	13.02	6.76
江西	7.2	7.4	7.7	0.5	6.94	4.05
山东	2.6	2.9	2.9	0.3	11.54	0.00
河南	7.1	7.5	7.5	0.4	5.63	0.00
湖北	36.1	40.4	42.0	5.9	16.34	3.96
湖南	25.0	25.9	26.5	1.5	6.00	2.32
广东	12.8	13.9	16.1	3.3	25.78	15.83
广西	8.8	9.6	10.8	2.0	22.73	12.50
海南	0.1	0.1	0.2	0.1	100.00	100.00
重庆	4.8	5.1	5.3	0.5	10.42	3.92
四川	34.4	37.5	39.3	4.9	14.24	4.80
贵州	21.1	24.6	26.6	5.5	26.07	8.13
云南	46.3	50.2	53.4	7.1	15.33	6.37
陕西	8.7	9.6	10.0	1.3	14.94	7.53
甘肃	0.2	0.2	0.2	0.0	0.00	0.00
合计	293.2	316.4	334.2	41.1	14.02	5.63

资料来源：历年《中国农村统计年鉴》。

近年来，中国茶叶市场蓬勃发展，黑茶、白茶等在市场需求不断攀升的背景下迎来了迅猛的发展机遇。2020~2022年，黑茶产量增加23.03万吨，增幅高达117.50%；白茶产量增加3.52万吨，增幅达59.36%。相较于传统的三大茶类，这些茶类产量低，因此呈现更为显著的增速。然而，在增长量上，中国传统的红茶表现也很出色，增加了19.39万吨，明显超过白茶和黄茶的增长量。与此同时，传统茶类中的绿茶和乌龙茶产量则出现负增长趋势，绿茶产量减少幅度更大（见表3）。

表3 2020~2022年中国不同茶类产量统计

单位：万吨，%

类别	2020年茶叶产量	2021年茶叶产量	2022年茶叶产量	2020~2022年增长量	2020~2022年增长率
绿茶	197.63	217.36	185.38	-12.25	-6.20
乌龙茶	31.27	32.57	31.13	-0.14	-0.45
红茶	28.81	30.45	48.20	19.39	67.30
黑茶	19.60	21.14	42.63	23.03	117.50
黄茶	0.88	1.21	1.30	0.42	47.73
白茶	5.93	8.02	9.45	3.52	59.36
其他茶	9.06	5.65	16.11	7.05	77.81

资料来源：历年《中国农村统计年鉴》、中国茶叶流通协会。

从表4可以看出，2021年中国茶叶产值已经突破2000亿元，达到了2223.3亿元，比2019年增加了371.2亿元，增幅为20.04%。对比不同省份来看，2019~2021年，山东省的茶叶产值增长量和增长率均位居全国第一，茶叶产值增加了91.5亿元，增幅达到350.57%。此外，茶叶产值增长量排第2~4位的分别是广东、云南和湖北，产值分别增加了52.1亿元、48.1亿元和47.0亿元；产值增长率排名第二和第三的分别是海南和广西，分别为155.56%和62.70%。特别需要注意的是，作为中国重要产茶大省的浙江，2019~2021年，茶叶产值增长量、增长率都相对较小。福建与江苏、四川甚至成为全国唯三的茶叶产值增长率为负的茶区。

表4 2019~2021年中国茶叶产值变动情况

单位：亿元，%

地区	2019年茶叶产值	2020年茶叶产值	2021年茶叶产值	2019~2021年增长量	2019~2021年增长率
江苏	51.4	39.7	38.2	-13.2	-25.68
浙江	183.0	172.3	186.7	3.7	2.02
安徽	66.1	71.1	80.4	14.3	21.63
福建	237.2	223.7	228.6	-8.6	-3.63
江西	16.6	18.0	19.0	2.4	14.46
山东	26.1	31.7	117.6	91.5	350.57
河南	245.4	269.9	285.2	39.8	16.22
湖北	194.2	198.5	241.2	47.0	24.20
湖南	137.7	153.4	169.3	31.6	22.95
广东	89.7	102.9	141.8	52.1	58.08
广西	37.8	40.2	61.5	23.7	62.70
海南	0.9	1.2	2.3	1.4	155.56
重庆	17.9	19.2	19.8	1.9	10.61
四川	185.3	200.4	163.7	-21.6	-11.66
贵州	148.8	181.1	193.7	44.9	30.17
云南	152.7	164.5	200.8	48.1	31.50
陕西	60.8	68.3	72.9	12.1	19.90
甘肃	0.5	0.6	0.6	0.1	20.00
合计	1852.1	1956.4	2223.3	371.2	20.04

注：山西茶叶产量较低，产值具体数据暂缺，所以在表中舍去，余同。
资料来源：历年《中国农村统计年鉴》。

（二）市场化导向下茶产业产值的竞争

从短期来看，2021年中国茶叶产值达到2223.3亿元，较2020年增加266.9亿元，增幅13.64%。从不同的省份来看，2021年河南茶叶产值达到285.2亿元，同比增幅5.67%，产值位居全国第一；山东茶叶产值达到117.6亿元，同比增幅270.98%，增幅位居全国第一。此外，2020~2021年，茶叶产值增长量排第2~4名的分别是湖北、广东和云南，产值分别增加了42.7

亿元、38.9亿元和36.3亿元；产值增长率排第2~4名的分别是海南、广西和广东，均超过35%。特别需要注意的是，2021年四川茶叶产值出现大幅度下降，减少了36.4亿元，江苏茶叶产值也出现负增长的趋势（见表5）。

表5 2015~2021年中国茶叶产值变动情况

单位：亿元，%

地区	2015年	2016年	2017年	2018年	2019年	2020年	2021年	2015~2021年增长量	2015~2021年增长率
江苏	49.5	48.3	50.1	50.3	51.4	39.7	38.2	-11.3	-22.83
浙江	144.0	155.4	176.1	173.6	183.0	172.3	186.7	42.7	29.65
安徽	54.1	53.7	53.1	60.9	66.1	71.1	80.4	26.3	48.61
福建	204.2	219.8	226.3	236.0	237.2	223.7	228.6	24.4	11.95
江西	12.6	13.9	14.8	15.8	16.6	18.0	19.0	6.4	50.79
山东	17.2	18.6	19.5	21.8	26.1	31.7	117.6	100.4	583.72
河南	190.0	155.7	94.0	196.6	245.4	269.9	285.2	95.2	50.11
湖北	131.5	138.5	149.5	168.5	194.2	198.5	241.2	109.7	83.42
湖南	100.9	105.9	110.5	114.2	137.7	153.4	169.3	68.4	67.79
广东	30.4	35.7	51.5	61.1	89.7	102.9	141.8	111.4	366.45
广西	24.8	27.6	27.2	36.6	37.8	40.2	61.5	36.7	147.98
海南	0.6	0.8	0.8	0.8	0.9	1.2	2.3	1.7	283.33
重庆	14.0	14.7	15.5	16.8	17.9	19.2	19.8	5.8	41.43
四川	122.0	130.2	133.7	159.8	185.3	200.1	163.7	41.7	34.18
贵州	93.6	126.5	122.7	125.4	148.8	181.1	193.7	100.1	106.94
云南	74.9	76.9	92.5	110.0	152.7	164.5	200.8	125.9	168.09
陕西	35.8	37.9	42.2	47.6	60.8	68.3	72.9	37.1	103.63
甘肃	0.5	0.5	0.4	0.5	0.5	0.6	0.6	0.1	20.00
合计	1300.6	1360.6	1380.4	1596.4	1852.1	1956.4	2223.3	922.7	20.94

资料来源：历年《中国农村统计年鉴》。

从长期来看，2015~2021年，中国茶叶产值增加了922.7亿元，涨幅达到20.94%。从不同的省份来看，云南茶叶产值的增长量最大，达到

125.9亿元，广东排名第二，为111.4亿元。2015年全国茶叶产值第一的福建，2015~2021年茶叶产值增幅相对较小，增加了24.4亿元，涨幅为11.95%。此外，2015年全国茶叶产值第三的浙江，保持了较为温和的增长，2021年的产值达到186.7亿元。随着茶产业链中种植环节产值增速放缓，未来茶叶产值提升的重点将更加集中于产业链后端，包括茶叶衍生品和深加工产品的开发、茶文化旅游和体验等方面。

表6列举了2015~2021年中国茶叶单位面积产值和产量情况。数据显示，2015~2021年，中国茶叶单位面积产量由805.65公斤/公顷增加到957.86公斤/公顷，增幅达到18.89%，而单位面积产值则由4.66万元/公顷上升到6.73万元/公顷，增幅为44.42%。茶园经济收益增幅明显高于茶园单产，最大的原因是茶叶生产结构进一步优化调整。

表6 2015~2021年中国茶叶单位面积产值和产量情况

单位：万元/公顷，公斤/公顷

地区	单位面积产值						
	2015年	2016年	2017年	2018年	2019年	2020年	2021年
江苏	14.64	14.29	14.87	14.93	15.21	11.61	11.17
浙江	7.40	7.89	8.87	8.66	9.09	8.34	9.05
安徽	3.22	3.13	3.21	3.45	3.53	3.65	3.92
福建	8.16	8.75	10.93	11.19	10.79	9.99	9.85
江西	1.48	1.54	1.42	1.53	1.52	1.59	1.62
山东	6.75	6.91	9.42	9.44	10.40	11.65	43.72
河南	16.67	13.16	8.12	16.99	21.41	23.88	24.63
湖北	4.06	4.08	5.28	5.24	5.59	5.54	6.53
湖南	7.69	7.64	7.09	6.92	7.87	8.26	8.33
广东	6.15	6.72	8.82	9.65	12.42	13.16	15.88
广西	3.60	3.85	3.64	5.10	4.89	4.40	6.40
海南	4.62	5.33	3.81	4.00	5.00	5.45	10.00
重庆	3.51	3.48	3.88	3.96	3.77	3.69	3.65
四川	3.79	3.80	3.75	4.26	4.79	5.05	4.04

续表

单位面积产值

地区	2015年	2016年	2017年	2018年	2019年	2020年	2021年
贵州	2.23	2.88	2.69	2.69	3.20	3.80	4.10
云南	1.76	1.77	2.11	2.36	3.18	3.33	3.98
陕西	2.81	2.78	3.33	3.50	4.19	4.47	4.66
甘肃	0.41	0.40	0.34	0.41	0.41	0.49	0.49
合计	4.66	4.69	4.85	5.35	5.97	6.09	6.73

单位面积产量

地区	2015年	2016年	2017年	2018年	2019年	2020年	2021年
江苏	428.08	412.75	415.43	415.43	414.20	321.64	321.64
浙江	887.04	874.04	896.73	882.79	878.85	856.73	877.79
安徽	672.51	652.74	652.96	692.00	652.06	662.56	668.29
福建	1608.67	1698.50	1907.29	2086.30	2001.82	2058.95	2102.54
江西	609.49	638.49	584.29	647.34	614.12	636.04	631.94
山东	741.53	804.76	966.18	1082.25	996.02	955.88	1078.07
河南	568.90	579.64	552.68	561.80	567.19	628.32	647.67
湖北	829.29	872.41	1069.54	1097.98	1015.24	1007.25	1094.55
湖南	1339.21	1341.38	1264.44	1412.12	1332.19	1345.53	1273.98
广东	1606.15	1634.60	1592.47	1750.79	1537.40	1636.83	1556.55
广西	922.98	949.30	963.86	1157.60	1073.74	963.86	998.96
海南	664.62	650.00	476.19	500.00	555.56	454.55	434.78
重庆	881.53	875.56	977.44	1061.32	947.37	921.31	939.23
四川	772.19	782.41	780.24	865.74	839.79	867.81	926.38
贵州	281.76	321.25	385.80	425.08	426.36	442.91	520.97
云南	861.21	884.07	897.47	936.56	908.71	938.20	994.85
陕西	423.43	456.55	529.23	581.31	544.08	569.74	594.25
甘肃	106.72	106.16	85.47	82.64	81.30	162.60	162.60
合计	805.65	828.69	863.46	930.01	894.36	912.57	957.86

资料来源：根据历年《中国农村统计年鉴》计算所得。

（三）中国茶叶生产的空间变化

我国茶叶产区分布广泛，茶叶的生产受到各个产区资源禀赋、社会经济条件以及农业技术水平等多方面差异的影响,这构成了不同区域茶叶产品比较优势的基础。因此,国内学者们从多个层面和不同视角出发,运用各种方法对茶叶生产格局的演变进行了全面测度和深入分析。肖智等人利用 GIS 技术和重心理论,对中国茶叶在 2009 年至 2014 年的区域分布特征及重心移动轨迹进行了深入剖析。① 林正雨等人运用重心模型和 ESDA 方法,对四川省茶叶生产重心演变轨迹、空间演变格局以及地理空间集聚特征进行了详尽研究。② 吴聘奇等人以福建省安溪县为例,运用相关性分析、OLS 和 GWR 模型,发现了在县域尺度上自然因素对茶叶种植专业化的显著影响。③ 黄修杰等人以 1992 年至 2017 年的广东省茶叶生产数据为基础,采用重心模型和 ESDA 方法,深入分析了广东省茶叶生产格局的特征以及生产空间演变轨迹。④ 总结发现,茶树的种植受自然因素如气温、降水和地形的影响,而茶产业的形成和发展则受政策、市场需求、种植技术等社会经济因素的影响。其中,自然禀赋是茶产业发展的基础。如广东省的不同地区——粤东以特色乌龙茶为主、粤北以特色红茶为主、粤西以大叶种茶为主等,都在复杂的地理环境和水热条件下形成了各具特色的茶叶产区,使得广东省的茶叶种类丰富、品质优良。政策因素则在茶产业规模扩大的过程中发挥着关键作用。出台政策是国家对社会经济发展进行干预的重要手段之一,而合适的产业政策可以有效引导产业的发展方向。在茶产业中,政府的支持和政策的引导对于促进规模扩大具有重要的作用。政府增加投资、扶持农业技术研发、提供财政支持等政策举措都为茶产业发展提供了有力的支持,推动了茶产业的规模化经营。此外,庞大的市场需求直接推动了茶产

---

① 肖智等:《2009-2014 年中国茶叶生产空间演变格局及变化特征》,《地理研究》2017 年第 1 期。
② 林正雨等:《1990—2015 年四川省茶叶生产空间演变格局及特征研究》,《中国农学通报》2018 年第 31 期。
③ 吴聘奇等:《专业化茶区产业集群集体效率评价研究——以福建省安溪县专业化茶区为例》,《林业经济问题》2018 年第 3 期。
④ 黄修杰等:《茶叶生产格局演变及空间集聚效应研究——以广东省为例》,《茶叶科学》2020 年第 3 期。

业规模的扩大，如广东省民众有积极"藏茶"的习惯，仅东莞一地的民间茶叶储备量就约50万吨，东莞故被誉为"藏茶之都"。与此同时，新技术的广泛推广和应用也推动了茶园的规模化和标准化发展。茶树无性系良种繁殖技术是当前茶树种植较为普遍和成熟的技术，它能够实现快速繁殖并保持母本的良好性状。

从宏观来看，吴芹瑶等人通过实证分析证明茶叶区域公用品牌价值、茶叶的单产水平以及茶产业政策等因素对于茶区茶园面积的扩张具有重要影响。[①] 随着各产茶省份在品牌实力、经济水平、产业效益和生产技术等方面的差异逐渐扩大，茶叶生产逐渐向有优势的地区集中，呈现明显的空间变迁，在全国茶园面积和茶叶产量整体增长的趋势下，其重心持续向中西部移动，从平地往高山转移，从发达地区往欠发达地区转移。中国茶园面积和茶叶产量不同地区的变化趋势与全国总体增长的情况也并不完全一致，一些地区的茶园面积甚至出现减少的趋势，茶叶生产的平均水平一定程度上掩盖了地区间的高度异质性。

二 茶叶流通

林鑫悦等人的调查表明，与疫情期间茶叶生产受到消极影响相比，人们对茶叶产品的认识水平逐渐提高，消费者对茶叶的需求后劲逐步变大。[②] 健康因素是茶叶消费的主要驱动力。在新冠疫情全球大流行期间，人们更加关注提高自身免疫力的重要性。茶叶中含有的成分和功效与提高免疫力的目标相一致，因此疫情期间越来越多的消费者开始重视饮茶对健康的益处，对茶叶的需求也逐渐增长。

在全球范围内疫情蔓延的情况下，不仅茶叶产能受到影响，供应链也面临阻碍。物流在茶产业供应链中扮演着重要的角色。疫情导致国际物流运输

[①] 吴芹瑶等：《中国茶叶生产布局变迁研究》，《茶叶科学》2022年第2期。
[②] 林鑫悦等：《新零售环境下茶产品销售模式的变革和创新研究》，《商展经济》2023年第1期。

延误，导致装载茶叶的集装箱在港口积压，不能及时运输，而航空运输的费用也急剧上涨，这些都对茶叶全球供应产生不利影响。夏成钢认为，物流中心在电子商务背景下对茶叶物流配送过程进行监控并处理问题，以确保物流配送的顺利进行。一方面，在对物流中心进行监控时，观察和检查茶叶的状态；另一方面，对物流中心管理人员有考核要求，确保茶叶物流配送管理的顺利进行。①

刘馨蔚研究发现，2018年至2020年，中国茶叶线上市场规模一直呈稳步增长态势。2018年为205亿元，同比增长17.14%；2019年为243亿元，同比增长18.54%；2020年为280亿元，同比增长15.23%。②据艾媒咨询研究，2021年中国消费者选购茶叶的三大渠道分别是电商平台（56%）、茶叶专卖店（55%）和线下商超（49%）。饶培俊认为茶叶专卖店和线下商超作为传统茶叶销售的主要渠道，由于覆盖面广、选品更直观，仍具有较强的竞争优势；③童羽昕认为直播电商和社交电商的快速发展进一步带动了新消费的升值，电商平台在消费者购物渠道中的份额也在逐步提升。④《2022年中国茶叶产销形势报告》指出，线上交易尤其是电商平台在疫情期间表现出色，成为茶叶销售渠道的领跑者。据中国茶叶流通协会估算，2022年我国茶叶内销市场保持平稳，内销总量为239.75万吨，同比增长4.15%；内销总额为3395.27亿元，同比增长8.82%；中国茶叶线上交易总额已突破330亿元。

朱丹萍认为在网络消费需求的驱动下，各大茶企纷纷开放电商板块，各大电商平台的年度茶叶交易量和品茶需求量也稳步增长。对此，要促进茶产业传统流通模式的转型升级，打造高价值的茶产业流通体系，除了协调好政府、农业科研机构之间的关系，还要协调好茶农、茶企、经营者等各方的关

---

① 夏成钢：《电子商务背景下茶叶物流配送路径探讨》，《福建茶叶》2023年第2期。
② 刘馨蔚：《茶业线上版图扩张》，《中国对外贸易》2021年第8期。
③ 饶培俊：《试析大数据对茶叶供应链物流管理发展的影响观察》，《福建茶叶》2021年第4期。
④ 童羽昕：《后疫情时代直播电商对茶叶行业的发展影响探究》，《福建茶叶》2020年第7期。

系，从而提高茶产业流通质量，构建优质茶产业发展体系。① 吉新梅等认为面对消费需求的新变化，中国茶产业正抓住市场机遇，在供给侧不断发力，提高有效供给能力和水平，提升产品丰富度和附加值，构建逐步成熟、自主可控、安全高效的茶产业链供应链。"一带一路"催生了新型外贸茶企，使优质的资源和世界大市场对接，创造新的增长空间。② 刘越山认为随着"一带一路"共建国家生活水平、生产技术和科技创新能力的提高，世界茶产业未来发展将在辐射宽度、内涵深度和拓展力度上有更大突破，新茶饮贸易也将得到发展，以跨境电商为代表的电子商务正在逐步加速发展。直播销售将成为茶产业开展无障碍、广泛营销的新模式，这将深刻影响未来世界茶产业的发展趋势，促进共建国家之间的茶文化交流和互鉴，谱写传承中国茶文化、相互促进世界茶产业高质量发展的新篇章。③ "一带一路"背景下，疫情还给我国茶产业带来了品牌建设停滞、茶文化传播受阻和供应链破坏等困境。面对这些问题，茶产业需要寻找新的宣传方式，加强线上渠道推广，积极参与虚拟展会，以降低品牌宣传成本。同时，通过线上平台积极传播茶文化，提高国际市场对我国茶叶的认知度。在供应链方面，加强国际合作，通过多元化的运输方式和备货策略来缓解物流压力。

在过去的十年里，电商平台一直是茶叶销售中增长较为显著的渠道。疫情期间，茶叶电商平台的销售额大幅增加，不仅培养了传统茶叶消费者在线购茶的习惯，还吸引了更多平台用户关注茶叶产品。随着疫情逐渐缓解，这一期间形成的在线消费习惯得以延续，使得茶叶市场的线上份额持续扩大。

赵雨涵认为主要的茶叶进口国家加强了对中国出口茶叶的检验检疫，降低了中国茶叶的海外清关速度，甚至一些国家因为疫情的影响而抵制或减少中国茶叶的进口。当前，必须采取积极措施，消除国际市场上的潜在阻力，

---

① 朱丹萍：《基于供应链的茶叶企业物流成本控制对策》，《财务管理研究》2022年第4期。
② 吉新梅、李皎、郭玉杰：《智慧农业赋值茶产业流通体系转型升级研究》，《湖北农业科学》2023年第7期。
③ 刘越山：《"一带一路"助中国茶产业走出去》，《经济》2023年第11期。

确保出口产品的质量，并使国际市场的影响总体可控。①

林懿等认为近年来随着电子商务快速发展，消费者的购茶途径日益融合化和多样化。传统业态的茶叶市场，也在积极转型以适应新形势的需要。②由表7可见，根据《中国商品交易市场统计年鉴》的数据，2018年中国规模化茶叶市场达到32个，较2017年增加3个。32个规模化茶叶市场的营业面积达到132.35万平方米，成交额为296.92亿元，同比分别增加23.68%和16.49%。2019年，全球经济下行，茶叶的生产销售也受到一定程度上的影响，中国规模化茶叶市场回落到29个，29个规模化茶叶市场的营业面积也减少到125.65万平方米，随着茶叶电商销售新业态新模式的发展以及人们对茶叶健康功能的重视，2019年茶叶成交额增长到307.97亿元。

表7　2017~2019年全国主要茶叶市场情况

市场类别及地区	市场个数（个）	总摊位数（个）	年末出租摊位数（个）	营业面积（平方米）	成交额（万元）
\multicolumn{6}{c}{2017年}
常年营业	27	12560	11992	995075	1933377
季节性	2	10122	426	75000	615592
批发为主	24	21415	11153	973993	2403766
零售	5	1267	1265	96082	145203
露天为主	2	1666	1577	138160	230125
封闭	25	19494	9369	680857	1763262
其他	2	1522	1472	251058	555582
北京	2	394	394	25500	55322
河北	1	800	628	5000	12389
辽宁	1	230	230	17633	30000
上海	2	691	689	38000	31005
浙江	5	12708	2931	375218	1275067
安徽	1	835	827	135000	192125
福建	1	2192	2192	55000	115245

---

① 赵雨涵：《供应链系统下的茶叶企业物流管理研究》，《福建茶叶》2023年第6期。
② 林懿、薛峰：《电子商务环境下茶叶物流配送路径初探》，《福建茶叶》2021年第12期。

续表

2017年					
市场类别及地区	市场个数（个）	总摊位数（个）	年末出租摊位数（个）	营业面积（平方米）	成交额（万元）
山东	3	1160	975	220000	213560
湖北	2	1335	1291	7600	190402
广东	3	666	640	48560	110147
广西	2	240	240	12500	96906
重庆	1	214	214	28000	39916
四川	2	326	326	28116	61800
贵州	1	125	75	4500	45620
云南	2	766	766	69448	79465

2018年					
市场类别及地区	市场个数（个）	总摊位数（个）	年末出租摊位数（个）	营业面积（平方米）	成交额（万元）
常年营业	30	13255	12272	1248515	2340260
季节性	2	10122	434	75000	628953
批发为主	25	21341	10670	1030807	2696001
零售	7	2036	2036	292708	273212
露天为主	2	1666	1587	138160	274000
封闭	28	20189	10043	934297	2125263
其他	2	1522	1076	251058	569950
北京	2	394	394	25500	60133
河北	1	205	189	15592	10276
辽宁	1	230	230	17633	30000
上海	2	691	691	43000	75485
浙江	7	13129	2971	457148	1406222
安徽	2	1249	1241	253900	258878
福建	1	2192	2192	55000	118942
山东	3	1160	963	220000	215561
湖北	2	1335	1255	7600	186830
广东	3	666	625	48560	101243
广西	2	240	240	12500	105277
重庆	1	215	215	28000	42500
四川	2	329	329	28116	66920
贵州	1	125	78	4500	48750
云南	2	1217	1093	106466	242196

续表

市场类别及地区	2019年				
	市场个数（个）	总摊位数（个）	年末出租摊位数(个)	营业面积（平方米）	成交额（万元）
常年营业	27	13013	12260	1181455	2332924
季节性	2	10122	424	75000	746825
批发为主	22	21048	10620	963747	2784486
零售	7	2087	2064	292708	295263
露天为主	2	1671	1596	145160	277000
封闭	26	20067	9962	864737	2245653
其他	1	1397	1126	246558	557096
北京	2	417	401	25500	54666
河北	—	—	—	—	—
辽宁	1	230	230	17633	30000
上海	2	671	669	43000	30005
浙江	5	13056	3026	452944	1576236
安徽	2	1254	1245	260900	258813
福建	1	2501	2501	55000	123024
山东	2	800	670	90000	197320
湖北	2	1320	1255	7444	186621
广东	3	666	612	48560	116219
广西	2	240	230	12500	130150
重庆	1	215	215	28000	40500
四川	2	315	315	28116	81920
贵州	—	—	—	—	—
云南	2	1245	1121	171266	242319

资料来源：历年《中国商品交易市场统计年鉴》。

从2017~2018年规模化茶叶市场的变化趋势来看，一方面，常年营业的茶叶市场快速发展和季节性的茶叶市场场地利用率不高并存。常年营业的茶叶市场增长很快，无论是营业面积、总摊位数、年末出租摊位数还是成交额，同比都有所增加。但季节性的茶叶市场仍然占据较为重要的地位，2018年2个季节性的茶叶市场的成交额占到了全年32个市场成交额的20%以上。但从季节性的茶叶市场的场地利用率来看，2017~2018年其年末出租摊位数仅为总数的约3%，说明其场地利用率不高。当然这与茶叶生产加工的季节性特点有关，也与茶叶加工仍然较为粗放有关，大量初加工茶叶的存在，为农户与茶叶中间商之间形成交易打下基础，在茶叶采摘和初制期形成了季节性的茶叶市场。另一方面，茶叶市场批发和零售功能协同发展。茶叶市场的批发功能仍然占据主导地位，意味着茶叶市场主要服务于茶产业链上游生产者和经营者，无论是产区还是销区，茶叶市场都充分发挥着集货和散货的功能。但与此同时，销区的部分茶叶市场，也开始尝试略过所有中间环节，直接面对终端消费者，以一种接近中间商直销的方式销售茶叶，大幅度缩短整个茶叶销售链条。金晶等人的调查表明，疫情对茶叶生产、流通和销售产生了重大影响，并且主要是对手工采摘和批发过程。其次疫情对中小型生产工厂和大型生产者的影响较大，对小型茶农的影响相对较小。[1] 从线上交易来看，由于疫情和春节的叠加，物流和配送人员严重短缺，大大降低了线上渠道的效益。但是从潜在和未来影响的角度来看，疫情对茶叶分销的影响是暂时的。随着疫情得到控制，线上和线下交易都将迅速恢复，不会再对茶叶分销产生严重的影响。翁蔚认为疫情使得传统的茶叶线下销售受到严重打击，为避免聚集，茶叶店、茶馆、茶室等关停或者缩短营业时间，规模化茶叶市场个数、营业面积、总摊位数等都难以增长甚至出现回落。[2]

从茶叶市场的区域分布来看，浙江、云南和安徽三大茶叶主产区的茶叶市场，其2017~2019年成交额变动的绝对值最高。其中，浙江作为我国的绿茶生产大省，茶叶市场的年度成交额约占全国茶叶市场成交总额的

---

[1] 金晶等：《新冠肺炎疫情对浙江省茶产业的影响及应对建议》，《中国茶叶加工》2020年第1期。

[2] 翁蔚：《2020年及2021年上半年中国茶叶市场概况》，《中国茶叶》2021年第9期。

一半，充分凸显出浙江的茶叶重省地位，但其茶叶市场场地利用率并不高，这与当地茶叶市场更多发挥季节性的生产期茶叶集货和散货功能有关。而北京、辽宁和上海等茶叶销区的茶叶市场，相较于产地市场，其交易规模总体来看仍然偏小。疫情影响下，茶叶物流同样受阻，发货收货都难以正常进行。一个产区茶叶交易受阻，会对其他产区茶叶的外销造成一定程度的连带影响。

三　茶叶消费

（一）茶叶消费总体趋势

在部分地区，茶叶并非必需的消费品，而更属于享受资料。当人们的物质生活水平提高，选择会变得更加多样，部分人为炫耀自身所拥有的经济资本、社会资本而寻求特殊的消费方式。从这一方面来说，茶叶消费不仅是一种经济行为，也是一种包含中国传统文化的社会行为。任何消费行为都离不开其所属文化环境的影响而单独存在。王衍宇等人指出，于国人而言，茶叶消费受面子文化影响。中国自古就有"爱面子"这一传统，面子象征着个人形象、身份、财富、社会关系网络等。有面子能赢得他人尊敬，进而获得社会交换的资本，这也是很多人追求面子的原因。面子文化与茶叶消费间的关系主要体现在以下两个方面。一方面，饮茶者十分重视经济资本与饮茶活动间的关系，认为饮用茶叶可以展示人的身份地位，因此会通过消费价格昂贵的茶叶以扩大面子。另一方面，饮茶者通过在购买茶叶过程中所展示的人脉关系以及饮茶活动的社交范围来展现社会资本，并认为，社会资本才是其面子的最大来源：在交际圈内的每位饮茶者都会被认为拥有一定的经济资本和社会资本，在此基础上可积攒他人没有的人脉、关系、资源，从而产生一种唯我独享的感觉。正是这种"爱面子"的传统思想以及通过饮茶得到更高阶层群体认同的行为，使得茶叶消费尤其是关于武夷岩茶的炫耀性消费成为增强社交效果、提升社交效率的行为。①

疫情对消费者的收入预期产生影响，促使其消费行为回归理性。张菊香等人表示消费者可能会通过削减开支、减少享受型消费和储蓄来应对不确定的收入预期。这种行为可能导致饮茶频次减少和茶叶购买单价下降。② 高峰等人通过实证研究发现，在新冠疫情期间，出于对收入预期不稳定以及茶叶采购渠道受限等因素的考量，消费者周饮茶频次减少、茶叶购买单价下降，但由于人在一天内的饮水量或者饮茶量具有一定的上限，日饮茶频次变化较小，因此消费者在此期间的日饮茶频次变化不显著；进一步研究发现绿茶的消费者日饮茶频次和周饮茶频次减少趋势较为明显。③ 但通过对不同收入预期的消费者的比较发现，拥有较多储蓄的消费群体采取削减日常开支的方式来应对悲观的收入预期的情况并不常见，他们对茶叶进行消费时不容易受收入预期的约束，疫情的蔓延反而增加了这部分群体空闲的时间，从而使其增加了饮茶频次。

此外，疫情期间，日饮茶频次变化较小与消费者年龄增大、消费者对饮茶提高免疫力的信任度上升、抗病毒报道有关。一方面，茶叶消费者的消费习惯随着其年龄的增大而固化，因此饮茶习惯受到外界影响较小，日饮茶频次变化较小；另一方面，疫情期间媒体对茶叶抗病毒功效的报道在一定程度上加深了消费者对茶叶保健功能的认识，茶叶是一种健康饮品逐渐成为众多消费者的共识。因此茶叶消费者对饮茶提高免疫力的信任度上升，其基于预防性需求，从而选择茶叶进行健康投资，增加饮茶频次和提高茶叶购买单价。在此大趋势下，饮茶人数与茶叶需求量持续增多，且在可预期的未来将进一步扩大。可见，健康功能对茶叶消费的驱动作用十分显著，但目前市场上对茶叶的健康功能的宣传存在夸大其词的现象，若不对这种现象进行正确

---

① 王衍宇、田广：《面子文化与炫耀性消费：武夷岩茶饮者消费行为探析》，《湖北民族大学学报》（哲学社会科学版）2022年第2期。
② 张菊香、杨惠媛：《基于TPB理论的品牌茶叶消费行为影响因素研究》，《福建茶叶》2022年第5期。
③ 高峰、姜爱芹、陈富桥：《新冠肺炎疫情对茶叶消费行为影响实证研究》，《中国茶叶》2022年第7期。

引导，将对茶叶消费产生消极影响；应从科学的角度让消费者对茶叶的健康功能有正确的认知。

随着社会经济的快速发展和人们健康意识的不断提升，饮茶成为新时尚。茶叶的社交功能随着其在社会中的热门度、认可度及普及度的提高，得以进一步拓展。首先，饮茶活动具有以下两种特性。一是饮茶活动较宴席更具高效性。一般来说，一场宴席只能完成一次社交活动，但是一次饮茶活动却可以完成多次社交活动。二是与宴席相比，饮茶活动是低调的社交活动。饮茶活动通过招待茶叶档次的差别来体现客人的社会地位，这种社会资本的展现与交换，较宴席显得更加隐秘。正是基于以上特性，饮茶谈茶逐渐成为消费者社会生活的重要组成部分。其次，家庭作为饮茶活动的重要场所之一，其环境对消费者饮茶行为产生影响：一方面家庭的饮茶氛围会使得饮茶行为在家庭成员间传导；另一方面家庭人口规模越大，不仅越能增加消费者饮茶的可能性，还越能影响其饮茶量。

但受到疫情的影响，茶叶的社交属性被弱化。一方面，茶叶流通市场曾经关停，而随着陆续复市，人流密度控制要求导致消费者难以进入，使得茶叶的销售面临一位难求的困境；另一方面，传统的面对面订货会、茶文化节等活动也受到了限制，无法如往年一样举办，加上疫情期间人们减少外出和聚集的影响，茶馆以及茶饮店等消费场所的消费量明显下降。

在疫情冲击下，茶叶的消费习惯整体上未受到较大影响，这主要是因为茶叶具有消费者喜好的特性，包括消费者对茶叶的消费嗜好性、社交性以及健康性的认知。然而，面对疫情的变化，不同人群有不同的应对方式。这些变化受到消费者对茶叶的认知、个体特征（如年龄、性别）以及收入预期等多方面因素的影响。同时，不同主要茶叶品类也可能受到不同程度的影响。

此次疫情后，更多的消费者对饮茶能够提高人体免疫力等保健养生作用有进一步的认知和肯定。这将引发个人、家庭、团体等对茶叶消费理念和生活方式的深度思考，促使更多人培养日常饮茶的积极习惯。其由于独特的保健功效，将成为受欢迎的选择。广大茶经销商可借此契机加大对饮茶有益于健康的宣传力度。疫情对传统的茶叶市场模式造成影响，各类茶博览会、展销会等传统交流方式受到限制。为适应新的形势，线上线下交易方式的融合创新将进一步推进。这包括更多的茶叶企业通过线上平台进行产品推广和销售，同时线下门店也将更加注重与线上渠道的联动，提升整体销售效能。这一趋势将加速茶行业数字化和网络化的发展。疫情虽然限制了礼尚往来的需求，但反而可能刺激大家提高茶叶日常饮用消费量。这将促使产业结构调整，引导完善机采机制，提高适合大众消费的优质茶和野生茶的生产比重。同时，增加茶食品等深加工产品比例，进一步优化调整茶产业的结构，以满足市场多元化的需求。

疫情促使茶产业线上线下加速融合。茶叶产品的销售应注重线下实体体验和线上交易的融合创新，鼓励实体茶企强化线上平台的店铺经营，通过淘宝、天猫、京东以及抖音、快手等线上沟通体验的销售方式，实现线上线下的有机联动。疫情期间，因人员管控而产生的移动端购物、"零接触"配送、远程办公、直播教学等衍生出了"隔离经济"。在调研中发现，疫情初期人员流动性下降给茶叶采摘及生产运输带来不利因素。茶农表示，由于茶叶销售的特殊性，顾客需要品尝才能做出选择，疫情期间主要依靠老客户回购，难以拓展新客户。传统实体渠道受影响相对较大，如何让茶农吃下"隔离经济"红利，就成了亟须解决的问题。

在隔离期间，要减轻疫情对人们生活水平的影响，保证生活物资充足，就需要缩短商家与消费者的距离，加强卖家的市场反应力，由此催生了"交互式经济"。因此，可以引导"新茶人"接受线上的交易模式，教授茶农和茶企充分利用新兴手段拓展互联网市场，拉动大众消费。

以下是一些常用的网络营销平台或营销方式。

微信公众号：在微信公众平台上申请应用账号，发布卖家信息、活动资讯、新品推广信息以及茶文化知识，与阅读者进行全方位沟通、互动。

微博、小红书、抖音：同步微信公众号发布产品介绍、促销活动等视频和文字信息，实现与消费者的实时互动。

爱奇艺、优酷、腾讯视频：发布与商品相关的品牌广告、茶文化宣传、产品介绍等视频资源。

淘宝直播、抖音直播、京东直播：通过主播的介绍和互动，让观众认识品牌、了解产品，提高产品的销售量。

微信商城、微信小程序（如赶圩吧、快团团、花瓣等）：与微信公众号无缝对接进行品牌营销，具有门槛低、操作流程简单的特点。

在这种新的消费模式下，一方面，茶农和茶企可以更好地适应市场需求，保持生产和销售的活力；另一方面，年轻消费群体对茶的接受程度逐渐走高。

后疫情时代，"围炉煮茶"作为一种饮茶文化，秉承了传统的团聚和社交理念，其健康、时尚、社交的属性，使之成为年轻消费群体中的社交新宠。曾伟霞认为这种消费方式不同于传统的一人独饮，而是通过围坐一堂，共同煮茶、品茶、聊天，体现出"围"的文化，增加了社交和互动的元素。①"围炉煮茶"在年轻人中崭露头角，成为社交新宠。这种消费方式不仅提供了品茶的体验，还强调了社交互动，通过与朋友或家人一同"围炉煮茶"，增进感情。在一些新中式茶馆中，"围炉煮茶"不仅仅是品茶，还注重传统文化的体验，通过布置和氛围渲染，营造出古色古香的环境，加入书法、蒲扇、油纸伞等元素，让参与者感受到传统茶文化的雅致和传统生活美学。此外，与热门电视剧中唯美的煮茶场景相呼应。《知否知否应是绿肥红瘦》《梦华录》等电视剧中的煮茶技艺和传统生活美学，与"围炉煮茶"相呼应，使其成为一种时尚潮流。通过社交媒体的广泛传播，特别是在抖音和小红书上，"围炉煮茶"话题已经引起了广泛关注，相关视频播放量和浏览量均呈现高速增长的趋势。随着"围炉煮茶"概念的发展，一些茶馆纷纷提供"围炉煮茶"服务，大众点评数据显示，相关关键词搜索量和服务商家数量均在增长，线上销量也呈现热门趋势，尤其在成都、上海、杭州等地。"围炉煮茶"融合了传统茶文化、社交理念和时尚元素，成为一种

---

① 曾伟霞：《围炉煮茶——自带古风休闲的社交茶饮方式》，《广东茶业》2023 年第 3 期。

深受年轻人喜爱的茶叶休闲消费方式；而茶叶也在这一过程中，成为丰富日常、点缀生活的重要饮品，甚至在派对上或在流行的热点地区作为时尚饮料发挥着越来越重要的作用。

同时，茶饮消费场景愈加多样化，线上线下相辅相成。消费者对于新鲜原材料、知名品牌以及愉悦体验的需求不断增加，尤其在疫情背景下，对高端茶饮门店的消费意愿显著上升。

口感与风味、安全与品质、品牌影响力以及品类多样性等成为消费者决策时的重要考量因素。消费者更注重茶饮品牌的整体形象、产品质量和创新性。新兴茶饮品牌通过创新业务领域的子品牌创建，如喜茶的喜小茶，以及在零售食品领域的布局，如推出各类零食产品，以填充新的消费场景。这种多元化扩张有助于在饱和市场中找到新的赛道和抢占市场份额。

和新式茶饮的兴起密切相关。一方面，袋泡茶作为茶叶领域的新兴产品，在市场中蓬勃发展：袋泡茶市场在2020年表现出高速增长态势，线上市场规模增长超过150%。这一领域的兴起引起了资本市场的高度关注，许多新兴品牌得到了融资支持；袋泡茶继承了标准化和便捷化的特征，符合茶叶消费市场的发展趋势。它降低了选择成本，利于将产品融入消费者的日常生活，形成"一站式"的饮茶服务方案；"新"袋泡茶通过高颜值的包装设计、功能性成分的添加、口味的创新以及与知名IP的合作等，展现出多层次的产品创新。这使得袋泡茶不仅是一种方便的饮茶方式，也成为茶叶产品创新的焦点；与之前使用茶粉等模式不同，"新"袋泡茶倾向于选择原茶底，特别是名优茶，为产品开发提供了丰富的茶底。这些口味熟悉的袋泡茶通过之前茶饮产品的规范化，降低了消费门槛；袋泡茶品牌在包装上进行了升级，大范围使用以环保材料制作的三角茶包，以及更为大胆的色彩和清新的元素，构建了茶叶消费与颜值经济的交汇点。此外，消费者对成分与功能的关注影响着茶叶产品的发展。袋泡茶品牌添加更多元素，尤其是泛茶产品，不仅注重茶叶原有的有效成分，还在产品中加入了新的元素，如益生元、胶原蛋白肽等，

以满足消费者的需求。袋泡茶在市场中迅速发展，带动了茶叶领域的多元化和功能性的进一步发展。

另一方面，调饮茶促进了年轻人对原叶茶的消费。调饮茶主要是指通过对茶叶采用不同的萃取方式提取浓缩液为原料，并加入新鲜牛奶、进口奶油、天然动物奶油或各种新鲜水果调制而成的茶产品。伴随着中国互联网催生的数字化渠道和外卖业态，这种茶饮将原有的茶文化知识进行再加工，通过线下销售渠道与新兴销售渠道（如微信小程序、饿了么等互联网电商平台）结合的方式呈现在年轻态的市场中；其较传统茶饮在口味上有所拓展，有原味茶、"茶+鲜奶"、"茶+水果"等多种口味；且卖点主要集中于"低糖"和"低脂"以及采用原叶茶制作，较传统奶茶来说，调饮茶更注重健康，随着养生概念在年轻消费群体间流行，调饮茶愈加吸引年轻消费者的目光。调饮茶的出现和发展，使得老龄化的原叶茶消费群体逐渐焕发了年轻光彩，用创新的方式吸引着越来越多的年轻人，年轻人重新成为原叶茶的终端消费客户，原叶茶的消费量也出现了新的攀升态势。

综上，疫情发生后，茶叶生产流通受到限制，人们收入水平下降影响购买力，商务活动减少影响茶礼需求，这在一定程度上减少了茶叶消费者的饮茶频次，但由于茶叶特有的健康属性和消费者固有的饮茶嗜好，消费者的整体消费行为没有受到较大的冲击。疫情下，电商平台突破时空限制，逐渐成为消费者购茶的重要途径，线上零售量不断增长，传统茶叶店销量减少，整体茶叶销量呈现持续上升趋势。

疫情缓解后，其间形成的线上消费习惯得以延续，疫情也使得更多消费者趋于理性，促使茶产业线上线下融合发展。石颖[1]、齐飞[2]认为在新媒体时代，茶行业的竞争越发激烈，消费者也越来越注重茶叶品质、品牌和保健

---

[1] 石颖：《咖啡与茶叶在年轻消费市场中的融合发展：以瑞幸为例》，《福建茶叶》2020年第7期。
[2] 齐飞：《新冠肺炎疫情背景下黄茶产业走出困境的路径探究——以霍山县黄茶为例》，《中国市场》2022年第35期。

效用，年轻消费群体的增加，也使得对茶叶多元化和颜值消费的需求增长，袋泡茶成为消费市场的一个高速赛道，"围炉煮茶"作为一种闲适的饮茶消费方式"走红"。

（二）茶叶可追溯产品的消费

随着茶叶生产模式朝绿色、有机、可追溯方向发展，其中基于全产业链上下游信息共享和协同控制的可追溯茶叶体系建设，成为解决茶叶质量安全问题的有效途径之一。那么消费端对可追溯茶叶的认知和信任如何？影响机制又是如何？下面本报告将以消费者需求理论、消费者行为理论和信息不对称理论为基础，利用结构方程模型，通过问卷调查获取数据，研究茶叶消费者对可追溯茶叶的认知和信任及其对消费者可追溯茶叶购买意愿的影响。

在消费端，刘晓琳等人针对 4 个城市 570 位茶叶消费者的调查结果显示，54.2%的消费者愿意为可追溯茶叶支付额外价格，平均额外价格高于普通茶叶 5.752%，对茶叶安全的忧虑程度对消费者支付意愿有显著正向影响；[1] 唐静等人以黄山地理标志茶叶为例，分析了影响地理标志农产品溢价支付意愿的因素，认为消费者听说过的黄山地理标志茶叶品牌数量对其溢价支付意愿具有显著正向影响；[2] 周国清针对四川省茶叶消费者的调查显示，认知情况对消费者购买可追溯茶叶具有正向的影响，认同可追溯茶叶体系能够提升茶叶安全性的消费者具有更高的购买倾向。[3]

由于消费者的认知会受到态度的影响，态度又反作用于我们的思想和认知，因此本报告将消费者可追溯茶叶认知情况作为信任的前置影响

---

[1] 刘晓琳、吴林海、徐玲玲：《消费者对可追溯茶叶额外价格支付意愿与支付水平的影响因素研究》，《中国人口·资源与环境》2015 年第 8 期。
[2] 唐静、张淑云、王艳荣：《地理标志农产品溢价支付意愿研究——以黄山地理标志茶叶为例》，《沈阳农业大学学报》（社会科学版）2019 年第 3 期。
[3] 周国清：《四川省茶叶消费者对可追溯茶叶的购买意愿分析》，硕士学位论文，电子科技大学，2017。

因素。本报告研究认为：对可追溯茶叶不存在认知的消费者不会进一步对可追溯茶叶产生信任及购买意愿，对于可追溯茶叶信任及购买意愿情况的研究仅建立在对可追溯茶叶有认知的消费者样本基础之上。因此，得出以下结论。

H1：认知对信任具有显著正向影响。

H2：信任对购买意愿具有显著正向影响。

H3：认知对购买意愿具有显著正向影响。

在消费者购买意愿的研究中，信任不仅对购买意愿具有直接作用，还对其他影响因素具有中介作用（即中介效应）。胡保玲等人在对网络顾客购买意愿影响因素的研究中提出，顾客信任在顾客满意、声誉、转换成本对购买意愿的影响中具有部分中介作用。[1] 詹思汗等人的研究表明品牌信任在心流体验对购买意愿的影响中具有中介效应；在消费者购物愉悦性和专注度对购买意愿的影响中具有部分中介效应；在控制感对购买意愿的影响中具有完全中介效应。[2] 现有研究都体现出信任在许多因素对消费者购买意愿的影响中具有中介作用。基于此，本报告得出以下结论。

H4：信任在认知对购买意愿的影响中具有中介作用。

1. 数据来源与描述性统计

本报告研究数据调查时间为2020年3~5月，问卷发放主要针对家族群等具有购茶、饮茶习惯的目标群体，删除无效样本后，最终共获取有效问卷646份，具体内容涉及消费者个人特征、家庭特征、购茶及饮茶等情况，以及对可追溯茶叶的认知、信任及购买意愿。

基于大量国内外现有研究中的量表，结合茶产业实际情况，本报告对相关的潜在变量指标进行不断完善，形成最终的测量量表，如表8所示。其中

---

[1] 胡保玲、云乐鑫：《网络顾客购买意愿影响因素实证研究——顾客信任的中介作用》，《消费经济》2009年第5期。

[2] 詹思汗、陈丽清、张诗臻：《消费者心流体验对购买意愿的影响——基于品牌信任的中介效应》，《经济与管理》2013年第11期。

认知变量的测量题项以刘增金和乔娟①、勒庞②以及朱冬静③关于消费者对可追溯食品的认知的量表为依据；消费者对可追溯茶叶信任程度的测量题项结合王淑曼④、滕立坤⑤以及荀娜⑥对食品可追溯信任以及消费者食品安全信心的研究选取；消费者对可追溯茶叶购买意愿的测量题项根据文晓巍和李慧良⑦，郭际、吴先华和叶卫美⑧，Cuesta J.⑨等对购买意愿的研究量表选取。

表8 潜在变量测量题项

变量	编号	题项
认知	认知1	您是否知道普通茶叶与可追溯茶叶的区别
	认知2	您是否了解可追溯茶叶的系统运作机制
	认知3	您是否关注过可追溯茶叶的信息与报道
信任	信任1	我相信可追溯茶叶的质量安全性
	信任2	我相信拥有可追溯标签的茶叶存在可追溯性
	信任3	我相信可追溯茶叶标签信息
	信任4	我相信可追溯茶叶标签信息背后的行为真实存在

---

① 刘增金、乔娟：《消费者对可追溯食品的购买行为及影响因素分析——基于大连市和哈尔滨市的实地调研》，《统计与信息论坛》2014年第1期。
② 〔法〕勒庞：《乌合之众》，王千石译，中国华侨出版社，2012。
③ 朱冬静：《消费者可追溯猪肉购买意愿实证分析——基于信任的研究》，硕士学位论文，南京农业大学，2017。
④ 王淑曼：《食品可追溯体系对消费者购买意愿的影响研究——涉入度的调节作用》，硕士学位论文，河南大学，2019。
⑤ 滕立坤：《食品可追溯系统的应用对消费者食品安全信心的影响研究》，硕士学位论文，哈尔滨工业大学，2014。
⑥ 荀娜：《基于结构方程模型的消费者食品安全信心评价研究》，硕士学位论文，吉林大学，2011。
⑦ 文晓巍、李慧良：《消费者对可追溯食品的购买与监督意愿分析——以肉鸡为例》，《中国农村经济》2012年第5期。
⑧ 郭际、吴先华、叶卫美：《转基因食品消费者购买意愿实证研究——基于产品知识、感知利得、感知风险和减少风险策略的视角》，《技术经济与管理研究》2013年第9期。
⑨ Cuesta J., Edmeades S., Madrigal L., "Food Insecurity and Public Agricultural Spending in Bolivia: Putting Money Where Your Mouth Is?" Food Policy 40 (2013).

续表

变量	编号	题项
信任	信任5	我相信可追溯茶叶厂商具备生产可追溯茶叶的专业知识和设备
	信任6	我相信可追溯茶叶物流保鲜环节的质量安全性
	信任7	我相信可追溯茶叶零售环节的质量安全性
	信任8	我相信政府监管部门会对虚假的可追溯茶叶进行严厉打击
	信任9	我相信茶叶的可追溯可以解决茶叶质量安全问题
	信任10	我相信茶叶的可追溯可以解决茶叶市场上信息不对称问题
购买意愿	购买意愿1	可追溯茶叶能激起我的购买兴趣
	购买意愿2	我会购买可追溯茶叶
	购买意愿3	我会优先购买可追溯茶叶
	购买意愿4	我会经常购买可追溯茶叶
	购买意愿5	我认为目前市场上的可追溯茶叶是值得购买的
	购买意愿6	我愿意为可追溯茶叶支付高于一般茶叶的价格
	购买意愿7	我会推荐其他人购买可追溯茶叶

从调查的实际结果来看，如表9所示，样本中男性受访者占问卷总人数的57.28%，男性受访者多于女性。年龄分布上，以26~60岁居多，样本整体代表性较好。学历为大专、本科、研究生的共占71.36%，样本总体受教育水平较高。样本职业类型多元，差异明显。个人年收入排名前三的指标人数分布较为均衡。

表9 样本基本情况描述

单位：人，%

特征	分类指标	频数	百分比
性别	男	370	57.28
	女	276	42.72
年龄	18~25岁	78	12.07
	26~35岁	182	28.17
	36~45岁	215	33.28
	46~60岁	154	23.84
	60岁以上	17	2.63

续表

特征	分类指标	频数	百分比
学历	初中及以下	52	8.05
	高中(含中专)	133	20.59
	大专	115	17.80
	本科	248	38.39
	研究生	98	15.17
职业	公务员	47	7.28
	事业单位工作者	162	25.08
	企业职员	183	28.33
	个体经营者	97	15.02
	务农人员	29	4.49
	离退休人员	11	1.70
	自由职业者	65	10.06
	其他	52	8.05
个人年收入	2万元及以下	88	13.62
	20001元至5万元	124	19.20
	50001元至8万元	144	22.29
	80001元至12万元	123	19.04
	120001元至18万元	76	11.76
	18万元以上	91	14.09

如表10所示，在样本中，选择对当前食品质量安全问题有所关注的人数占比93.65%，可以看出目前绝大多数的消费者对食品质量安全问题有所关注，大多数消费者认为目前的食品质量安全存在问题，食品质量安全还有待进一步加强，相关机构还需要加大对食品质量安全的监管力度。

表10 当前食品质量安全问题关注、可追溯茶叶认知情况

单位：人，%

特征	分类指标	频数	百分比
是否关注当前食品质量安全问题？	是	605	93.65
	否	41	6.35
是否知道可追溯茶叶？	是	274	42.41
	否	372	57.59

在表10中，知道可追溯茶叶的样本占比42.41%，反映出知道有可追溯茶叶的消费者人数并不多，可追溯茶叶产品的宣传推广效果并不理想。对知道可追溯茶叶的样本进行进一步分析发现，关于消费者了解可追溯茶叶的途径，通过网络了解的人数最多，占比52.92%；其次是通过生产企业的宣传知道可追溯茶叶，占比36.86%；通过茶叶包装说明及广播或电视知道可追溯茶叶的消费者分别占比35.77%及32.12%（多选）。

可追溯茶叶的信任、购买意愿情况如表11所示。

表11 可追溯茶叶的信任、购买意愿情况

情况	部分题项	非常不同意	不同意	中立	同意	非常同意
可追溯茶叶的信任情况	我相信可追溯茶叶的质量安全性	3 (1.09%)	5 (1.82%)	64 (23.36%)	145 (52.92%)	57 (20.80%)
	我相信可追溯茶叶标签信息	3 (1.09%)	3 (1.09%)	85 (31.02%)	134 (48.91%)	49 (17.88%)
	我相信政府监管部门会对虚假的可追溯茶叶进行严厉打击	2 (0.73%)	11 (4.01%)	61 (22.26%)	143 (52.19%)	57 (20.80%)
	我相信茶叶的可追溯可以解决茶叶质量安全问题	0 (0.00%)	11 (4.01%)	74 (27.01%)	135 (49.27%)	54 (19.71%)
可追溯茶叶的购买意愿情况	可追溯茶叶能激起我的购买兴趣	3 (1.09%)	8 (2.92%)	74 (27.01%)	141 (51.46%)	48 (17.52%)
	我会购买可追溯茶叶	3 (1.09%)	2 (0.73%)	65 (23.72%)	145 (52.92%)	59 (21.53%)
	我愿意为可追溯茶叶支付高于一般茶叶的价格	1 (0.36%)	18 (6.57%)	88 (32.12%)	123 (44.89%)	44 (16.06%)

274份对可追溯茶叶有认知的样本中，选择"同意"及"非常同意"我相信可追溯茶叶的质量安全性、我相信可追溯茶叶标签信息、我相信政府

监管部门会对虚假的可追溯茶叶进行严厉打击、我相信茶叶的可追溯可以解决茶叶质量安全问题的累计占比均在65%以上，可以看出大部分对可追溯茶叶有认知的消费者，对可追溯茶叶有较高的信任程度。对消费者的购买意愿进行分析发现，选择"同意"及"非常同意"可追溯茶叶能激起我的购买兴趣、我会购买可追溯茶叶、我愿意为可追溯茶叶支付高于一般茶叶的价格的累计占比均超过60%。可以看出消费者对可追溯茶叶具有一定的购买意愿，并愿意为茶叶的可追溯性支付更多的费用。

认知、信任与购买意愿的 KMO 和巴特利特球形检验结果如表12所示。

表12　认知、信任与购买意愿的 KMO 和巴特利特球形检验结果

指标	认知	信任	购买意愿
KMO 取样适切性量数	0.673	0.872	0.924
巴特利特球形检验（上次读取的卡方）	156.668	2867.254	2235.640
自由度	3	45	21
显著性	0	0	0

表13为认知、信任与购买意愿的总方差解释与成分矩阵，从每个变量中提取出1个主要因子，这些因子的累计方差贡献率均超过50%，且特征值大于1，说明问卷内容被提出的信息量很少，每个变量中的因子分别对认知、信任与购买意愿具有较高的解释比，因子分析的结果可靠。而认知的3个因子、信任的10个因子与购买意愿的7个因子载荷值均大于0.5，说明消费者可追溯茶叶认知、信任与购买意愿的情况量表具有良好的结构效度。

表13　认知、信任与购买意愿的总方差解释与成分矩阵

组件	初始特征值 总计	初始特征值 方差百分比(%)	初始特征值 累计(%)	提取载荷平方和 总计	提取载荷平方和 方差百分比(%)	提取载荷平方和 累计(%)	成分矩阵因子载荷值
认知1	1.912	63.723	63.723	1.912	63.723	63.723	0.800
认知2	0.595	19.827	83.550				0.771
认知3	0.494	16.450	100.000				0.823

续表

组件	初始特征值			提取载荷平方和			成分矩阵因子载荷值
	总计	方差百分比(%)	累计(%)	总计	方差百分比(%)	累计(%)	
信任1	6.809	68.093	68.093	6.809	68.093	68.093	0.545
信任2	0.913	9.130	77.223				0.831
信任3	0.676	6.758	83.981				0.853
信任4	0.505	5.049	89.031				0.839
信任5	0.391	3.914	92.945				0.893
信任6	0.224	2.241	95.186				0.856
信任7	0.202	2.023	97.209				0.904
信任8	0.150	1.496	98.704				0.756
信任9	0.072	0.719	99.424				0.880
信任10	0.058	0.576	100.000				0.835
购买意愿1	5.721	81.723	81.723	5.721	81.723	81.723	0.892
购买意愿2	0.392	5.607	87.330				0.926
购买意愿3	0.305	4.358	91.687				0.936
购买意愿4	0.211	3.019	94.706				0.923
购买意愿5	0.155	2.219	96.925				0.895
购买意愿6	0.127	1.810	98.735				0.831
购买意愿7	0.089	1.265	100.000				0.922

2. 模型拟合度检验

本报告利用AMOS23.0软件对建立的假设模型进行实证分析，在现有的相关理论及研究结论基础上，研究消费者可追溯茶叶认知、信任与购买意愿3个变量之间的关系，提出相关的研究假设，结合初始模型绘制出结构方程模型图。

此次检验中各潜在变量的测量指标共有20个。模型中椭圆表示潜在变量，方框表示各潜在变量的观察变量，圆形表示误差及残差项。具有因果关系的两个变量用单向箭头线条连接，变量之间的影响程度由回归权重系数表示。为了提高模型的准确程度，使模型更好拟合，将MI指标值较大的残差项连接，进行模型修正，得到认知、信任与购买意愿标准化路径关系及系数，如图1所示。

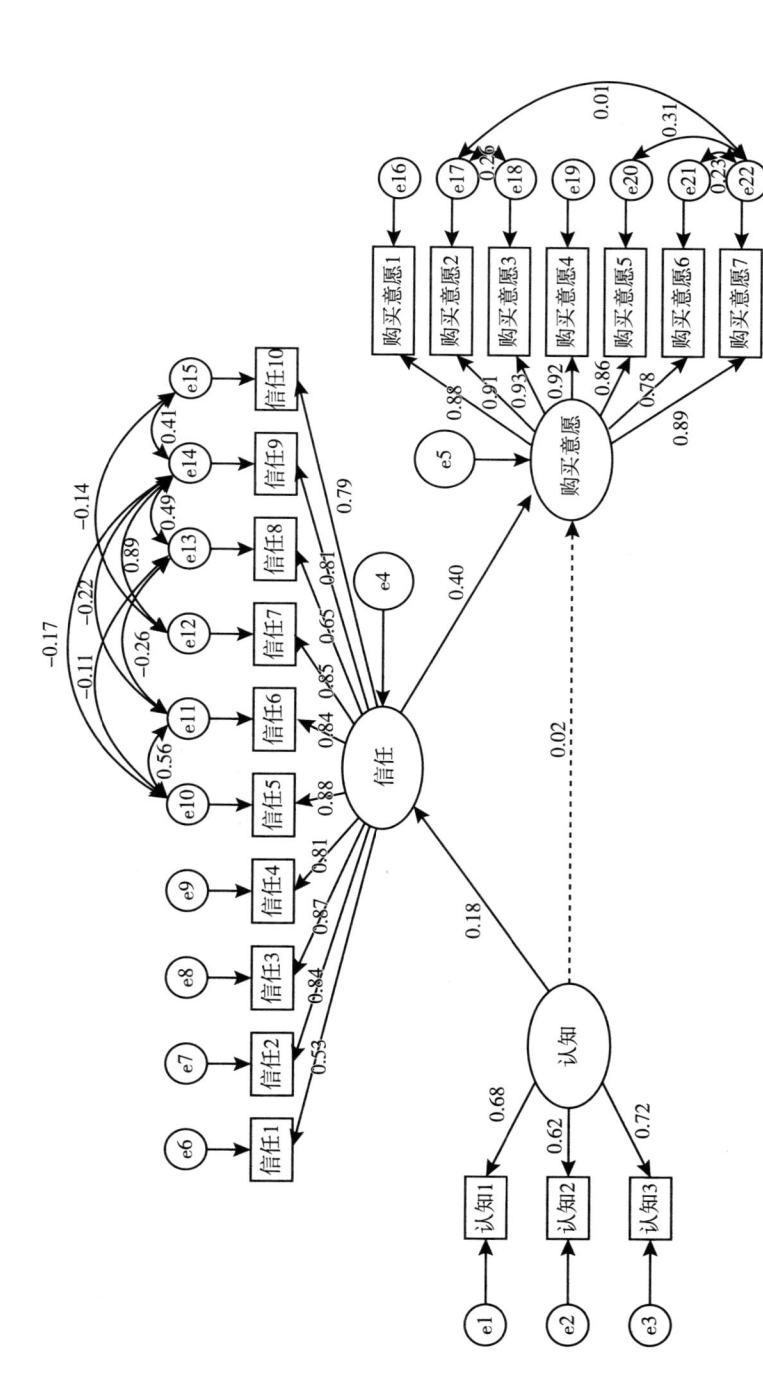

图1 认知、信任与购买意愿标准化路径关系及系数

使用AMOS23.0将预处理过的正式数据加载至模型中，对整体模型进行参数估计与模型拟合，结果如表14所示。可以看出模型修正之后，结构方程模型拟合度参考评价标准，绝对拟合指标、增值拟合指标及简约拟合指标都达到模型适配度的检验要求，故模型的拟合度较高，认知、信任与购买意愿模型和获取的数据之间具有较好的匹配关系。

表14 结构方程模型拟合指标评价标准及拟合效果

项目	绝对拟合指标		增值拟合指标			简约拟合指标	
具体指标	CMIN/DF	RMR	IFI	TLI	CFI	PGFI	PNFI
评价标准	<5	<0.08	>0.9	>0.9	>0.9	>0.5	>0.5
拟合效果	3.825	0.050	0.921	0.901	0.920	0.615	0.721

3. 实证分析结果

根据认知、信任与购买意愿理论模型，利用AMOS23.0对结构方程模型中潜在变量的路径系数进行估计验证，得出本报告模型路径系数结果，具体如表15所示。检验结果显示，路径系数均为正，但对应路径的显著性结果并不相同。直接效应假说检验结果表明，认知对购买意愿具有正向影响，但假说检验结果不显著（p=0.761），故假说H3不成立；认知与信任在5%的水平下存在正向显著（p=0.022）关系，故假说H1成立；信任与购买意愿在1%的水平下存在正向显著关系，故假说H2成立。

表15 模型路径系数

路径	非标准估计值	标准化估计值	CR	p
认知→信任	0.175	0.140	2.295	0.022
信任→购买意愿	0.395	0.137	5.418	***
认知→购买意愿	0.021	0.238	0.304	0.761

注：***表示在1%的水平下显著。

为了更准确地验证中介效应,本报告采用 Zhao X. 等[①]提出的 Bootstrap 方法,检验运行结果中自变量对中介因素的路径系数和中介因素对因变量的路径系数的相互乘积是否达到一定的显著水平,结果显著则表示影响关系中存在中介效应,反之则不存在。对中介效应的检验采用 SPSS 的 PROCESS,Bootstrap 重复抽样次数为 2000 次,估计路径值是否达到显著的置信区间水平设定为 95%,取样时采用偏差校正的非参数百分位法,具体结果如表 16 所示。运行结果显示,认知对购买意愿的总效应为 0.090,在 95% 的置信区间内 CI = [-0.026,0.221](包含 0),总效应不显著。认知对购买意愿的直接效应为 0.021,在 95% 的置信区间内 CI = [-0.089,0.145](包含 0),直接效应不显著。认知对购买意愿的间接效应为 0.069,在 95% 的置信区间内 CI = [0.018,0.128](不包含 0),间接效应显著,故假说 H4 成立。因此,信任在认知与购买意愿的关系中起中介作用,且为完全中介作用。

表 16　信任在认知与购买意愿关系中的效应值分析

项目	系数	标准误	95%的置信区间	
			LLCI	ULCI
总效应	0.090	0.075	-0.026	0.221
直接效应	0.021	0.071	-0.089	0.145
间接效应	0.069	0.034	0.018	0.128

4. 结论

本报告以消费者为研究对象,通过问卷调查获取消费者可追溯茶叶认知、信任与购买意愿情况,对筛选后的 646 份样本进行统计分析后,利用结构方程模型分析了消费者可追溯茶叶认知、信任与购买意愿三者之间的直接效应,并在此基础上进一步研究了认知对购买意愿的影响中信任的中介效应

[①] Zhao X. et al., "Reconsidering Baron and Kenny: Myths and Truths about Mediation Analysis," *Journal of Consumer Research* 37 (2010).

程度，深入了解消费者对可追溯茶叶的认知情况、信任程度以及对可追溯茶叶的支持程度。通过对描述性统计分析和实证分析的结果进行总结，得出以下结论。

一是认知可以改变消费者对可追溯茶叶的信任，二者呈正相关。随着消费者对可追溯茶叶有更多的认知，消费者会更加了解可追溯茶叶背后的运作及信息，从而更加信任可追溯茶叶产品的质量安全。二是对可追溯茶叶的信任会显著提升消费者对可追溯茶叶的购买意愿，二者具有显著的正相关。三是对可追溯茶叶的认知会提升消费者对可追溯茶叶的购买意愿，但效应并不显著。四是消费者对可追溯茶叶的信任程度在认知与购买意愿的关系中起到中介作用，消费者对可追溯茶叶的认知虽并不直接影响其对可追溯茶叶的购买意愿，但会增加自身对可追溯茶叶的信任，可以强化可追溯茶叶认知与购买意愿之间的作用传导。

（三）茶叶口碑营销

由于饮茶具有一定的社交属性，饮茶体验感的好坏会直接影响消费者向其他人传播该茶叶产品信息的好坏，这在中式调饮茶中已经得到验证。茶叶作为体验品，消费者事先不知道茶叶品质等相关信息。因此，他人的口碑传播和推介十分重要。管曦等针对福建3507位成年居民的茶叶消费调查显示，53%的消费者会依赖亲朋好友的推荐选择购茶渠道；[1] 陈灵诚等认为乌龙茶消费者获取茶叶信息的主要渠道是亲朋好友的推荐。[2] 由此可见，大部分茶叶消费者对于茶叶信息的获取倾向于依赖他人推荐，通过与其他人的交流沟通以及信任机制的构建，克服茶叶购买中的信息不对称困难。那么这种熟人之间的口碑营销，其影响的途径和机制是什么？本报告通过实地调研，获取一定数量的茶叶消费者样本，结合相关理论，系统分析茶叶口碑营销的影响机制，为拓展我国茶叶消费市场、为茶叶企业制定合理有效的营销策略提供

---

[1] 管曦等：《福建成年居民茶叶消费调查及其启示》，《中国茶叶》2020年第8期。
[2] 陈灵诚、林畅：《福建省乌龙茶消费者购买行为分析》，《中国茶叶》2021年第6期。

理论参考。

口碑营销构成的相关要素主要包括口碑信息、口碑信息传播者、口碑信息接收者、传播者与接收者之间的关系强度及其他因素。不仅消费者个体因素和感知价值、社会文化环境等会对口碑营销产生直接影响，由消费者间关系强度衍生出的人际信任，也会影响到口碑营销。因此，口碑营销能够基于信任的基础，来促进茶叶消费行为的产生。综上所述，本报告的口碑营销研究主要是按其部分构成要素，结合消费者信任作为中介变量，从口碑信息特征（口碑数量和口碑评价方向）、口碑信息传播者特征（关系强度）、口碑信息接收者特征（感知价值）三个维度展开。基于此，本报告对相关概念的定义具体如表17所示。

表17 变量定义汇总

变量	定义
口碑数量	亲朋好友对所推荐的茶叶产品的评论数量
口碑评价方向	正面或负面口碑内容是否会对消费者产生影响，哪一种口碑内容对消费者影响更大
关系强度	传播者与接收者是否拥有共同爱好、性格相似程度等
感知价值	消费者购买茶叶后权衡其得到的益处与茶叶成本后对产品或服务的主观评价
信任	熟人社会中对他人所评论产品或服务信息可靠性的确信认知
购买行为	消费者通过购买产品或服务后对其所做出的评价，而后采取一系列的行动，如再次购买、推荐他人购买等行为

第一部分：口碑信息特征，主要由口碑数量以及口碑评价方向两个维度构成。在口碑评价方向方面，口碑的评价方向主要包括正面评价、中立评价和负面评价。朱翊敏等人发现在快递、银行、餐饮等服务行业中，产品服务的品质把控对消费者的选择意愿有较大影响，特别是负面评价的影响十分显著。[1] 黎梦雪从评价方向、规模数量、口碑鲜明性、消费时效四个方面验证

---

[1] 朱翊敏、梁嘉明、吴继飞：《聪明，还是可爱——服务机器人属性对顾客满意的影响》，《营销科学学报》2023年第4期。

网络口碑对电子商务物流消费行为的影响，发现网络口碑的规模数量对电子商务物流消费行为的影响最大。①

第二部分：口碑信息传播者特征，主要由传播者与接收者之间的关系强度构成。黄玉晶等人利用关系强度作为中间变量，测度口碑信息接收者在面对高强度关系人员推荐时，其消费行为变化的情况，结果发现两人关系越密切，对方传播信息的效果越好。② 因此，口碑营销往往发生在熟人社会关系的网络中，传播者与接收者之间的关系强度是影响口碑说服力的重要因素。

第三部分：口碑信息接收者特征，主要由消费者的感知价值来决定。赵杰坤的研究表明，顾客感知价值通过顾客满意度的中介作用对正面口碑传播意愿产生正向的影响，产品卷入度在顾客满意度与正面口碑传播意愿之间有正向的调节作用。③

本报告认为亲朋好友均属于较为熟悉的社会网络，对此茶叶信息来源的可靠性进行考察时发现，传播的信息往往都能够有效提升消费者对产品的感知价值。基于此，结合已有的相关研究成果，本报告提出以下假说。

H1：口碑数量与茶叶消费者购买行为有正向的影响关系。

H2：口碑评价方向与茶叶消费者购买行为有正向的影响关系。

H3：口碑信息传播者与接收者之间的关系强度与茶叶消费者购买行为有正向的影响关系。

H4：口碑信息接收者的感知价值与茶叶消费者购买行为有正向的影响关系。

第四部分：信任层面。口碑作用于消费者购买行为的核心是获取消费者

---

① 黎梦雪：《网络口碑对电子商务物流消费行为的影响研究》，《物流技术》2017年第2期。
② 黄玉晶等：《信息发送者权威性对负面网络口碑传播效果影响—关系强度中介》，《情报杂志》2017年第11期。
③ 赵杰坤：《顾客感知价值对消费者正面口碑传播意愿的影响机制研究》，硕士学位论文，北京邮电大学，2017。

的信任，一旦能够获取消费者的信任，就更容易影响消费者的行为及意愿。口碑大多在熟人间传播，人们一般对熟人提供的信息持较为乐观的态度。因此，口碑营销可减少双方的风险感知，进而消费者更容易认可所得到的口碑信息。张亚帆以微信口碑为研究对象，发现微信口碑与信任间存在显著的正相关，信任与消费行为及意愿间也存在显著的正相关。①

第五部分：购买行为层面。李宙芷认为消费者购买行为涉及从刺激、反应到购买、购后的一系列流程，包括愿意购买、乐意购买、愿意搜寻喜欢的产品、愿意推荐、愿意再次购买、愿意增加购买频率等方面。②

基于此，本报告提出以下假说。

H5：消费者信任与茶叶消费者购买行为有正向的影响关系。

H6：消费者信任在口碑营销与茶叶消费者购买行为中起中介作用。

H6a：消费者信任在口碑数量与茶叶消费者购买行为中起中介作用。

H6b：消费者信任在口碑评价方向与茶叶消费者购买行为中起中介作用。

H6c：消费者信任在关系强度与茶叶消费者购买行为中起中介作用。

H6d：消费者信任在感知价值与茶叶消费者购买行为中起中介作用。

1. 数据来源与描述性统计

在研究方法上，基于以上的研究假说构建理论模型，综合运用SPSS26.0对收集的数据进行描述性统计分析、信度分析以及聚敛效度、拟合度检验，对相关的研究假说展开验证。在样本的获取上，此次调查结合线上和线下途径，获取有效问卷340份。从调查实际情况来看（见表18），其中男性有198人，占58.2%；购茶、饮茶的年龄段主要集中于26~65岁，且46~55岁占比较多，为36.2%；茶叶消费者的受教育程度集中在高中（含中专）、大专、本科学历，其中本科最多；样本职业类型多元，差异比较明显；消费者个人月收入集中于3001~8000元，前人大量关于个人月收入影响饮茶情

---

① 张亚帆：《微信口碑对大学生消费行为意愿影响的实证研究》，硕士学位论文，天津工业大学，2017。
② 李宙芷：《社会化电商平台网络意见领袖对消费者购买行为的影响研究》，硕士学位论文，上海外国语大学，2018。

况的研究说明了随着消费者个人月收入的增加，其饮茶的可能性也更高，即个人月收入会正向影响茶叶消费。

表18 样本基本情况描述

单位：人，%

特征	分类指标	频数	百分比
性别	男	198	58.2
	女	142	41.8
年龄	25岁及以下	33	9.7
	26~35岁	63	18.5
	36~45岁	72	21.2
	46~55岁	123	36.2
	56~65岁	45	13.2
	65岁以上	4	1.2
学历	初中及以下	24	7.1
	高中（含中专）	91	26.8
	大专	87	25.6
	本科	126	37.1
	研究生	12	3.5
职业	公务员及事业单位工作者	97	28.5
	企业职员	70	20.6
	个体经营者	63	18.5
	务农人员	13	3.8
	离退休人员	27	7.9
	自由职业者	44	12.9
	其他	26	7.6
个人月收入	3000元及以下	30	8.8
	3001~5000元	110	32.4
	5001~8000元	99	29.1
	8001~10000元	46	13.5
	10000元以上	55	16.2

表 19 是是否接收过亲朋好友茶叶推荐相关信息统计，285 人表示之前接收过亲朋好友茶叶推荐相关信息，占 83.8%，亲朋好友从未推荐过或者说未接收过亲朋好友茶叶推荐相关信息的有 55 人，占 16.2%。

表 19　是否接收过亲朋好友茶叶推荐相关信息统计

单位：人，%

是否接收过亲朋好友茶叶推荐相关信息	频数	百分比
是	285	83.8
否	55	16.2
合计	340	100.0

表 20 是是否购买过亲朋好友推荐的茶叶统计，82.9%的消费者在之前购买过亲朋好友推荐的茶叶，而没有购买过的消费者有 58 人，占 17.1%。由此可见，一般情况下，接收过亲朋好友茶叶推荐相关信息的消费者，大多会将这一信息直接转化为具体的消费行为，从而使得茶叶的口碑营销得以见效。

表 20　是否购买过亲朋好友推荐的茶叶统计

单位：人，%

是否购买过亲朋好友推荐的茶叶	频数	百分比
是	282	82.9
否	58	17.1
合计	340	100.0

本报告使用的研究方法为结构方程模型，由于关系强度、信任和感知价值等因素都很难客观测度，无法直接通过观察获取，只能询问对象获取其主观回答。因此，基于大量国内外现有研究中的量表，结合茶产业与茶叶消费市场实际情况，本报告对相关的潜在变量指标进行了完善，形成最终的测量量表（见表21）。

表 21　潜在变量测量题项

变量	编号	题项
口碑数量	口碑数量 1	如果身边很多亲朋好友推荐相关茶叶,我会倾向于购买它
	口碑数量 2	如果很多亲朋好友对于所推荐的茶叶给予很高的关注,我会倾向于购买它
	口碑数量 3	亲朋好友推荐茶叶的次数越多,我会倾向于购买它
	口碑数量 4	亲朋好友对推荐茶叶的评价更全面的(好坏都有),我会倾向于购买它
口碑评价方向	口碑评价方向 1	包含正面和负面评价的茶叶信息相比只有正面评价的茶叶信息为我提供更多的看法
	口碑评价方向 2	亲朋好友对茶叶的负面评价对我影响比较大
	口碑评价方向 3	比起正面评价,亲朋好友的负面评价让我对茶叶的了解更清晰
	口碑评价方向 4	比起正面评价,亲朋好友的负面评价改变了我对茶叶的原有想法和态度
关系强度	关系强度 1	与我有着密切联系的亲朋好友所推荐的茶叶我会格外关注
	关系强度 2	经常一起讨论个人问题的亲朋好友所推荐的茶叶,我会更加关注
	关系强度 3	如果推荐茶叶的亲朋好友遇到问题,我会尽心尽力为其提供帮助
	关系强度 4	我愿意与推荐茶叶的亲朋好友在日常生活中度过休闲时间
感知价值	感知价值 1	我通常依赖亲朋好友对茶叶的评论信息来获取对茶叶的认知
	感知价值 2	我认为在亲朋好友的推荐下购买茶叶的体验好
	感知价值 3	我认为亲朋好友推荐的茶叶值得关注
	感知价值 4	我认为接受亲朋好友推荐的茶叶内容所花费的时间和精力是值得的
信任	信任 1	我觉得亲朋好友所推荐的茶叶内容大部分是真实的
	信任 2	我觉得亲朋好友所推荐的茶叶内容是值得信赖的
	信任 3	推荐茶叶的亲朋好友能很好地掌握相关领域的知识
	信任 4	推荐茶叶的亲朋好友具有判定茶叶优劣的相关能力
购买行为	购买行为 1	亲朋好友的推荐会激发我对茶叶的购买欲望
	购买行为 2	我愿意支付稍高的价格购买亲朋好友所推荐的茶叶
	购买行为 3	我会再次/多次购买亲朋好友推荐的茶叶
	购买行为 4	我总是会购买亲朋好友推荐的茶叶
	购买行为 5	亲朋好友推荐给我买的茶叶我会再推荐给他人

2. 信度分析与聚敛效度检验

本报告问卷内容利用 SPSS26.0 先后对数据进行了信度分析与因子分析。由表 22 中数据可知，Cronbach's Alpha 值在 0.8 以上，故可判断问卷具有良好的信度。

表 22 信度分析

变量	题项	信度	总体信度
口碑数量	4	0.866	
口碑评价方向	4	0.865	
关系强度	4	0.864	0.911
感知价值	4	0.860	
信任	4	0.893	
购买行为	5	0.925	

由于此次问卷调查所用的工具采取较为成熟的量表，因此不需要再进行探索性因素分析检验，只需要采用验证性因素分析检验量表的适配度。计算结果显示，各变量以及不同维度所属指标的标准化载荷均在 0.7 以上，大于 0.5 的要求，且组合信度 CR 均高于 0.7，平均变异萃取量 AVE 均高于 0.5，各变量以及不同维度所属指标均具有较高的聚敛效度（见表 23）。

表 23 聚敛效度检验

变量	编号	标准化载荷	p	CR	AVE
口碑数量	口碑数量1	0.815	—	0.867	0.621
	口碑数量2	0.809	***		
	口碑数量3	0.810	***		
	口碑数量4	0.713	***		

续表

变量	编号	标准化载荷	p	CR	AVE
口碑评价方向	口碑评价方向1	0.751	—	0.867	0.621
	口碑评价方向2	0.756	***		
	口碑评价方向3	0.878	***		
	口碑评价方向4	0.760	***		
关系强度	关系强度1	0.858	—	0.865	0.617
	关系强度2	0.752	***		
	关系强度3	0.807	***		
	关系强度4	0.717	***		
感知价值	感知价值1	0.755	—	0.861	0.608
	感知价值2	0.773	***		
	感知价值3	0.773	***		
	感知价值4	0.817	***		
信任	信任1	0.811	—	0.894	0.677
	信任2	0.824	***		
	信任3	0.841	***		
	信任4	0.816	***		
购买行为	购买行为1	0.836	—	0.926	0.715
	购买行为2	0.788	***		
	购买行为3	0.913	***		
	购买行为4	0.880	***		
	购买行为5	0.806	***		

注：*** 表示在1%的水平下显著。

3. 结构方程模型构建与拟合度分析

本报告采用AMOS24.0软件构建用于实证检验分析的结构方程模型，以对前文假说进行具体验证，将所有变量纳入同一个分析系统，检验整体模型的结构适配性。标准化参数估计如图2所示。

图 2 标准化参数估计

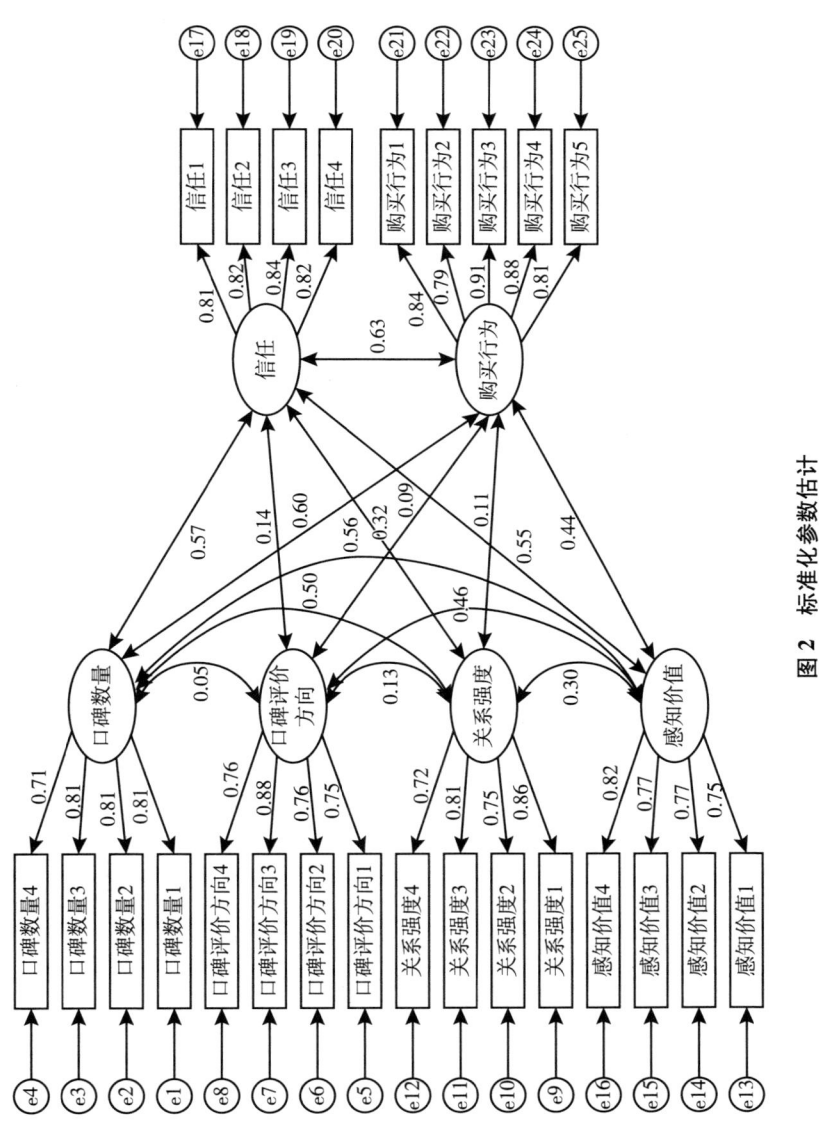

建立模型后，将SPSS26.0中的数据导入模型进行拟合，得出各测量指标的模型拟合度情况，具体如表24所示。根据表24中的数据可知，各项指标均达到相应标准，均符合分析要求，所以该模型具有良好的配适度，也具有较好的结构效度。

表24 拟合度情况

指标	标准参考值	检验结果	拟合情况
CMIN/DF	1≤取值≤3较合适	1.263	理想
GFI	取值在[0,1]，≥0.9更佳	0.929	理想
AGFI	取值在[0,1]，≥0.9更佳	0.911	理想
NFI	取值在[0,1]，≥0.9更佳	0.939	理想
TLI	取值在[0,1]，≥0.9更佳	0.985	理想
CFI	取值在[0,1]，≥0.9更佳	0.987	理想
RMSEA	≤0.08即可，≤0.05更佳	0.028	理想

4. 信任中介效应分析及假说检验

在信度检验结果的基础上，以口碑数量、口碑评价方向、关系强度、感知价值分别作为自变量，信任作为中介变量，购买行为作为因变量，建立中介效应分析模型，检验在自变量对因变量的回归影响中，信任是否起到了显著的中介作用，并采用Bootstrap法检验中介效应。

根据检验结果可知，口碑数量对信任存在显著的正向回归影响，$b=0.437$，显著性检验结果$p<0.001$，中介模型前半段路径成立，对购买行为存在显著的正向回归影响，$b=0.516$，显著性检验结果$p<0.001$，中介模型总效应显著，口碑数量以及信任对购买行为存在显著的正向回归影响，回归系数分别为0.310与0.472，显著性检验结果$p<0.001$，中介模型直接路径以及后半段路径成立。根据中介效应检验原理，模型存在显著的中介效应，且表现为部分中介效应形式。

同理可知，关系强度与感知价值对信任存在显著的正向回归影响，对购买行为的回归总效应显著。综上可知，在口碑数量、关系强度、感知价值对购买行为的回归影响中，信任变量有着显著的中介作用，且表现为部分中介效应形式。

此外，温忠麟等在关于中介效应的方法以及模型的发展进程的研究中提出，系数 b 如果显著，按中介效应立论，否则按遮掩效应立论。[①] 由于口碑评价方向对信任存在显著的正向回归影响，b＝0.118，显著性检验结果 $p<0.05$，中介模型前半段路径显著，对购买行为不存在显著的回归影响，b＝0.098，显著性检验结果 $p>0.05$，中介模型总效应不显著，直接效应路径系数 b＝0.022，显著性检验结果 $p>0.05$，同样未达到显著性水平。因此口碑评价方向对购买行为不存在显著的回归影响，但信任的中介效应存在，中介模型表现为遮掩效应形式，具体结果如表25所示。

为了更准确地比较各效应量大小，对模型中总效应、直接效应以及中介效应进行分解计算，结果如表26所示，口碑数量、关系强度、感知价值对购买行为的回归影响总效应显著、直接效应显著，且中介效应95%的置信区间不包含0，进一步验证了部分中介效应成立。口碑评价方向对购买行为的回归影响总效应不显著、直接效应不显著，但中介效应95%的置信区间不包含0，遮掩效应成立。

5. 结论与启示

本报告利用结构方程模型，对茶叶口碑营销的机制和影响因素进行分析。研究结果显示：口碑数量、关系强度、感知价值和信任都显著影响茶叶口碑营销，其中口碑数量、关系强度、感知价值不仅直接影响茶叶口碑营销，这三个因素还通过信任的中介作用，间接影响茶叶口碑营销；口碑数量和关系强度对茶叶口碑营销的影响主要是直接影响，通过信任的中介作用对茶叶口碑营销的间接影响相对较小，感知价值更多的是通过信任的中介作用间接影响茶叶口碑营销，对于茶叶口碑营销的直接影响较小；口碑评价方向不会显著影响茶叶口碑营销，但其对信任有显著的影响。

---

① 温忠麟等：《国内中介效应的方法学研究》，《心理科学进展》2022年第8期。

表 25 回归分析结果

项目	信任	购买行为	购买行为	信任	购买行为	购买行为	信任	购买行为	购买行为	信任	购买行为	购买行为
常数项	2.062***	1.652***	0.679***	3.232***	3.177***	1.071***	1.637***	1.216***	0.399	2.385***	2.117***	0.770***
口碑数量	0.437***	0.516***	0.310***									
口碑评价方向				0.118*	0.098	0.022						
关系强度							0.530***	0.608***	0.344***			
感知价值										0.352***	0.393***	0.194***
信任			0.472***			0.652***			0.499***			0.565***
R^2	0.258	0.281	0.410	0.017	0.009	0.335	0.240	0.247	0.395	0.163	0.158	0.367
F	117.388***	131.996***	117.002***	5.789***	3.144***	84.904***	106.491***	110.654***	109.803***	65.888***	63.566***	97.624***

注：***、*分别表示在1%和10%的水平下显著。

表 26 标准化的 Bootstrap 中介效应检验

影响路径	效应分解	效应量	SE	t	p	95%下限 LLCI	95%上限 ULCI
口碑数量→购买行为	总效应	0.516	0.045	11.489	0.000	0.428	0.605
	直接效应	0.310	0.047	6.553	0.000	0.217	0.403
	中介效应	0.206	0.040			0.133	0.287
口碑评价方向→购买行为	总效应	0.098	0.056	1.773	0.077	−0.011	0.208
	直接效应	0.022	0.046	0.475	0.635	−0.069	0.112
	中介效应	0.077	0.035			0.008	0.149
关系强度→购买行为	总效应	0.608	0.058	10.519	0.000	0.494	0.722
	直接效应	0.344	0.060	5.776	0.000	0.227	0.461
	中介效应	0.264	0.046			0.179	0.356
感知价值→购买行为	总效应	0.393	0.049	7.973	0.000	0.296	0.489
	直接效应	0.194	0.047	4.142	0.000	0.102	0.286
	中介效应	0.199	0.038			0.130	0.278

四 茶叶贸易

在近 70 年的演变中，全球茶叶出口重心经历了从南亚次大陆南部朝西南方向的转移；全球茶叶进口重心则呈现出从伊比利亚半岛东移至希腊的克里特岛附近的趋势，明显呈现东移的特征。全球茶叶消费进口格局形成的速度明显快于茶叶出口多元化格局形成的速度。在 19 世纪中叶之前，中国长期垄断全球茶叶贸易。然而，1886 年以后，中国茶叶出口开始迅速被印度和斯里兰卡超越，进入了一个长达半个多世纪的衰退期。二战后，随着全球化加快，作为茶叶的发源地，中国茶叶贸易取得了显著的成就。目前，中国拥有全球最大的茶园面积，是全球最大的茶叶生产国，茶叶出口方面位居第二，而茶叶贸易额方面则居全球首位。然而，与肯尼亚、印度、斯里兰卡等国相比，中国茶叶生产仍然存在一些不足之处。其中，茶产品结构与国际需求的差异较大、茶园季节性用工现象突出、传统加工方式导致的生产成本较高等问题日益凸显，因此中国茶叶生产亟待进行"提质增效"的改革。

疫情期间，全球茶叶贸易也受到了一些冲击。由疫情导致的全球供应链中断和物流问题会对茶叶的供应产生一定影响，这导致一些国家和地区的茶叶价格产生波动；疫情导致了一些国家和地区的经济不景气，餐饮业和旅游业的受损也影响到对茶叶的需求，从而影响茶叶价格；一些国家因为经济形势的不确定性而改变其进口政策，这对茶叶贸易和价格产生一定的影响；一些国家货币贬值导致它们需要支付更多本地货币来购买进口茶叶，从而影响茶叶价格。

短期内，新冠疫情对茶叶市场的影响相对温和。强劲的需求来自发展中国家和新兴国家，它们将继续支撑茶叶市场，这不仅在农村地区创造了新的收入机会，还有助于提高茶叶生产国的粮食安全水平。中国、印度等国的茶叶消费增长尤其迅速，这受益于收入水平提高以及对有机茶和特种茶等多元化产品不断增长的需求。尽管面临疫情等短期挑战，但茶叶市场在长期内仍然具有稳健的增长前景。2022年，受到国际形势和疫情的持续影响，全球茶叶贸易面临复杂和严峻的局面。在这种情况下，中国茶叶外贸顶住多重压力，取得了令人瞩目的成绩。2022年1~12月，中国茶叶累计出口量达到37.53万吨，同比增长1.59%，创下新高；然而，出口额为20.83亿美元，同比减少9.40%；出口均价为5.55美元/公斤，同比降低10.77%。这标志着2022年中国茶叶出口量实现了连续增长，但出口额和均价出现了十年来的首次下降。在此前十年中，中国茶产业迎来了飞速发展的黄金时期，茶产业逐渐成为一些地区的重要支柱产业。然而，农残标准提高、关税壁垒、激烈的国际市场竞争、文化认知和消费习惯差异等问题仍然是制约中国茶叶出口的因素。在未来，加强合规管理、推动市场多元化、提高产品附加值等方面的努力将是中国茶产业持续发展的关键。

在未来茶叶市场的展望中，全球化和互联网的发展将推动市场规模不断扩大，尤其在欧美、中东、非洲等地。随着消费者对品牌和产品质量的要求不断提升，品牌竞争将变得更加激烈，预计未来，一些实力雄厚且口碑良好的品牌将占据市场主导地位。互联网技术的普及将推动线上销售在茶叶市场中占据更大比例，为消费者提供更便捷的购物方式和更多的促销和优惠活动。同时，随着环保意识的提高，绿色和可持续发展理念将更深入人心，涉及茶叶包装材料的环保、减少物流碳排放、推动茶园的绿色生产等方面，其将在茶叶贸易中得到更广泛的应用和推广。这些趋势表明未来茶行业需要不断适应市场的变化，注重品牌建设、数字化发展，同时关注消费者对质量、方便性和可持续性的需求，为行业参与者带来创新和发展的机遇。

王若水的研究表明，2022年，受汇率波动及疫情反复的影响，中国茶叶出口呈现出"量增价跌总额减"的态势。① 中国茶叶出口整体呈现基本平稳的态势，总体出口量略有上升。然而，受到多重因素的影响，包括国内外新冠疫情蔓延、国际形势动荡以及经济下行，出口额和均价都出现下滑趋势。在茶类方面，绿茶仍然保持出口主导地位，市场份额和均价基本稳定；红茶出口量明显增加，但价格有所回落；普洱茶出口降幅较大。茶叶出口市场以非洲和亚洲为主，市场结构相对稳定，但对亚洲的出口均价有所下降；相比之下，欧洲市场的出口量和均价同步上升。然而，值得关注的是茶叶进口规模明显回落。

郑国富等认为尽管受到新冠疫情冲击导致的宏观经济环境不甚理想的影响，中国茶产业还是依托国内超大市场规模和国外持续稳定的市场需求，实现茶叶出口数量持续增长。②

2021年中国出口红茶数量3.0万吨，同比增长2.7%，金额4.1亿美元，同比增长20.5%，单价1.4亿美元/万吨，同比增长17.3%；出口绿茶数量31.2万吨，同比增长6.4%，金额14.9亿美元，同比增长14.0%，单价0.5亿美元/万吨，同比增长7.1%；出口特种茶数量2.8万吨，同比增长3.3%，金额4.0亿美元，同比增长2.2%，单价1.4亿美元/万吨，同比下降1.1%。2022年中国出口红茶数量3.3万吨，同比增长10.0%，金额3.4亿美元，同比下降17.1%，单价1.0亿美元/万吨，同比下降28.6%；出口

---

① 王若水：《中国茶叶出口的现状、问题及对策研究》，《广东茶业》2023年第5期。
② 郑国富、于敏：《中国对欧盟茶叶出口贸易发展的特征、问题与建议》，《茶叶通讯》2024年第2期。

绿茶数量31.4万吨,同比增长0.6%,金额13.9亿美元,同比下降6.7%,单价0.4亿美元/万吨,同比下降16.7%;出口特种茶数量2.8万吨,同比未发生变化,金额3.5亿美元,同比下降12.5%,单价1.3亿美元/万吨,同比下降14.3%。从整体来看,绿茶仍是我国茶叶出口优势品类,出口量额均占较大比重。对比两年数据,在出口数量方面,增幅最大的是红茶,达到了10.0%。在出口金额方面,所有品类均有下降,其中红茶下降最多,达到17.1%。在出口单价方面,2022年特种茶单价最高,为1.3亿美元/万吨;但各茶类单价全部下调,其中红茶降幅最大,达28.6%(见表27)。刘文敏等人认为,总体来看,量增额减的主要原因有以下几点。一是海运的费用大幅度下降。二是附加值偏低的大包装原料茶出口量上升,而小包装的茶出口量下降。2022年,中国大包红茶出口单价仅相当于小包红茶的1/3左右,贸易综合效益不显著。三是由于"一带一路"倡议推进,茶叶向欠发达国家及地区出口的数量增加,从而拉低了平均单价。四是东南亚和中国香港地区出口的高价茶大幅度下降。[①]

表27 2021~2022年中国不同类型茶叶出口情况

类别	2021年 数量(万吨)	2021年 金额(亿美元)	2021年 单价(亿美元/万吨)	2022年 数量(万吨)	2022年 金额(亿美元)	2022年 单价(亿美元/万吨)	同比增速(%) 数量	同比增速(%) 金额	同比增速(%) 单价
红茶	3.0	4.1	1.4	3.3	3.4	1.0	10.0	-17.1	-28.6
绿茶	31.2	14.9	0.5	31.4	13.9	0.4	0.6	-6.7	-16.7
特种茶	2.8	4.0	1.4	2.8	3.5	1.3	0.0	-12.5	-14.3

资料来源:商务部网站。

根据中国茶叶出口市场分布,与2020年相比,2021年,中国对亚洲出口茶叶数量9.8万吨,同比增长6.2%,金额12.9亿美元,同比增长13.3%,

---

[①] 刘文敏等:《"一带一路"背景下中国茶叶对外贸易市场集中度变化研究》,《福建茶叶》2022年第7期。

单价1.3亿美元/万吨，同比增长6.7%；对非洲出口茶叶数量20.8万吨，同比增长4.9%，金额7.3亿美元，同比增长11.1%，单价0.4亿美元/万吨，同比增长5.9%；对欧洲出口茶叶数量5.0万吨，同比增长8.9%，金额1.8亿美元，同比增长13.7%，单价0.4亿美元/万吨，同比增长4.4%；对南美洲出口茶叶数量0.2万吨，同比下降9.1%，金额0.1亿美元，同比增长13.0%，单价0.5亿美元/万吨，同比增长24.4%；对北美洲出口茶叶数量1.2万吨，同比增长12.3%，金额0.8亿美元，同比增长20.8%，单价0.7亿美元/万吨，同比增长7.6%；对大洋洲出口茶叶较少。2022年，中国对亚洲出口茶叶数量9.8万吨，同比增长0.1%，金额10.7亿美元，同比下降17.2%，单价1.1亿美元/万吨，同比下降15.4%；对非洲出口茶叶数量21.1万吨，同比增长1.5%，金额7.3亿美元，同比下降0.1%，单价0.3亿美元/万吨，同比下降25.0%；对欧洲出口茶叶数量5.1万吨，同比增长2.4%，金额1.9亿美元，同比增长2.7%，单价0.4亿美元/万吨，同比未发生变化；对南美洲出口茶叶数量0.1万吨，同比下降31.3%，金额0.1亿美元，同比下降25.0%，单价1.0亿美元/万吨，同比增长100.0%；对北美洲出口茶叶数量1.4万吨，同比增长17.6%，金额0.8亿美元，同比增长5.1%，单价0.6亿美元/万吨，同比下降14.3%；对大洋洲出口茶叶情况变化不大。

  从出口数量来看，非洲依然居中国茶叶出口市场的首位，亚洲和欧洲地区分别位列第二和第三。但是从出口金额来看，中国对亚洲地区出口茶叶总金额却远超非洲和欧洲。从动态变化视角来看，2021~2022年，亚洲、非洲和欧洲地区的茶叶出口数量均有所增加，值得注意的是，"一带一路"共建国家和东盟出口数量也有所上升。石佳玉的研究说明，随着中国—东盟自由贸易区发展及"一带一路"建设深化，东盟在中国的茶叶出口市场中占据越来越重要的地位。[①] 而在出口金额的变化上，2022年中国对欧盟茶叶出口金额为1.3亿美元，同比增长7.3%，保持持续上升趋势。郭营营等的研究表明，20余年来，中国对欧盟茶叶出口贸易合作发展成效显著，二者互补性

---

① 石佳玉：《中国茶叶对外出口贸易现状及对策研究》，《福建茶叶》2022年第5期。

较强，双方合作互利共赢，惠及社会民众。①虽然对亚洲、非洲地区的出口金额呈现下降趋势，但这也说明中国茶叶已经走出亚非市场，在世界的茶叶出口版图中扮演着越来越重要的角色（见表28）。

表28 2021~2022年中国出口不同市场茶叶情况

市场	2021年 数量（万吨）	2021年 金额（亿美元）	2022年 数量（万吨）	2022年 金额（亿美元）	同比增速(%) 数量	同比增速(%) 金额
亚洲	9.79	12.94	9.80	10.72	0.1	-17.2
非洲	20.75	7.34	21.06	7.33	1.5	-0.1
欧洲	5.01	1.82	5.13	1.87	2.4	2.7
北美洲	1.19	0.78	1.40	0.82	17.6	5.1
南美洲	0.16	0.08	0.11	0.06	-31.3	-25.0
大洋洲	0.03	0.03	0.04	0.03	33.3	0.0
*"一带一路"共建国家	9.83	6.58	10.33	6.92	5.1	5.2
*东盟	2.04	4.50	2.37	4.65	16.2	3.3
*中东	9.90	3.20	10.19	3.38	2.9	5.6
*独联体	5.38	1.42	5.15	1.51	-4.3	6.3
*欧盟	2.95	1.23	3.05	1.32	3.4	7.3
*金砖国家	1.93	0.56	2.06	0.55	6.7	-1.8
*中东欧16国	0.62	0.16	0.59	0.15	-4.8	-6.3
*海合会	0.25	0.13	0.28	0.15	12.0	15.4
*拉美地区	0.16	0.08	0.11	0.06	-31.3	-25.0

注：*此项为专项统计，在计算总额时不统计在内。
资料来源：商务部网站。

2021年，自中国进口茶叶的国家和地区中，按金额排名，第一位是中国香港，数量1.7万吨，同比增长19.7%，金额6.5亿美元，同比增长39.2%，单价3.8亿美元/万吨，同比增长16.3%；第二位是马来西亚，数

---

① 郭营营、王慧：《"一带一路"背景下中国茶叶出口贸易发展路径研究》，《中国集体经济》2022年第10期。

量0.7万吨,同比增长28.6%,金额2.6亿美元,同比增长49.8%,单价3.7亿美元/万吨,同比增长16.5%;第三位是摩洛哥,数量7.5万吨,同比增长11.1%,金额2.3亿美元,同比增长15.2%,单价0.3亿美元/万吨,同比增长3.7%。2022年,自中国进口茶叶的国家和地区中,按金额排名,第一位是中国香港,数量1.2万吨,同比下降29.4%,金额4.0亿美元,同比下降38.5%,单价3.3亿美元/万吨,同比下降13.2%;第二位是马来西亚,数量0.9万吨,同比增长28.6%,金额2.9亿美元,同比增长11.5%,单价3.2亿美元/万吨,同比下降13.5%;第三位是摩洛哥,数量7.5万吨,比较稳定,金额2.4亿美元,同比增长4.3%,单价0.3亿美元/万吨,比较稳定。

潘蓉等人的研究表明,2022年,我国茶叶出口至126个国家和地区,多数主销市场需求旺盛。[①] 从出口金额来看,中国香港、马来西亚和摩洛哥占领前三。出口数量居前三位的分别是摩洛哥、乌兹别克斯坦、加纳。其中,摩洛哥依然是我国第一大出口国,出口数量7.5万吨(见表29)。

表29 2021~2022年中国茶叶出口十大国家和地区

单位:万吨,亿美元

国家和地区	2021年		国家和地区	2022年	
	数量	金额		数量	金额
中国香港	1.67	6.48	中国香港	1.23	3.99
马来西亚	0.72	2.57	马来西亚	0.93	2.85
摩洛哥	7.46	2.28	摩洛哥	7.54	2.39
越南	0.52	1.28	越南	0.49	1.10
加纳	2.28	1.03	加纳	2.45	1.05
毛里塔尼亚	1.76	0.76	美国	1.30	0.69
塞内加尔	1.63	0.70	塞内加尔	1.72	0.69
美国	1.10	0.67	毛里塔尼亚	1.26	0.56
乌兹别克斯坦	2.87	0.56	乌兹别克斯坦	2.50	0.55
多哥	1.20	0.56	俄罗斯联邦	1.97	0.52

资料来源:商务部网站。

---

① 潘蓉等:《2021年中国茶叶进出口贸易情况简析》,《中国茶叶》2022年第3期。

从茶叶出口贸易方式来看，2021～2022年茶叶出口主要还是采取一般贸易的方式。2022年通过一般贸易的方式出口了36.5万吨茶叶，同比增长1.8%；金额达到18.5亿美元，同比减少10.1%。2021～2022年边境小额贸易数量同比减少了31.3%，金额同比减少了75.4%。反之这两年除了边境小额贸易和其他贸易，一般贸易、来料加工装配贸易、加工贸易、进料加工贸易的数量同比均有所上升，说明茶叶出口贸易方式越来越多元化。

从中国十大省份茶叶出口来看，在出口数量方面，浙江省依然是中国茶叶出口大省，出口数量从2021年的15.08万吨增长到2022年的15.38万吨，同比增长2.0%。其次是安徽省和湖南省，2022年茶叶出口数量分别达6.21万吨和4.76万吨。福建省从2021年的2.61万吨增长到2022年的3.18万吨，同比增长21.8%。在出口金额方面，数据显示，2022年我国茶叶出口金额达到1亿美元以上的省份分别为福建、浙江、安徽、湖北、湖南、江西；其出口金额分别为5.31亿美元、4.84亿美元、2.45亿美元、2.00亿美元、1.40亿美元、1.30亿美元（见表30）。

表30　2021～2022年中国十大省份茶叶出口情况

单位：万吨，亿美元

省份	2021年 数量	金额	省份	2022年 数量	金额
福建	2.61	5.13	福建	3.18	5.31
浙江	15.08	4.86	浙江	15.38	4.84
安徽	6.77	2.87	安徽	6.21	2.45
贵州	0.59	2.22	湖北	2.45	2.00
湖北	2.35	1.90	湖南	4.76	1.40
湖南	4.16	1.24	江西	1.41	1.30
江西	1.41	1.21	贵州	0.49	0.85
云南	0.49	1.08	广东	0.42	0.70
广东	0.52	0.65	云南	0.45	0.57
广西	0.16	0.51	河南	0.61	0.44

资料来源：商务部网站。

此外，2018~2019年中国茶叶出口主体分布见表31。

表31 2018~2019年中国茶叶出口主体分布

单位：万吨，亿美元

主体	2018年 数量	2018年 金额	2019年 数量	2019年 金额
国有企业	3.66	1.93	3.40	1.70
外商投资企业	2.00	1.38	1.54	1.07
中外合资企业	1.17	0.48	1.05	0.59
外商独资企业	0.83	0.89	0.49	0.48
集体企业	1.31	0.89	1.04	0.78
私营企业	29.12	13.49	30.26	16.57
个体工商户	0.38	0.09	0.42	0.07

资料来源：商务部网站。

区域篇

B.2 福建省茶产业发展研究报告[*]

郑廼辉 江铃[**]

摘　要： 本报告通过总结福建茶产业种植、加工、质量安全、茶文化旅游、茶叶电商等领域的发展概况，对福建茶产业发展成效和存在的问题进行了分析，并从生态茶园建设、技术水平提升、融资环境改善、知名品牌建设、销售渠道建设等方面提出了推动福建茶产业进一步发展的建议。

关键词： 茶产业　茶文化　福建省

---

[*] 本报告相关资料来源于福建省农业农村厅茶叶站于学领高级农艺师，特此感谢。

[**] 郑廼辉，福建省农业科学院茶叶研究所原副所长，教授级高级农艺师，研究方向为茶叶加工；江铃，福建省老科协华茶世界遗产与品牌专委会制茶工程师，研究方向为茶叶加工与茶文化。

一 福建省茶产业发展概况

福建是全国产茶大省，中国四大乌龙茶产区，福建一省便占据了"半壁江山"。在茶产业发展方面，福建省常常以"全国第一"出现在各大数据榜单上，领跑全国。2021年3月22日至25日，习近平总书记赴福建考察。这是"十四五"规划通过后的首次国内考察。赴闽第一天，习近平总书记到位于南平的武夷山市。而在星村镇燕子窠生态茶园察看春茶长势时，习近平总书记强调："要统筹做好茶文化、茶产业、茶科技这篇大文章……打牢乡村振兴的产业基础。"[①] 这释放了我国茶产业发展的重要信号。福建省茶产业也在这一重要讲话精神的推动下，不断发力，稳步向前。2021年全省全茶产业链产值已率先突破千亿元大关，创造了干毛茶产量、平均单产等多项全国第一（见表1）。此外，全国白茶产量8.2万吨，福建省白茶产量5.5万吨，稳居全国白茶产量第一。全国花茶出口额0.2亿元，福建省占比5%，全国花茶出口量1927.1吨，福建省占比3%，出口额与出口量均位居全国第一。根据中国茶叶流通协会发布的"2021中国茶业百强县"：福建省安溪县居第3位，武夷山市居第11位，福鼎市居第13位，福安市居第26位，政和县居第40位，蕉城区居第64位，寿宁县居第71位。2022年，福建省的茶园总面积为361万亩，干毛茶产量为52万吨，全茶产业链产值超过了1500亿元，茶叶的出口额为5.31亿美元。2023年，茶园总面积368万亩，增加7万亩，同比增长1.9%；干毛茶产量54万吨，增加2万吨，同比增长3.8%；干毛茶产值258亿元，同比增长5.2%。

[①] 《专访福建省人民政府文史研究馆员杨江帆："三茶统筹"在现代产业中可以发挥更大作用》，央广网，2023年4月13日，https://www.cnr.cn/fj/jdt/20230413/t20230413_526216038.shtml。

表1　2021年福建省茶叶各项指标

类别	干毛茶产量（万吨）	全茶产业链产值（亿元）	平均单产（公斤/亩）	良种覆盖率（%）	出口量（万吨）	出口额（亿美元）
数值	48.8	1400	140.1	96	2.6	5.1
全国排名	第一	第一	第一	第一	第四	第一

资料来源：中共福建省委"中国这十年·福建"主题新闻发布会。

（一）茶园建设现状

2021年中央一号文件对"推进农业绿色发展"提出了16项总体要求，为茶产业发展提供了重要的方向。福建省农业农村厅发布《关于统筹做好"茶文化、茶产业、茶科技"这篇大文章推动茶产业高质量发展的若干意见》，要求在茶园建设方面，推行生态茶园建设。围绕基本实现全省茶园不用化学农药目标，坚持生态优先，组织开展茶叶绿色高质高效行动，强化茶园科学管理，倡导茶树健身栽培，严禁高度密植和过度矮化等掠夺性生产方式。综合采取种树、留草、间作、套种、疏水、筑路、培土等措施，保持茶园水土，改善茶园生态，到2025年，全省计划建设生态茶园300万亩以上，推广有机肥茶园面积占比超过95%，茶园绿色防控全覆盖。根据"两山"理念，茶园建设朝着绿色、有机、茶旅融合的方向发展。就目前生态茶园的建设，可以说是以滴水穿石之功，收标本兼治之效。

放眼望去，福建省各茶区正朝着生态茶园建设方向而努力。2021年3月，习近平总书记在武夷山市燕子窠生态茶园考察时指出，"过去茶产业是你们这里脱贫攻坚的支柱产业，今后要成为乡村振兴的支柱产业"。[①] 千里之行始于足下，生态茶园的建设也需从"根"开始。土壤是

[①] 《央视网评｜把茶文化、茶产业、茶科技这篇文章做好》，"央视网"百家号，2021年3月23日，https：//baijiahao.baidu.com/s？id=1695000641139132760&wfr=spider&for=pc。

茶树苗壮生长的根本，培育健康土壤、合理施肥，对茶叶的品质至关重要。《生态茶园建设指南》（NY/T 3934—2021）规范着生态茶园建设的标准，也给福建省各地优秀的生态茶园以支持与帮助，拓展着茶园建设的可能性。

根据福建省农业科学院茶叶研究所吴志丹总结，目前福建省生态茶园建设模式有以下几种：立体结构模式（复合生态型）、食物链模式（循环型）、立体食物链综合模式（综合型）。

1. 立体结构模式（复合生态型）

该模式根据生物种群的生物学特性和生态学特征之间的互利共生关系而合理建设农业生态系统，使处于不同生态位的生物种群在系统中各得其所、相得益彰。生态茶园建设不断发展，具有文化属性的茶庄园、茶旅基地、茶游学基地应运而生。

福建省农业科学院农业生态研究所近几年的研究表明，福建省结合茶区生产实际，建立了以食用菌为载体的茶叶废弃物资源化循环利用技术体系，创建了"茶—草—菌"生态循环模式茶园（见图1），同时利用茶叶废弃物（茶梗）就地栽培灵芝，菌渣肥对土壤质量、茶树生长及茶叶产量与品质影响较大。连续4年套种大球盖菇的幼龄茶园与清耕茶园相比，春茶萌发期提早4.3天，产量提高11%；"菌渣肥75%+复合肥25%"的配施组合可助推茶叶增产21.61%。

2. 食物链模式（循环型）

该模式按照农业生态系统内能量流动和物质循环的要求，充分利用系统中的废弃物，提高能量转换率和资源利用率，防止污染，采取绿色生态栽培技术措施。

安溪历山茶业在这方面进行过较为深入的试验研究，通过养猪收集猪粪（见图2），其通过发酵后形成沼液，沼液是助力茶树生长的优质肥，它既有化学肥料的速效性，又有农家肥的营养全面性，肥效长。据测定，沼液含有机质30%~50%，腐殖酸10%~25%，氮素0.8%~1.5%，磷素0.4%~0.6%，钾素0.6%~1.2%。沼液可做基肥、追肥等，能有效改善土壤理化性

茶业蓝皮书

图1 "茶—草—菌"生态循环模式茶园

图2 猪粪来源

状，提高肥力，增强抗逆性，防治病虫害，促进茶叶增产。方法是通过水渠将养猪场内产生的猪粪引入发酵池（见图3）进行发酵，而后进行净化形成沼液，通过喷灌机泵，将沼液抽到山顶上的储液池（见图4）内。最后，根据施用浓度需要，在划定的区域内将沼液导入灌溉系统，等量通过灌溉设施输送到茶树根系，茶树施用沼液，可减少肥料投入，降低生产成本，改善土壤理化性状，培肥地力，实现土壤种养有机结合，有利于加速茶树营养的生长，促使茶叶提升品质和提高产量。同时，茶叶叶片肥厚，耐泡性更强，回甘度更高，其经济效益十分明显。施用沼液对茶螨、小绿叶蝉等茶叶病虫有较强的抑制作用，减少病叶的数量，提高茶叶品质，避免了施用农药对茶叶品质的影响。因此，沼液是生产无公害、有机茶叶的理想肥料。

图3 猪粪发酵池

沼液在茶树上的应用，体现了"猪—沼—茶"生态农业循环模式，既净化了农村的环境，又变废为宝，促进了农业的可持续发展。

图4 储液池

3. 立体食物链综合模式（综合型）

该模式是立体结构型和食物链型有机结合的一种生态模式，是一种适度投入、高产出、少废物、无污染、高效益的模式。

（二）茶叶加工业现状

机械的应用、清洁化生产的推进，以及购机补贴增加等一系列措施的实施，在硬件设施上对福建省茶叶加工工艺与品质的提升起到了重要的保障作用。茶叶加工亦朝着机械化、自动化、智能化、清洁化方向发展。

福鼎白茶初制加工的萎凋与干燥设备设施已大幅改善。如白茶萎凋机已基本实现自动化、智能化（见图5）。

白茶精制生产线也基本实现了全流程的自动化（见图6至图9）。

图 5 品品香茶企的白茶萎凋机

图 6 品品香茶企白茶精制自动化生产线①

图 7　品品香茶企白茶精制自动化生产线②

图 8　品品香茶企白茶精制自动化生产线③

图9　品品香茶企白茶精制自动化生产线④

乌龙茶生产也通过不懈努力有了明显的进步，环境的控制、机械的智能化都有不同程度的改善（见图10）。

图10　安溪茶企初制生产车间

规上企业乌龙茶精制也基本实现自动化、智能化（见图11）。

图11　八马茶业乌龙茶精制生产车间

生产加工企业在谋求自动化、智能化（智慧互联）方面也开展了相关研究尝试（见图12）。

图12　南平市建阳区铁胎建盏陶瓷有限公司智慧互联场景

目前福建省的茶叶研发、检验检测、智能立体仓储、全自动分装及科学物流，从源头到终端，正向着实现全产业链工业化、标准化、智能化迈进。将人工的经验与技术的精准完美融合，使机械化的制茶能够接近人工。这就需要茶行业从业者们的持续努力和推动，做好相关理论研究和高新技术的嫁接。或许当技术发展到足够的程度时，可以用智能AI完全复刻大师的制茶技艺、用详细的参数还原人工制茶中的每一个细节。

（三）茶文化发展现状

1. 标准化建设

标准化的实质就是科学化、规范化、经济化。以标准化为核心才能真正做到以客户、以质量、以经济效益为中心。标准化还是一个过程。制定、执行和不断完善标准的过程，是不断提高质量、提高管理水平、提高经济效益的过程，是塑造企业灵魂的过程，是不断优化、不断完善对象和自身的过程，也是企业持续发展、社会协调发展的过程。

随着社会的发展，产品管理越来越规范，因此时代也呼唤着茶行业诸多标准的建立，以更好地指导生产。2020～2023年，福建省茶行业标准也不断推陈出新。

据不完全统计，福建省制定的茶行业标准达20多项。其中，红茶类有：政和工夫红茶、漳州工夫红茶、陈年正山小种、天山红茶等。白茶类有：九龙大白茶、金花白茶、老白茶等。绿茶类有：武平绿茶以及针形绿茶加工生产线装配技术规程、条形绿茶加工生产线装配技术规程、扁形绿茶加工生产线装配技术规程、珠形绿茶加工生产线装配技术规程等。乌龙茶类有：沙县红边茶成品茶、沙县红边茶加工技术规范、陈年武夷岩茶等。诸多标准的问世，为茶产业规范化生产提供了强有力的保障，为推动品牌建设奠定了基础。

2021年，国家标准化管理委员会印发了《关于下达2021年国家农业标准化区域服务与推广平台项目的通知》（国标委发〔2021〕30号），由福建农林大学牵头、宁德市标准化协会和福建新坦洋集团股份有限公司参与申报的"国家茶叶标准化区域服务与推广平台"被列为2021年国家农业标准化

区域服务与推广平台之一。平台将围绕"茶文化、茶产业、茶科技统筹发展"的思路，以标准化促进区域范围内茶产业健康发展为服务的根本宗旨，以提升茶产业产前、产中、产后全过程标准化水平为总体目标，开展标准体系建设、标准化培训、标准化信息服务等标准化专业服务，达到标准化有效支撑区域茶产业发展的目标，为全面实施农业标准化战略提供有力支撑，为乡村振兴战略做出更大贡献。

2. 品牌建设

一叶见方寸，一茶现万千。福建茶行业已在品牌建设上进行过诸多努力与尝试，就目前而言，有家喻户晓的公用品牌：安溪铁观音、福鼎白茶、武夷岩茶、坦洋工夫茶、平和白芽奇兰、漳平水仙茶饼、大田美人茶、建瓯矮脚乌龙等。从整体来看，各地茶叶以区域公用品牌为主导，茶企知名度依托着这些品牌，二者共生共荣，在政府、茶企共同努力下，福建茶行业品牌在业界着实有了一定的知名度，诸如品品香、华祥苑、八马茶业、日春、武夷星等。

一些主产县在品牌建设与发展上贡献良多，2023年安溪铁观音连续8年位列全国茶叶类区域品牌价值第一，品牌价值达1432.44亿元；安溪铁观音成为第二批中国重要农业文化遗产并于2020年成为联合国粮农组织全球重要农业文化遗产候选项目；2020年，安溪铁观音成为首个入选新华社民族品牌工程地理标志农产品，入选我国100个中欧地理标志协定保护名录。

3. 斗茶赛与茶叶品鉴活动

福建茶区的斗茶赛活动在历史上就十分活跃，近年来随着茶产业的发展，这种民间喜闻乐见的茶事活动更是形式多样，有社团机构、各级地方政府组织的斗茶赛活动，还有不少民间自发组织的斗茶赛活动，这些活动，在提升人们对茶品质认知水平的同时，还为茶区提供产供销信息，活跃的茶事活动，为茶产业的发展注入了一股新的活力。有一定持续性并受到人们称道的有自1999年由张天福先生首开先河的"闽茶杯"评审活动，至2023年已举办20届，历时长达24年，每年分春赛、秋赛两次活动，所收茶样除主要来自福建省外，还有部分来自全国各地，为茶企、茶农提供了一个了解品质水平与产供销信息渠道的平台。

与此同时，将鉴评的茶样分送各地，开展茶叶的品鉴与认知互动活动。如为进一步提升中国茶的影响力，推动茶产业绿色高质量发展，助力乡村振兴，同时让斗茶文化与原产地优质茶叶得到更多群众的关注与认可，由海峡两岸茶业交流协会主办、斗茶文化推广委员会承办的"海茶会斗茶中国行"系列品鉴会正在全国各地有序开展中，众多茶专业相关院校、协会、社会团体以及个人纷纷加入申办品鉴会的行列中，传播广度、热度和社会关注度日渐升高。2021年12月11~20日，"海茶会斗茶中国行"系列品鉴会分别在上海茗师堂站、福建农林大学创衍茶艺居站、江苏太仓沙溪站、乐夷茶室站、北京素叶茗茶站、北京拾一区茶书房站、石家庄香茶缘站、广东科贸·比屋之茗站、成都郭炜锋工匠技师工作室站、福建农业职业技术学院站、安徽省仇传慧技能大师工作室站和泉州立木堂站隆重举行，共计12场，举办场次创新高。"海茶会斗茶中国行"系列品鉴会在全国范围内开展，至2023年举办场次突破500场，茶文化爱好者纷至沓来，茶友们品饮着品质上佳的参赛茶样，并从外形、口感、汤色、香气等方面对每款茶进行综合打分，在感受正规赛事品鉴标准的同时，分享彼此品茶心得，让中国茶文化在品鉴中得以更好地传播。

4. 技能竞技活动

技能竞技活动也受到茶区的热捧，安溪县多年来已开展乌龙茶审评、拼配和烘焙技术大赛活动。大赛设有理论、审评、拼配、烘焙等四个比赛环节。来自各乡镇及省级以上龙头茶企的参赛选手，比品茶水准、试烘茶功夫、赛拼茶内力，比赛难度较大，考查参赛选手综合知识，是对茶专业领域的全面考验。

2021年12月，由福建省诏安县总工会、诏安县委人才办、诏安县农业农村局、诏安县人力资源和社会保障局、白洋乡人民政府主办，诏安县茶叶协会承办的诏安县第三届茶叶加工技能大赛开幕式在诏安县白洋乡汀洋村隆重举行。此次大赛为期两天，采取现场制茶与审评成品质量评定相结合、以成品质量评定为主的办法确定比赛名次。大赛邀请了福建农林大学、福建省农业农村厅种植业技术推广总站、厦门茶叶进出口有限公司、漳州茶厂、饶

平县农业农村局等的专业人士担任评委，严格按照竞赛规则和茶叶感官审评技术规程，通过抽签选号、审评、扣分有据、不徇私情，客观、公正进行评判。举办茶叶加工技能大赛，是对制茶师傅技能水平的一次展示和检验，同时促进了诏安茶产业健康发展，助力乡村振兴、茶农增收。

2022年8月23~25日，第五届全国农业行业职业技能大赛茶叶加工赛项福建省选拔赛暨福建省第二届茶叶（绿茶）加工工职业技能竞赛在福安市举办。2023年10月12~14日，"武夷山杯"第六届全国茶业职业技能竞赛总决赛在武夷山举行，来自浙江、湖北、上海、广西等20个省份参赛代表队的59名优秀茶叶加工制作选手，通过理论知识考试、茶叶拼配考核、手工制茶现场操作3个项目展示自己的技术水平，在全国总决赛这个高质量的平台，相互交流学习，提升制茶技艺。

福建省第三届评茶员职业技能大赛于2022年12月24~26日在福州举办。2023年3月21~23日，全国行业职业技能大赛第三届"武夷山杯"全国评茶员职业技能竞赛总决赛在福建省武夷山市举行，来自全国21个省份代表队的百余名选手同台竞技。

2023年6月16日，以"迎国赛、强技能、展风采"为主题的第二届全国技能大赛茶艺师项目福建省选拔赛在福鼎市老年大学举行，来自全省11支代表队的54名茶艺师同台竞技。2023年12月22日，2023海西茶艺师技能大赛总决赛于厦航金雁酒店隆重举行。

泉州、三明、诏安等各地人社局、总工会、院校等纷纷举办各项涉茶赛事，茶叶从业者踊跃参加，这些活跃于不同层面的竞赛活动，可以帮助切磋技艺，实现现场培训，提升茶叶相关技能水平。

5. 陆续出版省市地方茶志书

2023年出版《福建茶志》，这是福建省第一部省级茶叶专门志书，百余万字，全面记述福建省茶文化、茶产业、茶科技的历史与现状，具有重要的存史、资政、教化价值。2019~2022年，福建各地陆续出版《南平茶志》《宁德茶志》《福州茶志》等地方茶志，为社会各界及广大茶叶消费者提供宝贵的茶叶资料。

（四）茶科技发展现状

1. 科研成果

福建省具有较为完善的茶科研与人才培养体系，由茶界泰斗张天福先生于1935年创办的距今近百年历史的福建省农业科学院茶叶研究所，从事茶树品种资源保护利用、茶树栽培、加工技术、茶树病虫害贯穿茶叶生产全过程的研究，还有福建农林大学以及地方性的专业研究机构共同担负着福建茶科技发展的重要任务。至今，福建省农业科学院茶叶研究所已选育出福云6号、福云7号、福云10号、黄观音、茗科1号（金观音）、黄奇、丹桂、春兰、黄玫瑰、金牡丹、瑞香等国家级良种和福云595、朝阳、九龙袍、早春毫、福云20号、紫玫瑰、春闺等省级良种，为福建无性系茶树品种种植比例超过95%做出了贡献。同时，惠及全国茶区，为茶叶提质、增产、增效，为茶农、茶企增收提供科技支撑。福建农林大学、福建省农业科学院茶叶研究所等在茶科技发展上硕果累累（见表2至表4）。

表2　2021年福建省涉茶科技进步奖获奖情况

奖项	项目名称	项目完成单位	项目完成人
科技进步奖二等奖	微生物农药防控茶园主要害虫的关键技术与应用	福建农林大学、武夷学院、中国农业科学院植物保护研究所、武夷山香江茶业有限公司、福建绿安生物农药有限公司	黄天培、洪永聪、束长龙、徐秋生、关雄、邵恩斯、姚荣英
科技进步奖三等奖	南方丘陵茶园退化阻控与生态修复模式及关键技术	福建省农业科学院农业生态研究所、福建省环境监测中心站	王义祥、刘明香、罗旭辉、李振武、杨冬雪
科技进步奖三等奖	乌龙茶种质资源鉴定评价与创新利用及产业化应用	福建农林大学、武夷星茶业有限公司、福建融韵通生态科技有限公司	孙威江、陈志丹、郭玉琼、曹士先、晁倩林
科技进步奖三等奖	茉莉花茶品质形成机制及其窨制技术研究与应用	福建省农业科学院农业生物资源研究所、福州市果树良种场、闽榕茶业有限公司、福州市经济作物技术站	陈梅春、陈思聪、严锦华、王艳娜、林增钦

资料来源：福建省科技厅。

表3　2021年福建省农业科学院茶叶研究所授权专利

成果名称	知识产权种类	发明人（或培育人）	申请号	授权日期	授权号
一种提高紫红芽茶树品种品质的加工方法	发明专利	邬龄盛	CN 108378157B	2021-08-03	ZL201810528657.3
一种茶叶产品及其制备方法	发明专利	陈泉宾	CN 108552394B	2021-08-24	ZL201810063528.1
一种茶叶加工方法	发明专利	杨军国	CN 107712169B	2021-05-25	ZL20171154830.X
一种利用茶树细胞色素P450鉴别茶树品种的方法	发明专利	单睿阳	CN 108034756B	2021-02-12	ZL201810039426.6
一种花香型金黄色绿茶产品及其制作方法	发明专利	陈志辉	CN 110558398B	2021-02-12	ZL201910974884.3

资料来源：福建省农业科学院。

表4　2021年福建省农业科学院茶叶研究所通过审（认、鉴）定的茶树新品种

品种名称	通过审(认、鉴)定或品种权或专有证书编号	具体完成人
春闺	GPD茶树（2021）350011	陈常颂、陈荣冰、游小妹、林郑和、钟秋生、陈志辉、黄福平、王秀萍
瑞香	GPD茶树（2021）350012	陈荣冰、陈常颂、黄福平、游小妹、杨燕清、张方舟、姚信恩、陈广群、钟秋生
九龙袍	GPD茶树（2021）350013	陈荣冰、陈常颂、黄福平、游小妹、杨燕清、郑廼辉、陈广群、陶湘辉

资料来源：福建省农业科学院。

2021年7月15日，福建农林大学联合国内外多家单位的科学家，在尤民生教授和张兴坦研究员共同主持下，利用独立开发的新算法攻克高杂合、高重复铁观音基因组组装难题，在此基础上阐述了等位基因不平衡、茶树群

体演化和驯化等相关科学问题。该论文发表于国际顶级期刊《自然遗传学》(*Nature Genetics*)。

2021年5月1日，福建农林大学叶乃兴教授、杨江帆教授团队和中国农业科学院深圳农业基因组研究所张兴坦研究员团队研究论文"Genetic Basis of High Aroma and Stress Tolerance in the Oolong Tea Cultivar Genome"于 *Horticulture Research* 在线发表。课题组组装获得了乌龙茶品种黄棪的二倍体染色体级别基因组与单体型染色体级别基因组，获得了黄棪的基因组精细图谱与等位基因变异，揭示了黄棪品种高香品种特性的基因组基础。

福建张天福茶叶发展基金会于2020年11月制定《福建张天福茶叶发展基金会科技创新基金奖励条例》，2021年度有《利用SNP标记构建茶树品种资源分子身份证》《基于DNA条形码和代谢组学技术的闽南乌龙茶产品鉴别》等8篇论文获优秀论文一等奖，《基于电子鼻和ATD-GC-MS技术分析茉莉花茶香气成分的产地差异》《基于广泛靶向代谢组学的不同产地红茶代谢产物比较分析》获优秀论文二等奖，3项专利获二等奖（见图13）。

图13　2021年度福建张天福茶叶发展基金会科技创新基金论文奖颁奖活动

2022年度有《茶树花青苷合成相关PAL基因的鉴定及其与花青苷含量的相关性》《脂质谱分析揭示了紫芽茶不同加工工艺对茶叶风味前体物质的影响》等18篇论文获优秀论文一等奖，《电子鼻和GC-MS结合化学计量学应用于高香红茶与传统工夫红茶香气特征的研究》《环境湿度对大红袍做青品质的影响》等13篇论文获优秀论文二等奖，"乌龙茶气流辅助摇青连续化做青设备""基于多通道计量投料的茶叶动态拼配匀堆机"等5项专利获二等奖。2023年度福建张天福茶叶发展基金会科技创新基金硕博士生组优秀论文一等奖32篇、二等奖7篇；本科生组优秀论文二等奖1篇；专利二等奖3项。

更为可喜的科技界的一件大事是2021年12月13日7时17分，以"安溪铁观音"命名的安溪铁观音一号卫星正式启运前往发射场待机发射（见图14）。该卫星由安溪县人民政府与中科星桥和长光卫星共同合作，分辨率0.5米，轨道高度535公里，是目前国内最高分辨率商业遥感卫星，每天可获取19.6万平方公里全球对地观测数据，可为精准农业、数字茶业、智慧城市、国土监测、海洋环境、全球重点目标变化监测等提供空天大数据服务和支撑。该卫星具有星上任务自主规划、实时数传和星上AI功能，结合快速机动控制，可实现单轨多点目标成像和信息快速回传。卫星拥有各类先进成像模式，除了常规成像模式外，非沿轨灵巧成像模式可直接获取"准正射"原始图像；低照度夜光成像模式可获取城市夜间灯光图像；惯性空间扫描模式可观测空间碎片和天体。该卫星的数据将由中科星桥落地福建省泉州市安溪县数字福建（安溪）产业园的商业遥感卫星地面接收站接收，通过数据应用将在社会经济发展各个方面发挥重要作用，并为空天大数据助力"数字福建"高质量发展做出重要贡献。安溪铁观音一号卫星发射后，安溪县可直接应用卫星遥感、大数据和现代光学技术，开展病虫害预防测报、土壤肥力监测、茶叶产量测算、茶园抢险救灾等，为相关部门、茶企、茶农进行茶园规划、管理、评估及病虫害治理等提供强大的数据支持。这昭示着安溪的智慧茶产业将迈入"遥感+农业"的新时代、新阶段。

图 14 安溪铁观音一号卫星出征仪式

2. 科技特派员

科技特派员（以下简称"科特派"）制度是 1999 年福建省南平市党委和政府为探索解决新时期"三农"问题，在科技干部交流制度上的一项创新与实践。科技部对南平市的做法给予了充分肯定，陆续在部分地区展开试点，目前全国大部分省份开展了科技特派员工作。

科特派是指经地方党委和政府按照一定程序选派，围绕解决"三农"问题和农民看病难问题，按照市场需求和农民实际需要，从事科技成果转化、优势特色产业开发、农业科技园区和产业化基地建设以及医疗卫生服务的专业技术人员。推行科技特派员制度是国家和地方现阶段的一项重大决策，它通过选派有一定科技专业理论、技术、工作经验、指导方法、管理能力的专家、教授、研究员、博士等中青年知识分子，深入农村第一线，长年累月地和农民在一起，工作在农村、服务于农业，把自己的一切贡献给"三农"。一般有省、市、县三级科技特派员。

科特派积极牵线搭桥，推动科研单位、高等院校、骨干企业同农民直接携手合作，用高新技术和先进适用技术改造提升传统农业。运用多种方式进行农业先进适用技术培训，着力提高农民的科学文化素质和技术技能，充分发挥农村乡土人才的作用，带出一批留得住、用得上的农民技术员和农民企业家。努力推进农业科技示范园、示范乡镇、示范基地，以及科技创新型龙头企业和农业专家大院的培育和建设，发挥示范典型的辐射效应，并通过跨村跨乡服务，扩大先进适用技术的覆盖面。

习近平总书记在福建考察时强调，要统筹做好茶文化、茶产业、茶科技这篇大文章，坚持绿色发展方向，强化品牌意识，优化营销流通环境，打牢乡村振兴的产业基础;① 要深入推进科技特派员制度，让广大科技特派员把论文写在田野大地上。②

作为科技特派员制度的策源地，福建实现全省科特派创业和技术服务乡镇全覆盖、一二三产业全覆盖。在茶领域，福建省已组建茶产业服务团队12支，各级科特派活跃在茶产业各条战线，融合一二三产业，助力福建千亿元茶产业升级发展。

来自省科技厅的数据显示，仅2020年，福建省茶领域科特派就在全省实施涉茶科技开发项目37个，项目总投资达4164万元，创办企业5家，创建创业基地10家，成立专业合作社16家，累计推广新技术97项，获得认（审）定新品种2个。服务全省80%的龙头企业，年产值达100亿元，带动农户就业10多万人，户均增收7000余元……由省科技特派员、福建农林大学教授孙威江牵头建立的首批国家级科技特派员茶产业创业链，使福建省安溪、福鼎、武夷山等主要茶区发展发生"核裂变"。2020年，福建省科特派开展茶科技培训146场，累计培训贫困群众4499人次，服务的产业为村集体经济增加收入4580万元。

3. 茶叶科技小院

近几年由中国农村专业技术协会推出的农业科技小院建设在全国铺开，起到了联系农民、深入农村、发展农业的毛细血管作用，具有点对点、解决

---

① 《全国两会特别策划·党媒联动 | 小茶叶成就大产业》，《福建日报》2024年3月10日。
② 《总书记叮嘱"把论文写在田野大地上"》，人民网，2022年12月22日，http://fj.people.com.cn/n2/2022/1222/c181466-40239807.html。

问题一次到位的优势，福建省农村专业技术协会也在重点茶区建立了茶叶科技小院，至2021年已有建瓯乌龙茶科技小院、福安坦洋工夫红茶科技小院、尤溪红茶科技小院等3家，具有"科协领导、院校实施、教师指导、学生常驻、多方支持"的特点，内部具有可持续性，外部具有可推广性，依托涉农高校专业硕士人才优势，深入驻扎农村和生产一线，致力解决茶叶生产经营实际问题，从而达到增产、提质、节本的效果。科技小院工作作风实、内容实、效果实，得到依托单位和县域政府的认可，赋能基层农村专业技术协会建设，助力乡村人才振兴和产业振兴。

（五）茶学教育发展现状

福建省有较为完善的茶学教育体系，目前共有8所高校设立茶学专业，也有中等农业专业学校设立茶学专业，还有不少技校设立茶学专业，另有多所农职院设立"新型职业农民大专学历教育（茶叶）"专班，为广大茶区培养人才。同时还有职业人才鉴定站开展的职业技能培训，以及政府相关部门、企业开展的各种培训，为福建省茶产业发展奠定了人才基础。

茶培训形式多样，既有传统的培训形式，又有深入车间、田间地头进行手把手指导的师带徒的形式，也有学习考察式的培训，还有政府学习报告会式的培训，总之，形式推陈出新，形成不同层级、不同需求、不同对象有针对性的培训。

1. 专业培训班型

2021年3月15日，海峡两岸茶业交流协会茶叶加工委员会2021年第一期茶叶加工技能培训班开班仪式在南平市延平区举行（见图15）。该期培训班有30余名来自江苏、河南、山东、浙江、台湾及福建省内茶叶主产区的学员报名参加。4月27日第二期在宁德市柘荣县举办。7月31日至8月5日在武夷山举办高级制茶师研修班。2023年6月7日，武夷山监狱2023年度"茶叶制作培训班"顺利开班。

图15　海茶会茶叶加工委员会2021年第一期茶叶加工技能培训班合影

2. 政府学习报告会型

2021年3月,由尤溪县委办公室、县人民政府办公室主办,尤溪红茶科技小院协办的尤溪县两茶工作推进会暨两茶知识培训会在文苑剧场举行(见图16)。尤溪红茶科技小院首席专家杨江帆教授做茶·文化·产业的主旨演讲,围绕品牌建设、企业支撑、渠道拓展、效益提升四个着力点对尤溪茶产业高质量发展进行了深入探讨。

3. 项目活动型

2021年11月23日,由商务部主办、漳州科技学院承办的"一带一路"国家茶文化与茶产业发展官员研修班开班仪式在漳州科技学院求知楼举行。来自孟加拉国、波黑、埃及、肯尼亚、尼泊尔、巴拿马、南非、斯里兰卡8个国家的65名学员,茶产业领域的政府官员、专家学者和管理人员在线上参加开班仪式。茶产业是福建重要的优势特色产业,福建省立足服务21世纪海上丝绸之路先行区建设,承担着播种友谊、传承中华茶文化的伟大历史使命。根植福建,助力"一带一路"建设。漳州科技学院教育兴茶,以茶

图16　尤溪县两茶工作推进会暨两茶知识培训会

育人，复兴中华优秀传统文化，让中国茶香满"一带一路"。

4. 结合职业鉴定考核型

2020年12月4日，福建省人力资源和社会保障厅办公室发布了《关于公布福建省首批职业技能等级认定社会培训评价组织名单的通知》，涉茶单位分别是海峡两岸茶业交流协会、福建省茶叶学会、南平市海峡茶业交流协会，开创了第三方机构评定评茶员、茶艺师、加工工职业技能等级的形式。各县（市、区）陆续成立相关职业技能培训学校，助力评茶员、茶艺师、加工工的培养与输送。茶叶制作的专项职业能力鉴定考核是福安市政府出台的一项惠民政策，通过福安市人社局认定的9家社会培训机构免费进行培训，已有373名茶叶制作人员通过专项职业能力鉴定考核。通过专项职业能力鉴定考核的人员，可领取就业补助资金500元。

5. 学习考察活动型

2021年初，为贯彻福建省委书记尹力推动茶产业创新高质量发展的重要讲话精神，福鼎市茶业协会组织福鼎白茶商标授权企业代表共160余人

（两批）开展2021福鼎白茶产业创新高质量发展学习考察活动。考察团一行先后到天湖、品品香、顺茗道茶企参观学习，旨在通过此次学习考察活动，搭建沟通桥梁，加深企业联系，共同推动福鼎白茶品牌建设纵深发展。

6. 市场需求型

2021年3月5日，福建瑞达茶业有限公司福鼎白茶创新店长培训班开班仪式举行。强调注重店长培训，做茶叶不仅是茶叶的销售，也是文化的传播，而店长在整个市场中起到承上启下的作用，只有店长的销售营销水平达到了一定的高度才能真正达到让更多人了解福鼎白茶文化、弘扬福鼎白茶文化的目的。一名优秀的店长，是打响福鼎白茶品牌最有力的武器，是企业最有效的"品牌代言人"，能够助力福鼎白茶经济高质量发展。

（六）茶产业数字化发展现状

当前我国农业数字化的比重还很低，与工业、服务业等产业相比仍存在短板。信息化、数字化将为未来农业带来难得的发展机遇。就茶产业数字化转型的具体推进路径而言，需要通过发展单品种全产业链大数据、加强关键核心技术攻关、强化信息技术服务、建立共生性生态来实现。数字化时代已经到来，传统产业数字化转型已成必然趋势。

数字化通俗的解释，就是运用互联网和智能技术重新组合数据，并反馈给用户，为用户带来价值的过程。映射到茶产业中就是在从种植到销售过程中，构建一个全产业链的数字化体系。

实际上，诸多茶区、茶企已经纷纷投身数字化运动。这场运动的背后，既有茶产业力图实现"产业升级"的努力，更有部分茶企试图以数字化实现领先目标的雄心。福建省茶产业也在这个过程中有了不菲的成绩。

1. "茶叶+互联网+数字化"

据报道，中国乌龙茶之乡安溪县在推进数字化的进程中做出了表率。据悉，安溪县的数字化体系建设中涵盖了管理、运营等方面。在一定程度上，安溪县为福建茶产业数字化树立了一个标杆，其中最为典型的就是最先启用"安溪县农资监管与物流追踪平台"。安溪县农资监管与物流追踪平台通过向茶农发放农资卡,把好农资归口、报备、准入、招标、溯源、举报、监管七个关口。也就是说,通过推进该平台建设,安溪县可实现茶叶生产投入使用的安全与可追溯,消费者则可凭此放心消费。

与此同时,安溪铁观音与拼多多强强联合,结成"安溪县茶产业新品牌联盟";与京东携手,通过打造铁观音产业链集群,发挥安溪县作为优势产区的影响力和号召力。

为了指导茶企科学储存茶叶,达到库存茶保值、增值和促进流通的效果,近年来武夷山市组织相关气象环境专家、茶叶专家开发"智慧茶仓"环境监控系统,在仓储环境监测中运用物联网技术、大数据技术、茶叶气象技术、互联网技术等。这个系统可以实现对茶仓小气候的在线监测和远程智控、茶山到茶仓的产业链溯源、基地产品溯源码与智慧货架管理等功能。将为茶叶的仓储研究和茶叶供应链建设提供大数据支撑,助力科学仓储。

茶产业作为传统制造业,"茶叶+互联网+数字化"成为新的经济常态。借助数字化实现改革和创新发展成为茶产业发展的内生动力,同时也是茶品牌高质量发展的必然选择。进入互联网时代,电子商务在茶产业发展中应运而生。

2. 电商模式多样化

电子商务从起步开始就来势汹汹、锐不可当。2020年我国茶叶电商已达280亿元的市场规模。电商模式也是多种多样,就渠道而言有以下几种。

(1) 传统电商

传统电子商务是指在互联网上以电子交易形式进行的交易活动和相关的服务活动,是传统商业活动的电子化和网络化的各个方面。传统电子商务的价值在于允许消费者通过互联网进行购物和支付,这不仅为客户和企业节省了时间和空间,而且大大提高了交易效率。传统电商卖家在平台上做生意都逃不出引流之战、转换之战、复购之战,引流之战是让更多的人来,转换之战是让来的人都买,复购之战是让买了的人再来买。在店铺运营的实际操作过程中,没有转换的流量比没有流量更可怕,没有回购的流量成本将不会持续。因此,转换和回购是流量的基础。在没有转换和回购的情况下,流量越

多，它消失得就会越快。流动也是转换和回购的先驱，一个都不可缺少。对于传统电子商务来说，流量是第一战，没有流量的商店将无法生存。因此，如何获得稳定的流量是传统电子商务卖家关心的首要问题。淘宝、天猫、京东的网络线上商店就是属于这种类型。

（2）社交电商

社交电商可以理解为社会化电子商务，是以用户社交关系链接的销售模式，其核心优势是利用互联网社交媒体工具，使商家和用户之间快速拉近关系。其打破原来传统的营销模式，从拉新到转换变现发生质的变化。社交电商最大的特点是，重社交网络运营，以粉丝的关注、社交工具的沟通、自媒体内容的分享、社群的传播裂变等为核心，多维度流量聚合形成社交零售模式。以拼多多为例，依靠微信流量转换，成就了平台巨大的流量。它最大的特点是通过拼团、砍价、众筹等创新玩法，进行裂变传播，快速引入大批的流量然后进行转换，实现产品交易。要做社交电商，营销能力是关键，获取一定的流量，前期很多采取了补贴的形式，比如大量投放优惠券。一旦积累了大批流量，规模化经营和运营就成为关键，因为只有这样才能降低成本。

（3）内容电商

内容电商是指在互联网信息碎片时代，随着内容价值的引爆，用内容重新定义广告，用内容沉淀消费行为，用内容塑造电商的新生态。通过优质的内容传播引发兴趣购买，即内容电商的本质。对于内容平台来说，品牌形象也是依靠内容树立起来的。有些内容平台在做电商方面是有天然优势的，它们的内容本来就是隐含了用户对某一类商品的需求，用户的需求天然就存在，所以当平台顺势推出商品售卖服务时，用户的接受度就会比较高。小红书成立于2013年，现已成长为全球知名的内容社区类电商平台。

3. 福建茶企电子商务发展现状

上述这些电子商务模式在福建茶企中已有不同程度的应用，并取得了明显的成效。

如八马茶业电商业务从2011年开始启航，电商事业部成立以来，业绩年均增长率高达94.7%，在多个领域刷新了传统茶企开展电商业务的纪录。

2020年双11，八马茶业表现十分亮眼：全渠道销售额突破1.2亿元，连续6年位居天猫双11乌龙茶第一，六大茶类综合领先。

2021年"快手福建茶产业带电商直播基地——武夷山茶叶基地"以及"快手福建茶产业带电商直播基地——福建建盏基地"正式在武夷山揭牌成立。快手电商针对不同商家的成长阶段，给予帮助和流量倾斜，这大大降低了大小商家进军互联网行业的门槛。在PGC和UGC融合发展的前提下，武夷山茶行业具有天然的直播带货优势，历史悠久的制茶贩茶传统和业已完善的产业链，为茶行业的电商营销打造了得天独厚的"桃花源"。武夷山市作为"全国百佳电商示范县"，此次与快手的联合，也将持续发挥双方优势，突破传统思维对电商发展的局限，优化整合茶行业电商直播矩阵，在全国乃至全球茶行业主攻电商的大环境下，让福建的茶行业从业者紧跟市场，乃至于引领潮流。

总之，随着资讯、电商、社交平台更迭与交融，茶行业渠道也已经慢慢弱化了"线上"和"线下"的区别，各大品牌也逐渐找到了平衡点并展现多面性，激发出了更多的消费趋势和先锋理念。并且找到了符合自己品牌定位的融合方式和破圈之路，更为整个茶行业探索出了更多的可能性和更快速的赛道。

（七）茶庄园发展现状

1. 以茶促旅、以旅兴茶

茶庄园是以茶产业为主导，集茶叶的种植、栽培、生产、加工、经营、休闲、旅游、体验、文化、科技于一体，生态优美、环境秀丽、交通便捷，一二三产业融合的新茶产业业态。众所周知，当今社会，乡村与城市呈现两种相对独立的发展状态。城市化带来的矛盾日益凸显，各类问题也接踵而至。城市患有资源短缺、交通拥堵、生态破坏等的"大城市病"，乡村也有资源利用率低、经济发展缓慢、特色及文化逐渐消失的无奈。茶庄园建设迎合了社会发展的需求，架起了城乡结合的一座桥梁。

以茶促旅、以旅兴茶，茶产业和旅游产业价值链存在融合点。茶产业价值链贯穿茶叶种植、生产、加工等环节，旅游产业价值链涵盖吃、住、行等

要素。从旅游资源的属性来看，茶叶资源具有潜在的旅游价值，茶叶市场和旅游市场存在交叉性。通过"文化赋魂、产业赋能、科技赋力"，促使茶产业、旅游产业融合渗透，在一定程度上可以实现两大产业资源的价值提升、功能拓展、技术创新和市场共享。应助推优势产业集群发展，形成结构合理、链条完整、优势产业突出、规模化集群化发展的模式，使茶庄园成为乡村产业振兴发展、农业转型发展和产业融合发展的高效新载体。由此，茶庄园建设在全省不少茶区蓬勃兴起，举目四望，由北至南，可以看到以茶促旅、以旅兴茶、茶旅融合发展的景象比比皆是。品品香白茶庄园（见图17、图18）、福芳茗茶庄园（见图19）、天湖茶庄园、福安新坦洋工夫茶庄园（见图20）、寿宁达敏茶庄园、福寿长茶庄园、蕉城区赤溪龟山茶庄园、三明大田美人茶庄园、泰宁状元茗茶庄园、武夷星茶庄园、武夷山正山堂茶庄园（见图21）、松溪龙源有机茶庄园、建阳丘苑有机茶庄园、龙岩漳平台湾农民创业园茶庄园等，不但为茶产业发展提供了新模式、新卖点、新活力，还为人们休闲旅游提供了好去处。同时，这也是茶的转型升级，为文旅结合、延伸产业链提供了一种新模式，对进一步发展茶产业经济以及以茶为载体，集茶叶生产、加工、经营、休闲、养生、观光、求知、文化等于一体，助推一二三产业相融意义重大。

图17　品品香白茶庄园①

图 18　品品香白茶庄园②

图 19　福芳茗茶庄园

图20 福安新坦洋工夫茶庄园

图21 武夷山正山堂茶庄园

茶产业是产茶山区致富的精准产业，三产融合是助力乡村振兴的主旋律。根据业内人士的测算，投资一个茶庄园动辄上千万元，成本投入是普通种茶基地的5倍。茶庄园的兴起是资本进入茶产业的一种表现，是茶叶、文化、旅游等综合体开发的开端。目前常见的"茶庄园产业融合模式"有摄影、养生、茶艺体验、品牌销售、民宿、景观、节庆活动、餐饮、露营地等多种形式。

中国传统茶文化已逐渐走向国际，伴随而来的茶文化之旅也是方兴未艾。福建茶区多分布于青山绿水、风景秀丽之地，具有很高的审美价值，省内深水海港、国际航空港和陆上铁路、公路等综合运输网络十分完善，因此对于发展茶文化旅游来说，福建省具有独特优势。

茶文化旅游将茶区与景点联系在一起，以茶为载体，让游客在游览的同时，观赏民俗茶艺、品文化名茶，融入福建千年茶文化的历史积淀中。茶文化旅游品位高，又具有独特魅力，在旅游市场竞争中具有其他旅游产品无法比拟的优势，有助于提升福建茶文化的内涵，进一步促进福建旅游产业的发展。

2. 案例

（1）闽东茶区

相关资料显示，闽东的福鼎市就是"茶产业+旅游产业"的受益者，近年来，立足于境内宁德世界地质公园太姥山的优势，福鼎大力推动茶文化旅游的发展，通过游览茶山、考察茶园、参观茶建筑、观赏茶俗、学习茶艺、品尝和购买名茶，以及欣赏茶歌、茶舞、茶戏等，做大做强"福鼎白茶"这一品牌。根据不同的主题开发不同的旅游项目，有自然主题——参观茶园、采茶、制茶等，也有文化主题——了解当地茶史、体验茶俗、欣赏茶艺表演、猜茶谜、唱茶歌、听茶戏、吃茶宴等，由"玩"到"思"地体会福建茶文化的博大精深，使游客产生认同感来提高福建茶文化旅游知名度。引入茶元素，不仅可以促进福建省全域旅游发展，也能大幅提升福建省文化旅游的核心竞争力。

（2）闽南安溪

安溪县是最早一批开始建设打造茶庄园的茶区；2009年，安溪铁观音与法国葡萄酒的一场茶酒对话，引发了安溪县对于建设茶庄园的思考。2010年6月，"安溪县欧洲葡萄酒庄园生产经营模式与安溪铁观音茶欧洲市场学习考察团"展开行动，穿越意大利、法国葡萄酒主要产区产业基地，学习借鉴了欧洲葡萄酒在地理标志产品保护、行业自律、质量分级管理、流通管制和品牌锻造等方面的成功做法，结合中国特色和安溪特色开始建造自己的茶庄园。2021年，安溪已有22个茶庄园。华祥苑（见图22）、高建发（见图23）、国心绿谷（见图24）、中闽魏氏、添寿福地等20多家上规模上档次的茶庄园，加上良好的自然风光、极具特色的茶主题民宿、铁观音非遗传习示范区、茶家乐生活体验区、观光厂房等，为消费者提供一段不同于传统旅游的慢生活时光。茶庄园已成为安溪一个亮眼的标签，借力茶庄园模式，企业可快速启动"茶+文化"新赛道。安溪县已建成庄园化管控茶园面积达数十万亩，占全县茶园面积近一半。"生态为底色、茶叶为主题、文化为灵魂、旅游为纽带"是安溪坚持三产融合发展的基本原则。安溪在茶庄园上的建设，既是茶产业转型发展的成功典型，也是全国一二三产业融合的范本。

图22　华祥苑茶庄园

（3）南平市

南平市正在全力走出一条"茶文化、茶产业、茶科技"统筹发展之路。在茶文化方面，南平市创新举办了中国（武夷）"茶文化、茶产业、茶科

图 23　高建发茶庄园

图 24　国心绿谷茶庄园

技"统筹发展高峰会、中国武夷红茶国际交流会等活动，建成"武夷茶世界"等一批茶研学精品项目，以茶为主题的民宿业蓬勃兴起。在茶产业方面，市、县两级制定出台了"三茶"统筹高质量发展实施意见及专项规划，策划实施了武夷山中国茶树种质资源圃、政和瑞和白茶庄园等53个总投资达99.84亿元的"三茶"重点项目；大力推动武夷山茶产业专业园区、北苑贡茶加工园区、政和白茶标准化产业园区等一批茶加工专业园区落地建设。到2025年，计划建成全域绿色生态茶园，创建国家级茶树种质资源圃；南平被誉为"红茶鼻祖""乌龙茶故乡""白茶发源地"。南平市已建立全国茶叶标准园示范基地11个，建设生态茶园约40万亩；不断提升茶产业科技水平，全市从事茶产业研究科技工作者超1000人；打响茶叶品牌，2021年武夷岩茶品牌价值710亿元，连续5年列中国茶叶类品牌价值第2名。目前南平市茶叶收入约占农民人均纯收入的1/3，茶叶实实在在成了南平市乡村振兴的"金叶子"。

邵武市着力示范带动，调整优良茶叶种植面积，大幅提高制茶能力和水平。截至2023年，先后建立了近6万亩生态茶园，总产量3810吨，全茶产业链产值达4.2亿元。目前在工商局注册登记的130多家茶企中，重点企业5家（省级龙头企业1家、市级龙头企业4家），获得注册的茶叶商标有450多个，获得有机茶认证企业4家，获得SC认证企业15家，获得绿色食品认证企业6家。其中，"邵武碎铜茶"荣获国家地理标志保护产品、福建省著名商标等"金字招牌"。

松溪县积极打造松溪九龙大白茶、松溪白茶、松溪绿茶等区域公用品牌，在茶园生态建设、茶叶质量提升、茶企引进培育、品牌宣传等方面都取得了实质性突破。由松溪选育的九龙大白茶被列入福建省级优异种质资源保护目录，其优异的品质获得了市场和众多茶友的青睐。"绿色"是松溪县不容忽视的茶产业发展底色，松溪龙源有机茶庄园表现亮眼（见图25）。

作为国家生态文明建设示范县、全国绿色食品原料（茶叶）标准化生产基地，截至2023年，松溪全县茶叶种植面积达8万亩，其中绿色食品认证3.55万亩、有机茶园认证6500亩；全县约有2.3万户农民种茶，全年茶

图 25　松溪龙源有机茶庄园

青产量近 5 万吨。并且松溪县还着力打造从选种育种到采摘加工全覆盖的科技服务体系，持续加强同中国工程院院士陈宗懋团队的合作，大力推广种植九龙大白茶等优质品种，通过科技为松溪生态茶产业发展赋能助力。

据了解，武夷山市委、市政府按照习近平总书记的重要指示精神，依托国家级武夷岩茶优势特色产业集群扶持政策，大力加强茶叶质量源头管控工作，结合武夷山茶园的生态优势，以点带面、以线带片，2024 年计划建立星村镇核心示范区面积 1 万亩以上，以及重点茶区兴田镇、武夷街道连片示范区 1 万亩以上的五大示范区共 6 万亩生态茶园，促进武夷山茶产业的高质量发展。

政和县利用现代茶产业项目完成茶园低改 4 万亩，以绿色高质高效项目建设为契机，采用茶叶绿色高质高效基地建设技术模式，建立高标准生态茶叶示范基地 33 个，辐射带动 8.9 万亩茶园标准化生产，"企业+合作社+茶农+基地"的生产模式在行业内被广泛推广应用，茶园综合管理水平不断提升，平均亩产从 181 斤提高到 296 斤，增幅 63.5%。

（4）漳州市

茶旅融合是近些年发展起来的新兴模式。位于平和霞寨镇的高峰生态谷旅游项目，拥有着独特的绿色茶园生态观光模式，1000多亩的生态景观茶园内，蚂蚁王国、玻璃桥、茶园迷宫等完美融合在一起，游客们除了观光外，还可以体验采茶、制茶和品茶。

高峰生态谷是平和县近年来新引进的现代农业旅游综合项目，并在2017年入选了全国30座最美茶园（见图26）。高峰生态谷一方面种植原生态的有机茶，另一方面依托茶园发展观光旅游，茶园主要种植白芽奇兰和金萱。高峰生态谷项目不仅为景区带来可观的经济收益，游客到景区旅游时还会购买当地的茶产品，也带动了茶叶的销量，促进了茶产业的发展。此外，生态茶园实现了三产融合，为当地精准扶贫带来机会，也为乡村振兴带来新的机遇。

图26 高峰生态谷茶园

无独有偶，在发展茶旅融合上，南靖、华安都发挥土楼这一世界文化遗产的魅力，将土楼和茶山有机融合，通过以土楼景区为中心点的辐射带动,依托丰富的乡村旅游资源,以茶为载体,探索出一条茶旅融合新径。

(5) 三明市大田县

三明市大田县是"中国高山茶之乡""中国美人茶之乡",建有美人茶庄园(见图27),荣获全国十大魅力茶乡、全国十大生态产茶县、全国茶叶优势百强县等称号,全县茶叶种植面积达10万亩,现有茶园85%的面积适于种植美人茶品种,美人茶年产量约占全国的70%,滋养出了大田美人茶的"三贵"特质。在2022年初开园的大田美人茶文创园,包括美人茶主题公园、实体店街区、双创电商区、茶博物馆文化展示区、培训中心、包装区等六大功能区,已入驻线上线下茶叶店50余家。大田茶文化底蕴深厚,高山茶已获得地理标志证明商标、国家农产品地理标志示范样板。近年来,三明市通过政策扶持、部门协同,开展了一系列茶事活动,持续推进"茶文化、茶产业、茶科技"发展再上新台阶。其中,美人茶产业得到较快发展,年产量再创新高。三明市制定印发"林深水美茶香"茶事活动方案,从茶文化宣传、茶文化知识普及、十佳茶香小院评选、春季茶王赛举办、中国美人茶大赛举办、产业发展研讨会举办、茶艺大赛举办、茶品牌展销等8个方面,全力推动茶产业高质量发展。大田、尤溪等茶叶主产县也纷纷出台政策措施,持续做大做强茶产业。

图27 三明大田美人茶庄园

二 福建省茶产业发展存在的问题

近年来,在"三茶"统筹精神的引领下,福建茶产业有了长足的发展,但是也存在一些问题。

(一)生态茶园建设水平有待进一步提升

生态茶园建设,对此上下均有共同的认识,但是在实施过程中仍存在一定的困难,比如,生态茶园建设的效益不能立竿见影,其是一个长期任务,对于茶农而言,近期内得不到相应的收益,影响其发展。

(二)发展资金投入不足

尽管政府十分重视茶园的基础设施建设,每年也拿出不少的资金支持,但是茶园从建设到投产,旧茶园改造,生态茶园建设,资金仍显不足,目前来看,大多投向企业茶园,群众茶园明显不足,这也带来了一定的发展阻碍。

(三)技术保障能力不足

由于受到社会因素的影响,农村青年人中立足本地创业的不多,造成农村现有人口受教育程度较低,这对新技术的推广应用不利。

(四)茶的销量仍须扩大

茶叶产量不断增长,销量增幅却不大,虽然有许多通道,但是市场上依然是供大于求。

(五)品牌建设不强不彰

福建省茶产业在品牌建设上仍有不强不彰的遗憾。业界相关学者分析认为:茶企在成长过程中依然带着鲜明的区域特点,导致了茶行业难以出现具有全产业、全品类影响力的品牌,以及真正意义上的龙头企业。规模化、标准化和跨区域三道坎,再加上茶园看天吃饭、原料品质难控等问题,导致茶行业长期得不到资本市场的青睐。"没有一家A股上市的茶企"与"没有一家立顿这样的世界级品牌",仍像魔咒一样,扣在整个茶行业的头上。因此,茶叶区域品牌建设应当基于当地的历史文化、自然特征或资源禀赋,汇集成共同特征,构建相应的茶叶企业品牌集群,以保证区域品牌的高质量发展。企业品牌应当在区域品牌的基础上,寻找自身特点,树立独特形象,提升产品品质,明确目标群体,制定营销策略,以构建特定的消费者社群,成为领导品牌。我们期望在扎实的茶行业发展基础上,有强势品牌的诞生。

三 福建省茶产业发展建议

实现茶产业的发展,应在"三茶"统筹的精神指引下做好各项工作。"三茶"统筹的核心是茶产业,是以中华茶文化引领茶产业发展,以茶科技推动茶产业发展,使茶产业成为乡村振兴的支柱产业,造福民生。

(一)搞好生态茶园建设

茶园是基础的基础,应围绕着建设好生态茶园主旋律展开工作,印发"关于开展标准化生态茶园技术集成创新示范区建设的通知",坚持生态优先、绿色发展,大力推广茶园绿色防控技术、土壤环境优化技术、以虫治虫生物防治技术。推动标准化生态茶园建设、低碳茶产品认证,引领绿色升级。可以通过规模茶企建立生态茶园示范基地,引导茶农发展生态茶园,也可以通过振兴乡村建设、融入乡村建设、推动文旅结合等建设良好的生态茶园。开展茶庄园建设试点工作,打造茶叶特色小镇,提升武夷山"印象大红袍"等茶旅项目发展水平,培育台品樱花茶园、溪禾山铁观音文化园等一批茶旅融合示范点,推广茶园生态游、茶乡体验游、茶事研学游、茶民宿等新业态、新模式,实现以茶促旅、以旅兴茶。实施智慧茶园工程,推广应用物联网、人工智能等现代信息技术，开展国家级数字农业创新应用基地、省级智慧茶园、茶叶物联网基地建设工作。

（二）加大科技创新和科研投入力度，提高福建茶产业的技术水平和竞争力

通过与高等院校、研究机构合作，共同开发，加大科技项目经费的投入，提升茶产业的技术水平。加强品种创新，推进茶树优异种质资源保护与利用，加快推进茶树新品种国家登记，适制多茶类的金牡丹、瑞香、春闺、九龙袍等优良品种得到大规模推广。人才是振兴茶产业的重要因素，也可以吸引已退休的技术人员服务乡村，特别是在城市就业困难的情况下，通过振兴乡村建设，吸引青年人回乡创业，为他们提供就业机会，而且在家门口创业成本低，应发挥青年人文化水平高、接受新生事物能力强的特点，推动茶科技在茶区的推广应用。与此同时，2022年，新《职业教育法》和《关于加强新时代高技能人才队伍建设的意见》、《关于推进乡村工匠培育工作的指导意见》等的出台为我国茶行业人才发展带来前所未有的机遇。强化科技赋能，深入实施智慧茶园工程，大力推广茶叶智能化清洁化加工技术装备，启动建设省级茶叶大数据中心，推动现代信息技术在茶叶生产经营全过程应用。

（三）筹措资金，加大资金投入力度

力争通过项目或各种乡村振兴渠道筹措资金，以保障茶产业高质量发展。设立专项资金，用于福建茶产业的科技创新和品牌建设；设立茶产业发展基金，支持茶农和茶产业的转型升级。加强与相关部门和地方政府的沟通和合作，形成合力，推动茶产业的发展。

（四）提升福茶知名度，打造具有竞争力的知名品牌

通过品牌打造与建设，提升福茶知名度和茶叶产品市场竞争力，讲好闽茶故事。加强茶相关非物质文化遗产保护，挖掘整理推广茶文化，开发茶文化创意产品,持续开展"闽茶海丝行""国际茶日"等系列宣传推介活动,进一步打响闽茶文化品牌。"安溪铁观音""武夷岩茶"被农业农村部评为中国茶叶十大区域公用品牌,全省有34个茶叶品牌获中国驰名商标。福建名茶多次在"茶叙外交"中用于接待外国元首,频频亮相于外交部、中宣部、中联部福建主题推介活动,福建茶叶知名度和美誉度大大提升。推进国家级武夷岩茶优势特色产业集群、茶叶类国家现代农业产业园等项目建设,扶优扶强茶叶重点龙头企业,培育"福茶"品牌,通过组织实施特色现代农业高质量发展"3212"工程,引导龙头企业与农民合作社、家庭农场、农户形成稳定的利益共同体,充分发挥龙头企业示范带动作用。促进茶叶三产融合,打造更多茶产业强县强镇强村。

（五）拓展思路,促进茶叶消费

伴随经济与科技的发展,消费者购买茶叶的渠道越来越丰富,不过目前中国茶叶销售仍以线下渠道为主。据中商研究院统计,2021年全年的茶叶总销售额为人民币3049亿元,其中线下销售额为人民币2719亿元,约占全渠道的89%。据不完全数据粗略统计,截至2022年10月,尽管线下渠道销售额仍在持续增加,但其占比却有所下降,随着直播热的助力和各茶企的商业模式创新,茶叶的线上渠道占比将会逐渐加大,可以在这方面进一步予以推进。应增加茶叶加工销售环节,延长产业链条,提高产能收益。优化产业结构,发展多元化的产品,满足市场需求。健康主题的消费需求日趋强烈,饮茶是一种有利于身体健康、可提高品质生活的习惯,符合现阶段消费者对健康和高品质生活的诉求。饮茶人群的增长,带动着茶叶市场规模扩张,促使茶叶企业扩大生产,使一些品牌认可度高的茶叶企业能够脱颖而出。人们对品质生活的要求越来越高,与有机茶类似的健康类食品必将进入千家万户,在食品安全丑闻不断爆出的今天,一些中高端人群更加需要健康的食品和绿色的食品。

总之,应紧紧围绕《关于统筹做好"茶文化、茶产业、茶科技"这篇大文章推动茶产业高质量发展的若干意见》要求,着力促进茶叶质量效益、产业竞争力、产业持续发展能力显著提高,加快建设茶叶强省,打造茶产业高质量发展"福建模式"。

参考文献

罗杰:《茶叶种植对沼液配合滴灌技术的应用》,《现代园艺》2015年第24期。
王惠兵:《绿叶闪金光》,《人民政协报》2022年2月15日。
谢伟端:《黄棪茶树品种遗传密码破解》,《泉州晚报》2021年5月18日。
张圣凡:《企业设备管理中标准化管理内容和意义》,《机械工业标准化与质量》2017年第9期。
蔡建明、吴静旋:《发展茶叶庄园经济与促进产业转型升级的思考及对策》,《茶叶学报》2019年第3期。
庄严:《注入茶元素,让全域旅游更具活力》,《福建日报》2022年9月7日。
莫霓虹:《中小茶叶企业价值评估研究》,硕士学位论文,湖南农业大学,2019。

B.3 云南省茶产业发展研究报告

周红杰　李亚莉　田迪　邓秀娟　王智慧　于娟　黄媛*

摘　要： 2022年云南省茶叶种植面积和产量均保持全国第一。茶叶的出口以红茶、绿茶和普洱茶为主。随着市场经济的发展，越来越多云南省普洱茶企业将茶叶种植、加工与销售相结合，形成多渠道的交易方式，销售渠道及消费方式也越来越多样化，围绕种植、生产、加工、包装等茶产业链，逐步衍生了茶园观光、茶文化旅游、茶文化创意产品等多种附加产业，它们与茶产业相辅相成、密切互动，呈现出协调联动的发展态势。云南省茶产业精深加工未来将推动产业不断升级。

关键词： 普洱茶　茶产业　茶文化　云南省

一　云南省茶产业发展概况

（一）茶叶种植

1.面积

2020年，全省茶园面积47.98万公顷，比上年增加2.89万公顷，增长6.4%。"十三五"期间，全省茶园面积年均增长3.6%。2020年，全省有机

---

* 周红杰，云南农业大学博导、教授（二级），研究方向为普洱茶加工和文化；李亚莉，博士，云南农业大学教授，研究方向为普洱茶民族文化；田迪，云南农业大学博士研究生，研究方向为食品资源开发及利用；邓秀娟，云南农业大学讲师，研究方向为普洱茶民族文化；王智慧、于娟、黄媛，滇西科技应用技术大学讲师，研究方向为普洱茶民族文化。

茶园认证面积5.46万公顷，比上年增加0.72万公顷，增长15.2%。认证有机产品1014个，比上年增加307个，增长43.4%。认证有机产品产量8.40万吨，比上年增加0.50万吨，增长6.3%。2020年，全省绿色茶园认证面积3.03万公顷，比上年增加0.09万公顷，增长3.1%。认证绿色食品504个，比上年增加77个，增长18.0%。2021年，全省茶园面积49.36万公顷，比2020年增加1.38万公顷，增长2.9%。近年来，云南省大力发展绿色有机茶。2021年，全省有机茶园认证面积7.05万公顷，同比增长29.1%，居全国第一；绿色茶园认证面积3.65万公顷，同比增长20.5%。云南作为世界茶树原产地之一，有着世界上较为丰富的茶树种质资源和有利于茶树生长的得天独厚的地域资源，2021年，全省各地完成了47个古茶树（园）周边村庄规划，分别在勐海县、思茅区、双江县和凤庆县等县（区）建立茶树种质资源圃。2021年，全省栽培型古茶树（园）面积4.14万公顷，产量1.90万吨。

2. 产量

2020年，云南省茶叶总产量46.56万吨，比上年增加3.46万吨，增长率达8.0%。认证有机产品全国居前，产量8.40万吨，占云南省茶叶总产量的18.0%。云南省成品茶35.70万吨，精制率达到76.7%。2021年，全省茶叶总产量49.00万吨，较上年增长5.2%。成品茶37.40万吨，较上年增长4.8%，其中普洱茶16.10万吨、红茶7.20万吨、绿茶13.30万吨、其他茶0.80万吨。2021年，全省茶叶出口4747吨，出口额11048万美元，同比增长2.7%。云南省茶叶以普洱茶、红茶、绿茶为主，还有少量白茶、乌龙茶等其他茶。2022年9月，"云南这十年"系列新闻发布会·新型城镇化专场发布会在昆明举行。会上获悉，云南省高原特色现代农业呈高质高效发展态势，茶叶种植面积和产量均保持全国第一。

3. 品种

云南省主要种植大叶茶，具有独特的199个茶树品种，其中包含5个国家级、14个省级良种。5个国家级良种分别是：勐海大叶茶、勐库大叶茶、云抗14号、云抗10号、凤庆大叶茶。14个省级良种分别是：云抗27号、云抗37号、云抗43号、云选9号、云梅、云瑰、长叶白毫、73-8号、73-11号、76-38号、佛香1号、佛香2号、佛香3号、矮丰。其中,"云抗10号"是世界第一个大叶茶无性系良种,种植面积占全省的近1/3。云南省的"紫娟"是全国第一个获得植物新品种保护权的特异茶树品种,是全世界种植面积最广的紫芽特异品种,已被世界各产茶国引种示范超过200万公顷。

4. 绿色、有机茶园建设

2021年,云南省认定"绿色食品牌"茶叶产业基地345个,其中省级产业基地30个、市级产业基地104个、县级产业基地211个;同时,全省绿色发展专项资金对其中8个省级产业基地给予每个58万元的财政资金补助,推动茶叶绿色有机种植技术、种植管理数字化、联农带农等发展,打造茶园绿色有机现代化种植示范样板。在政策持续激励下,2021年全省绿色有机累计有效获证单位661家、获证产品1968个、认证面积10.70万公顷(其中有机茶园7.05万公顷、绿色茶园3.65万公顷),较2020年分别增长了32.50%、29.10%和26.03%。有机茶园认证面积和获证产品数连续多年位居全国第一。2021年,凤庆县326万公顷茶叶基地达到全国绿色食品原料(茶叶)标准化生产基地创建要求。勐海县、双江县、景洪市等茶叶重点县(市)标准化生产基地创建有序开展。

5. 茶园管理

近年来,为改善茶园结构,促进茶叶效益提升,省内茶园开始趋向于绿色、有机茶园的建设。茶园周围种植丰富的植被,保持茶园生态多样性,在茶园内部尽量减少使用农药和化肥,茶园内还可以养少量鸡,啄食害虫,除此之外,定期修剪、中耕除草、合理采摘等农业技术措施也是保持健康生态茶园的重要步骤。

(二)茶叶加工

加工是一款好茶制成的关键,近年来,云南茶叶通过在生产加工方面的不断探索创新,逐步实现传统生产工艺与现代工艺的有效结合,促进形成数字化、智能化的生产链,推动云南茶产业的发展。云南茶类齐全,其中普洱茶是云南传统的知名茶品，一直都有系统的加工体系，公用品牌价值连续两年位居全国第二，其成为云南茶产业的重要支柱；滇红、滇绿也是云南的主要茶类；云南白茶在茶产业中占有一席之地，逐渐形成云南特色的茶叶；此外还有花茶、乌龙茶等其他茶类产品。经过多年的实践，云南茶产业积累了较为丰富和稳定的茶叶加工工艺，并探索出云南省特有的茶叶加工技术，但精制技术方面仍有许多要改进的地方，为此需要进一步思考如何更好地挖掘云南茶产业链价值，精进其加工技术，提高综合效益。

1. 初加工

初制是茶叶加工的重要阶段，云南的茶叶初制所占比较大，2021年全省共有茶叶初制所7484家，较上年增加204家，茶叶专业合作社3564个，同比增长15.53%，种植大户达3260户，其经营主体在逐渐壮大。据《云南省农业现代化三年行动方案（2022—2024年）》，要持续改造提升茶叶初制所，不断扩大云茶市场影响力，预计改造提升4000家以上茶叶初制所，力争实现全省茶叶初制所全部规范达标。据《云南省"十四五"农业农村现代化发展规划》，到2025年，云南要重点推进茶叶初制所规范达标建设，提升采后加工水平，更好地促进茶产业的发展。

2. 精加工

云南省茶叶经营主体逐渐壮大，2021年10家茶叶企业入选"年度中国茶业百强企业"，8家茶叶企业进入2021年省级专精特新"小巨人"255户大名单。在促进初制加工技术提升的基础上，聚焦茶叶精加工，提升茶叶品质，更好地增加经济效益。全省7000多家普洱茶精制厂，至2022年精加工率提高到80%，但80%为中小茶企，其技术力量和经济实力较弱，出现茶叶品名众多但品牌极少的现象，导致茶产业链短，综合效益低。

3. 深加工

云南茶产业以普洱茶、红茶等传统茶为重点，适度开发深加工产品，以期实现提效目标。茶叶深加工的原料不只是茶鲜叶，还包括茶籽、修剪叶以及由其加工而来的半成品、成品或副产品等，如茶饮料、速溶茶、茶浓缩汁、超微茶粉等，其可应用到人类健康、动物保健、植物保护、日用化工等多个领域。目前云南多家企业在开展深加工产品的生产开发,茶叶功能性新产品研发尚未系统开展,深加工产值不到茶产业总产值的5%。

4.技术创新

在现代信息技术高速发展的时代推动下,随着多领域技术的深度融合与集成创新,茶叶加工向"无人工厂""智能制造"转型升级将成为今后茶叶加工业的发展趋势。茶叶加工生产上,机械化技术不应仅应用于某一工序,而是应全方位地在多个加工工艺中实现应用价值,目前云南机械化发展较为落后,初加工设备不齐全,精加工技术进展不明显,应加强智能化与数字化的结合,促进现有茶叶加工技术朝数字化和智能化方向转型升级,实现茶叶加工数字化精准调控,有效提高产品的科技含量和附加值,更好地推动云南茶产业的高速发展。

(三)茶叶流通

党的十九大报告提出,实施乡村振兴战略,要坚持农业农村优先发展,按照产业兴旺、生态宜居、乡风文明、治理有效、生活富裕的总要求,建立健全城乡融合发展体制机制和政策体系,加快推进农业农村现代化。2021年中国茶叶产量318.00万吨,同比增长24.82万吨;茶叶销量230.19万吨,同比增长10.03万吨。中国仍是世界第一大茶叶生产国与茶叶消费国、第二大茶叶出口国。2021年云南茶叶综合产值增至1071.1亿元;茶农来自茶产业的人均收入达4708元,较2020年增加658元,茶叶成为云南人民的"致富叶"。近年来,茶叶逐渐由线下销售转变为线上销售,销售渠道及消费方式也越来越多样化,出现了茶旅融合、体验制茶等多种消费方式,涌现了茶叶种植、加工、销售、旅游等结合的多渠道的交易方式。

1.交易方式

交易方式是指交易过程中双方采用的各种具体做法,是交易双方联系的手段和方式,合理选择和组合交易方式,对流通的发展、绩效的提高具有重要的作用。云南省主要有两大特色茶类,分别是红茶与普洱茶,产量占全省茶叶总产量的55%。目前,云南省主要的茶叶交易方式有两种,分别是直接交易方式与间接交易方式。

云南省茶叶的直接交易方式主要有店铺交易、茶叶批发市场交易、订单交易以及网上交易，是由卖家直接面对买家从而完成交易。直接交易方式具有如下几个方面的特点。

一是存在时间最长，基本是伴随着商品交易的产生而出现，有广泛的市场基础。

二是随机性较强、覆盖范围较广，除经济利益外，交易双方没有强有力的约束机制。

三是交易时间最短。

四是成交价格信号短促，买卖双方成交的价格只能代表当前的市场行情。

但直接交易方式也存在以下的一系列问题。

一是食品质量安全问题。直接交易方式中因为交易双方即茶农和消费者是直接联系并完成茶商品交易的，所以对其仍存在较大的监管空白，对农药残留等环节的管控还存在漏洞。

二是制约品牌国际知名度的提升。直接交易方式下，需要单个企业去承担产品的形象推广等任务，大多数企业由于规模所限，难以承担知名品牌的培育任务，这也限制了国际贸易规模的进一步扩大。

三是产品等级与价格体系较为混乱。因为市场监督以及管理体系的不足，许多产品出现了以次充好的现象，极大地降低了产品的区隔度，造成了价格体系混乱。云南省存在许多茶叶批发市场，例如昆明市云南茶叶市场、昆明市雄达茶叶市场、昆明市金实茶叶批发市场（金实小区）、昆明市东菊茶叶批发市场、昆明市西部茶叶批发市场等，但随着新冠疫情的出现，茶叶交易逐渐由茶叶批发市场交易转变为订单交易以及网上交易。

间接交易方式是指交易双方通过第三方中介实现交易完成的方式，主要有拍卖交易方式与比赛交易方式等。间接交易方式具有如下几个方面的特点。

一是引入第三方力量，从而对产品、交易过程和定价机制的规范起到很好的引导作用，对茶行业走向产业化经营无疑也具有重要的作用，可以有效做到公平、公正、公开。

二是引入了众多的卖方和买方。通过买卖双方的竞争，以竞争带动价格，以价格平息竞争，从而不断推高拍卖价位，最后达到一个自发的高度，形成市场上的均衡价格行情。

但间接交易方式也存在以下的一系列问题。

一是拍卖交易方式还未能成为市场的主流。因缺乏市场的积极引导以及市场尚未成熟茶农等中小规模经营者往往为了自身利益对拍卖交易方式持观望态度，拍卖交易方式的规模效应难以体现。

二是比赛茶（茶场茶商评比赛茶的荣誉概念）过度的炒作则可能反过来影响该品种茶叶市场的健康发展。近年来，茶叶市场乱象频生，特别是局部产品市场的过度炒作，由此带来市场价格的剧烈波动，这都是因为过度炒作所带来的茶叶市场价格体系的混乱。

三是比赛茶的规模有限，发展水平参差不齐。管理机制较为无序混乱，影响了其公信力。不仅比赛种类繁多，而且主办方五花八门，直接导致了茶王赛泛滥，缺乏公信力。

2. 交易场所

随着新冠疫情的出现以及大健康时代的到来，茶叶因其具有良好的保健功效得到了迅速发展，出现了如速溶茶、袋泡茶、茶点、茶膏等符合年轻人快节奏生活的茶叶产品，茶叶也逐渐被赋予了年轻化的标签，其销售场所也在不断拓展，例如在冷饮店、蛋糕店、咖啡店等都会看到与茶相结合的产品。在云南省昆明市等地区也相继出现了如"上山喝茶""颜叶浮山"等品牌茶叶体验店，其以新颖的门店设计以及亲民的茶款设计深受年轻消费者的喜爱。

目前，云南省主要的茶叶交易场所包括专卖店、茶庄、茶楼、茶馆、商场专柜、卖场超市、网上商城、零售店以及体验店等。随着"茶文化、茶产业、茶科技"统筹发展，"三茶"融合逐渐成为当今茶行业的主旋律，云南省委、省政府提出：做精第一产业，做强第二产业，做活第三产业，使茶

叶形成新的价值体系，带动乡村振兴的有力发展。其中，茶叶生产基地与茶庄开发的茶旅体验的消费模式，集茶叶种植、生产、加工、营销、仓储、文化、旅游于一体的产业，可提供包括茶文化、生态环境、绿色产业、休闲娱乐等在内的生活体验，这种消费模式有利于传播云南的茶文化，同时能提高农户们的经济收入。

（四）茶叶消费

2021年，毛茶平均单价42.9元/千克，同比增长7.4%；成品茶平均单价122.8元/千克，同比增长17.9%。随着云南茶产业不断发展，普洱茶、红茶市场认可度不断提高，品牌价值不断提升，产出的普洱茶近70%销往省外，云南茶产业呈现良好发展趋势。2020年，普洱茶平均单价139元/千克，比2019年增长4.3%；红茶平均单价62元/千克，比2019年增长4.9%；绿茶平均单价84元/千克，比2019年增长3.7%。"十三五"期间，普洱茶、绿茶平均单价年均增长率分别为4.7%、5.1%，均呈稳步增长态势，红茶平均单价年均增长率仅为0.4%。2021年，全省茶叶出口4747吨，出口额11048万美元，同比增长2.7%；普洱茶线上销售额达42.64亿元，同比增长4.1%，前10位的普洱茶电商累计销售额达6.60亿元。

茶叶价格稳中有升，茶农收入逐年增长，综合产值突破千亿元。2020年，全省茶叶综合产值突破千亿元大关，达1001.4亿元，比2019年增加65.4亿元，增长7.0%。"十三五"期间年均增长10%。茶产业一二三产业产值占比分别为18.5%、37.1%、44.4%。"十四五"期间，云南省将继续围绕打造世界一流"绿色食品牌"，大力推进"大产业+新主体+新平台"建设，实施"一二三行动"，培育"一县一业"，努力实现到2025年云南茶产业综合产值达到2000亿元的目标。

1. 茶叶内销

2020年初受疫情影响，茶叶产品流通严重受阻，线下销售直线下滑；进入第三季度以后，随着社会复工、复产、复市全面推进，市场逐步加快复苏。根据中国茶叶流通协会报告，2020年茶叶内销市场的分布是：绿茶内销量127.91万吨，占总销量的58.1%；红茶31.48万吨，占比14.3%；黑茶31.38万吨，占比14.2%；乌龙茶21.92万吨，占比10.0%；白茶6.25万吨，占比2.8%；黄茶1.23万吨，占比0.6%。

2. 茶叶出口外销

我国正在构建双循环新发展格局，其战略基点是扩大内需，这对茶产业而言指导意义尤为重大，特别是云南茶产业国内市场发展还有广阔空间，在扩大消费区域上，东北、华北、华中市场潜力很大，消费空间广阔。通过推广引导，人均消费量亦有巨大增长空间。促进消费要更多地依托国内市场，市场布局上应加大力度开拓国内市场。同时要下大力气恢复、巩固、扩大国际市场，将云茶流通消费加速融入国际市场。特别要重视绿色、有机茶产品出口，茶类上要突出红茶出口优势，加快推进普洱茶出口，促进云茶市场以内为主、内外互促，构建云茶发展新格局。

2020年，中国茶叶出口量自2014年以来首次出现下降。除普洱茶外，其余茶类出口量均有不同幅度减少。普洱茶出口量为3545吨，占总出口量的1.0%，增加759吨，增幅27.2%。出口额继续保持2013年以来的增长态势，但增速明显放缓。出口均价延续2013年以来的升势，普洱茶均价31.50美元/千克，同比增长70.0%。传统产茶大省优势显现，出口方面西部各省份迅速崛起，2020年中国茶叶出口额达到1亿美元以上的省份有6个，云南省排名第五，达1.10亿美元。

（五）涉茶产业

1. 茶旅游产业

近年来，乡村休闲游、沉浸式体验游方兴未艾，成为大家向往的诗与远方。"茶旅"作为最近几年新兴的旅游模式，也在茶区快速发展起来，成为众多爱茶人向往的一种生活方式。作为产茶大省，云南的茶山旅游业也迅速发展起来，特别是随着西双版纳、普洱、临沧三大核心产茶区高速公路的不断延伸，大理、临沧、普洱、西双版纳高铁的陆续开通，沿线的茶山旅游被迅速带火了。尤其以西双版纳的勐海、勐库、易武，以及普洱的景迈最为火爆。

云南省将生态旅游资源与传统茶产业相结合，整合茶园和风景名胜区的发光点，推广茶园景点，促进茶园联合发展。进一步丰富茶旅游经营者的文化内涵，打造特色茶旅游品牌，开发茶产业产品创新系列，发展茶旅游，使茶旅游文化蓬勃发展。同时，提高茶旅游产业的经济效益和价值，从而实现茶产业与旅游业的融合和共同发展。近年来，茶旅游已成为许多城市居民喜爱的保养方式。随着社会经济的快速发展，人们享受生活的表现通常是追求休闲。据中国茶叶流通协会预测，资本市场将进一步加快中国企业上市，社会资本流入茶行业的规模将逐步扩大；同时，在新消费热点和产业政策转变的引导下，黄金融资将进入茶旅游等产业整合项目，促进茶叶一二三产业的整合和发展，建立现代茶产业体系。茶文化旅游以其深厚的文化底蕴和所提供的有效身心体验，受到越来越多游客的欢迎。随着"一带一路"建设发展，茶文化旅游基础设施完善，茶文化旅游一体化加快，茶文化旅游将稳步发展。在加强对中国茶文化旅游市场的管理之前，我们应注重茶文化产品的开发、接待方式、旅游线路设计、游览时间和人均消费。我们要积极提升精品旅游线路的知名度和影响力，吸引更多游客，促进茶文化旅游市场健康持续发展。

2. 茶馆产业

云南茶馆产业已存在数百年。过去除产茶区有一些外，茶馆在昆明地区村镇比较多见，是当地人或赶路人休息聊天的主要场所。同时茶馆也是茶叶的一个主要销处。清初，一些打官司的人经常会聚于昆明县衙门（今圆通街街口）门口，等待传讯和判决，这催生了当地有记载的最早的茶馆。乾隆年间，又有华山南路黄河巷口、四合园（在今正义路、人民中路交叉口）、宜春园（在正义路）等茶馆开张。清末，茶馆渐多。到1955年，茶馆缩减为181家。

目前，云南省具有一定档次的茶馆、茶楼、茶坊、茶吧共计2000多家，有较高知名度的有六大茶山、澜沧古茶、中茶、昌宁红等数十家。

3. 茶艺产业

近年来，随着茶产业的发展和对传统文化的重视加深，茶文化迅速升温,茶艺培训这一行业也得到迅速发展,涌现出弘毅大学堂、茶文化传播机构。它们开设具有特色的少儿茶艺班,初、中、高级茶艺研修班,在保证"专业"的前提下加强公益性,将茶艺课程引入各类型中高等院校以及众多企事业单位,培养茶艺师,为茶企、茶馆输送人才,为茶艺爱好者提供学习平台,积极传播和弘扬中华传统文化。

(六)茶文化发展现状

1. 茶品牌

茶品牌是企业核心竞争力的重要元素,拥有知名茶品牌是推广茶文化、推进茶旅游、兴盛茶产业的基石。云南省实行品牌推动战略,努力提升包装与宣传的能力,扩大对海内外的影响,打造茶旅游先锋品牌,促进茶旅游产业的专业化、规模化、品牌化发展。根据云南省茶叶流通协会资料,云南省茶叶十强企业是普洱澜沧古茶股份有限公司、云南中茶茶业有限公司、勐海陈升茶业有限公司、云南双江勐库茶叶有限责任公司、腾冲市高黎贡山生态茶业有限责任公司、云南下关沱茶(集团)股份有限公司、云南六大茶山茶业股份有限公司、云南农垦集团勐海八角亭茶业有限公司、云南昌宁红茶业集团有限公司、普洱祖祥高山茶园有限公司。

2. 茶创意产业

茶创意产业是茶产业在新形势下形成的分支,是指以茶和茶文化为核心要素,将茶叶进行深度加工,根据创意主体的想法选择相应的技术手段,提升茶产品质量,并能够运用创意主体的智慧与思想,对茶文化资源进行整合与加工,使茶产品和茶用具等茶衍生品质量提升,为经济的发展提供有利条件的产业体系。茶文化与创意产业的融合,形成了多种经济形态共存的新型经济形态。云南作为古老的产茶区,出产的名茶多,有着底蕴深厚的茶文化,茶区风光绮丽,为茶创意产业的发展提供了有利条件。针对茶创意产业发展,云南全省各地都做了大量有益的尝试。目前有以下几种类型的发展形式。一是产业主体型。直接利用茶叶生产基地或茶叶清洁化加工厂,开发茶知识游项目。让游客通过参观茶叶生产基地或茶叶清洁化加工厂,了解茶叶生产、加工过程，并配合一些感性的体验活动，了解茶叶的基本生产、加工知识，也从侧面推动茶叶的消费。二是创意产品型。开发出许多茶衍生品，如茶用具、茶服饰、茶食品等，很受旅游市场欢迎。另外，天方的农家乐项目"慢庄"，融入了养身和禅修，融入了禅学和国学教育，均有不同的立意，开辟了新的市场。三是休闲游乐型。这类主要是直接利用茶区、茶园自然风光开发的"农家乐"。全省目前估计有上千家。四是茶文化教育型。利用茶博物馆、茶艺馆等开展茶文化活动，普及茶叶知识，推动茶叶消费。

3. 茶文化推广

近年来，人民的生活水平日益提高，消费者更追求丰富的文化生活。伴随着茶行业的发展，茶文化推广呈现出了非常多的方式，例如茶书、茶展、茶培训等。

《第一次品普洱茶就上手》一书涵盖了普洱茶的概念、文化、历史、品种、产品、仓储、鉴评、冲泡、习俗、微生物、化学等一系列专业知识，系统地阐述了云南普洱茶的神奇之处。它是一本全面、系统、专业地诠释普洱茶的时代新作，是一本体现科技工作者追求真理、探索普洱茶奥秘的写实之作，是一本通俗易懂的科普读本。

茶博会紧扣云南省茶叶优势，充分发挥华巨臣平台资源优势，为行业呈现出一场高效专业、尽善尽美的茶香盛宴。据悉，新一届茶博会展览面积达2.5万平方米，设中华名茶馆、经典普洱茶馆、全国名茶馆、精品茶器馆等展区，共有标准展位1200个。展品类型覆盖六大茶类、紫砂、陶瓷、茶包装、茶机械等茶全产业链。应多方联动，借力茶博会进一步促进云茶品牌开拓市场、挖掘商机，让云南众多茶企在主场塑强"绿色云茶"的品牌形象，为打响云茶品牌、推动云南茶产业高质量发展助力。

近年来，茶教育社会培训机构应运而生，并不断壮大，全国不论是产区还是销区，都兴起了一大批茶行业培训机构。据不完全统计，目前有50余家培训机构从事茶艺师、评茶员培训和茶叶企业内训。

茶产业作为健康产业、永恒产业，急需茶艺师、评茶员等专业人才，这种需求不断促进了社会化茶培训行业的发展。学茶、爱茶、离不开茶成为时尚，人人学茶成为未来中国人的生活方式。茶教育社会培训机构面对的学生和学员来自不同的社会群体，年龄不一，职业不同。

4. 民族茶文化

茶文化是中华传统文化的重要组成部分。云南不仅拥有得天独厚的丰富茶叶资源，更拥有多姿多彩的民族茶文化。云南各民族都有悠久的历史，其在开发祖国西南边疆，共同促进云南的社会进步和繁荣我国多民族大家庭的经济文化方面，都有可贵的贡献。至今居住在云南的少数民族，都保留有各自独具特色的饮茶方式。

拉祜族的烧茶、烤茶和糟茶：拉祜族习惯饮用烧茶。将一芽五六叶的新梢采下后直接在明火上烘烤至焦黄，再放入茶罐中煮饮。烤茶，拉祜语叫"腊扎夺"，是一种古老而普遍的饮茶方式。先将小土陶罐放在火塘上烤热后，放入茶叶进行抖烤，待茶色焦黄时，即冲入开水煮。如茶汁过浓，可加入开水在锅中煮半熟后，将茶叶取出置于竹筒内存放，饮用时，取出少许放在开水中煮片刻即饮用。这种茶水略有苦涩酸味，有解渴开胃的功效。

哈尼族的煎茶：普洱茶对人体的保健作用是非常明显的，清代赵学敏《本草纲目拾遗》记载："普洱茶清香独绝也。醒酒第一，消食化痰，清胃生津，功力尤大也。"居住在勐海县南糯山的哈尼族至今仍有将普洱茶加热煎服，用以治疗细菌性痢疾的习惯。

布朗族的酸茶：西双版纳州勐海县的布朗族主要聚居在布朗山，以及西定、巴达等山区。布朗族是"濮人"的后裔，是云南最早种茶的民族之一。其保留食酸茶的习惯，一般在五六月份，将采回的鲜叶煮熟，放在阴暗处十余日让它发霉，然后放入竹筒内再埋入土中，经月余即可取出食用。酸茶是放在口中嚼细咽下，它可以帮助消化和解渴，是供自食或互相馈赠的礼物。

苗族的菜包茶：居住在滇东北乌蒙山上的苗族，有种独特的饮茶方式，当地人称"菜包茶"。这种茶水，十分独特，饮后既能解渴，还能解除疲劳。

白族的三道茶：聚居在苍山之麓、洱海之滨的白族，对饮茶十分讲究，

在不同场合有不同的饮茶方式，自饮茶多为雷响茶，婚礼中为两道茶，招待宾客一般用三道茶。一般第一道为苦茶，第二道为糖茶，第三道为回味茶。

（七）茶教育发展现状

我国高等教育强调专业，旨在培养具有专业知识和技能的高级人才。茶学高等教育按学历层次不同又分为高职高专教育、本科教育、硕士研究生教育、博士研究生教育。茶学是一门具有悠久历史和特色鲜明的传统学科，亦是一门涉及自然科学和人文科学的现代学科。2022年3月茶学专业入选省级新兴专业建设名单，近年来在云南省专业综合评价中连续被评为C类。云南开设茶学专业的院校包括云南农业大学、普洱学院、滇西应用技术大学。

云南农业大学茶学院通过搭建特色明显、功能互补的校外实践基地网络，以及建立校内实践基地和专业实践体验中心的思路与做法，结合多元化、多样性、综合性的实践教学方式，为茶产业发展培养复合型茶学专业人才。2020年云南农业大学茶学入选国家一流专业，其中"普洱茶文化学"是云南农业大学本科茶学开设的一门特色课程。该课程于2020年被选为线下一流课程，是目前云南省唯一一门茶学专业一流本科课程。2021年云南农业大学茶学专业开始一本招生。

云南农业大学热带作物学院茶学专业以服务地方产业、引导就业为导向构建了基于区域产业的"岗位导向、产教融合"的人才培养模式。促进茶学高等教育的职业化，为地方、区域产业培养"毕业就能上岗"的实用性技术技能人才。

普洱学院立足普洱"世界茶源"区位优势，面向全省，服务云南高原特色现代农业发展需要，助力乡村振兴，辐射南亚、东南亚，以服务地方经济绿色发展为主线，致力于培养"懂农业、爱农村、爱农民"的多学科交叉复合型、应用型高素质茶学人才。

滇西应用技术大学普洱茶学院茶学专业主要培养茶叶生产和管理、茶叶商贸、茶文化传承和展现以及茶文化旅游等方面具有扎实的专业理论基础、良好的职业素养和创新能力的高层次应用型技术技能人才,形成了以本科、硕士研究生为主的多层次办学格局,举办国家级茶艺师、评茶员的特色培训,为引领普洱茶产业发展方向、打造高素质茶学人才奠定了扎实基础。

(八)茶科技发展现状

随着科学技术迅速发展和科技创新成果频出,其对应的茶产业也在快速发展。习近平总书记提出了茶文化、茶产业、茶科技的"三茶"概念,茶科技作为"硬件",茶产业需要依托茶科技不断创新发展。

茶叶是一种产业链比较长的经济作物,涉及品种栽培、加工、深加工、流通、贸易、消费等。以科技为支撑,针对的是如何选育高产优质的品种资源、研发高效低耗的栽培技术、推广绿色安全的病虫防控技术、研发先进加工技术与装备、提高跨界增值深加工利用率,从而实现茶叶高产优质、高效低耗、绿色安全、先进、增值。

1. 设备

实现茶园管理的"机器代入"、加工环节的"无人加工"、质量控制的"实时在线";对杀青、揉捻、烘焙、采茶等制(采)茶机械进行了自主研发和引进改进,取得了一批科研成果;中茶云南青年科研团队联合中茶科技研发团队和中粮营养健康研究院开发的"智能仓储设备",实现了普洱茶仓储从传统农业模式向数字化、智能化的现代农业模式转化,优化了普洱茶的存放环境,提高了普洱茶的品质与价值,可以有效地推动科技成果转化,具有良好的社会推广效益和经济效益。

2. 产品

每年开展重大科技研究、产品研发3项。围绕普洱茶基础理论研究、普洱茶微生物发酵机理、深加工产品研发等,组织省内外科研院所开展科技攻关、产品研发,为茶产业发展提供强有力的科技支撑;重点解决茶叶加工过程中的关键技术问题,研发一批茶叶新产品,推动了云南茶产业的提质增效,例如开发国家级、省级、市级名优红茶、绿茶、普洱茶新产品50余个;云南省农业科学院茶叶研究所研制开发"沁香""佛香茶""滇红金针"

"紫娟"等50多个名优普洱茶、绿茶、红茶新产品。

3. 产业

以科技支撑为重点，运用"大数据"推进茶叶全产业链数字化、智能化，将"数据采集"融入种植、采摘、加工、仓储、销售和产品质量安全监管等过程中；2021年，省科技厅启动实施"世界大叶茶技术创新中心建设及成果产业化"重大科技项目，建设世界一流大叶茶技术创新中心、面向南亚东南亚技术辐射中心；省农科院茶叶研究所系统研究总结出云南大叶茶栽培技术，率先提出了生态茶园理论，示范推广了一批优质、高效茶树栽培配套技术。全省共建成生态茶园382.0万亩、绿色茶园54.7万亩、有机茶园105.7万亩。

抓住产业科技的制高点——品种，省农科院茶叶研究所从世界各地收集保存茶组植物28个种、3个变种和7种非茶组植物的各类茶资源2560份，建成了世界上茶种保存数量最多、面积最大的国家大叶茶资源圃；育成34个具有自主知识产权、通过国家审定和云南省审定的茶树新品种，促进了云南茶树良种化。"云茶香1号""云茶红3号""紫娟""云茶普蕊"4个品种入选云南省农业主导品种，"云茶1号"入选2019（首届）全国农业科技成果转化大会百项重大农业科技成果。

4. 专业消费创新

云茶消费线上线下融合加速，充分利用"普洱茶+互联网"，推动实体店、体验店、网店并举，线上线下齐进，加大普洱茶交易中心建设力度，构建普洱茶市场营销网络新格局；围绕"普洱茶、红茶、绿茶"三大公用品牌，增设云茶品牌；以"云茶+"的思路开展跨界融合，打造"茶产业+互联网+金融+现代物流"的创新运营模式。

二 各茶类产业分析

（一）云南茶产业生产状况分析

2021年全省普洱茶产量16.10万吨，与2020年基本持平。我国的红茶产地众多，其中福建、云南、湖北是我国最重要的三大红茶产地。2018年云南红茶产量排名全国第一，产量达到5.33万吨，占全国总产量的22.85%。2019年云南红茶产量占全国总产量的21.90%。2020年中国红茶产量27.62万吨，其中云南红茶产量8.80万吨，占全国总产量的31.86%。2021年云南红茶产量7.20万吨。2021年云南绿茶产量13.30万吨。

云南红茶产于滇西、滇南两个自然区。滇西茶区，包括临沧、保山、德宏、大理，种茶面积占全省的52.2%，产量占全省的65.5%，是云南的主产区。滇南茶区，是茶叶发源地之一，包括思茅、西双版纳、文山、红河，种茶面积占全省的32.7%，产量占全省的30.8%。从产区情况来看，滇绿主要出产于临沧、保山、思茅、德宏等。而凤庆、云县、双江、临沧、昌宁等，占滇红产量的90%以上。滇红主产区凤庆是全国十大产茶县之一，有34万名茶农，茶园35.6万亩，每年生产茶叶3万多吨，茶叶已经成为农民致富的主要来源，茶产业也成为凤庆不可替代的优势产业。

2019年云南茶叶加工存在初制所初加工和龙头企业精加工并存的格局，加工规模位居全国第二。2021年全国干毛茶总产量306.32万吨，比上年增加7.71万吨，增幅2.58%；云南省干毛茶产量接近50万吨。2021年云南省共有茶叶初制所7484家，较上年增加204家，茶叶专业合作社3564个，同比增长15.53%，种植大户3260户。

（二）云南茶产业消费状况分析

1.国内消费状况

随着云南茶产业不断发展，普洱茶市场认可度不断提高，品牌价值不断提升，出产的普洱茶近70%销往省外，普洱茶产业呈现良好发展趋势。中国普洱茶市场线上销售渠道所得收益由2016年的9亿元增加至2021年的22亿元，复合增长率为19.6%。2021年普洱茶线上销售额达42.64亿元，同比增长4.1%。前10位的普洱茶电商累计销售额6.60亿元。2020年中国红茶成品茶平均单价159.1元/千克，比2019年下降12.5%；2020年云南省红茶成品茶平均单价61.5元/千克，比2019年增长4.9%。与中国红茶成品茶平均单价相比，2020年云南省红茶成品茶平均单价相差97.6元/千克。2015~2021年云南省普洱茶、红茶成品茶价格走势见图1、图2。

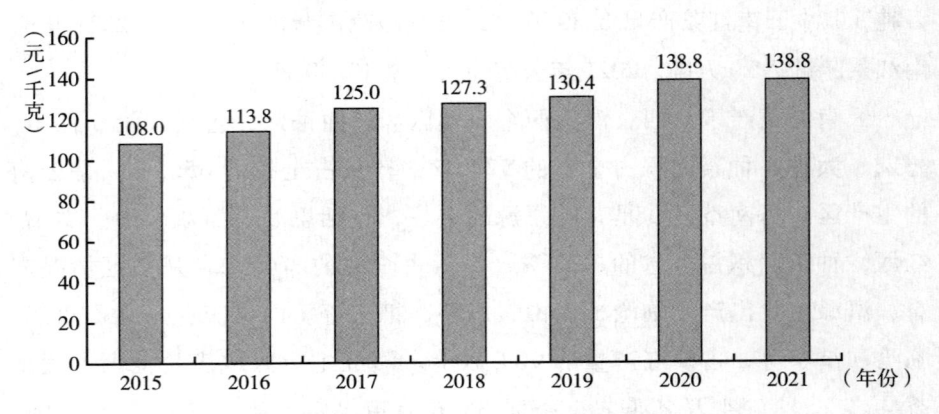

图1　2015~2021年云南省普洱茶成品茶价格走势

资料来源：中国报告大厅、前瞻经济学人、华经产业研究院、云南省茶叶流通协会。

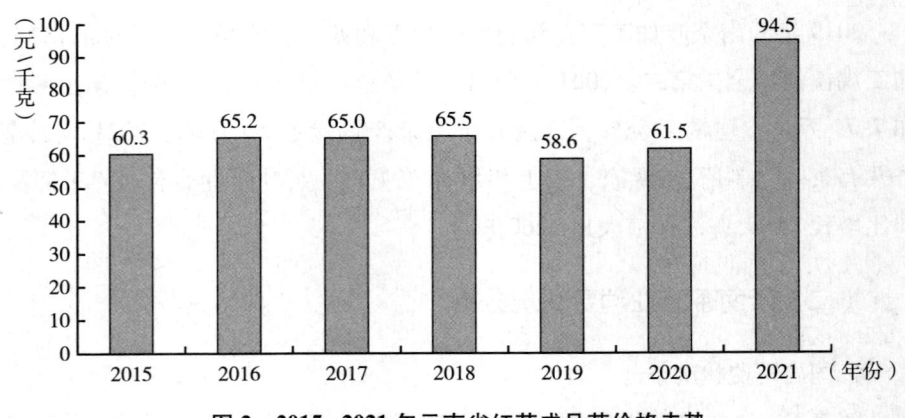

图2　2015~2021年云南省红茶成品茶价格走势

资料来源：中国报告大厅、前瞻经济学人、华经产业研究院、云南省茶叶流通协会。

2021年云南省毛茶价格稍有提升，平均单价42.9元/千克；成品茶价格平稳上扬，平均单价122.8元/千克，较上年每千克增加18.6元，同比增长17.9%。但唯有绿茶成品茶价格整体有所下降，绿茶2018年成品茶的平均单价为78.5元/千克，2019年为81.0元/千克，2020年为84.0元/千克，2021年为61.4元/千克（见图3）。

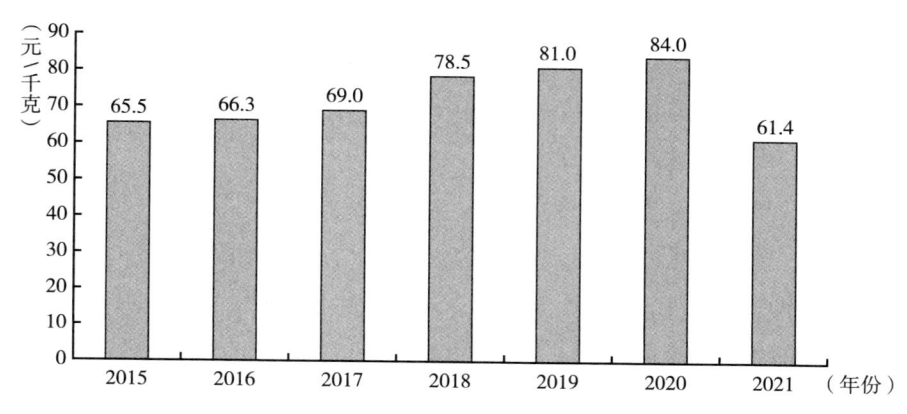

图3　2015~2021年云南省绿茶成品茶价格走势

资料来源：中国报告大厅、前瞻经济学人、华经产业研究院、云南省茶叶流通协会。

2.国际贸易状况

云茶出口连续两年呈现量减价增趋势，据昆明海关统计，2021年云南省茶叶出口4747吨，较上年减少1718吨，减少26.6%；出口额11048万美元，较上年增长2.7%。普洱茶出口量2176吨，较上年减少1369吨，降幅38.6%；普洱茶出口额0.53亿美元，较上年减少52.7%；普洱茶出口均价24.1美元/千克，同比降低23.5%。2020年云南省红茶出口量为3148吨，出口额为1952万美元。目前云南红茶中滇红工夫茶产品主要销往俄罗斯、美国和日本等，滇红碎茶主要销往西欧、北美和中东等，CTC红碎茶主要销往英国、美国和新西兰等。

（三）云南茶产业市场状况分析

1.交易方式

中国地标品牌声誉获90.02分，居第1位。截至2021年末，共有17家茶叶企业产品获"十大名茶"称号，获奖企业2021年总营收达61.4亿元，同比增长7.5%，其中电商销售收入达3.5亿元，同比增长23.0%。

充分借助南博会、茶博会、农博会等重大活动平台，积极举办不同形式、不同层次、不同规模的品鉴会和品牌推介活动。持续举办"云茶中国行"活动，提升云南红茶知名度。推广"茶产业+互联网+金融+现代物流"的创新运营模式，推动云南红茶产品连锁经营、直供直销、电子商务等新型流通业态和现代交易方式发展。

竞价交易绿色生态茶价格稳步攀升，茶企应进行资源细分、需求细分、产品细分，精准对接市场，将稀有资源和特色产品做到极致，将生态绿色优势植入当家产品，找准位置不攀比；大宗交易价格稳定，大宗交易泛指数量巨大茶品的传统销售方式，这类茶品进入市场后，将不可避免地参与宏观层面的行业竞争。受国际经济复兴乏力、国家经济下行压力加大以及消费惯性影响，2021年云南批发零售环节增加值146.2亿元，加工产值与农业产值之比为3.4∶1。

2. 批发市场

按收益计，云南普洱茶市场规模由2016年的22亿元增加至2021年的50亿元，复合增长率为17.8%，2022年达到55亿元。2021年，普洱茶市场来自线下销售渠道的收益占普洱茶市场总收入的88%。然而，自2020年以来，主要受消费者生活方式因疫情而改变影响，许多茶公司积极拓展线上渠道销售普洱茶产品。

批发市场在商品流通中的功能与作用越发明显，主要表现为对商品合理流通的集散功能和商品需求信息的传递功能不可替代，因为批发业拥有的对促进上游生产环节产品结构的有效调整和下游零售业经营品种结构调整的功能与作用是其他任何环节所不能替代的。批发市场要改变单一、低层次的盈利模式，通过提供增值服务，采用多层次、结构化的盈利模式，为商户提供更广泛和优质、高效的服务，切实为商户带来经济效益。强化商品的市场交易，实施"市场+"的平台战略，采取新建或者联合建设等模式，创建跨地区管理的茶叶市场项目，扩大市场辐射、带动能力。引进多种交易模式，积极应用网络资源建设完善的电子信息系统，扩大电子信息的使用范围，提升商品交易额；进一步完善电子信息管理制度，降低信息发布和获取成本，拓展专业批发市场的生存空间。

3. 零售企业

坚持线上线下市场并重，完善市场营销网络。加快云茶国际交易中心建设步伐，拓展服务功能，扩大贸易量。以一线城市为核心、以龙头企业为主体在全国省会城市择优建立10个云茶展示贸易中心，辐射带动二三线城市设置营销中心、分公司，大力发展经销商，开设专营店、代销店、体验店等，项目实施纳入"云品连锁（专卖）"补助范围。鼓励支持龙头企业在国际目标市场逐步建立云茶国外展销中心。鼓励支持网商、网店发展，努力构建交易中心、茶城、茶店、网店齐头并进的云茶市场网络体系。

4. 品牌建设

2021年10家云南茶叶企业入选"年度中国茶业百强企业"，8家茶叶企业进入2021年省级专精特新"小巨人"255户大名单。2021年云南省普洱茶国家级龙头企业有勐海茶业有限责任公司、云南龙润茶业集团有限公司、云南双江勐库茶叶有限责任公司、勐海陈升茶业有限公司、普洱澜沧古茶股份有限公司、云南昌宁红茶业集团有限公司、腾冲市高黎贡山生态茶业有限责任公司、云南下关沱茶（集团）股份有限公司、昆明七彩云南庆沣祥茶业股份有限公司。

根据2018年中国茶叶区域公用品牌价值评估结果，"滇红工夫茶"品牌价值21.02亿元，居全国第26位；2020年，"滇红工夫茶"品牌价值30.15亿元，居全国第19位；2021年，"滇红工夫茶"品牌价值35.15亿元，居全国第21位。为了突出云南红茶品牌，应该制订宣传计划，以车站、机场、宾馆、广场等重点公共场所为依托，以报刊、广播、电视、网络媒体等为平台，采取播放云南红茶宣传片、印制出版物、举办知识讲座等形式，全方位加强云南红茶知识普及和社会宣传，提升消费者对云南红茶品牌的认知度、认可度和信赖度。

云南绿茶品牌有新益号、沁爱、陆羽经、脆人家、迅聪、一古茶堂、蒲门、茗纳百川、滇湘和古德凤凰等。

（四）云南茶产业发展前景预测

1. 云南普洱茶产业发展前景预测

（1）政府出台利好政策

我国政府高度重视普洱茶行业的发展，不断颁布利好政策，推动茶产业的整体发展。我国政府已出台西部大开发、退耕还林、乡村振兴等一系列政策，以支援茶公司采购原材料、生产及销售产品。

（2）消费者健康意识提高

普洱茶产品含多种高效抗氧化剂及矿物质，对健康的益处被广大消费者认知。由于经济环境改善，消费者对健康更为重视，饮茶人士数量增加，对普洱茶产品的需求亦随之增加，而有关良好趋势预期将会持续。

（3）社交媒体推广饮茶文化，线上购买飞速发展

社交媒体已成为宣传普洱茶健康益处的有力媒介，有助于普洱茶公司扩大消费群体，接触年青一代消费者。同时，中国的电子商务发达，方便消费者在网上购买普洱茶产品。电子商务的发展使交易更加便利，透明的价格、较低的经销和物流成本、便捷的退货流程，凡此种种均使消费者更愿意在网上购物。

（4）技术进步使产品质量得到提高

技术进步使普洱茶的传统加工工艺现代化，容许制造商严格控制普洱茶制作过程中的主要工序。普洱茶公司因此能够生产出高质量的普洱茶产品，使之具备丰富的始终如一且为人熟知的风味。

（5）呈现消费者年轻化、消费空间跨度扩大化趋势

普洱茶的消费群体在不断发生变化，消费者呈年轻化趋势。普洱茶消费呈空间跨度扩大化的趋势，由华南、西南等传统消费区域逐步拓展到东北、华北等新兴消费区域，传统市场升温、新兴市场不断扩展。

2. 云南红茶产业发展前景预测

（1）利用国内、国外资源，开拓市场

国外红茶生产国具有优越的资源条件，红茶龙头企业应积极抓住"一

带一路"建设的机遇,主动"走出去",取长补短,拓展国内、国外两大市场。

（2）整合优化红茶产品结构

企业应根据自身条件和定位研发、丰富不同规格和风味的产品。如通过工艺优化和平台提升生产出高性价比的优质红茶,或依托独特的自然资源和文化优势打造有文化内涵的高端小众产品。

（3）加强地理标志产品保护

加大对地理标志产品的政策支持力度,扩大宣传,使其成为有生命力的公用品牌。要让规模大、品质优、知名度高的特色标志产品成为红茶优势产区的核心产品。

（4）培育红茶龙头企业

对于龙头企业的扶植要注重企业家创新精神、担当意识的培养；企业培育品牌则离不开产品的打造,产品是品牌塑造的基础。

（5）加强科技创新

红茶生产的重点任务在于研究绿色精准化生产技术,提高红茶质量；开发红茶新产品,拓展红茶的功能；研制自动化生产设备,提高劳动生产率。

3. 云南绿茶产业发展前景预测

近年来,我国政府出台了一系列政策支持和鼓励茶产业发展,云南省委、省政府也高度重视茶产业发展,早在2018年打造"绿色能源""绿色食品""健康生活目的地"的"三张牌"行动中,便将茶产业列为八大优势产业之一；2019年以来,全省茶产业"一县一业"扎实推进,以提升规模化、专业化、绿色化、组织化、市场化水平为着力点,为全省茶产业高质量发展树立新标杆；2021年,《云南省"绿色食品牌"重点产业"十四五"发展规划（2021—2025年）》明确提出"将云南打造成为世界普洱茶之都、全球规模最大的茶树种质资源中心、中国有机茶第一省、民族生态茶旅融合示范区。到2025年,茶产业综合产值达2000亿元"的目标。综合来看,云南绿茶产业发展政策环境良好。

三 云南省茶产业发展应关注的问题

（一）关注茶园生态环境保护和鲜叶质量提高

近年来，茶产业规模持续扩增，鲜叶需求量进一步增大，进而导致了茶园生态环境受到过多的人为破坏，如汽车等燃油类机械设备频繁出入茶园、人为过度开采等。但随着人们的可持续发展理念和环保意识增强，茶园生态环境的保护受到了更大的关注。在茶叶生产源头上，更加注重茶园生态环境的保护和鲜叶质量的提高，因为良好的茶园生态环境是优质鲜叶产出的必要条件。

（二）关注茶产业规模扩增及龙头企业的培育

云南茶产业规模持续扩增，优势突出。2021年云南省茶叶种植面积740万亩，总产量49万吨，综合产值1071亿元，在全国排名第二。关注茶产业"龙头企业"的培育，致力于打造国家级、省级重点茶产业，工作成效显著。2021年云南省有茶企91525家，数量位列全国第三，占全国的7.5%。其中，国家级龙头茶企8家、省级龙头茶企75家、销售收入达亿元以上的茶企25家。

（三）关注茶学教育和专业人才的培养

近年来，随着茶产业的逐步发展，茶学教育逐步兴起，许多农林类高校先后设立了茶学专业，更关注茶产业人才的培养。在社会层面上，茶学教育发展更加如火如荼，茶艺师、评茶员等职业资格的培训受到许多人的欢迎。茶学教育的发展，在一定程度上提升了茶叶知识的普及度，为茶产业发展提供了强大的后备力量。

（四）关注古茶树资源的立法保护

古茶树资源的保护刻不容缓，其关乎云南茶产业的可持续发展。古茶树资源没有得到充分保护，特色品种资源的优势未被充分发掘利用，不利于茶产业发挥其独特发展优势。古茶树资源作为云南独具特色的茶叶名片，对云南茶产业发展至关重要。由云南省第十三届人民代表大会常务委员会第三十五次会议于2022年11月30日审议通过、自2023年3月1日起施行的《云南省古茶树保护条例》，共包含30条，以地方性法规的形式加强对古茶树的保护，明确规定对树龄在100年以上的野生茶树和栽培型茶树进行保护，并规定行政区域内有古茶树的县级以上人民政府应当将古茶树保护纳入国民经济和社会发展总体规划、国土空间规划，统筹资金用于古茶树的保护、管理、研究。此外，各地方人民政府也针对古茶树保护出台了相应政策，如2022年7月26日，云南省双江拉祜族佤族布朗族傣族自治县人民政府通过了《古茶树保护管理条例实施细则》，并已于2022年8月26日施行；《普洱市古茶树资源保护条例实施细则》于2021年11月30日发布，并于2022年1月1日施行。这一系列法规的颁布，在一定程度上加大了对古茶树资源的保护力度。

（五）关注茶产业产能过剩

尽管云南茶产业发展处于上升态势，但茶叶产量过剩，茶叶消费量明显低于生产量的问题仍然存在。云茶要实现高质量发展，就必须解决产能过剩问题。产能过剩的成因众多，其中比较突出的在种植端、加工端和销售端。在种植端，相关基础设施不够健全，全省有1/5的茶园还属于中低产、低效茶园，茶叶原料产量较高但品质较差，从而造成茶叶产量过剩。在加工端，全省茶叶初制所中半数以上厂房、设备陈旧老化，机械化水平低；从业人员尤其茶农实用技术培训欠缺，初精加工企业中技术人员和专业技工不足10%，这些问题造成茶叶初制水平参差不齐，质量问题是产能过剩的原因之一。在销售端，资源投入、宣传力度等都影响着茶叶的销售。近年来，茶产品销售方式趋于多样化，如通过茶产业和旅游产业相结合，举办茶旅结合相关活动，打破茶叶作为传统农业发展的瓶颈，促进第一、第三产业融合发展，充分发挥云南得天独厚的茶产业茶文化优势，以茶园观光、茶园亲子活

动及茶叶种植、加工、品鉴等活动为载体，传播分享云南优秀的茶文化，在提升经济效益的同时兼顾社会效益，提升群众对茶文化的认知度，同时助力于缓解茶产业产能过剩。

（六）关注茶产业与乡村振兴的联结

云南茶产业的发展极大地响应了乡村振兴战略，茶叶已然成为数百万名茶农赖以生存的物质基础。随着茶产业产值的提升，许多年轻人开始从事茶叶种植生产。应发展传统特色茶产业，促进农业农村发展，提升茶农幸福感和生活水平。

（七）关注优秀的传统茶文化的发掘利用

开发新的旅游项目和相关的文化活动，实现"经济搭台，文化唱戏"，提升综合效益，在实现经济效益的同时提升社会效益，促进茶文化在精神文明建设上发力，进而助力和谐社会的建设。

（八）更加关注茶产业与科技创新的融合

云南省主要茶企699家，其中大型12家，中型283家，省级及以上龙头企业80余家，但80%为中小茶企，技术力量和经济实力较弱，"品名"多"品牌"少，茶产业链短，综合效益低，茶叶功能性新产品研发尚未系统开展，深加工产值低的问题一直存在。发展茶产业高新技术，运用计算机、大数据推进茶产业数字化、智能化，研发自动化采茶、茶叶深加工技术设备刻不容缓。

（九）更加关注茶产业的营销方式

充分利用"互联网+技术"的营销策略，推动实体店、体验店、网店并举，线上线下齐进，构建云南省茶产业市场营销网络新格局。云南茶产业应在可持续发展理念的指导下，制定并优化茶叶市场准入标准，推进茶叶市场交易的规范化与可持续发展。

（十）更加关注茶产业市场和品牌的发展

受利益驱使，茶产业市场乱象丛生，如虚假宣传、产品质量参差不齐、茶叶质量安全管理制度不完善等。茶叶的品质取决于茶源、产地、存储时间等多方面因素，所以同一种茶叶，价格却可能是天壤之别。不法茶商受利益驱使，往往以一些假冒伪劣或虚假包装充斥市场，使得市场中茶叶真假难辨。除此之外，茶叶质量安全监管体系也不完善，很大一部分市场缺乏规范的管理制度，尤其在市场准入制度、商品质量安全管理制度、经销商台账制度、索证索票制度、消费者投诉制度等方面都没有进行完善，因此也就无法建立产品的可追溯体系，一旦发现质量安全问题，市场无法召回产品和追究相关人员的责任。但近年来，关注度的提升和市场监督方式的多样化及各项相关政策的陆续出台，一方面有利于引导茶产业走上更规范的轨道，另一方面也推动着茶产业的高质量发展。此外，对于云茶市场与国际茶叶市场接轨程度不高问题的解决，离不开在提升茶产品质量的同时做到茶产品质量稳定。只有做到对外积极应对不平等的贸易壁垒，对内积极解决包括农药残留、产品认证、商标注册、资格审查等产业自身存在的问题，才能增大茶叶出口量，促进与国际茶叶市场的接轨。

对于品牌方面，云茶文化虽底蕴深厚但引领缺位，功能拓展还不够，没有形成一批知名茶山景区和茶文化品牌。近年来，按照省委、省政府打造新时代"千亿云茶产业"和世界一流"绿色食品牌"的发展思路，以及建设高原特色现代农业的总体部署，茶产业发展紧紧围绕种质资源、生态环境、产业基础、产品特色、民族文化和产业规模等优势，进一步提升品牌竞争力。

四 2020~2022年云南省茶产业发展措施

习近平总书记指出："茶产业大有前途。下一步，要打出自己的品牌，把茶产业做大做强。"① 茶产业作为云南省高原特色现代农业产业,是云南省农业经济的重要支撑,对促进农民就业、增加农民收入、保障农业发展具有重要影响。茶产业历来是云南省重点优势产业,省委、省政府高度重视茶产业在经济社会发展等方面发挥的作用,特别将其作为边疆稳定、致富的重要产业来抓。2020年,全省茶叶综合产值达1001.4亿元,继2020年云南省实现"千亿云茶产业"目标后,2021年茶产业继续向好,综合产值达1071.1亿元,综合效益和产值不断取得突破。但古茶树资源的利用不规范、市场乱象丛生、绿色有机认可度低、质量体系不完备、产品质量安全管控不严格、产业融合深度不够等短板,也制约了云南茶产业整体发展与提升,这些问题亟须解决。省委、省政府从思路导向、政策扶持、标准体系、质量管控、绿色理念、品牌发力、科技攻关、市场开拓等方面采取有效措施,充分发挥云南省茶产业种质资源、生态环境、产业基础、产品特色、民族文化和产业规模等优势,找准云茶功能定位,积极谋划茶产业发展的思路、目标、任务和布局,以高质量发展推进茶产业提质增效和"三产"融合发展,以茶产业助力乡村产业振兴发展,全面实现"做精做强"茶产业,实现茶产业"富民强省"。

(一)明确的发展思路和目标导向

针对当前茶产业发展面临的机遇和挑战,应贯彻落实云南省委、省政府打造新时代"千亿云茶产业"和世界一流"绿色食品牌"的发展思路和建设高原特色现代农业的总体部署。《关于推动云茶产业绿色发展的意见》提出"到2022年,实现全省茶园全部绿色化,有机茶园面积全国第一,茶叶绿色加工达到一流水平,茶产业综合产值达到1200亿元以上",确定了云茶产业"千亿产值"的目标。《云南省"绿色食品牌"重点产业"十四五"发展规划(2021—2025年)》明确提出"将云南打造成为世界普洱茶之都、全球规模最大的茶树种质资源中心、中国有机茶第一省、民族生态茶旅融合示范区。到2025年,……综合产值达2000亿元"的目标。

---

① 《壮大茶产业 绿叶变"金叶"》,《南宁日报》2023年1月12日。

（二）出台强有力的政策和相关标准

近年来，云南省从科学保护和合理利用两个方面规划布局古茶树（园）保护管理的5项内容，结合名山名茶品牌打造，充分发挥古茶树资源的带动作用，出台并严格执行《云南省古茶树保护条例》，制定古茶园改造、管理措施，指导帮助茶农科学合理利用古茶树资源，引进企业和资金对古茶园进行合理开发和利用，树立标杆，充分展示带动和拉动产业发展价值，并推进云南古茶山申遗。

标准化是云茶产业化和市场化健康发展的保证。云南省委、省政府出台一系列标准，提升茶产业的整体发展水平。2021年，云南省向全国知识管理标准化技术委员会地理标志分技术委员会递交了国家标准《地理标志产品普洱茶》的修订申报材料，起草发布了7项团体标准。云南茶叶评价检测溯源中心持续开展茶叶产品质量追溯体系建设，先后帮助40余家茶企、近1000款产品实现"云茶标识"一品一码。此外，《茶叶质量安全追溯平台建设规范》《普洱茶质量追溯实施规程》等相关标准出台，取得了不错的效果，强化了质量保荐溯源服务，提高了云茶质量安全公信力。普洱市也出台《普洱市擦亮"普洱茶"金字招牌三年行动计划》《普洱市古茶树资源保护条例》《普洱市绿色茶产业发展实施意见》《普洱市贯彻落实云茶产业发展"八抓"工作推进方案》等系列政策措施，为产业持续健康稳定发展提供了强有力的政策保障。2021年10月25日，《云南大叶种白茶》和《云南大叶种白茶质量保荐追溯技术规范》两项团体标准正式发布，它们统一了云南白茶的定义、范围、类型、制作工艺、感官审评术语、检测指标等，充分突出了云南大叶种白茶的特点，为云南茶企提供了云南白茶制作技术指导，对云南茶产业发展起到了积极的推动作用。

（三）坚持绿色发展理念，推进云茶产业生态化

2021年3月15日，习近平总书记主持召开中央财经委员会第九次会议

时强调，要把碳达峰碳中和纳入生态文明建设整体布局。① 2021年11月党的十九届六中全会通过的决议提出，"必须实现……绿色成为普遍形态……的高质量发展"。2022年3月5日，李克强总理在政府工作报告中提出，2022年持续改善生态环境，推动绿色低碳发展。绿色发展理念重在贯彻与落实，抓落实是党和国家的一项重要任务。2021年，云南省认定"绿色食品牌"茶叶产业基地345个，总面积8.62万公顷，有机茶园认证面积和获证产品数连续多年位居全国第一。践行绿色发展理念，落实好党的二十大精神，坚定不移走好生态优先、绿色发展之路，坚定不移实施生态富省战略，巩固生态茶园建设成果，高标准建设云茶特色生态模式，着力推进"一县一业""一村一品"示范创建，助力乡村振兴，示范带动全省云茶产业提质增效。努力在实践创新基地建设上进行创造性探索，做好绿色山水新文章，端稳绿水青山"金饭碗"，在绿色崛起中贡献云茶力量。

（四）擦亮普洱茶金字招牌，推进"多茶并举"

普洱茶是云南省打造"千亿云茶产业"的重点之一，因此推进云茶产业的跨越式、高质量发展，必须加快推进普洱茶高质量发展。积极推进普洱茶标准体系、绿色有机、数字平台、品牌影响、产业融合等多方面建设，建立规范化、标准化的普洱茶市场交易体系，重点扶持本土优势企业，制定诚信联盟标准，不断提升普洱茶影响力，擦亮普洱茶金字招牌。而云茶的发展也不应过度突出一种茶类而忽视市场所需多样性和多元化，应"多茶共盛"，做大做强"普洱茶、红茶、绿茶"三大公用品牌，推进多种茶类共同繁荣，发展区域公用品牌，打造绿色云茶品牌，这样才能更好地促进云茶产业升级发展。

（五）践行"三茶"融合，提高云茶影响力

2021年"普洱茶"品牌价值达73.52亿元，在中国茶叶区域公用品牌

---

① 《把碳达峰碳中和纳入生态文明建设整体布局》，中国政府网，2021年11月18日，http://www.gov.cn/xinwen/2021-11/18/content_5651789.htm。

价值评估中继续居第二位，仅次于"龙井"。围绕"普洱茶、红茶、绿茶"三大公用品牌，着力培育龙头企业和名山名茶品牌，加快推进地理标志产品登记认证，以品牌引领市场、引领产业，努力推进云茶产业走向全国、走向世界。以科技支撑为重点，将大数据技术运用于云茶产业链的种植、采摘、加工、仓储、销售和产品质量安全监管等过程中，促进云南茶产业数字化、智能化发展。利用"人工智能服务"，打造数据化、智能化的智慧茶园；建立茶叶区块链和物联网大数据平台；应用"区块链+产品溯源"技术；促进数据共享，降低运营成本，提升茶园收益。充分发挥云南独特的自然风光、民族风情、民居民食等资源优势，深度挖掘云南民族茶文化、普洱茶文化、特色茶文化内涵，推进"茶叶+旅游"、"茶叶+健康"、"茶叶+文化"、"茶叶+教育"和"茶叶+互联网"等创新发展，促进云茶一二三产业融合发展。镇沅县按板镇罗家村入选农业农村部第十一批全国"一村一品"（茶叶）示范村镇，天士力帝泊洱生物茶谷、中华普洱茶博览苑分别成功申报为国家4A级、3A级旅游景区，茶产业"三产"融合发展初见成效。

五　近年来云南省茶叶发展主要研究结论

（一）国家大叶茶资源圃创建及优异种质创新利用

"国家大叶茶资源圃创建及优异种质创新利用"于2022年5月17日获得云南省科技进步奖一等奖，研究根据品种改良的需求，以优质、高产、高抗为目标，创建了保存的大叶茶资源种类、数量居世界第一的国家大叶茶资源圃，建成了世界茶树资源基因库基地；创制了一大批新种质，选育了一批优良茶树新品种，推动了优异种质利用和云南省茶树品种更新换代，推动了茶产业科技进步；提高了经济和社会效益，推动了茶叶科技支撑产业的发展，为云南打造世界一流"绿色食品牌"、茶产业高质量发展做出了突出贡献。

（二）云南茶园绿色增效生产技术集成与示范

助力云南省茶产业发展，云南省各茶区开展茶园绿色增效生产技术集成与示范。针对害虫防控，对云南茶区不同类型生态茶园及不同茶树品种主要害虫及天敌发展动态进行调查，为科学防治害虫以及减药提质技术的研发、集成和推广奠定理论基础。针对茶园土壤调节，对云南茶区不同类型生态茶园土壤情况进行调查，建立土壤质量档案和缺素状况数据库，为调节茶园土壤和生态环境以达到提质增效的生产技术研发和集成奠定理论基础。茶园建设中集成土壤酸化改良、有机肥替代及营养调控、昆虫性诱剂、脂溶性及生物源农药替代水溶性农药、数字化色板、套种绿肥、间作不同作物等多种绿色增效生产技术，建成茶园绿色防控体系和绿色种养模式，并进行示范、推广。截至2023年，已经累计推广辐射面积11.8万公顷，新增销售额达19.80亿元，新增利润达2.32亿元，获得了显著的经济、生态和社会效益。

（三）普洱茶数据平台创建与产业化应用

2021年6月2日，"普洱茶数据平台创建与产业化应用"获云南省科技进步奖三等奖，研究针对普洱茶产业存在的问题，围绕普洱茶产业标准化、信息化、数字化发展需求，创建了普洱茶种质资源数据平台，完成了茶组植物25个种3个变种的1521份茶树种质资源的数字信息库建设，建成了西双版纳古茶树资源信息库和大叶种无性系茶树良种DNA指纹图谱数据库；创建了智慧茶山物联网应用平台，建立了智慧茶山茶园小气候监测系统，实现了光、温、水、肥、气、污染物等17个指标的实时监测采集；创建了普洱茶智慧仓储应用平台，实现了对温度、湿度、光照、二氧化碳、氧气含量等普洱茶仓储关键环境指标的实时监测采集和智能调控；创建了全产业链普洱茶质量安全追溯云服务平台，建立了茶树种植、茶叶加工、茶产品仓储与流通等全产业链的普洱茶品质追溯体系，提升普洱茶质量，打造绿色品牌。

（四）普洱茶相关书籍的编写与出版

开展文化对外宣传活动是显示国家实力、塑造国家形象的重要方式。普洱茶是云南之根，是云茶之本，是云南历史文化的重要组成部分，是云南省一张亮丽的名片。由刘艳、周红杰、孔宝华主编的《绿色大健康——中国云南普洱茶》（汉英双语）是面向海内外各国人民的普洱茶科普书籍，科学与人文并重，图文并茂，结合现代传媒技术，以普洱茶为媒介，面向全球，介绍普洱茶的历史文化与科学知识，展示充满魅力与传奇色彩的中华文化，是向世界传播中国茶文化的助推器，也必将加快普洱茶文化的全球推广，将普洱茶文化带到全世界各个角落，带给每一位热爱生活、渴望健康、珍惜生命的人。通过阅读此书和品饮普洱茶，人们可以更好地了解普洱茶文化内涵，修身养性，共建美好社会，共促世界和平相处与和谐发展。由周红杰教授主编、中国轻工业出版社立项的普通高等教育茶学专业"十四五"规划教材——《普洱茶学》历经四年多，根据茶学专业教学及普洱茶知识宣传需要以及新时期新农科专业改革的发展需要精心编写，该教材围绕云南地方特色文化和特色经济发展需求，针对经济建设和文化建设的实际需要，全面、系统、科学地介绍普洱茶。其为学生或热爱普洱茶人士提供了一个完整的普洱茶学科体系，与教育科研和就业需求以及社会需求相适应。

附 非物质文化遗产——云茶时代

一 景迈山古茶林的申遗之路

非物质文化遗产是普洱茶文化传承积淀中最具魅力的文化符号和名片，景迈山则是展现云南普洱非物质文化遗产的又一窗口，景迈山古茶林是中国茶文化发展的历史见证，是人与自然和谐发展的缩影，是传承民族历史和文化传统最重要的实物载体，其所蕴含的历史文化气息和自然人文底蕴独一无二，是挖掘古茶文化的基因库和活化石，是澜沧县乃至普洱市茶产业开发和茶文化旅游的重要着力点。景迈山古茶林文化景观的名气不断提高，直接带动了当地茶产业的发展，也导致村民有了新的需求。除了栽培型古茶林需要人工护理外，如何传承发展特色的茶文化与茶祖祭祀、饮茶民俗、茶歌茶祖传说等非物质文化遗产也成了村民们关注的问题。景迈山古茶林位于澜沧县惠民镇东南部，距普洱市区237公里，距澜沧县城70公里。遗产区面积7167.89公顷，缓冲区面积11927.85公顷。因青藏高原和横断山脉阻挡了北方的寒流，中国西南山地的包含景迈山古茶林区域的山茶科植物在第四纪冰川中得以幸存，该区域成为世界栽培型茶树起源地之一。2013年，景迈山古茶林被国际茶叶委员会确认为"世界茶源"。2013年5月，又被国务院公布为全国重点文物保护单位。2012年，国家文物局将景迈山古茶林列入《中国世界文化遗产预备名单》，2021年初被国务院批准为中国2022年正式申报世界文化遗产项目。景迈山养育了普洱茶，普洱茶也反哺了景迈山。山上的居民种茶、制茶、喝茶、卖茶，茶树是他们最重要的生计来源。如果申报世界文化遗产成功，则能保证普洱茶文化的传承，让制茶技艺与衍生的风俗能够完整地保存下来。

（一）保护了当地古茶林和村落的原始风貌

按照古茶林文化景观申遗要求，必须具备三大要素：5片古茶林、3片分隔防护林和9个传统村落。为保护古茶林和村落原貌，当地政府修订完善了《普洱市古茶树资源保护条例》《云南省澜沧拉祜族自治县景迈山保护条例实施办法》等。公开征求意见，完善立法，对景迈山遗产区实施最严格保护，严防严控一切有损景迈山遗产真实性、完整性和突出普遍价值的行为发生，确保"山共林、林生茶、茶绕村"的景观结构得以延续。

（二）保留了景迈山独特的原始民族文化风貌和文化氛围

以布朗族为代表的当地人民以茶为信仰，形成了独特的宗教信仰、风俗、诗歌、音乐、舞蹈等艺术形式，以及口传知识等文化传统，他们将茶文化融入民族信仰与日常文化生活中，将茶抽象成符号融入建筑设计与民族服饰文化当中，并形成了坚韧、乐观的民族性格。景迈山各族文化相互发展并相互影响，呈现了茶文化的共享与繁荣。

景迈山较完整地保留了民族优秀传统文化，非物质文化遗产资源集中，内容丰富。目前，景迈山有省级非遗项目2个（山康茶祖节、芒景布朗族生态文化保护区），市级非遗项目3个（布朗族种茶传说、景迈山传统手工制茶技艺、布朗族传统舞蹈），县级非遗项目1个（景迈山茶膏制作技艺）；省级传承人2人，市级传承人3人，县级传承人4人。丰富的非物质文化遗产不仅有利于人们认识物质文化遗产的文化魅力，更能促进物质文化遗产的保护。

（三）提升了景迈山茶叶品质和树立了良好的品牌形象

良好的产业氛围，逐步让当地人脱贫致富，同时也提高了茶叶品质生产意识，使当地人可持续地进行茶树种植和管理。景迈山当地村民积极主动学习各种古树保护条例，用村党支部组织培训学到的理论知识管理古茶园。禁用化肥和农药。同时严厉打击各种外来茶叶流入景迈山地区，冒充景迈古树茶的行为。从源头上保障了茶叶的真实性，追溯整个生产流程，有效地保障了景迈山茶叶的品质，净化了景迈山茶叶经营市场，为景迈古树茶树立了良好的品牌形象。

（四）改善了当地村民的居住环境和基础设施

为保障"申遗三大要素"的完整性，当地政府付出了巨大努力。2004年云南电网公司投入了9105.87万元进行景迈山电网建设和改造，电线道路改迁"让道"古茶林。之后政府投入力度逐年加大，景迈山的古村落基础设施逐步得到完善。曾经的古村落低矮破旧，申遗工作启动后，政府在保留原始风貌基础上进行修缮，村民的居住环境得到大幅改善。现在村子在保持古村落原貌的基础上，消防、饮水等基础设施得到了非常好的完善。

（五）景迈山旅游产业得到升级

多年的传承、保护和发展使景迈山古寨保留了古朴的民族特色。通过各级政府的共同协作，景迈山成为布朗族文化的传承保护点和弘扬布朗族文化示范村，周边还有很多居住着傣族、哈尼族等民族的村寨，应积极挖掘各个

民族文化资源，打造精品旅游品牌，构建民族特色产业。村寨现有特产展示亭10个，民宿12家，且家家有茶室，户户有茶香。独特鲜明的边疆民族风情，吸引了世界各地人们的目光，如今每年接待游客人数逾5万人次。同时，古寨还吸引了文化传媒各界到此拍摄影视剧、纪录片等。电视剧《茶颂》、电影《爱的季节》均在翁基取景拍摄。在加大景迈山旅游和文化消费影响力的同时，普洱市文化和旅游局在吃、住、行、游、购、娱等环节中植入非遗元素，从服装、用具、建筑等各种文化艺术风格中提炼出民族文化元素并将之与现代工艺和设计相结合，制作笔记本、纸胶带、包装箱、遮阳帽、手提袋等旅游纪念品；提升导游、非遗传承人之间的协调能力和各自业务水平，落实非遗主题示范餐厅、示范民宿、示范文创商品体验店、示范讲解员配套，打造出1条文化体验度高的精品非遗文化旅游线路。景迈山旅游收入逐年增加。

景迈山上的非物质文化遗产处处彰显着从景迈山上生出的茶文化精神、处处体现着景迈山人民与古茶林互动的和谐韵律。茶树源自远古时代，遇到了寻找家园的先民们。他们相信万物有灵，敬畏自然的造化。人类的劳作驯化、改变了茶树，观念和信仰也同时被茶树塑造、影响。人类驯化茶树的同时，也被茶树所征服，使得全世界的诸多茶客一日不可无茶。

千百年来，在景迈山，人与茶共存共荣，每一片茶林，都记录着这片土地变迁的历史，每一棵茶树，都取自大自然无私的馈赠，每一片茶叶，都源自世居民族的辛劳。景迈山，蕴藏着人类与自然和谐共处的生态智慧，承载着人们对美好未来生活的期待和渴望。景迈山上衍生并传承至今的非物质文化遗产不断向我们传唱着美好动人的"非遗故事"。

二 中国传统制茶技艺及其相关习俗

北京时间2022年11月29日晚，联合国教科文组织保护非物质文化遗产政府间委员会第17届常会通过决定，将中国政府申报的"中国传统制茶技艺及其相关习俗"列入《人类非物质文化遗产代表作名录》。至此，我国共有43个非物质文化遗产项目入选联合国教科文组织非物质文化遗产名录（名册），数量居世界第一。

"中国传统制茶技艺及其相关习俗"是有关茶园管理、茶叶采摘、茶的手工制作，以及茶的饮用和分享的知识、技艺和实践。自古以来，中国人就开始种茶、采茶、制茶和饮茶。制茶师根据当地风土，运用杀青、闷黄、渥堆、萎凋、做青、发酵、窨制等核心技艺，发展出绿茶、黄茶、黑茶、白茶、乌龙、红茶六大茶类及花茶等再加工茶，共2000多种茶品，供人饮用与分享。由此形成的不同习俗，世代传承，至今贯穿于中国人的日常生活、仪式和节庆活动中。在这个项目中云南有6个国家级非遗项目，即普洱茶制作技艺（贡茶制作技艺）、普洱茶制作技艺（大益茶制作技艺）、黑茶制作技艺（下关沱茶制作技艺）、红茶制作技艺（滇红茶制作技艺）、茶俗（白族三道茶）和德昂族酸茶制作技艺，这对云南茶产业发展有着重要的意义。

（一）统筹"三产"融合，助推茶产业链的延伸

"中国传统制茶技艺及其相关习俗"中云南的6个国家级非遗项目的申报成功，依托彩云之南风貌和少数民族多彩特色，将茶产业与旅游产业、文化产业深度融合，让茶区变景区、茶叶产品变旅游商品，第一产业向第三产业转型，助力乡村振兴发展。挖掘的历史茶人遗迹、茶学遗风、茶事趣闻等，使乡村美景与茶文化有机结合，打造出集观赏性、趣味性、体验性于一体的茶旅游景点和户外茶旅研学点，建设成制茶技艺非遗展示馆、茶文化博物馆。以茶文化为抓手，精准定位各类目标人群，呈现出茶产业欣欣向荣的良好势头，不断拓展茶商品外延，增强茶产业链的无限性和发展性。

（二）绽放文化自信，为传承民族茶文化开辟新的道路

世界茶源于中国，中国茶源于云南，传统制茶技艺在全国各地广泛流布，为多民族所共享。云南民族茶文化拥有与中华文明相当时期的灿烂历

史，云南民族茶文化是中华文明极其重要的分支和独具特色的地域呈现。在云南少数民族的发展历程中，茶串联起云南少数民族的异彩纷呈，解读着云南少数民族的起源演变，诠释着云南少数民族淳朴、自然、尚礼、谦和的精神特征，茶俗（白族三道茶）和德昂族酸茶制作技艺等被列为非物质文化遗产，能够从民族、茶、文化、历史等范畴汇聚云茶产业的丰富性，是唤醒国人高度文化自信的动力源泉，为深耕民族茶文化内涵，以及为茶产业发展注入民族文化基因开辟新的道路。

（三）彰显中华气质，推动世界文明交流互鉴

成熟发达的传统制茶技艺及其广泛深入的社会实践，体现着中华民族的创造力和文化多样性，传达着茶和天下、兼容并蓄的理念。中国人通过制茶、泡茶、品茶，培养了平和包容的心态，形成了含蓄内敛的品格，提升了精神境界和道德修养。茶作为人们交流沟通的重要媒介，在日常的饮用和分享中发挥着重要作用，体现着中华民族谦、和、礼、敬的精神内涵。

通过丝绸之路、茶马古道、万里茶道等，茶穿越历史、跨越国界，深受世界各国人民喜爱，茶已经成为中国与世界人民相知相交、中华文明与世界其他文明交流互鉴的重要媒介。茶推动中华优秀传统文化创造性转化、创新性发展，不断增强中华民族凝聚力和中华文化影响力，深化文明交流互鉴，讲好中华优秀传统文化故事，推动中华文化更好地走向世界，成为人类文明共同的财富。

参考文献

沈帅等：《茶叶数字化加工技术研究进展》，《中国茶叶》2022年第8期。
毛启兵：《茶叶加工机械化技术应用研究与分析》，《南方农机》2022年第10期。
吉哲鹏、杨静：《一片叶，一千亿》，《新华每日电讯》2022年5月22日。
戴升宝：《"茶叶第一A股"何时水落石出？》，《济南日报》2022年7月24日。
王正环：《我国茶叶市场交易方式研究》，《福建农林大学学报》（哲学社会科学版）

2017年第4期。

熊昌云等：《基于区域产业的"岗位导向、产教融合"人才培养模式探索与实践——以云南农业大学热作学院茶学专业为例》，《高教学刊》2021年第33期。

李家华等：《茶学专业实践教学平台构建与教学方式创新——以云南农业大学龙润普洱茶学院为例》，《高等农业教育》2017年第4期。

王晓琴：《茶学作为选修课程在高等教育中的作用及推广》，《福建茶叶》2013年第5期。

单治国等：《论完善和提升茶学专业高等教育课程教学体系》，《科园月刊》2010年第19期。

云南省农业科学院茶叶研究所：《坚持科技创新 助推云茶产业快速发展》，《云南科技管理》2020年第5期。

何青元：《用科技引领和支撑云茶产业快速发展》，《社会主义论坛》2020年第5期。

何青元：《云南茶产业发展研究（Ⅲ）：促进云南茶产业发展的9大重点工程》，《云南农业科技》2022年第4期。

陈玫等：《基于产业化视角的云南茶业经济发展模式分析》，《南方农机》2020年第23期。

王克岭、普源镭、唐丽艳：《茶产业与旅游产业的耦合关系研究——以云南省为例》，《茶叶通讯》2020年第3期。

何青元：《云南茶产业发展研究（Ⅰ）：云南茶产业现状及思考》，《云南农业科技》2022年第2期。

孟小露、杨振燕、柳娥：《云南省茶产业生态发展研究》，《福建茶叶》2020年第4期。

杨添富、张强：《云南省茶产业发展的影响因素及对策建议》，《云南开放大学学报》2020年第1期。

何青元：《云南茶产业发展研究（Ⅱ）：推进云南茶产业发展三产融合的任务举措》，《云南农业科技》2022年第3期。

云南省农业科学院茶叶研究所：《国家大叶茶资源圃创建及优异种质创新利用——获2021年度云南省科学技术进步奖一等奖》，《云南科技管理》2022年第5期。

普洱市质量技术监督综合检测中心：《普洱茶品质区块链追溯平台》，《云南科技管理》2022年第4期。

雷霁：《云南省茶产业量质齐升》，《云南经济日报》2022年8月4日。

B.4 四川省茶产业发展研究报告

张冬川 李洁*

摘 要： 四川是茶叶大省，是人工种茶的发源地和茶文化的发祥地之一，是国家规划的长江中上游名优绿茶和出口茶优势区。近年来，省委、省政府高度重视川茶产业发展，把精制川茶列入"5+1"现代产业体系重点发展，把茶产业列入现代农业"10+3"产业体系优先发展，川茶产业已成为农民增收的"金钥匙"、四川农业的一张亮丽名片。

关键词： 茶产业 精制川茶 现代农业 四川省

一 四川省茶产业特点

（一）茶文化历史十分悠久

四川是人工种茶的发源地和茶文化的发祥地之一。四川历史上留下大量珍贵茶文物，马边县、古蔺县、雅安市名山区等地遗存下来的野生大茶树，以及雅安市、宜宾市等地的茶马古道，都承载着一个个美丽的故事和闪光的史实。四川茶馆甲天下，全省有近5万家茶馆，坐茶馆喝茶是四川人最好、最讲究、最普遍的休闲方式之一，无论是传统的还是现代的茶馆，都有独到之处，各具特色。

---

* 张冬川，四川省园艺作物技术推广总站茶叶科科长、农业推广研究员，研究方向为茶产业管理及茶叶育种、生产技术推广、品牌管理；李洁，四川省农业农村厅副处级乡村振兴督查专员，研究方向为茶产业管理和技术推广。

（二）茶树品种十分丰富

品种是产业发展成功的"芯片"，四川是茶树原产地之一，独特的自然生态条件，孕育了丰富的茶树品种资源。现在种植的省级及以上的优良品种有70多个，其中本省地方良种30多个。近年来，选育了国家级茶树良种4个、省级茶树良种17个，"紫嫣"品种被农业农村部列入四川首个茶树新品种保护授权。构建了比较完善的茶树品种繁育推广体系，雅安市名山区等茶区也建设了不同规模的资源圃（基因库），收集品种资源数量众多，走在全国前列。

（三）生态环境十分优良

四川茶区地处茶树生长黄金纬度，日照少、气温适宜、无霜期长、降雨丰富、湿度大、漫射光丰富，常年云雾缭绕，立体气候和生物多样性优势突出，是最适宜茶树生长的地区之一，也是全国规划的名优绿茶和出口茶优势区。同时，各茶区植被丰富、空气清新、水源洁净，是生产有机、绿色、生态茶叶的适宜地区。

（四）早茶优势十分突出

茶区位于四川盆地向西南山地的过渡地带，冬季较温暖，春季回温快，茶区开园采摘普遍比其他绿茶主产省份提前20~30天，特别是川南茶区，二月中上旬即可采摘新茶，具有一边看春晚一边品新茶的传统。四川是全国最大的早茶区，大西南茶业市场、蒙顶山世界茶都茶叶交易市场是目前国内开市交易最早，第一时间反映当年全国茶叶价格信息的市场，吸引了浙江、江苏、安徽、河南等地茶商春节前就驻扎茶区。川茶凭开园早、品质优、春季芽茶多等特点越来越闻名。

（五）产品特色十分明显

得天独厚的生态条件和优势品种催生出香气高长、滋味浓厚、久泡久爽、具有独特个性的甘烈香型优质川茶，呈现出"型秀丽、味甘烈、香高长"的"天府龙芽"品质特色，以及内含物丰富、茶多酚含量比省外茶区高的显著特点。

（六）产品类型十分多样

四川产茶历史悠久，茶区面积广阔，饮茶民族众多，名茶名品荟萃，六大茶类均有产制。条形、针形、卷曲形、珠形、片形、扁形茶等形态各异，能满足消费者多样化、优质化、个性化的需求，其中扁形茶以秀美的外形和独特的滋味被越来越多的茶人喜爱。四川是绿茶大省，现已形成"以名优绿茶为主，工夫红茶、茉莉花茶和藏茶为辅"的"一主三辅"优势产品发展格局。同时，广元黄茶、大竹白茶、沐川紫茶等特色产品也竞相发展。

二 四川省茶产业发展概况

（一）生产环节

1. 茶叶种植

充分发挥四川省30个茶叶县（市、区）比较优势，坚持"两带两区"发展原则，现已完成以纳溪区、夹江县、翠屏区、名山区等21个县（市、区）为核心的300万亩川西南名优绿茶产业带，以北川县、旺苍县、平昌县、万源市等9个县（市、区）为核心的200万亩川东北高山生态茶产业带，以荣县、夹江县、犍为县、叙州区为核心的川中茉莉花茶集中区，以及以高县、筠连县等为核心的川南工夫红茶集中区的建设。

以现代农业园区建设、产业强镇、绿色高质高效发展及川西南早茶优势特色产业集群建设等项目为抓手，开展基础设施改造提升，推进产业基地规模化、标准化、绿色化、良种化、数字化、宜机化建设，推广机采、机耕、机防、机施、机修等机械换人技术，全面实施"两个替代"，应用绿色生产技术和低产低效茶园改造技术，在适宜区推广水肥一体化设施，提高茶园现代化水平。2022年全省茶园面积604万亩，保持稳定。无性系良种茶园面积513.4万亩，机采茶园面积266.7万亩，分别占全省茶园面积的85%、44%，比2019年分别增加了83.4万亩、76.7万亩；改造低产低效茶园面积103.4万亩。培育省级园区18个，认定省星级园区11个。

利用川西南早茶优势特色产业集群建设、绿色高质高效发展等省部级项目，推广农业、物理、生物和化学综合利用技术，防治茶园病虫害。与中茶所合作，在全省推行生态、有机、低碳茶园建设，实施"农药使用量零增长"等关键技术，峨眉山旅游股份有限公司峨眉雪芽茶业分公司和四川省百岳茶业有限公司获得生态低碳茶认证证书。2022年全省绿色防控茶园面积435.83万亩，占全省茶园面积的72.16%；有机茶园面积6.25万亩；出口茶叶备案基地45个，种植面积达25.40万亩。全省有622家茶企、专业合作社入驻国家和四川省农产品质量追溯平台，实现化学农药使用量减少30%以上，茶叶质量安全水平稳步提高，抽检合格率达到99.8%，出口茶产品检测无一不合格。

2. 茶叶加工

突出"以名优绿茶为主，工夫红茶、茉莉花茶和藏茶为辅"的"一主三辅"优势产品发展格局，已完成以邛崃市、峨眉山市、名山区、洪雅县等11个县（市、区）为核心的川西名优绿茶加工区，以荣县、翠屏区、纳溪区等10个县（市、区）为核心的川南名优早茶加工区，以平武县、青川县等9个县（市、区）为核心的川东北高山生态茶加工区，以荣县、夹江县、犍为县、叙州区为核心的川中茉莉花茶加工区，以纳溪区、翠屏区、叙州区、高县、筠连县为核心的川南工夫红茶加工区和以雨城区、名山区、荥经县为核心的藏茶加工区的建设。

坚持稳步发展名优绿茶，加快发展工夫红茶、茉莉花茶、藏茶。据统计，2022年全省绿茶产量32.10万吨、工夫红茶产量1.74万吨、茉莉花茶产量1.86万吨。同时支持以旺苍县为核心的黄化茶，以大竹县、青川县为核心的白化茶，以沐川县为核心的紫色茶等特色产品发展，全省黄化茶、白化茶和紫色茶产量分别达40吨、917吨、2吨。"紫嫣"品种因花青素含量高受到消费者的喜爱，2019年大面积推广，2022年初投产量1吨。引导和推动茶叶全价值利用，拓展茶产品种类、功能及用途，川茶集团加工的蛋卷和冷泡茶、蜀韵生态农业制作的茶酒等丰富的茶产品及其衍生品满足了广大消费者对多元化茶产品的需求。

全面推进初加工进产区、精制茶进园区。推动企业围绕原料基地，就近规范建设加工车间，合理布局原料、加工、仓储、转运等设施，改造优化加工设备，实现清洁化生产，提升产地初加工水平；推进连续化、自动化、专业化加工设备更新，完善仓储、保鲜设施设备，提高分等分级、产品包装等能力。四川蒙顶山跃华茶业集团有限公司全面进行"煤改气""煤改电"，减少碳排放，实现清洁化生产；四川省炒花甘露茗茶有限公司新建精制茉莉红茶生产线，实现自动化、智能化生产；四川省峨眉山竹叶青茶业有限公司打造数条全自动生产线，采用国际先进的微电子控制技术，大幅提高产品质量稳定性。据统计，2022年全省名优茶产量24.05万吨，产值315.07亿元，清洁化加工率达70%以上，机制率达90%以上。

3. 茶叶经营主体

充分发挥主体引领作用，并坚持以"十大茶企"为核心带动、联动茶产业发展的原则，积极推进茶叶专业合作社、家庭农场等经营主体发展壮大。全省省级及以上茶叶龙头企业104家，其中国家级茶叶龙头企业11家；茶叶专业合作社1694个，省级及以上示范合作社140个；家庭农场1651个；茶叶产业化联合体40个。支持企业技术创新、技术改造，已建成14个以精制川茶为主导产业的农产品加工园区，培育71家省级"专精特新"中小企业，8家精制川茶加工企业被认定为省级企业技术中心。

推动茶企同业联合，组建了以竹叶青、川茶集团、米仓山等"十大茶企"为成员的精制川茶产业联盟，充分共享客户、市场和信息，形成合力，扩大了川茶产业影响力。推动国有资本和民营企业围绕茶叶上下游关联产业开展合作，有实力的企业跨市（州）整合资源，五粮液集团、广元市投资发展集团等国有平台公司涉足茶叶领域，与茶企强强联合，组建竞争力强、市场占有率高的大企业集团，目前雅茶集团等大集团以及重组后的川茶集团已经正式挂牌运营。

加强茶业行业组织的协调、监督等功能，推动行业自律，构建共享利益机制，促进产业抱团发展。四川省茶叶学会充分发挥与省内外行业组织紧密协作的作用，多次配合巴中市、乐山市沐川县等地开展茶文化旅游节活动，邀请国内外名人、名企参观产地，宣传茶产业、茶产品、茶文化，提升产区影响力。四川省茶叶行业协会邀请川茶科所、川农大等专家到茶区，与当地政府、茶企座谈，为产业发展献计献策。四川省川茶品牌促进会是实施川茶"天府龙芽"省级区域品牌建设的专业机构，组织茶企到销区、一线城市开展川茶品牌宣传推广活动，提高川茶品牌市场占有率。

（二）流通环节

1. 内销市场

四川是产茶大省，产品具有"早、优、廉、多"等优势，每年1月下旬就有大量茶商云集乐山、宜宾、眉山、雅安等茶叶主产区，将当地茶叶代加工成龙井茶、碧螺春、信阳毛尖、午子仙毫等产品。据统计，从2019年至今，四川每年均保约70%的产品以原料的形式销售到浙江、江苏、福建、河南、山东、陕西、甘肃等茶区。雅安市名山区有近8万亩的福云6号茶树品种，年均加工白茶1000吨。

大西南茶城、龙和茶城、双福茶叶市场等大型专业批发市场虽然制定了与"疫"同行的市场健康保障措施，完善了市场的价格指数发布、仓储物流等功能，但在新冠疫情影响下，茶叶销售成本不断攀升，市场不能正常运营，原先丰富多彩的茶事活动被迫暂停，加之电商行业迅猛发展，导致入驻茶城的茶商不断减少，批发市场销售行情下滑严重，入市人流量减少到2018年同期的1/3。因一批茶叶、医学行业权威专家正面宣传茶叶的优势与益处，引导消费者品饮各类茶叶，售卖平价、质优茶产品的专卖店、商超等零售门店的销售趋于稳定；因大多数品牌产品获得有机、绿

色等质量认证，拉动了更多注重健康的消费者的购买力。

抢抓网络流量红利，充分利用电商资源，尤其是在疫情影响下，茶叶线上销售成了很多茶企的首选。疫情初期，万源市、平昌县等革命老区的领导，为当地主导产业茶叶代言，推动茶叶销售；网红直播带货和社交电商等也成了行业内中小型茶企的时尚，雅安市名山区组织茶企在天猫、抖音等电商平台开展蒙顶山春茶网上购物活动，茶企通过平台销售量大增；春兰茶业、蒙顶皇茶两家茶企入驻京东农场高品质品牌电商平台，茶产品实现防伪加密"一物一码"，为有高品质生活需求的消费者提供了更多选择。

2. 外销市场

近年来，川茶坚持以"一带一路"共建国家和地区为主发展出口。2022年全省出口（直接和间接）茶叶9.13万吨，货值25.37亿元，其中经成都海关直接出口茶叶5146吨，货值1.70亿元；5列乐山夹江专列装载茶叶通过中欧班列将产品出口中亚。自2019年起，夹江县连续举办3次中国（夹江·峨眉山）国际绿茶出口发展论坛，扎实推进"精制川茶出口引领示范区"建设，成功创建以出口茶为特色的省级现代农业园区，先后获评"中国茶业百强县""中国绿茶出口强县"。

（三）消费环节

1. 茶旅游

充分利用旅游资源、历史文化资源等优势，挖掘弘扬川茶文化，讲好川茶故事，推广"文化+""旅游+""生态+"等深度融合发展模式，配套完善服务设施，延伸发展"茶园+摄影基地""茶园+养生""茶园+文化节"等，发展一批集茶园观光、制茶体验、茶艺欣赏、休闲养生于一体的家庭茶庄、休闲茶庄，建成一批功能完善的茶旅融合主题景区、主题茶城，茶旅游已成为乡村旅游的重要内容和突出亮点。纳溪区、犍为县、峨眉山市和名山区被农业农村部评为首批全国生态旅游观光县；筠连县川红特色小镇（巡司镇）、宜宾市翠屏区天府龙芽特色小镇（金秋湖镇）被省政府分别确定为

"四川省特色小镇"和创建对象;"峨眉问茶·万年祈福"成为全国精品茶旅线路。

2. 茶馆

茶馆行业是四川最具特色的茶叶关联行业之一,随着经济社会发展与居民对服务消费品质的要求提升,茶馆已成为四川休闲娱乐和文化生活的重要载体。目前四川共有各类茶馆近5万家,数量为全国之最。茶馆是四川颇具特色的建筑之一,是茶产业的重要终端和展示窗口,也是茶文化的展示空间,亦是休闲娱乐和文化生活的重要载体。茶馆以售卖茶水、茶叶、茶具及相关产品或服务等为主要业务范围,具备品茶、休闲、洽谈、用餐、演艺等功能,成为提供文化活动及相关活动的场所,整个行业也在不断地提档升级,朝规范化、品牌化、标准化方向迈进。2015年,国家级五星级茶馆评审活动首站即在四川举行,全国首家五星级茶馆在成都诞生,截至2023年,四川共有33家国家级五星级茶馆。受新冠疫情影响,按政府要求,茶馆实行了闭店管理,其间,茶馆年均销售额下降了70%以上。

3. 茶艺

四川是茶文化的发祥地之一,茶艺是茶文化的主要组成部分,是茶文化最直接的表现形式,长嘴壶、盖碗茶等丰富多彩的茶艺表演,激发了越来越多人对茶道的兴趣,对引导科学饮茶起到了很好的效果。由四川省教育厅主办、宜宾学院承办的四川省大学生茶艺大赛连续举办了3届,参赛学校和队伍逐年增加,2022年有9所高校21支队伍参赛,采用互联网直播的形式,大赛的开展是推进精制川茶高质量发展的重要举措,更是贯彻落实习总书记"三茶"统筹重要指示精神的体现。2020年10月27~30日,由四川省总工会、四川省人力资源和社会保障厅联合主办的四川省女职工"我学、我练、我能"茶艺师职业技能大赛,采用先训后赛的形式,连续开展了8场茶艺技能网络培训课,万余名女职工通过网络参与学习,3000余名女茶艺师通过视频进行岗位练兵,选手通过表演"指定茶艺""茶席设计",层层选拔,最终推选出5名优秀选手竞技"创新茶艺"。

4. 茶文化

（1）茶品牌

①省级区域品牌

坚持以"天府龙芽"省级区域品牌为引领。2018年，"天府龙芽"成功获得农业农村部农产品地理标志产品称号后，在省领导联系指导精制川茶产业机制办公室的指导下，由四川省川茶品牌促进会实施，分两批授权积极性高、意愿强烈的50家市级以上重点龙头企业使用"天府龙芽"地理标志。全力推动省级区域品牌打造，持续在央视、今日头条、北京地铁以及苏宁广场等媒体、交通沿线、卖场投放"四川天府龙芽·品质川茶"广告，在北京、上海、青岛等地建立"天府龙芽"营销推广中心，组织地标茶企抱团参加中国国际茶博会、四川国际茶博会，提升川茶品牌知名度。2021年，"天府龙芽"被列入《成渝地区双城经济圈建设规划纲要》重点打造，2022年首次参加区域品牌价值评选，品牌价值达37亿元。

②市县级区域品牌

坚持协同推进"峨眉山茶""蒙顶山茶""米仓山茶""宜宾早茶"等地方区域品牌打造。乐山市、雅安市、宜宾市等茶叶主产地连续举办茶文化旅游节、茶业年会、茶叶开采活动周等丰富多彩的茶事活动，吸引茶商、茶人云集茶区，促进茶销售。"峨眉山茶"、"宜宾早茶"和"蒙顶山茶"等区域品牌也在动车、高速路牌、电视台等渠道开展广告宣传，举办推介活动，提升品牌知名度。2022年，在全国茶叶区域品牌价值评选中，"蒙顶山茶"41亿元，排第10名；"峨眉山茶"38亿元，排第14名；"马边绿茶""米仓山茶"等市县级区域品牌榜上有名。

③企业品牌和产品品牌

加大对川茶企业品牌和产品品牌的支持力度，鼓励茶企积极参加全国有影响力和公信力机构组织的品牌评选。2022年中国茶叶企业产品品牌价值前100位中有9家川茶企业位列其中，四川米仓山茶业集团有限公司品牌价值5.54亿元，排第25名。在第十届四川国际茶博会上，评选出了以竹叶青、天府龙芽、米仓山茶等为代表的"四川十大名茶"，在第十一届四川国际茶博会上，评选出了代表性强、文化故事丰富、品质优异、市场占有率高、品牌影响力大的"四川最具影响力单品"10个。康润茶业"郑大娘藏茶"荣获2022年巴拿马国际品牌金奖。中国高端绿茶竹叶青亮相达沃斯论坛。

（2）茶展会

持续高质量举办四川国际茶博会，展会面积逐年扩大，参展企业逐年增加，展会效益逐年提升，其现已成为促进全国茶产业发展、茶叶品牌培育、茶产品交易的有效载体，它的举办是实现茶叶供需互促、产销并进，以及推进形成国内国际双循环新发展格局的重要举措。2022年11月1日举办的第十一届四川国际茶博会，是党的二十大胜利召开之后全国茶产业的第一个展会，汇集了全国50余个茶叶主产区、890多家企业、3000个品牌茶产品参展，以线上线下双线举办的形式，接待观众6.2万人次，总成交额12.7亿元。

5. 茶人才

充分利用川西南早茶优势特色产业集群建设等省部级项目，以茶叶创新团队、科技下乡万里行等专家团队为抓手，建立产、学、研、企的链条式协同推广模式，针对基层农技员、种植大户等在不同生产时间、不同生产环节开展全省实用技术培训，年均培训600人次。针对茶产业管理、技术及营销等瓶颈问题，全面提高茶产业人才素质，促进精制川茶高质量发展，连续两年办了四批六期四川省茶产业系统培训，邀请了湖南农业大学刘仲华院士及西南大学、安徽农业大学、华南农业大学等全国知名专家授课，涵盖生产、加工、营销等全链条。

按照农业农村部有关要求，四川省农业农村厅高度重视，组建专班，编制方案，通过笔试和实操，推选出平昌县贾阁峰茶业有限公司苟邦城、四川省茶业集团股份有限公司曹奎均、雅安市巧茶匠农业科技有限公司庞红云、四川芯好茶业有限公司刘校宏和四川省元顶子茶场张伯海5位选手代表四川省参加第五届全国农业行业职业技能大赛茶叶加工赛项决赛。雅安市、宜宾市等地积极组织形式多样的采茶、制茶等技能大赛，促进业内技术交流，同时加大对本土技能型人才的培养力度。

为弘扬"工匠"精神，进一步推进川渝茶产业发展，提高全省手工茶制作技术水平，分别在泸州市纳溪区、巴中市举办"四川省扁形绿茶手工制作职业技能竞赛"和"川渝地区茶叶产业职工职业技能大赛"，来自川渝两地共13个市的100余名茶叶加工能手参加。四川博茗茶产业技能培训中心是首批茶艺师职业技能等级认定国家第三方评价机构，2020~2022年累计培训茶艺师、评茶员、茶叶加工工3940人。

6. 茶科技

加强与陈宗懋院士团队的深度合作，先后在荣县、名山区、纳溪区、峨眉山市、屏山县、平昌县等茶叶主产县（市、区）推广窄波LED杀虫灯、RGB数字化色板、黄红双色诱虫板、鳞翅目害虫性诱剂、高效低水溶性农药等，开展"茶树主要害虫绿色精准防控技术"应用，有效控制了四川茶园害虫的发生，应用区的化学农药施用量减少了42.3%。纳溪区、犍为县、洪雅县等茶叶主产区，与刘仲华院士团队签订战略合作协议。

依托科研单位，加大了对川茶产业高质量发展、茶叶营养健康价值等方面的研究力度。中国测试技术研究院实施了"天府龙芽""三山一早"等主推品牌营养健康价值研究。四川省茶叶研究所于2020年编制完成了《四川省川茶产业技术攻关路线图》。四川农业大学、四川省农科院和宜宾学院联合开展茶树种质资源发掘与创新利用四川省重点实验室建设。近年来，成功选育、繁育了川沐318等新品种，研发了白茶三花1951、云顶绿扁形茶、金花藏茶等新产品，形成了一套茶树品种、栽培管理、加工工艺等方面的集成技术并将其在全省及贵州、湖北等地广泛应用，并于2021年获得四川省科技进步奖三等奖。

7. 茶标准

加强指导茶旅融合发展，规范名优绿茶、出口绿茶、高端茉莉花茶的加工，制定《观光茶园建设技术规程》《精制川茶 川红工夫红茶加工工艺技术规程》等6个四川省地方标准，为实现川茶产品品质效益整体提升奠定了坚实的基础。洪雅县编制完成了《瓦屋春雪绿茶加工技术规程》等技术规程，为培育"瓦屋春雪"区域品牌保驾护航。荥经县编制《荥经黑茶产品质量标准》《荥经黑茶加工技术规程》《荥经茶叶栽培技术规程》《荥经茶叶种苗繁育技术规程》4个团体标准，为荥经县黑茶产业高质量发展提供标准支撑。

三 四川省茶产业发展政策

（一）领导重视

茶产业是四川省彭州山区和丘陵地区富民增收的支柱产业。省委、省政府高度重视，2018年把精制川茶列入"5+1"现代产业体系重点发展，2020年又把茶产业列入现代农业"10+3"产业体系优先发展。建立了省领导联系指导精制川茶产业机制。2020年，四川省委书记彭清华主持召开研究茶产业发展会议，部署川茶产业发展重点工作；又以省政府名义先后在翠屏区、夹江县召开了全省茶产业发展推进会4次、省领导联系指导精制川茶产业机制专题会议8次，旨在加强部门协同、区域协作，瞄准茶产业短板，加强领导、加大投入，保持竞相发展、联动发展的格局，坚持把茶产业发展这张蓝图绘到底。

（二）政策保障

近年来，省领导对茶产业做出重要批示30余个。出台了《关于加快建设现代农业"10+3"产业体系 推进农业大省向农业强省跨越的意见》、《精制川茶产业培育方案》、《统筹推进精制川茶产业发展的指导意见》、《关于进一步加强精制川茶产业质量安全工作的意见》、《关于〈统筹推进精制川茶产业发展的指导意见〉的项目管理办法》和《关于推动精制川茶产业高质量发展促进富民增收的意见》等重要文件17个。累计整合资金约30亿元用于茶产业基地建设、主体培育、市场拓展、品牌打造、科技支撑等生产关键环节。茶区地方政府还推出"川茶贷""茶油保""农担贷"等金融产品，加大了对茶企、茶叶专业合作社等经营主体的信贷支持力度。

参考文献

付润华：《四川黑茶发展现状及展望》，《四川农业科技》2016年第5期。

沈童菲：《四川省茶叶生产布局变迁及影响因素研究》，硕士学位论文，西南财经大学，2021。

梁妍：《川茶综合产值突破千亿元大关》，《中华合作时报》2022年2月22日。

吴丽云：《深化茶旅融合 更好传承弘扬中华优秀传统文化》，《中国旅游报》2022年12月14日。

冯琴：《云南加快推动文旅高质量发展》，《民族时报》2023年10月26日。

B.5 贵州省茶产业发展研究报告*

杨文 潘科 刘建军**

摘 要： 贵州是我国高品质绿茶重要产地，"翡翠绿、嫩栗香、浓爽味"的独特品质为贵州生产高品质绿茶奠定了坚实基础。本报告从贵州省茶园建设、茶叶加工、茶文化、茶科技、茶学教育、茶叶流通与贸易、茶旅融合等7个方面的发展现状出发，系统综述了贵州省近几年的茶产业发展情况，并针对存在的问题，提出了今后的发展建议。

关键词： 茶产业 茶旅融合 贵州省

一 贵州省茶产业发展概况

贵州是国内兼具高海拔、低纬度、寡日照、多云雾适宜种茶制茶条件的茶区，是国内业界公认的高品质绿茶重要产地，有着茶树原产地的资源优势、绿色生态的安全优势、原料基地和加工中心的规模优势。"翡翠绿、嫩栗香、浓爽味"的独特品质为贵州生产高品质绿茶奠定了坚实基础。近年来，为深入贯彻落实习近平总书记关于"要统筹做好茶文化、茶产业、茶

---

* 对参与本报告编写和提供相关资料的下列单位和个人表示衷心感谢：贵州省绿茶品牌发展促进会的徐嘉民；贵州省农业农村厅茶产业专班的范仕胜；贵州省农业科学院茶叶研究所的杨肖委、胡伊然、曹雨、孟泽洪、沈强、张小琴、刘亚兵。

** 杨文，贵州省农业科学院科研管理处副处长、研究员，研究方向为茶树病虫害防控与茶叶质量安全；潘科，贵州省农业科学院茶叶研究所副所长、研究员，研究方向为茶叶加工；刘建军，贵州大学茶学院副院长、教授，研究方向为茶叶加工、深加工。

科技这篇大文章"① 的重要指示精神，贵州省委、省政府高度重视、高位推动茶产业发展，制定了贵州原料、贵州制造、贵州创造、贵州品牌的发展路径，以"贵州绿茶"品牌为引领，持续深耕东北、华北、西北"三北"市场，实施基地黔茶系列品种、茶叶专用肥、绿色防控技术推广"三大行动"，推动产业链基地生态化、加工标准化、企业集约化、市场品牌化"四化"发展，加速"茶+"融合。2020年以来，贵州茶园总面积稳定在700万亩，至2022年投产茶园面积650万亩，茶叶总产量45.4万吨，总产值606.2亿元（见表1）。湄潭、凤冈、石阡、都匀等10个茶叶主产地入选"中国茶业百强县"，湄潭连续三年位居"中国茶业百强县"第一。30万亩及以上主产县3个、20万~30万亩7个、10万~20万亩19个，万亩乡镇236个，5000亩村613个。涉茶人口322.4万人。全省现有茶叶企业（合作社）5786家，其中国家级龙头企业12家、省级龙头企业230家，以及规上企业179家。2019年，贵州茶叶出口突破1亿美元，茶叶成为贵州第一出口农产品；2020年，突破2亿美元。主要出口摩洛哥、美国、德国、俄罗斯、东南亚等国家和地区。有"贵州绿茶"省重点品牌，以及"都匀毛尖""湄潭翠芽""绿宝石""遵义红""梵净山茶"区域公用品牌授权使用企业1206家。"贵州绿茶"是农业农村部认定的全国首个茶叶省域农产品地标，"都匀毛尖"成为全国十大茶叶区域公用品牌之一，"湄潭翠芽"成为全国优秀茶叶区域公用品牌，三大品牌的价值分别居2022年中国绿茶区域公用品牌价值评估第21位、第8位和第17位。

表1 2020~2022年贵州省茶产业数据

年份	茶园总面积(万亩)	总产量(万吨)	总产值(亿元)	投产茶园面积(万亩)
2020	700	43.6	503.8	619
2021	700	47.0	571.0	643
2022	700	45.4	606.2	650

资料来源：《贵州省茶产业发展报告（2020）》和历年全省茶产业工作总结及下年工作打算。

---

① 《以茶为媒促进国际交流合作》，"光明网"百家号，2024年5月21日，https：//baijiahao.baidu.com/s? id＝1799624606890472016&wfr＝spider&for＝pc。

（一）茶园建设发展现状

1. 茶园建设总体情况

贵州茶园规模大、集中度高、特色鲜明。贵州省已连续11年成为茶园总面积最大的省份，现有茶园总面积700万亩，其中投产茶园面积650万亩。产业布局不断优化，形成了黔中名优绿茶、黔东优质绿茶抹茶、黔北绿茶红茶、黔西北高山有机绿茶、黔西南古树茶早茶五大产业带。以遵义、铜仁为核心的武陵山区成为中国绿茶新的金三角。福鼎大白、黔茶系列、龙井系列等主栽品种占全省茶园总面积的80.7%，其中福鼎大白占51.6%。农户茶园、企业茶园分别占48%和52%。建设专属茶园205.1万亩。备案出口茶叶种植基地170家，种植面积48.67万亩，湄潭、都匀等成为省级茶叶外贸转型升级基地，3家企业基地成为农业国际贸易高质量发展基地。

近年来，持续实施黔茶系列品种、茶叶专用肥、绿色防控技术推广"三大行动"。推广黔茶系列品种，黔茶1号等自育品种占比逐年提高；推广茶叶专用肥，使茶园产量和茶叶品质逐年提高；推行了"生态为根、农艺为本、生防为先"的绿色防控理念，推广以草治草、以虫治虫、免疫诱抗等绿色防控技术，绿色防控技术覆盖率62.38%。率先在茶园全面禁用水溶性农药，禁限农药种类在全国62种的基础上增加到128种，同时提出了28种出口茶园慎用农药。

2. 专属茶园建设情况

（1）欧标茶园

按照"四个最严"要求，坚持"生态为根、农艺为本、生防为先"的绿色防控理念，贵州省坚守茶叶质量安全，参照欧盟、日本、摩洛哥等的标准，加强茶叶质量安全管理。推广应用绿色防控技术，有效控制茶园病虫害，提高茶叶质量安全水平。2022年，全省茶园推广绿色防控技术示范面积331万亩。根据《农药管理条例》、《贵州省茶产业发展条例》和国家禁限农药相关规定，优化了《贵州省茶园绿色防控产品应用指导名录》。主推"贵州茶园化肥农药减施增效达欧标生产技术模式"等，以更严格质量安全的要求指导不同类型茶园的生产。近年来，贵州省坚持欧标认证、有机认证和雨林联盟认证等高标准的茶园越来越多，其中以欧标认证茶园最多。2021年，贵州省有效期内有机茶园面积13.86万亩，建成欧标茶园59.44万亩；2022年，贵州省建成欧标茶园78万亩。

（2）抹茶专属茶园

贵州省在铜仁、遵义、黔南、安顺四个市（州）建设了碾茶生产基地，总共有35家碾茶企业、57条碾茶生产线。全省抹茶基地3万亩［其中遵义市5000亩，瓮安县1万亩，铜仁市1万亩，其他县（市、区）5000亩］，抹茶产量已突破1000吨。铜仁市连续举办4届梵净山抹茶文化节，贵州抹茶出口到全球40个国家及地区，知名度和美誉度不断提升，已形成美洲、欧盟、中东、东南亚、日韩五大国际市场，贵州抹茶出口量稳居中国第一，其已成为名副其实的"中国抹茶之都"。

（二）茶叶加工发展现状

1. 贵州绿茶

贵州绿茶加工产业整体发展以"贵州绿茶"省重点品牌为引领，不断丰富提升"贵州绿茶"内涵，突出"贵州绿茶"干净、生态、有机、安全的本质特征，优化产品结构，"十四五"期间贵州省绿茶加工产业分布见表2。

表2 "十四五"期间贵州省绿茶加工产业分布

产区	主产地	主要产品类型
黔中	黔南、贵阳、安顺、黔东南州都匀、贵定、瓮安、惠水、平塘、三都、花溪、开阳、清镇、普定、西秀、平坝、镇宁、丹寨、雷山等	卷曲形、颗粒形"贵州绿茶"名优绿茶系列产品
黔东	铜仁、黔东南州石阡、思南、印江、沿河、德江、江口、松桃、黎平等	卷曲形、扁形、颗粒形优质绿茶以及抹茶

续表

产区	主产地	主要产品类型
黔北	遵义市湄潭、凤冈、正安、道真、余庆、务川等	卷曲形绿茶、扁形绿茶、直条形茶
黔西北	毕节、威宁、金沙、大方、黔西、水城、盘州、六枝等	"贵州绿茶"高山有机绿茶系列产品
黔西南	黔南、黔西南州罗甸、望谟、兴义、兴仁、晴隆、普安等	"贵州绿茶"古树茶、早茶系列产品

黔中名优绿茶产业带。以黔南、贵阳、安顺、黔东南州都匀、贵定、瓮安、惠水、平塘、三都、花溪、开阳、清镇、普定、西秀、平坝、镇宁、丹寨、雷山等为支撑，重点生产卷曲形、颗粒形"贵州绿茶"名优绿茶系列产品，发展高品质名优绿茶、欧标茶生产加工基地，以及优质绿茶出口加工基地。

黔东优质绿茶抹茶产业带。以铜仁、黔东南州石阡、思南、印江、沿河、德江、江口、松桃、黎平等为支撑，重点生产卷曲形、扁形、颗粒形优质绿茶以及抹茶，发展生产加工大宗茶的绿茶抹茶出口加工贸易基地。2018年以来，已建成抹茶生产线2条，建成碾茶生产线50条，涉及江口、印江、思南、沿河、德江5个产茶重点地区11家茶叶企业。

黔北绿茶红茶产业带。以遵义市湄潭、凤冈、正安、道真、余庆、务川等为支撑，发展重点生产卷曲形绿茶、扁形绿茶、直条形茶的优质绿茶出口基地。

黔西北高山有机绿茶产业带。以毕节、威宁、金沙、大方、黔西、水城、盘州、六枝等为支撑，发展重点生产"贵州绿茶"高山有机绿茶系列产品的有机茶生产加工基地。

黔西南古树茶早茶产业带。以黔南、黔西南州罗甸、望谟、兴义、兴仁、晴隆、普安等为支撑，发展重点生产"贵州绿茶"古树茶、早茶系列产品的古树茶早茶生产加工基地。

贵州绿茶加工产业发展依托全省茶园面积、茶树品种资源、科技研发、生产企业等优势，积极推进绿茶加工转型升级，加快绿茶初制、精制分离进程，进一步对绿茶加工企业（合作社）开展 ISO 9001、HACCP 等质量管理体系国际认证，实施绿茶加工厂清洁行动，支持企业开展绿茶加工设备改造升级，积极发展茶叶精深加工，延伸产业链条，提升绿茶产品生产加工能力及绿茶加工机械化、智能化水平。

截至2021年底，全省有注册茶企（合作社）4949家，其中国家级龙头企业10家，较上年新增2家，省级龙头企业207家（见表3），规上企业178家；茶叶精制加工中心74个，清洁化自动化生产线1666条；通过SC认证企业1067家，通过ISO 9001、SIO 2000、HACCP等质量管理体系国际认证企业226家，坚持绿茶主战略，优化产品结构。

表3 2021年贵州省涉茶企业及其绿茶生产情况

产区	主要市(州)	产值（亿元）	产量（万吨）	注册茶企（合作社）（家）	国家级龙头企业（家）	省级龙头企业（家）
黔中	黔南州、贵阳市、安顺市、黔东南州	96.92	5.06	1467	1	72
黔东	铜仁市、黔东南州	127.39	11.95	978	2	47
黔北	遵义市	97.38	12.42	1929	6	62
黔西北	毕节市、六盘水市	107.90	5.26	134	—	8
黔西南	黔南州、黔西南州	23.17	1.93	441	1	18

资料来源：贵州省茶产业发展相关数据。

2019年全省茶叶总产量40.1万吨，其中绿茶31.7万吨，占比79.1%；2020年全省茶叶总产量43.6万吨，其中绿茶33.6万吨，占比77.1%；2021年全省茶叶总产量47.0万吨，其中绿茶35.6万吨，占比75.7%。

2. 贵州红茶

目前贵州红茶主要分为工夫红茶与红碎茶两大生产板块。贵州红茶经萎凋、揉捻、发酵和干燥加工工序形成鲜、香、甜、爽的品质特征。红茶加工产业主要分布在黔北绿茶红茶产业带与黔西南古树茶早茶产业带。黔北绿茶红茶产业带以遵义市湄潭、凤冈、正安、道真、余庆、务川等为支撑，重点生产红茶等，建设优质红茶出口基地。黔西南古树茶早茶产业带以黔南、黔西南州罗甸、望谟、兴义、兴仁、晴隆、普安等为支撑，重点建设古树茶早茶生产加工基地。在湄潭县、凤冈县、晴隆县、普安县等茶区重点推广"黔湄601""黔湄419"等中大叶适制红茶品种，推动遵义红茶申报为国家级非遗。

截至2021年底，贵州红茶内销量增至8.24万吨，增幅达322.56%；销售额增至105.2亿元，增幅达420.79%。国际市场方面，2021年，贵州红茶（内包装每件净重>3千克）出口额达10137.2万美元，占全国出口总额的30.82%，全国排名第一。全省红茶发展势头良好，2019～2021年全省红茶产量递增，且占比也连续上升（见表4）。

表4 2019～2021年贵州红茶产量及其占比情况

单位：万吨，%

项目	2019年	2020年	2021年
产量	6.20	8.09	9.56
占总茶类产量的比重	15.50	18.55	20.34

资料来源：《贵州省茶产业发展报告（2020）》和历年全省茶产业工作总结及下年工作打算。

湄潭遵义红茶产量5744.26吨，产值124061.27万元，均价215.97元/千克；大宗红茶产量13472.68吨，产值39573.94万元，均价29.37元/千克。红碎茶生产主要集中在遵义七味茗香茶业进出口有限公司与普安县宏鑫茶业开发有限公司。其中，遵义七味茗香茶业进出口有限公司成立于2018年3月，位于国家4A级旅游景区、良种茶叶的发源地——中国西部茶业第一村"核桃坝村"。公司各项管理机制建立完善，现有员工50余人，茶叶出口涵盖马来西亚、巴基斯坦、俄罗斯等。新增红茶生产线投入使用后，2023年两条红茶生产线产能达1800吨。2022年红碎茶产量900吨，销售收入7000万元。普安县宏鑫茶业开发有限公司2020年红碎茶产量653

吨，销售收入 8160 万元。2021 年产量 893 吨，销售收入 11160 万元。2022 年公司红碎茶产量 912 吨，销售收入 11140 万元。总资产 35000 万元，从业人数 51 人。

（三）茶文化发展现状

1. 品牌建设

构建了"贵州绿茶"省重点品牌+"都匀毛尖""湄潭翠芽""绿宝石""遵义红""梵净山茶""凤冈锌硒茶""瀑布毛峰"等区域公用品牌+企业品牌的贵州茶品牌体系，不断完善品牌运营管理制度，提升品牌经营管理水平，扩大授权使用覆盖面，培育了一批地域特色突出、产品特性鲜明"大而优""小而美"的产品品牌。截至 2022 年底，全省注册茶叶商标 2245 个，区域公用品牌授权使用企业 1206 家。其中，"都匀毛尖""湄潭翠芽"分别以 43.74 亿元、35.29 亿元的品牌价值，列 2022 年中国绿茶区域公用品牌价值评估第 8 位和第 17 位。贵州"高山绿茶"和"遵义红茶"成为党的十九大和二十大会议用茶，连续多年成为中办、国办等中直机关办公用茶。"贵州绿茶"被评为贵州十强农产品区域公用品牌。

品牌建设紧盯目标市场，巩固省内市场，拓展长三角、珠三角等传统茶叶市场，深耕东北、华北、西北"三北"市场，坚持"走出去"与"请进来"相结合，促进茶叶成为"干净黔茶·全球共享"的龙头带动产品。持续提升品牌影响力，营造关注品牌、争创品牌、维护品牌、崇尚品牌的良好氛围。扩大线下宣传覆盖面，在高速公路沿线、旅游景区、星级酒店、机场、城市商业中心广场、大型餐饮企业等投放贵州茶广告。加大网络精准营销投入，线上宣传天天见网，盯住一个屏、抓住一个平台、推广一部宣传片，实现打捆宣传贵州茶。

2. 宣传推介

构建了"主流媒体+自媒体"的宣传矩阵，百度引擎以"贵州绿茶""贵州冲泡"为关键词，单年搜索相关词条突破 1000 万条。加强与国家级行业组织合作，从省内来看，抢抓春茶开采和国际茶日等关键时间节点，每年举办茶产业博览会、第一采、茶人会、抹茶节、斗茶赛、加工赛、采茶赛、冲泡赛、茶艺赛等活动，形成双手采茶大赛、春秋季斗茶赛、茶产业博览会暨招商引资活动等活动品牌；从省外来看，以"贵州冲泡"为主要推广方式，抱团到目标市场开展推介会、新品发布会、品鉴会等产销对接活动，参加各类茶博会，形成多元化茶事宣传局面，办出省内外茶事活动知名度、影响力。以产销对接活动为载体，协调媒体资源宣传贵州茶，中央电视台直播贵州绿茶第一采等茶事活动，《地道风物》发布贵州茶宣传视频，《贵州日报》整版刊发贵州茶有关内容，贵州广播电视台设置"茶香贵州"栏目，多彩贵州网开设"黔茶"专栏，贵州改革、贵州发布、黔茶资讯、贵州茶香等微信公众号长期宣传推介贵州茶产业。

3. 文化传承

贵州将建立茶文化研究普及的网络作为茶文化传承的根基。20世纪30年代末，民国中央实验茶场落户湄潭，开启了中国近现代茶叶发展史的新篇章。为传承茶文化，从1978年贵州省茶叶学会成立直至2022年，全省已成立了贵州省茶文化研究会、贵州省茶叶协会、贵州省绿茶品牌发展促进会等省级茶叶社会组织与民间团体。遵义市、贵阳市、六盘水市等市，湄潭县、南明区、凤冈县、石阡县等十多个产茶县（区），相继成立茶文化研究会，各市、县（区）先后成立茶叶协会，由此形成了以省会贵阳为中心，遍布全省的茶叶社团和茶文化研究体系，建立了上下联动、区域合作的高效机制。除社会组织外，省级科研院所将茶文化作为单列学科开展研究，成立相关研究科室，贵州省社科院成立了茶产业发展研究院，贵州省农业科学院茶叶研究所成立了茶产业与茶经济研究室，贵州大学茶学院及各地中高职院校为茶文化的教学与传承提供了良好平台。

茶文化研究成果丰硕，自20世纪70年代贵州省农业科学院茶叶研究所研究人员邓乃朋出版《我国古代茶叶科技史资料辑录》《陆羽〈茶经〉释译》开贵州茶文化研究先河以来，贵州共出版发行茶学工具书、茶史志书、茶产业年度报告、茶文化研究论著、茶科普绘本等各类著作百余部，包括《贵州茶百科全书》《贵州省志·茶叶》《遵义市茶文化志》《贵州湄潭茶场志》《贵州省茶产业发展报告（2020）》《茶的途程》《20世纪中国茶工业的背影》《贵州茶何以贵》《黔茶这十年》《贵州茶谈》《正安茶话》《贵州冲泡绘本》等。创办专门的茶学期刊和内部连续性资料读物（《贵茶》《贵州茶叶》），《贵茶》是西南地区唯一茶叶类学术期刊，创办历史悠久，所刊发文章对茶叶科研和技术指导均有较高学术价值。

构建"研究—保护—利用—再研究"的茶文化遗产保护与研究模式。线性遗产南方丝绸之路（茶马古道）贵州段，升级为国家级重点文物保护单位；民国中央实验茶场、湄潭茶场等被列为国家级、省级重点文物保护单位，8000多亩历史茶园、63569平方米的历史建筑群、数万件实物和文献档案资料获得整体保护。建立了以贵州茶文化生态博物馆为核心的茶博馆聚落，将湄潭打造为"茶文化朝圣地"，挖掘本土茶文化内核，发扬现代茶叶科技人的进取精神。以传承茶文化、保护茶遗产为宗旨，黔南州创建都匀毛尖茶文化博物园、黎平创建桂花台茶场历史陈列馆、六盘水创建六盘水茶文化博物馆，并且创新"企业+博物馆"机制，传承地方名茶制作技艺，如建立阳春白雪湄潭翠芽传习基地、布依族福娘茶传统制作体验馆。2022年"都匀毛尖茶制作技艺"入选人类非物质文化遗产代表作名录。

（四）茶科技发展现状

1. 科研成果

2020~2022年，仅贵州省农业科学院茶叶研究所和贵州大学就获植物新品种权13项，获授权发明专利26件；发表论文152篇，其中SCI期刊论文63篇；制定行业标准、地方标准、团体标准共30余项；获得相关成果奖励8项，其中省科技进步奖一等奖1项，全国农林牧渔丰收奖一等奖1项，省科技进步奖二等奖4项。

2. 新技术、新模式

以强化贵州主打质量安全、稳定贵州优异品质为目标，从新品种配套栽培技术、特有早茶配套栽培技术、茶园投入品安全使用、幼龄茶园管护、肥培养分运筹、特色茶叶加工配套等入手，进行茶园生产管理、茶叶加工等新技术、新模式的研制。2022年，"贵州茶园化肥农药减施增效达欧标生产技术模式""黔茶1号'一二三'管理模式快速成园集成技术""贵州早茶产量品质双提升配套集成技术""贵州山地幼龄茶园间套作生态控草增肥高效技术模式""山地茶园氮磷钾养分运筹技术""黔湄、黔茶系列品种特异性品质红茶加工技术"等入选2022年贵州省农业主推技术，"黔茶1号'一二三'管理模式快速成园集成技术"入选2022年度贵州十大农业主推技术。

"贵州茶园化肥农药减施增效达欧标生产技术模式"主要在遵义、铜仁、黔南等推广应用，2020~2022年核心示范面积5000亩以上，辐射面积200万亩以上。"黔茶1号'一二三'管理模式快速成园集成技术"主要在新植黔茶1号的贵阳、黔西南、遵义、铜仁等推广应用，2020~2022年核心示范面积500亩以上，辐射面积15000亩以上。"贵州早茶产量品质双提升配套集成技术"主要在黔西南、六盘水等推广应用，2020~2022年核心示范面积1000亩以上，辐射面积5万亩以上。"贵州山地幼龄茶园间套作生态控草增肥高效技术模式"主要在遵义、铜仁、黔西南、毕节、黔南等推广应用，2020~2022年核心示范面积200亩以上，辐射面积2万亩以上。"山地茶园氮磷钾养分运筹技术"在全省推广应用，2020~2022年核心示范面积500亩以上，辐射面积100万亩以上。"黔湄、黔茶系列品种特异性品质红茶加工技术"主要在贵阳、遵义、铜仁、黔西南、黔南等推广应用，2020~2022年在30余家企业核心示范，生产产品500吨以上。

3. 茶叶科技小院

2020~2022年，贵州省累计派出国家级、省级、市级科技特派员200余人次。通过建立茶叶科技小院，创新校地共建服务典范，探索"博士村主任+科技小院"的科技服务模式，助推茶产业乡村振兴。2021年4月，贵州清镇茶叶科技小院入选贵州省科协首批中国农技协科技小院；2022年4月，成立贵州湄潭茶叶科技小院，小院入驻一年多，开展了茶叶绿色高效专用肥研发、茶园酸化土壤改良、幼龄茶园生态复合套种等10余项科技创新，为200余家企业提供了技术服务，通过现场观摩会和培训讲座指导茶农300余人次。茶叶科技小院通过"科技小院+公司+村级技术员+管理员+农户"模式，推动了科学研究与茶叶生产实际紧密结合，实现了人才培养、科学研究、技术服务的有机结合。

（五）茶学教育发展现状

1. 学历教育

20世纪初，中国进行教育体制改革，开始建立新式学校，中国茶学教育开始萌芽。20世纪30年代末至40年代初，民国中央实验茶场和国立浙江大学西迁湄潭，为贵州茶学教育发展奠定了坚实基础，同时贵州省农业科学院茶叶研究所不断开展科技攻关，培育了众多茶学人才。进入21世纪以来，"科教兴茶"的提出，为人才培养提供了良好的大环境。2007年以来，贵州先后出台多份文件支持茶产业发展，对贵州茶产业的发展壮大和茶学教育发展起到了重要的推动作用。截至2022年，形成了茶学专业研究生、本科、高职、中职的学历人才培养体系，茶学教育迈出了一大步，每年毕业学生1500余人。当前，贵州省开展茶学专业研究生培养的院校有贵州大学；开展茶学专业本科培养的院校有贵州大学、贵阳学院、黔南民族师范学院；开展茶学专业高职培养的院校有贵州农业职业学院、铜仁职业技术学院、安顺职业技术学院、遵义职业技术学院、贵州盛华职业技术学院、黔南民族职业技术学院、六盘水职业技术学院、毕节职业技术学院、贵州经贸职业技术学院；另外，贵阳、湄潭、道真、金沙、思南、石阡、印江、德江、都匀、惠水等地开设有中职茶学专业。

2. 职业技能继续教育

茶叶职业技能培训主要依托各类、各级茶叶学会、茶叶协会、职业技能鉴定所等社会组织和民间团体。2020年以来，通过全民饮茶、大众评茶、科普茶会等活动，开展品茶、评茶、泡茶等培训，全省培训人数达13000余人次，培训人群涉及各行各业；开展茶树品种、茶园管理、茶树病虫害防控、茶叶加工、茶艺茶文化等培训，全省培训人数达10000余人次，以茶农、茶企、茶叶消费者和茶学在校生为主；开展茶叶加工工、评茶员、茶艺师等职业技能培训,全省培训人数达3000余人次,培训人群主要涉及茶产业经营、茶叶技术推广和茶学教育领域。茶叶职业技能培训的普及与推广,提升了习茶人群素养,习茶人群运用所学技艺,通过茶文化公益推广,推进茶文化"七进",反哺茶产业,助力全民饮茶氛围营造。

(六)茶叶流通与贸易发展现状

1.产销情况

近年来,贵州省委、省政府高度重视、高位推动茶产业发展,按照贵州原料、贵州制造、贵州创造、贵州品牌的发展路径,以"贵州绿茶"品牌为引领,拓展长三角、珠三角等传统茶叶市场,深耕东北、华北、西北"三北"市场。国内市场方面,以"走出去"与"请进来"相结合强化产销衔接方式。"请进来"方面,以贵州茶产业博览会等的召开为契机,邀请目标市场采购商和行业协会负责人到贵州考察、洽谈合作。近年来,通过第十三、十四届贵州茶博会主会场集中签约项目共20余个,价值近30亿元。以省内为主,在全国建设"贵州绿茶"规范品牌店300家。贵州省内建立了湄潭中国茶城、贵阳太升茶城、黎平侗乡茶城、都匀茶城等产地市场,建立销售网点9263个,进商超系统905个。省外发展茶叶经销商,开设"贵州绿茶"等品牌专卖店,建立营销网点14408个,进商超系统341个。积极对标欧美、日韩、中东等国际市场,支持省内茶叶企业开展自营出口,打造高质量黔茶出口基地,扩大茶叶出口规模,拓展国际市场。

2.强化龙头带动,引领新模式

制定《做大做强抹茶产业推进方案(2022—2023年)》,支持贵茶集团基地建设、绿色防控、加工设备升级;瓮安黄红缨、湄潭兰馨纳入发酵茶重点培育企业,瓮安黄红缨纳入第二批全省高成长培育企业;金沙贡茶、瓮安黄红缨、遵义茶业集团、湄潭阳春白雪、湄潭琦福苑、水城区茶业6家茶企业入选2022年度"中国茶业百强企业"。2022年13家重点培育企业全年产值8.8亿元。

3. 茶叶产品多元化，提升资源利用率

茶叶行业正朝着多元化产品的方向发展。近年来，贵州省以稳定绿茶产品主体结构为主线，大力研发生产白茶、红茶、抹茶等新产品，这些新品种的茶叶满足了不同消费者的口味需求，也为茶叶带来了更多的销售机会。

4. 挖掘贵州优异地缘品质，保障产品竞争力

消费者对茶叶的品质要求越来越高。近年来，贵州省在不断挖掘优异地缘品质，加强茶叶品质认证和标准化，以内外结合的宣传方式、市场引导等彰显贵州优异地缘品质，提高产品的知名度和信誉度。

5. "互联网+"逐步兴起，多样化市场拓展方式将不断丰富贵州省销售渠道

随着互联网的快速发展，电商渠道、贵州半亩茶、产品追溯等在茶叶行业中扮演着越来越重要的角色。越来越多的茶叶品牌开始通过"互联网+"销售产品，并通过社交媒体等渠道进行宣传和推广。"互联网+"的兴起为茶叶行业提供了更多的销售机会，也为消费者提供了更加便捷、绿色、看得见的购买方式。

（七）茶旅融合发展现状

1. 贵州茶旅建设现状

近年来，贵州紧盯"产业增效、农民增收"这一目标，加速"茶+旅游"深度融合，围绕丰富"茶+旅游"融合新业态做好文章，各地向第一、二、三产业融合发展要效益，以茶产业经济提升发展、旅游及文旅融合发展为两大支撑，以全省主要产茶区为主体空间，初步形成了较完整的茶文化旅游目的地体系，推动贵州茶产业发展迈向新台阶、新高度。

（1）各产茶区大力推动

在省主管部门和各级政府的大力推动下，贵州高度重视茶旅一体化建设。各产茶区结合产业发展实际，以茶为脉，带动茶互动，促进了茶产业与第一、二、三产业融合发展。贵阳市围绕茶园开园、茶园开采，利用中旅、国旅、青旅等旅行社，嫁接清镇"赏樱季"、花溪"草莓季"等活动。建成

云山茶海、蓝芝茶庄、红枫山韵等茶庄园，建成开阳禾丰十里画廊茶旅线、南马茶旅线、花溪久安古茶树旅游线、环红枫湖茶旅线、环百花湖茶旅线等，吸引游客100万人次以上。形成茶园观光、茶叶采摘、茶叶加工、茶艺表演、研学培训等"以茶带旅、以旅促茶"的良好格局。旅游综合产值5.7亿元以上，年均接待游客60万人次。遵义市围绕"大健康+茶文化"茶旅一体化发展思路，以及茶区变景区的目标，以旅游为切入点充分发挥茶园资源优势，改善提升交通、住宿、餐饮等基础设施条件，挖掘和创造茶旅融合模式，如制茶体验、游园观光、健康养生等。推进天下第一壶茶文化主题公园和湄潭翠芽27度2个4A级旅游景区以及中国茶海、贵州茶文化生态博物馆、贵州茶工业博物馆、象山茶博园、300里茶桂风情长廊等景区景点建设。湄潭翠芽27度景区、永兴万亩茶海、象山茶博园、凤冈田坝茶海之心景区、余庆松烟二龙茶旅小镇、正安罗汉洞茶旅景区、道真关子山茶旅景区等一批茶文旅融合基地基础设施得到巩固提升，凤冈绥阳镇茶寿山、余庆花山乡隔山门、仁怀九仓镇香慈有机茶种植基地等一批茶旅融合发展新基地建立。凤冈田坝茶海之心景区成功入选农业农村部"2021中国美丽乡村休闲旅游行（夏季）精品景点线路"，茶旅融合水平进一步提升。黔南州围绕毛尖镇、建中镇和云雾镇打造一批茶旅融合小镇，在都匀市、瓮安县、贵定县、荔波县建成茶文化一条街，打造一批融茶文化、民俗文化及休闲度假等为一体的旅游线路。推进茶旅融合标准的制定与应用。

（2）开展了"贵州最美茶乡"评选活动

根据旅游区域连片茶园面积在1000亩以上，并建设有具备茶林间作或古茶树等观光功能的特色茶园的茶区特点，通过层层遴选，实地考察，评选出了10个乡镇。"贵州最美茶乡"的评选，可以提升贵州茶产业在国内外的知名度和美誉度，展现贵州省绿色茶、生态茶、安全茶、健康茶，深度挖掘茶产业潜力，拓展茶叶经济收入空间。推动对贵州旅游新内容的探索，促进茶叶经济元素多渠道增长，保障茶产业健康、稳定地发展。

（3）茶旅产品进一步丰富

全省各地按照"茶园变公园、茶区变景区、茶山变金山"的目标，进

一步配套完善茶园旅游观光、餐饮住宿等基础设施，推进茶叶休闲观光示范园区三产融合，"茶叶+乡村振兴"实现衔接发展，与生产经营主体形成利益联结共同体，壮大集体经济，实现茶企增效、茶农增收。湄潭凭借天下第一壶茶文化主题公园、核桃坝"翠缘"等成熟的茶文化旅游景点，结合新农村建设开设的茶旅游线路更加成熟。凤冈以仙人岭、田坝为重点开发的旅游线路为游客所喜爱。石阡以温泉为支点、茶文化为重心，着力打造"泉·茶"旅游品牌。黎平县高屯街道茶山、雷山县西江镇茶旅景区分别荣获"十佳最美茶山""十佳茶旅融合基地"称号，促进茶旅活力持续提升，中国茶产业联盟授予侗乡黎平红色茶乡旅游精品路线为"百条红色茶乡旅游精品路线"。雷山县利用好西江景区大市场，借鉴"前店后厂"的模式，结合苗族习俗开发了"十二道拦门茶""敬茶歌"，推进茶产业发展与苗族文化传承深度融合，在西江景区高标准打造建设一批茶文旅融合街区、茶饮体验店，取得了较好的社会效益和经济效益。各地充分利用"互联网+"开创O2O新型茶叶流通模式，推动发展"互联网+"茶叶旅游产业、茶叶交易市场、茶叶物流业、茶叶包装业，培育"互联网+"复合业态茶叶产业园区。

（4）茶旅融合纵深发展

贵州产茶历史悠久，茶文化丰富，正处于茶文化转化为旅游产品的发展时期。茶文化具有较高的宽容度，能与书画艺术、宗教文化、传统民俗等相融合。这就使得茶文化旅游与其他旅游产品有着较高的相融度。贵定以金海雪山为龙头的茶文化旅游、都匀以"国际摄影艺术节"为支点的茶文化旅游、湄潭以新农村建设为载体的茶文化旅游、凤冈以太极洞和玛瑙山军事屯堡为引力的茶文化旅游都有了新的发展。把传统民俗、民歌、民舞、特色饮食都与茶文化旅游相融，这是贵州茶文化旅游的显著特点。行走在贵州茶区，不仅能观赏到形态各异的生态茶园风光，还能听到各种离奇的关于茶的传统故事，也能欣赏到各种独具特色的民间茶歌茶舞。石阡的"茶灯"、湄潭以"采茶调"改编的《十谢共产党》花灯，都成了当地游客必看的茶文化旅游文艺节目。

通过不断发展，贵州茶文化旅游产品逐步增多。茶文化旅游品牌的市场号召力逐步增强，茶文化旅游目的地的省内客源市场正在形成。以湄潭、凤冈、贵定为代表的茶文化旅游目的地游客量大幅上升。

2. 案例

（1）湄潭集"六个一"于一体的茶旅融合

湄潭打造了翠芽27度景区，构建了集天下第一壶茶文化主题公园、中华茶文化博览园、象山茶博园（见图1）、贵州茶文化生态博物馆、中国茶海、七彩部落于一体的精品旅游线路，统筹建设了一批乡村旅馆、农家小屋、精品茶庄、主题民宿，成功打造了集"吃、住、游、玩"于一体的"一壶、一园、一山、一馆、一海、一村"的茶旅融合新名片。

图1 湄潭天下第一壶茶文化主题公园和象山茶博园夜景

（2）凤冈田坝茶旅融合

近年来，凤冈县以生态环境为基础，以规模茶园为依托，将茶产业与生态旅游业进行深度融合，以茶带旅、以旅促茶，以"茶区景区一体化、茶旅基础设施一体化、茶旅文化一体化、茶旅品牌一体化、茶旅商品一体化"五个一体化为总思路，成功打造了田坝茶海之心景区（见图2）。

图 2 凤冈田坝茶海之心景区

二 贵州省茶产业存在的问题及发展建议

(一)贵州省茶产业存在的问题

1. 科技创新不足

茶树种业创新不足。此问题是严重制约贵州茶产业差异化发展的根本。主要表现为三个方面:一是地方特色茶树种质挖掘不足,以致自育茶树品种的种植占比和特色茶青原料的供给能力低;二是未建立快速选育和扩繁技术体系,以致优良茶树品种选育周期长;三是原种基地建设严重不足,制约特色茶树品种穗条保供能力。

茶园生产技术存在三大核心问题。一是茶园生产管理机械化水平不高,生产效率低下,管理成本高。二是茶园高产优质栽植肥培管护技术针对性不足,导致不同类型茶园产量和品质均不高。主要体现在未针对不同品种或不同类型茶园,研究形成相应的栽培制度、周年管护技术和专用肥高效使用技术。三是体现贵州茶产业核心竞争力的茶叶质量安全控制技术水平有待进一步提升。尽管茶园病虫害绿色防控技术取得了重要突破,茶叶质量安全实现了对标欧盟,但仍无法保障茶叶的高单价。同时,其他相关新型污染物

(如邻苯二甲酰亚胺、塑化剂)的控制技术尚未全面开展研究。

茶叶加工技术相对落后。一是茶叶初加工精细化和智能化控制技术研究应用不足。主要体现于相关加工环节"靠天吃饭"、加工经验化控制和技术环节的过程化完成，导致产品同质化严重，产品地域品质特性彰显不足，辨识度和记忆度差。二是茶叶精制、拼配加工技术研究和应用不足，导致产品多以毛茶或原料茶（统货）形式面向市场，产品单价低，市场竞争力差。三是深加工技术研究与产品研发尚未起步。贵州茶园夏秋茶青生产量巨大，加工的以人饮为主的传统茶叶产品面临市场过剩，竞争白热化，利润空间小，其根本出路在于深加工产品研发。但茶叶深加工产品无成熟市场，研发风险大、成本高，这是导致茶叶深加工闭合产业链尚未形成的共性问题。

2. 人才培养体系不完善

茶学普通高等教育人才培养体系尚不完善。目前，贵州省普通高等学校中，贵州大学、贵阳学院、黔南民族师范学院具有茶学本科招生资格，贵州大学具有茶学硕士招生资格，尚未有茶学博士招生资格，针对贵州茶产业的转型升级现状，无法提供高层次专业人才，相比浙江、江苏、福建、湖北等省份，贵州茶产业高层次专业人才的培养相对滞后，加快人才培养体系的完善将会助力贵州茶产业的高质量发展。

教育科研平台尚需更进一步完善。人才培养需要教育科研平台的支撑，贵州省目前尚无省级茶学重点实验室、省部级茶产业工程技术中心等实验平台，贵州省茶园面积居全国第1位，然而，与浙江、福建、云南相比，贵州省在茶学教育科研方面的投入相对较少。

茶学高等职业教育教学环节尚存在一定的不足。对接产业需求存在不足，贵州省茶产业已经从注重基地建设和加工提升逐步转型到市场营销和品牌打造上，但是较大一部分高职院校在教学内容改革上对接茶产业需求方面存在不足。教学仍然以加工、茶艺为主，对于茶叶出口、营销、品牌、互联网等紧缺人才培养不够。在当前茶企的用人需求越来越细的背景下，贵州省茶学专业高职学生的就业适应性不强、满意度不高。

课程体系不完善，师资水平跟不上。全省茶学高职教育仍然是以本科教学模式为参考，未能实现差异化人才培养，和培养高素质、高技能型的人才要求差距较大。不少高职院校的茶学教师是从其他专业转过来的，在专业技术上存在短板，对于产业新要求也未能充分掌握和有效地教授给学生。

茶学教育与产业技术培训的结合尚不够紧密。茶产业是贵州省农业产业中的支柱产业，在脱贫攻坚中做出了突出贡献，在乡村振兴中也将一如既往地发挥重要作用。茶产业的发展需要大量的技术人才，特别是茶企和乡镇基层的茶产业从业者和管理人员。贵州现有注册茶叶企业（合作社）5786家，平均每家企业（合作社）5名技术人员，累计需求28930名，平均每家企业（合作社）采茶、茶园管理、病虫害防治等务工500人次，则需要累计培训289.3万人次。如此庞大的技术需求，亟须茶学高校、科研院所的教育科研工作者以及茶产业从业者开展相应的茶产业技术培训。

3. 品牌带动效应和市场竞争力不强

贵州茶叶缺乏富有影响力的品牌带动，导致贵州茶叶产品缺乏市场竞争力，部分高品质绿茶被省外品牌茶叶商低价收购，独特的资源优势未能转化为经济优势，未能发挥品牌的增值效应。

4. 龙头企业带动效应不明显

2021年，全省注册茶叶企业（合作社）4949家，其中国家级龙头企业10家，占比仅为0.2%；省级龙头企业207家，占比仅为4.2%。小型加工厂、家庭式作坊占比较大，企业与基地、农户的关系松散，对产业的带动性较弱。既缺乏规模化、现代化的龙头企业，又缺少打得响、叫得亮的国内国际知名茶企品牌。企业与产业之间比例失衡，出现"有产业、无龙头，大产业、小龙头"现象。

（二）省茶产业发展建议

1. 强化科技创新支撑

一是强化种源创新。抢抓种业振兴契机，研究建立健全全省茶树种质资源库和茶树核心基因库，运用现代生物技术创制核心种质，培育特色茶树新品种，提高贵州省自育茶树品种的种植占比和特色茶青原料的供给能力。二是强化茶园生产三大核心技术攻关。研制高效茶园生产机械化装备，特别是轻简装备（老人、妇女可操作）及中耕、除草、开沟、覆土等多功能一体化装备，提升贵州山地茶园机械化水平；针对不同品种或不同类型茶园，加快研究形成相应的栽培制度、周年管护技术和专用肥高效使用技术，补齐肥培管理短板；围绕出口茶、欧标茶等专用茶园，持续开展茶叶质量安全达欧盟有机标准的茶园病虫害防控技术及新型污染物控制技术研究。三是强化茶叶加工关键技术攻关。开展基于代谢组学的茶叶初加工精细化和智能化控制技术研究，解决传统过程化完成导致的品质不稳定问题；开展基于数字化、智能化的茶叶精制、拼配加工技术研究，引导茶产业朝工业化方向发展；谋划启动茶叶深加工产品研发，以"创新供给，引爆需求"为指引，组织省内外专家和企业家，研讨明确茶叶深加工产品研发方向和实施路径，组建人才队伍，构建研发平台和体系。

2. 健全人才培养体系

一是完善茶学普通高等教育人才培养体系，加强教育科研平台建设。完善贵州省茶学普通高等教育人才培养体系，发挥智力优势，为贵州茶产业的基础研究及创新提供人才支撑；鼓励贵州大学联合省内外高校、科研院所申报贵州省茶学重点实验室、省部级茶产业工程技术中心。二是加强茶学高等职业教育与产业需求之间的对接，完善课程体系，为产业培养实用型、技术型人才。结合当前茶叶功能化、产品多样化、销售渠道多元化等新兴需求，有针对性地培养相关研究方向的学生。加强与浙江、福建等全国知名茶学高职院校的教育交流，做到取长补短、不断提高。创新实习实践，提高学习效果，结合实际调整培养方案和教学计划，将实习期贯穿在整个在校学习期间，采取"理论—实习—理论"的模式，以实现学生主动对知识查缺补漏和提升理论指导实践的效果。实施"现代学徒制"，加强校企联合，积极探索建立校企联合招生、联合培养、一体化育人的长效机制，深化招生制度改革，让学生在校期间就能进入企业真正参与学习和生产，建立学校教师和企业师傅双导师教学模式，改革人才培养方法，建立学校推动、社会支持、行

业参与的现代学徒制。积极和种植、加工、品牌、销售等方面较强的企业进行合作，通过"产+学"互动方式，培养适合产业的优秀毕业生。三是加强茶产业职业技能培训，建立"田间农民学校"，推广其技术培训模式。依托省内高校、科研院所、培训机构、行业协会和茶叶企业骨干，整合各类培训资源，开展产业发展、文化内涵、贵州冲泡、基地建设、茶叶加工等茶产业职业技能培训；组建并推广"田间农民学校"培训模式，常态化开展绿色防控等田间管理技术现场培训。

3. 强调产品特色，推动品牌建设

打造贵州茶叶"拳头"产品。围绕贵州相关自育品种，通过加工技术和工艺设计的加持，进一步将自育品种的茶青原料转变成具有"灵魂"的产品，从而实现茶叶产品特色突出、品质稳定、可工业化生产，助力贵州茶叶"拳头"产品产业化。

加大产品品牌塑造及市场拓展力度。一是积极引导茶企业组建茶叶产销联合体，统一包装，开发统一品牌系列产品。二是继续开展茶品牌的评比活动，促进一般品牌向名优品牌集中，以茶文化节、旅游节等各类茶事茶艺活动为载体，营造良好的茶文化氛围。名茶评比的作用是找出优点与差距，总结经验，提高质量。同时，对茶品牌加以保护。三是建立完善茶叶市场体系，着力培育一批全国性的知名品牌，提高贵州茶在全国的知名度。

4. 强化龙头企业引领作用

培育"航母级"茶叶企业。贵州茶叶强省建设，需要"航母级"企业带动现有规上规下企业的发展。可借鉴贵州省特色酱香白酒产业的成功路径，打造形成"航母级"企业领航的茶叶企业集群发展模式。

强化龙头企业科技创新。引导龙头企业加强与科研院所、高校的产学研合作，加大科技投入，引进先进技术和人才，加强茶叶种植、加工、包装、销售等环节的技术研发，提高企业的核心竞争力。

参考文献

徐嘉民：《贵州：从茶产业大省迈向茶产业强省》，《贵州日报》2021年8月20日。

刘玉倩、唐彬彬、杨家干：《贵州茶学教育现状及高职教育发展对策刍议》，《智慧农业导刊》2022年第8期。

陈政：《贵州茶产业高质量发展的思考》，《中国国情国力》2021年第7期。

卢红显、黎广胜、钟翠：《浅述钦州加快茶产业高质量发展存在的问题及对策》，《产业创新研究》2023年第3期。

宋子月：《贵阳贵安：因地制宜做好"土特产"文章》，《贵阳日报》2023年11月10日。

B.6
湖北省茶产业发展研究报告

宗庆波　曾维超*

摘　要： 茶产业是湖北省优势产业，是解决"三农"问题的重要产业。湖北省拥有六大茶类，其中以绿茶为主，"中国名茶之乡""全国重点产茶县"数量不断增加，已经形成茶叶优势区域。2020~2022年，在各级领导的高度重视和各大茶区的共同努力下，湖北茶产业发展迅速，社会关注度高，已成为全省山区农村社会经济发展的特色优势产业、推动农民增收的富民产业和"三产"融合发展的亮点产业，为实现巩固拓展脱贫攻坚成果同乡村振兴有效衔接奠定了良好的基础。

关键词： 特色产业　"三产"融合　乡村振兴　湖北省

一　湖北省茶产业发展概况

（一）生产环节

1. 茶叶种植

（1）面积、产量、品种

湖北茶区位于北纬30度左右的黄金地带，气候湿润、土壤肥沃，十分

---

* 宗庆波，湖北省农业农村厅果茶办公室调研员、推广研究员，湖北省茶叶学会会长，研究方向为茶树种植栽培与茶叶加工技术集成推广应用；曾维超，湖北省农业农村厅果茶办公室主任科员、正高级农艺师，湖北省茶叶学会副会长，研究方向为茶树种植栽培与茶叶加工技术集成推广应用。

适宜茶树生长，自然环境得天独厚，赋予了湖北茶"香高持久、味醇鲜爽"的独特品质。2020~2022年，湖北省茶园面积分别为358400公顷、363300公顷、376100公顷，年增幅分别为3.1%、1.4%、3.5%。其中，采摘面积分别为273900公顷、280300公顷、288100公顷，年增幅分别为3.4%、2.3%、2.8%。全省茶叶产量分别为36.08万吨、38.35万吨、42.00万吨，年增幅分别为2.3%、6.3%、9.5%。

湖北省茶树种质资源较为丰富。鄂茶1号、鄂茶4号、宜昌大叶种、鄂茶5号共4个良种被审（认）定为国家级茶树良种；宜昌大叶种、鄂茶1号至鄂茶12号、金丰、金香等10余个良种被审（认）定为湖北省级茶树良种。其中，由湖北省农科院果茶所选育的鄂茶1号，入选2019年首届全国农业科技成果转化大会的百项重大农业科技成果，鄂茶11号、鄂茶12号等6个良种获得国家非主要农作物品种登记，金茗1号成为全省首个获得植物新品种权的茶树品种。还形成了很多优良的地方品种，如适制恩施玉露的鄂茶14号（玉露1号）等。根据生产、市场需求，从外省筛选引进中茶108、金观音、白叶1号、黄金芽、郁金香等特异新良种，品种结构不断优化。通过研究茶树工厂化快繁技术，制定系列标准，建成孝感福良山、恩施、宜昌萧氏等一批茶树良种繁育基地，形成适应全省气候特点的育、繁、推一体化体系。

（2）生态、有机茶园建设

2020年以来，湖北省大力实施生态茶园建设，重点推广茶叶绿色生产模式，2020~2022年共建设生态茶园46800公顷，其中，2020年建设15733公顷，2021年建设15400公顷，2022年建设15667公顷，截至2022年，全省生态茶园总面积达到120000公顷。在保康、竹山、秭归、五峰、恩施等地设立示范点42个，为茶叶增产增收奠定了坚实的技术基础。通过大力推广茶叶绿色生产集成技术模式，以及绿色防控、有机肥专用肥替代化肥大面积示范应用，质量安全水平不断提高。全省有25个县（市、区）的210多家企业获得国内外有机茶认证，认证企业数量居全国第2位，全省有机茶园面积28667公顷，获得绿色食品认证茶园面积90000公顷，据农业农村部及

全省茶叶质量多批次抽查检测结果，连续三年合格率达100%。

（3）茶园管理

一是大力推行茶园机械化生产"四机"技术模式，实现轻简化作业。针对山地茶园机械化水平低、劳动力紧缺的问题，湖北省茶叶科技创新行动团队集成创新农机农艺融合应用的"内环式"栽培技术模式。优选出耕作机械、施肥机械、履带式采茶修剪多功能机械、除草、绿肥还田机械等茶园作业机械20多台套，集成"内环式"设置茶行、轻基质茶苗、起垄覆膜栽培、间作绿肥、机械化管理、科学施肥等先进技术建设高标准茶园，实现了"一年交园，两年采茶"。2020~2022年，通过示范引领，全省80%以上的茶园实现轻简化作业，降低成本60%以上，提高工效80%以上，节本增效成效明显。二是大力实施低产低效茶园改造。在全省推广茶园"五改"技术，突出开展老茶园改造。2020~2022年，主产区共改造低产低效茶园33万亩。通过低产低效茶园改造，2022年，全省茶叶无性系良种茶园面积达到250100公顷，比2019年增长6.6%，良种率达到66.5%，高于全国平均水平。

2. 茶叶加工

（1）初加工

全省茶叶加工企业5000多家，其中2020年5085家，2021年5012家，2022年5073家，包括初加工和精深加工企业。五大优势茶区茶叶以初加工为主，企业共计4600家，均建在茶园集中种植区，以中小型私营企业、专业合作社和大农户组成的茶叶初制加工厂加工经营为主。初制加工厂规模相对较小，加工技术以人工或机械化、半机械化为主，中小企业年加工能力在2~100吨，茶叶龙头企业年加工能力达500~1000吨，少数达1000吨以上。2020年全省茶叶省级产业化龙头企业90家，国家级产业化龙头企业7家；2021年全省茶叶省级产业化龙头企业118家，国家级产业化龙头企业10家；2022年全省茶叶省级产业化龙头企业138家，国家级产业化龙头企业10家。

（2）精深加工

全省茶叶精加工主要依托出口精制茶拉动，以绿茶、红茶、黑茶为主，对推动夏秋茶原料收购和加工、增加农民收入、构建双循环新发展格局发挥了重要作用。2020年以来，在国内外茶叶市场竞争日益加剧的大背景下，湖北省茶叶深加工产业化步伐开始加快，主要深加工产品包括以下几种。

①速溶茶、茶多酚

湖北省速溶茶及茶多酚产地主要在宜昌五峰、枝江等地。目前，湖北安琪集团和湖北国贸集团合作打造了湖北第一条拥有自主知识产权的速溶茶生产线，其也是全国首条应用"生物酶催化茶多酚"技术的速溶茶生产线。项目建成后，可消化夏秋干茶1.5万吨、年产高品质速溶茶3000吨。生产出的速溶茶产品茶黄素含量比同类产品高出50%以上、茶红素含量比同类产品高出30%以上。湖北宇隆生物工程有限责任公司是一家集茶叶生产、精深加工、销售、科研于一体的国家高新技术企业，建设茶多酚及多功能有机植物提取物现代化生产线，到2022年，该公司具备年生产速溶茶粉1500吨、茶浓缩液10000吨、高纯度茶及植物功能成分提取物5吨的能力，获得授权的专利达9项。

②茶饮料

在武汉投资建厂的台商独资企业有统一、康师傅两家，茶饮料品种达20多个。

③茶食品

茶食品主要有茶月饼、茶蛋糕、茶苔酥等，有竹溪梅子贡、宜昌萧氏、湖北采花等为数不多的几家企业在加工生产，总体规模不大。

④抹茶

抹茶是经特殊覆盖栽培的茶树鲜叶在蒸青、干燥后，研磨而成的超微细粉。市场前景好，日本年消费抹茶1.2万吨以上，美国的抹茶零售额增长率达50%以上，国内消费正呈快速增长态势。目前湖北主要在孝感和恩施两地建有生产基地和加工车间。湖北半兵卫茶业有限公司2017年落户湖北省孝感市大悟县河口镇，建成标准化生态抹茶基地，投资2000多万元建成抹茶生产线；恩施龙凤镇也是抹茶主要生产基地，恩施州龙马新果实业有限公司生产的抹茶主要出口日本，建成的生产线每年可生产抹茶500吨。

⑤茶醋

湖北星梦茶业股份有限公司投资3000万元建成茶醋生产加工车间，建有3条灌装线，年生产茶醋5000吨，实现产值5000万元，目前茶醋已销至北京、陕西、河南等地。

（3）技术创新

全省茶叶加工在由手工到机械制茶第一次转型的基础上，整体进入连续化、清洁化阶段，部分达到自动化水平，实现了二次飞跃。其中名优绿茶"一线两用"关键技术方面，集成创新数控摊青、电磁杀青、连续化做形和PLC控制技术，实现了名优绿茶、大宗绿茶共线连续化加工；研发出的工夫红茶自动化加工生产线与配套技术方面，创新自动化萎凋、精准称量、自动揉捻、智能发酵及控制技术，达到国际先进水平；机采茶鲜叶配套加工技术与关键装备方面，解决了机采茶鲜叶不能加工优质茶的难题；青砖茶数控渥堆设备和压制成套设备及控制系统研发方面，实现青砖茶渥堆工序环境因子可控和自动压制；宜昌萧氏茶叶智能化加工"无人工厂"投产方面，整个加工全程自动运行、数据可视且工艺可动态优化。据不完全统计，2022年末，全省连续化、清洁化、自动化茶叶加工生产线达260余条。

（二）流通环节

1. 交易方式

全省茶叶交易分鲜叶交易和干茶交易。鲜叶交易以农户采收后就近销售给当地茶叶加工企业为主。干茶交易有线上线下交易以及出口交易。从省内外市场来看，茶叶实体店体验式交易仍然是茶叶的主流交易方式。近几年，茶叶电子商务高速发展，全省也涌现出一批有一定规模的电商茶企，但电商销售渠道利润空间较小，需要湖北省茶叶品牌企业的高度重视和理性研究开发。截至2023年，60%的茶叶企业开展了茶叶电子商务和直播带货业务，湖北茶大量上线天猫、京东、抖音、斗鱼、832以及湖北名茶馆等电子商务平台，但总体来讲，茶企的线上业务想要脱颖而出，必须加强电商团队建设和差异化竞争。

2. 交易场所

目前，全省上规模的茶叶专业交易场所共有10多个，主要有汉口茶市、陆羽茶都、武汉客厅茶叶市场、武昌徐东茶叶市场、宜昌三峡国际旅游茶城、宜昌采花茶城、英山大别山茶叶广场、恩施晒都茶城、五峰西南茶叶市场、咸丰唐崖茶市、武陵山茶叶交易中心等。汉口茶市是中南地区最大的茶叶批发市场。其中，茶叶商铺300家，茶商分别来自福建、安徽、河南、湖南、广东、浙江等省，年销售茶叶2万吨以上，年茶叶交易金额约20亿元。宜昌三峡国际旅游茶城是宜昌茶区和武陵山茶区以及周边产茶县（市、区）连接茶农、茶企和茶叶商铺的重要桥梁。恩施晒都茶城是武陵地区最大的生态茶产业物流贸易平台，以打造武陵地区最大的旅游文化消费市场为目标，建立武陵地区首席茶主题城市综合体。五峰西南茶叶市场已成为湖北西南茶叶市场交易中心，2020年交易总量为22775吨，交易总金额为13.4亿元。武陵山茶叶交易中心位于恩施，是全国名优茶展销的平台，交易高峰期，日收购量最高可达300吨，大量散茶被运往浙江、福建、广东等地区，2020年散茶交易收购数量为1.5万吨，交易金额近10亿元。

（三）消费环节

1. 消费总体状况

（1）消费量、价格

2022年湖北省内茶叶消费总量为28.9万吨。其中，绿茶20.5万吨，绿茶消费占70.9%，红茶3.5万吨，黑茶（青砖茶、茯砖茶）2.4万吨，乌龙茶0.2万吨，白茶0.2万吨，黄茶0.1万吨，其他茶类0.5万吨，共计27.4万吨；同时，从外省销售到湖北省内的普洱茶、安化黑茶、乌龙茶和各种名优茶总量1.5万吨。按全省总人口6000万人计，人均消费量约4.8千克。消费价格50~1000元/千克不等。

（2）区域消费特点

茶叶消费区域差异较大。从城乡消费状况看，消费差距进一步拉大。全省拥有较大的茶叶消费群体，尤以武汉、荆州、恩施、宜昌、襄阳、孝感、

黄冈、随州、十堰、咸宁、黄石等大中城市和茶叶生产地居多。其中，武汉市、宜昌市、恩施州年人均消费量均超过2千克，但在非茶叶生产区域的乡镇和农村地区，茶叶消费量较少，城乡消费差距较大，茶叶消费群体仍然以中老年人居多。

（3）国际贸易

据海关总署统计，2020年，湖北省茶叶出口量为1.84万吨，同比增长5.4%，出口额为2.01亿美元，分别居全国第5位和第4位。从出口地区和国别看，产品远销欧盟、美国、中亚、非洲、中国香港、东南亚等国家和地区。从出口茶类看，全年以绿茶出口为主。从出口区域看，恩施、襄阳等茶叶产区领跑。

2021年，湖北省茶叶出口量为2.35万吨，占全国总出口量的6%，出口额为1.90亿美元，占全国总出口额的9%，均排全国第5名。红茶出口量为0.17万吨，同比增长60.5%，全省占比7%；出口额为0.35亿美元，同比增长81.6%，全省占比18%。绿茶出口量为2.10万吨，同比增长25.7%，全省占比89%；出口额为1.50亿美元，全省占比79%。

2022年，湖北省茶叶出口量为2.45万吨，出口额为2.00亿美元，比上年分别增长4.3%和5.3%。湖北孝感红贡茶有限公司在俄罗斯和迪拜分别建成"中国茶海外展示中心"，湖北汉家刘氏茶叶股份有限公司在俄罗斯建设运营茶叶展示展销平台。湖北三品源茶叶科技有限公司在乌兹别克斯坦等中亚国家深耕茶叶市场，湖北双狮茶叶股份有限公司在摩洛哥建立茶叶加工厂，海外加工能力总计可达每年1万吨。

2. "三产"融合

（1）茶旅游

依托五大优势茶区茶叶资源，实现茶旅融合发展不断深化。全省共推出35条茶文化旅游线路，全省483家A级旅游景区中有35家是以茶产业为主体的景区，其中宣恩县伍家台贡茶文化旅游区、恩施市枫香坡侗族风情寨、咸宁市万亩茶园俄罗斯方块小镇、竹溪龙王垭观光茶园旅游区、五峰县渔关青岗岭茶旅基地、谷城县五山镇湖北玉皇剑茶业有限公司茶旅示范基地、湖北汉家刘氏茶叶股份有限公司生态观光旅游茶园、恩施市白杨坪镇洞恩施蓝焙茶业股份有限公司茶叶公园、恩施市屯堡乡花枝山茶叶基地、随县云峰山万亩茶园景区、大悟县三里镇茶叶公园、英山县杨柳湾镇大别山茶谷等茶区融合特色景区，吸引大量省内外游客前来观光打卡，日接待游客达万人。全省茶叶采摘观光体验乡村旅游点达150多个，既丰富了旅游供给，也带动了茶农致富。全省具备生产体验、生态旅游、文化养生等功能的茶园面积达到66667公顷，30个单位茶园基地获相关等级评定，其中获"全国最美生态旅游茶园"称号的有9个，获"最美茶旅之乡"称号的有7个，夷陵区、五峰县、保康县、谷城县、宣恩县被中国茶叶流通协会分别评定为"全国十大茶叶生态旅游示范县"。

（2）茶文化

①茶品牌

截至2022年，湖北省22个茶叶商标被认定为中国驰名商标，国家地理标志产品31个，省著名商标84个。2022年恩施玉露制作技艺、赵李桥砖茶制作技艺、长盛川青砖茶制作技艺入选《联合国教科文组织非物质文化遗产名录（名册）》。首届中国国际茶叶博览会上，武当道茶、恩施玉露荣获"中国优秀区域公用品牌"；第二届中国国际茶叶博览会上，全省荣获10个金奖，与安徽省并列全国第三，品牌建设取得了历史性突破。2018年，习近平总书记与印度总理莫迪在武汉东湖茶叙时，同品"一绿一红"恩施玉露和利川红，二者在国内国际产生巨大影响，并成为联合国粮农组织政府间茶叶工作组第23届会议用茶。2020年湖北英山云雾茶、宜都宜红茶、宣恩伍家台贡茶、赤壁青砖茶、襄阳高香茶等区域茶类公用品牌入选中欧地标保护名单。

近年来，湖北省聚焦茶叶品牌打造，针对全省茶叶品牌"多而不强"的短板，持续推进茶叶区域公用品牌建设，加快茶叶品牌整合。联合有关主产区人民政府、社会组织，高效统筹疫情防控，连续三年组织开展"湖北名优茶·健康沿海行"系列专场推介活动，连续两年组织开展"湖北名优茶·健康边疆行"系列专场推介活动，持续参加中国国际茶叶博览会，重

点宣传推广茶叶区域公用品牌。2021年4月12日，外交部在蓝厅高规格举办湖北全球特别推介活动，其间恩施玉露、利川红等茶产品作为湖北名片获得高度关注和广泛好评。2022年，"赤壁青砖茶""武当道茶""英山云雾茶""恩施玉露"等4个区域公用品牌价值进入全国前100，分别达到38.16亿元、33.59亿元、27.02亿元、27.02亿元，同比分别增长13.4%、4.9%、9.7%、7.2%。"恩施玉露"品牌入选农业农村部2022年品牌精品培育计划名单。2022年"利川红"获"巴拿马万国博览会"特等金奖。

②茶文化推广

一是推进"万里茶道"申遗。湖北省为"万里茶道"申遗牵头省份，武汉市为"万里茶道"申遗牵头城市。与"万里茶道"沿线8省文物部门开展联合申遗，共同完成大量申遗前期工作。2020年，组建"万里茶道"联合申遗城市联盟，制订联合申遗三年行动计划。沿线各地积极编制文化遗产保护管理规划，修缮羊楼洞古镇等一批遗产点，汉口新泰大楼旧址、华俄道胜银行旧址等升格为全国重点文物保护单位。举办"万里茶道"学术研讨会、"万里茶道"全国巡展、"万里茶道"环中国自驾游集结赛勘路之旅、赤壁青砖茶环中国自驾游集结赛等活动。

二是举办2021年外交部湖北全球特别推介活动。在推介活动中，设立以"灵秀湖北·生态好茶"为主题的湖北茶文化展区，采取文化展板、实物展示、茶艺演示相结合的方式，展示湖北悠久的茶文化和"一红一绿一黑"等特色名茶，受到外国驻华使节和国际友人的关注和称赞。

三是开展"极目楚天畅游湖北"文化和旅游宣传推介。湖北省文旅厅将五峰采花毛尖、宜昌萧氏毛尖、邓村绿茶、三峡天赐黑茶、武当道茶、恩施玉露、襄阳玉皇剑茶、荆门漳河系列茶、天门圣典礼茶等列入"灵秀湖北"旅游商品名录，在长三角、珠三角、京津冀、中部地区四大片区宣传推介会上进行重点宣传推介，与12个客源地省份搭建合作平台，进一步提升湖北省文化和旅游品牌带动力、辐射力和影响力。

四是顺利召开茶业科技年会。2022年7月6日至9日，由中国茶叶学会、省农业农村厅、省科学技术协会、恩施州人民政府主办的2021中国茶业科技年会在恩施举行。年会以"三茶统筹发展·助力乡村振兴"为主题，聚焦茶产业发展重点、难点问题，搭建了"产、学、研、政"交流合作服务平台，促进茶叶科技成果转化、茶产业高质量发展，提升了湖北茶叶的知名度和影响力。

五是举办茶事专题活动。为促进茶产业高质量发展，营造浓厚的茶文化氛围，各茶区开展了一系列丰富多彩的茶事专题活动。2020年，在五峰县举办第三届中国茶旅大会暨湖北宜红茶推介会；举办了"鹤峰茶·世界品"湖北鹤峰第三届茶商大会；在湖北长阳县召开了鄂茶疫后重振高质量发展学术研讨会；举办了华巨臣第九届武汉秋季茶博会；召开了2020"一带一路"赤壁青砖茶产业发展大会、第二届"世界茶叶质量安全与美好生活"高峰论坛、中国红茶（利川红）高质量发展研讨会；等等。2021年恩施州人民政府联合省农业农村厅在武汉举办了恩施硒茶（恩施玉露、利川红）致敬英雄城市品茗周活动；宜昌市举办了2021国际茶日暨"宜荆荆恩"城市群茶饮交流大会，并同步发起了"万里挑宜上好茶"话题挑战赛；咸宁市举办了2021年全民饮茶日活动，并开展了赤壁青砖茶"进机关、进企业、进学校、进酒店、进超市、进社区"活动；襄阳市启动了襄阳高香茶文化节、襄阳高香茶评比、襄阳高香茶产品推介展示、全民饮茶季、"襄茶随手拍"茶秀等五大主题活动和三大全民饮茶评茶活动；英山县举办第二十九届湖北英山茶文化旅游节等系列主题活动，并通过央视新闻、人民网积极对外宣传。这些大型茶事专题活动的开展，营造了知茶、喝茶、事茶的良好氛围，为促进茶文化振兴、茶贸易升级做出积极的贡献。

（3）茶叶科技创新

2020年以来，全省组建了湖北省茶叶产业技术体系、院士专家科技服务茶产业"515"行动（协同推广）专家团队，各团队结合茶区实际情况，在茶树品种选育、茶园管理和绿色防控、茶叶加工和品牌建设等方面开展针对性选题和确定科研方向。近年来，湖北茶科技在应用基础研究、重大项目立项和科技成果奖励等方面取得了新突破。2020年，"茶园病虫害绿色防控新产品创制与应用"和"机采茶树鲜叶加工技术及关键装备研发与应用"两项茶科技成果荣获 2020 年度省科技进步奖二等奖。2022 年，"茶叶连续化标准化加工技术示范推广"和"茶叶绿色生产关键技术集成推广"两项科技成果荣获全国农牧渔业丰收奖农业技术推广成果奖二等奖；华中农业大学、省农科院等单位的高水平论文持续产出；华中农业大学在面上项目、青年科学基金项目立项上再创佳绩。茶园绿色生态栽培集成技术入选湖北省农业科技服务产业链十大引领技术。

全省茶叶学科建立了一批高水平科研教学平台。其中依托国家茶叶产业技术体系在湖北建有两个岗位科学家和三个试验站，省农科院果茶所建立了湖北省茶叶工程技术研究中心、青砖茶湖北省工程研究中心、湖北省茶叶产业技术创新战略联盟、湖北省茶叶创新工作室；华中农业大学建有园艺植物生物学教育部重点实验室；2022 年 9 月，省农科院组织申报农业农村部茶树资源综合利用重点实验室（省部共建）成功获批，为推进湖北省创新平台建设、提升茶叶科技创新能力奠定了良好基础，实现了湖北省茶叶学科部级科技创新平台零的突破，也是全国第一个依托省级科研院所建设的茶叶学科部级重点实验室。萧氏茶业集团牵头组建了国家茶叶加工技术研发专业分中心、省茶叶精深加工工程技术中心、茶业现代化及深加工技术省级工程研究中心。华中农业大学是全国 211 重点大学，茶学属国家双一流学科园艺学的二级学科，从 1997 年开始招收本科生，已形成学士、硕士、博士完整的教育体系。长江大学、湖北三峡职业技术学院、恩施职业技术学院等设置茶艺茶文化专业；恩施、宜昌、襄阳、咸宁、十堰等地农科院设立了茶叶研究所；赤壁市组建了赤壁青砖茶高质量发展研究院；长盛川公司成立了湖北长盛川青砖茶研究所。

二 各茶类产业分析

湖北省六大茶类齐全，其中以绿茶、红茶、黑茶为主。

2020 年全省绿红黑三大茶类产量共占 97.5%。其中，绿茶 25.57 万吨，占 70.9%，红茶 4.23 万吨，占 11.7%，黑茶 5.39 万吨，占 14.9%，乌龙茶 0.13 万吨，白茶 0.19 万吨（主要是出口白茶、袋泡白茶、内销白茶），黄茶 0.05 万吨（主要是远安黄茶、英山黄茶），其他茶类 0.52 万吨（主要是茉莉花茶、再加工茶）。2021 年全省绿红黑三大茶类产量共占 97.4%。其中，绿茶 28.41 万吨，占 70.3%，红茶 4.19 万吨，占 10.4%，黑茶 6.77 万吨，占 16.7%。2022 年全省绿红黑三大茶类产量共占 97.2%。其中，绿茶 29.5 万吨，占 70.2%，红茶 4.4 万吨，占 10.5%，黑茶 6.9 万吨，占 16.5%。

三　近年来湖北省茶叶发展主要政策与措施

（一）强化顶层设计，创新产业链工作机制

2021 年以来，湖北省委、省政府高度重视茶产业发展，将茶产业列入全省十大农业产业链重点打造。落实省政协主席为链长（2021 年黄楚平为链长，2022 年孙伟为链长）的制度，由省发改委牵头负责成立一个工作专班扎实推进，组建了由湖南农业大学刘仲华院士、中国农业科学院茶叶研究所党委书记江用文任顾问的专家团队，以其为技术支撑，每年安排 5000 万元专项资金重点扶持。省农业农村厅为联席单位，又是茶产业链的副链长单位，多方运筹，积极推动茶产业链建设。出台了《湖北省茶叶产业链实施方案》《湖北省茶产业链建设行动方案（2022—2025 年）》《湖北省茶产业重点区域品牌建设指导意见》《湖北省茶树品种选育与推广工作方案（2022—2025 年）》，提出了相应的发展目标和重点任务及保障措施；出台了《关于实施品牌战略推进茶产业链高质量发展的若干措施》，制定了一系列奖补政策。全省上下齐心，相关单位增强合力，大力推进，高效率开展了一系列活动，茶产业发展取得了明显成效。

（二）强化建设大基地，夯实产业链基础

以集群化发展建设大基地。创建鄂西南武陵山国家级特色优势产业集群，

集聚恩施、宜昌2个市州9个县（市、区）200多万亩茶区的产业要素，瞄准短板，狠抓关键，科学规划布局，推动全省茶产业高质量发展。以生态茶园建设引领绿色发展。构建产品安全、资源节约、环境友好的茶叶绿色发展模式，在全省五大茶区15个主产县（市、区），大力开展生态茶园建设，3年建成高标准生态茶园70万亩，全省生态茶园总面积达180万亩以上，茶叶质量安全水平不断提高。全省25个县（市、区）210多家企业获得国内外有机茶认证，认证企业数量居全国第二位。以休闲园区建设促进产业融合。推介20个省级茶叶休闲农业重点园区，全省茶叶采摘观光体验乡村旅游点达150多个，吸引大量省内外游客前来观光打卡。五峰县荣获"2021年度中国茶旅融合特色县域"称号。

（三）强化培育大龙头，提升产业化水平

完善龙头企业与农民利益联结机制，高质量推进30个省级茶叶产业化联合体建设，引导龙头企业带领合作社、家庭农场抱团发展。引导茶叶加工向产业园集中集聚，2021年新增3个省级现代农业产业园，全省茶叶产业园达16个。2022年，全省茶叶农业产业化国家重点龙头企业总数达到10家，位居全国第三；新增省级重点龙头企业44家，总数达到138家。第十七届中国茶业经济年会发布的2021年度茶叶系列榜单中，湖北省16个县（市、区）入选"中国茶业百强县"，位居全国第一；6家企业入选"中国茶业百强企业"。农民日报社发布的《2021（第五届）中国农业企业500强榜单》中，湖北省萧氏茶业集团和羊楼洞茶业股份有限公司2家上榜。

（四）强化打造大品牌，提升产业链形象

湖北省高度重视茶叶品牌建设，先后制定了多个方案。省领导级专家多次调研，2021年省茶产业链确定了恩施玉露、武当道茶、英山云雾茶、襄阳高香茶、宜昌毛尖、宜都宜红茶、赤壁青砖茶七大区域公用品牌，出台了

《关于实施品牌战略推进茶产业链高质量发展的若干措施》，集中力量打造大品牌并对外宣传推介。2022年与中央广播电视总台签订"品牌强国工程"合作协议，联合开展"品牌强国工程"直播带货活动，恩施玉露、赤壁青砖茶等5个茶叶品牌获得央视宣传。组织36家茶叶龙头企业参加第四届中国国际茶叶博览会，推介七大区域公用品牌，现场签约1.21亿元。举办湖北农业博览会，专设农业产业链馆，茶叶等十大农业产业链齐亮相，茶叶七大区域公用品牌产品集中展示。支持恩施"一红一绿"品牌全州授权，经国家知识产权局核准，"恩施玉露"和"利川红"授权生产范围成功扩大至全州8个县（市、区）91个乡镇，品牌效应进一步扩大。

（五）强化招商引资，拓宽产业链合作渠道

制定下发了《省十大重点农业产业链招商引资项目发布和集中对接活动实施方案》，形成重招商、抓招商的行动路径。与中茶公司深入接洽，计划就到湖北建基地、办茶厂、组建多种形式股份制企业开展合作；携手楚商联合会发起"千企兴千村，楚商喝楚茶"活动，并签订战略合作协议，组织开展"湖北名优茶·健康边疆行""湖北名优茶·健康沿海行"等系列活动，通过"走出去"和"请进来"，不断扩大茶叶招商"朋友圈"。目前，湖北国贸集团引进湖北安琪集团，投资成立湖北安琪采花茶品科技有限公司，建成湖北首条速溶茶生产线，投产后年产3000吨高品质速溶茶，以此带动茶农增收1.2亿元。

（六）强化科技引领，巩固产业链支撑

围绕制约湖北茶产业发展的关键技术问题，深入开展茶叶科技创新行动，推进瓶颈技术由单点突破向集成创新转变。健全农业主推技术制度，完善社会化服务体系，深入开展院士专家科技服务茶产业"515"行动、园艺作物（茶产业）关键技术协同推广，把一批先进实用、高质高效、生态绿色的技术落实到示范基地。

（七）强化政策保障，全方位服务产业链发展

省财政从 2021 年到 2025 年每年安排 5000 万元专项支持茶产业链发展，争取国家产业集群项目资金 2 亿元连续三年支持茶产业发展，2021 年安排 1 亿元，撬动配套资金 3 亿元。印发《关于实施品牌战略推进茶产业链高质量发展的若干措施》，制定了一系列奖补政策支持茶产业发展。省农业农村厅筹集专项资金 1 亿元实施农产品品牌宣传，优选 9 个品牌宣传片在央视黄金栏目播放，茶叶区域公用品牌被纳入重点支持范围。每年筹集 5 亿元对以龙头企业为重点的经营主体贷款进行贴息，全省 100 多家龙头企业享受 2%的贴息贷款。每年省财政对下转移支付 700 万元以上支持生态茶园建设。省农发行在赤壁投入 8 亿元支持茶产业链建设，在嘉鱼投资建设了 1 万多亩茶园，促进茶旅融合。2021 年，《湖北省促进茶产业发展条例》正式颁布施行，省农业农村厅印发《〈湖北省促进茶产业发展条例〉贯彻实施工作方案》，指导各地具体实施。

四 近年来湖北省茶叶发展主要关注的问题

（一）品牌知名度不高

湖北省真正在全国叫响、被消费者认可的茶叶品牌几乎没有，处于"省内知名、省外无名"的尴尬境地。没有一个进入"中国十大区域公用品牌"（安徽、福建各占 2 个，浙江、云南、河南、湖南、四川、贵州均有 1 个）之列，这与湖北产茶大省的资源禀赋极不匹配。

（二）市场拓展不足

湖北省在北上广深等城市有一定市场份额的茶叶品牌店、连锁店很少，特别是在广东芳村、北京马连道、上海帝芙特、浙江松阳、内蒙古呼伦贝尔、山东济南等全国茶叶行业标杆性的大型茶叶专业交易市场上难觅踪影，湖北籍茶叶销售人员极少。

（三）产业链延伸不够

湖北省在茶叶深加工开发方面起步相对较晚，滞后于浙江、湖南等省。以初加工为主，深加工企业少，产品附加值不高。近年来，孝感、恩施、宜昌等地在抹茶、速溶茶、茶食品等方面开始起步，茶叶深加工新产品新业态总体不多，茶资源综合利用率亟待提升。

（四）产品特色不显

湖北省茶类齐全，产品众多，但同质化严重，特色不鲜明，市场竞争力弱，不能适应和满足市场广泛需求，更不利于品牌打造。青砖茶不如普洱茶、安化黑茶便捷时尚，条形茶比不过信阳毛尖、黄山毛峰，扁形茶比不过西湖龙井茶，亟须彰显湖北茶产品的个性特征和提高其辨识度。

（五）疫情、旱灾等影响产业发展

2020年新冠疫情对全省茶叶生产销售造成严重的影响。受疫情影响，全省很多茶叶加工企业开工信心不足，尤其是春茶生产关键时期，在销售前景不明的情况下，茶叶开工企业数量明显下降，产能严重下滑。春茶线下销售明显受阻，受疫情影响，传统的线下销售渠道不畅，外地市场受冷落，本地市场开放不足，大部分企业茶叶存在销售难的问题，库存较大。针对突发新冠疫情，全省上下战疫情、保春耕，多措并举推进茶产业复工复产。通过将茶叶纳入物资保供范围、发放工会现金券促销、促进832等平台销售对接、推动金融机构融资对接、开展专家在线服务等一系列措施，以及全国人民和众多企事业单位"搭把手，拉一把"，湖北春茶顺利渡过难关，产销形势好于预期。2022年湖北省入夏后高温及干旱现象十分严重，极端高温和7月中下旬至9月底长时间无雨天气历史罕见，热害和旱情叠加对全省大部分茶叶产区造成了严重损害。多地茶园出现红焦叶、黄叶、病害、枯死等现象，直接影响全省夏秋茶生产，全省70万亩以上茶园受灾，特别是北部茶区和丘陵茶区如十堰、襄阳、孝感、随州等地市夏秋茶减产30%以上。

五 近年来湖北省茶叶发展主要研究结论

湖北省茶叶发展今后应主要抓好以下几个方面的工作。

（一）狠抓茶资源挖掘和开发

1. 在种质资源保护利用上下功夫

加快启动全省茶树种质资源收集挖掘工作。加大省内珍稀、野生及地方品种资源的收集力度，全面摸清湖北省茶树种质资源现状，建立茶树种质资源异地集中保存和原生境保护相结合的保护体系；开展茶树种质资源重要性状的精准评价，构建湖北省茶树种质资源数据库；建立从茶树种质资源收集保存、鉴定评价到创新利用等多方面的协作网络体系，加强湖北省茶树种质资源（信息）共享服务平台的建设，为全省茶树新品种培育提供资源保障。

2. 在本土资源创新开发上下功夫

坚持巩固发展绿茶，优化红茶、青砖茶，创新发展抹茶的发展思路，突出在"特""优""新"上做文章，创新性开展新品种选育研究。重点开展特异、专用、优质茶树良种及配套技术研究，根据市场需要，选育高氨基酸、高茶多酚、低咖啡因、低氟等新优品种；大力培育恩施玉露、武当道茶、英山云雾茶、宜都宜红茶、赤壁青砖茶等区域公用品牌的专用品种，实现"五大茶区"茶树良种差异化发展；大力开发花香浓郁、栗香持久、滋味绵长的地方特异性品种。

3. 在文化资源挖掘传承上下功夫

依托"茶祖"神农、"茶圣"陆羽、"茶神"诸葛亮、汉口"东方茶港"、武陵山土家族、大别山红色老区等，深度挖掘鄂茶文化内涵，实现民族性和时代性的有机结合。弘扬传承宜都宜红茶、赤壁青砖茶、恩施玉露传统技艺，培养一批茶技艺传承人，选育一批鄂茶文化代言人。加强历史脉络研究，充分挖掘"万里茶道"价值特征，加快推进"万里茶道"申遗。收集、整理与鄂茶有关的历史、传说、传奇故事，创作鄂茶专题片、影视剧、歌曲等，丰富鄂茶文化。

（二）突出特色促进茶产业提档升级

1. 突出生态特色

遵循"绿水青山就是金山银山"的发展理念，找准山水特色，突出"好山好水产好茶""高山云雾出好茶"，坚持适区适种，将符合生态要求、自然环境优良的茶园划定为茶叶生态种植保护区，实行产地保护，逐步引导非优质茶叶种植区有序退出茶叶种植生产。开展绿色生产行动，综合应用生态调控、农艺改良、物理防控、生物防治等绿色精准防控新技术，构建"产品安全、资源节约、环境友好"的茶叶绿色发展产业体系，加快推进全省生态茶园建设，实施生态低碳茶认证，将生态打造成湖北茶最亮丽的底色，推进产业持续健康发展。

2. 突出产品创新

因地制宜，突出特色，找准产品创新开发的新路子。一是突出产品个性化开发。开展湖北茶精准化、定向化加工技术研发，逐步构建湖北品牌茶产品典型风味特征，形成差异化优势。二是突出产品多样化开发。随着消费者追求多元化消费理念的形成，应根据目标市场的定位与细分领域开发出多样化的茶叶产品，以满足不同消费需求。三是突出产品便捷化开发。重点做好方便型黑茶、杯泡茶、袋泡茶等产品创新研发。四是突出时尚元素。在产品设计和饮茶方式中融入更多贴近生活的时尚元素，丰富产品品类。五是突出深加工产品开发。大力开发抹茶、茶食品、现代茶饮、茶工艺品、茶生活用品等茶叶衍生品，提高产品附加值。

3. 用好特色模式

一是建立健全"科技+企业（合作社）+基地+农户"推广服务新模式，以龙头企业或专业合作社为项目实施主体，开展配套服务，统一技术培训、统一农资供应、统一生产指导、统一生产标准、统一品牌包装、统一市场销售，使松散经营朝优质化、标准化、规模化、品牌化方向转变。二是用好特色模式。推广茶园化肥农药减施增效技术模式、茶叶"去夏增春"生产模式、茶树"种养结合"技术模式、茶园生态优化技术模式等特色模式，促进产业提档升级。三是发展现代流通和交易模式。支持发展电子商务、个性定制、直播带货等现代流通和交易模式。

（三）大力推进茶产业全链条发展

1. 强化品质提升，夯实产业链基础

强化茶园基础设施升级建设。加快陡坡老茶园淘汰、低产低效茶园改造，开展宜机化茶园改造提升，合理配置园区路网、蓄排水系统、抗旱灌溉系统、电力设备等配套基础设施，加强农机农艺深度融合，提高茶园机械化作业管理水平。加强茶园投入品管理，建立健全产品质量安全可追溯制度。狠抓加工品质提升，构建从鲜叶采收到终端产品的标准化加工技术体系，制定产品质量标准，确保产品品质安全稳定；突出连续化、清洁化、自动化，实施加工设备提档升级，不断提升湖北省茶叶加工科技水平。

2. 强化龙头培育，提升产业化水平

坚持"扶优、扶大、扶强"，培育壮大一批起点高、规模大、带动力强的龙头企业，引领产业技术、装备、产品、模式升级，推进集约化经营。支持一批有生产规模、有营销渠道、有社会责任的茶叶企业做大做强。对国家级、省级及出口龙头茶叶企业进行培育帮扶，着力打造一批在国内外有竞争性、有影响力的知名大型茶企，引领跨越式发展。支持优势企业通过收购兼并、联合重组、合资合作等形式整合中小茶叶企业并组建能够挂牌上市的企业联盟或集团。支持龙头茶企联合农民合作社、家庭农场和专业大户等新型农业经营主体构建产业化联合体，进一步发挥联农带农优势作用。

3. 强化品牌建设，提升市场竞争力

坚持"大品牌"发展思路，着力打造一批地域特色鲜明、产品特性突出的省级区域公用品牌。强化品牌使用管理，研究制定品牌管理办法，构建品牌管理制度体系。持续开展品牌宣传推介。坚持"走出去"战略，扎实开展系列推介活动，积极参加大型重要的茶博会和交易会，主动抱团出击国

内主要城市和重点销区,有计划、有步骤地推介一站、巩固一站,培养勇闯全国市场的湖北茶叶营销精英,不断扩大品牌推介效果。全方位开展宣传造势,在中央电视台、省级广播电台、报刊等主流媒体强化宣传造势。大力开展"国际茶日""全民饮茶日"等活动,积极推进湖北茶叶"六进"——进机关、进企业、进学校、进酒店、进超市、进社区,提升湖北茶品牌知名度和美誉度。

4. 强化"三产"融合,促进产业功能性拓展

全面拓展茶产业发展空间,加大招商引资力度,开发"茶叶+"系列产业,支持茶产业与旅游、文化、康养、研学等产业深度融合。推动"茶叶+旅游"融合发展。加快发展茶乡旅游、体验式茶园、文化创意等新业态和新模式,创建一批集种植、加工、营销、品牌、文化、旅游等于一体的省级现代茶叶示范园区,打造一批主题公园、特色小镇,建设一批地方特色浓郁的精品旅游线路及景区。让大产业彰显大价值,使好颜值转化为好价值。

5. 强化科技引领,巩固产业链支撑

依托国家茶叶产业技术体系、省部级国家重点实验室、省茶叶产业技术体系等现有科技创新平台,开展院士专家科技服务茶产业"515"行动(协同推广)、农业科技创新行动,设立院士专家工作站、科技特派员等,促进产学研结合,对湖北茶产业链"卡脖子"技术难题开展科技攻关,加快突破专用品种筛选推广、关键技术创新、新产品研发、重要科技成果转化应用等难题。加强智慧农业引领示范。推进物联网技术在种植管控、质量安全追溯等方面的示范应用,引领提升茶叶生产绿色化、标准化、数字化和智能化水平。

六 经典案例评析——聚力"三茶"统筹,恩施玉露品牌实现华丽转身

(一)聚力文化挖掘,为恩施玉露品牌赋魂

1. 注重文化传承,恩施玉露技艺追根溯源

倾力发掘恩施玉露"源"文化脉络,深入挖掘兰氏家族的茶叶制作历

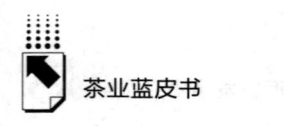

史和技艺，从第一代创制人到第十二代传承人一脉追溯，确立了恩施玉露传统制作技艺的传承谱系；致力打造恩施玉露制作技艺传承基地、恩施玉露祠堂、恩施玉露广场等文化项目，年接待游客30万人次以上；创建恩施玉露博物馆、收集恩施玉露相关的制茶工具与器械，对恩施玉露的生产加工方式的演变进行了展示，体现了恩施玉露的传承与创新；出版《恩施玉露》《恩施玉露复兴之路》等茶叶专著，全面系统地记录了恩施玉露的制作技艺与传承历史。

2. 注重文化保护，恩施玉露文化遗泽后人

恩施玉露传承人杨胜伟老师被认定为国家级非物质文化遗产代表性传承人；省非物质文化保护中心围绕恩施玉露传承人及传承技艺开展全方位的资料抢救性记录工作。

3. 注重文化传播，恩施玉露故事不断流传

通过拍摄创制《茶，一片树叶的故事》《恩施玉露·硒茶溢香》等专题片，全方位对恩施玉露的历史、文化、制作工艺等进行介绍；编制了《乡土：清明问茶　恩施玉露》剧目和《恩施玉露之歌》MV等，使广大民众对恩施玉露耳熟能详。

4. 注重文化融合，恩施玉露风情大放异彩

将恩施玉露茶文化深深融入民俗文化之中，使之与民俗文化交相辉映。大力传唱以茶为魂的《六口茶》茶歌，大力弘扬以茶为食的"罐罐茶""六道茶""油茶汤"。以茶为媒，让民俗舞蹈跳起来、民俗山歌唱起来，营造浓厚的恩施玉露土家族文化氛围。

（二）聚力科技支撑，为恩施玉露品牌赋能

1. 源头发力，从良种上实现突破

茶树良种是打造品牌的基石，品种适制性要与品牌茶类加工需要紧密匹配。为解决恩施玉露加工品种专用化的问题，省、州农科院大力开展专用良种培育筛选工作，选育出了"玉露1号"（鄂茶14号）等新品种，为恩施玉露高质量发展提供了支撑。突破传统新建茶园投入时间长、成本高的瓶

颈,创新了新建无性系茶园"一年交园"新技术模式,为下一步实施茶园良种化改造奠定了良好基础。

2. 绿色发展,从基地上严格规范

树立"生态优先,绿色发展"的理念,大力推行生态茶园建设,构建产品安全、资源节约、环境友好的茶叶绿色发展模式。运用全程托管模式对茶园进行统一供肥、统一供药、统一施肥、统一修剪、统一防虫治病"五个统一",涉及茶农7000余户、茶企60余家。恩施州建成国家级绿色食品、有机食品(茶叶)原料标准化生产基地72万亩,有力地推动茶叶种植环节绿色化。

3. 传承创新,从加工上提档升级

以润邦、蓝焙、花枝、金果、立早等为代表的龙头企业,多年来积极开展产学研联合攻关,坚持传承蒸汽杀青工艺,走科技创新之路,不断探索完善恩施玉露新设备、新技术、新工艺,实现全程机械化、连续化加工,完成了恩施玉露从手工制作到机械化、自动化生产的历史性转变。近年来,恩施州致力于开展茶叶加工清洁化改造,积极推行"煤柴改电天然气"工程,据统计,全电气化制茶企业达到128家,清洁化生产线总计达到389条,连续化、自动化生产线达到118条。

4. 创立学院,从人才上筑牢支撑

成立服务地方经济的特色产业学院——硒茶学院,着力培养产业高技能人才,已培养湖北省技术能手8人,国家高级茶艺师、评茶员100余人,培养产业致富带头人、高素质农民1000余人,专业的持证茶艺师、评茶员、茶叶加工工2000余人,被授予"农民教育培训示范基地"荣誉称号。组建恩施州茶叶研究所,建立国家富硒产品质量监督检验中心,与中国农业科学院茶叶研究所签订战略合作协议,科技支撑能力不断增强。

(三)聚力强链延链,恩施玉露产业化蓄势待发

1. 政府高位谋划

一是省级层面重点培育。2021年全省打造千亿茶产业链,恩施玉露被列

为重点支持的七大区域公用品牌之首;《湖北省乡村振兴战略规划（2018—2022年）》和《湖北省国民经济和社会发展第十四个五年规划和二〇三五年远景目标纲要》中，明确将恩施玉露作为湖北省茶产业全产业链建设重要内容;《湖北省种植业发展"十四五"规划》中，明确提出重点打造恩施玉露等一批茶叶区域公用品牌。二是恩施州举全州之力打造。2018年东湖茶叙后，恩施州抢抓历史机遇，邀请国内院士专家大咖把脉问诊，成立了"恩施玉露"品牌发展保护工作领导小组，出台了《中共恩施州委 恩施州人民政府关于加快建设茶业强州的意见》，全州每年整合项目资金超2亿元，带动社会资金投入10亿元以上，支持茶产业发展，力争把恩施玉露培育成全国一流茶叶品牌。

2. 企业抱团发力

坚持"品牌引领、抱团发展"思路，全力推进恩施玉露州域公用品牌建设。成功将恩施玉露的产品生产地域范围扩大至全州8个县（市），经品控专家组实地审核考察，获得恩施玉露授权的主体由30家增长到101家；2022年3月，由政府控股、民营企业参股的新型混合所有制企业恩施玉露茶业集团有限公司正式挂牌。在品牌带动下，恩施州茶叶规上企业达88家，国家级龙头企业2家，省级龙头企业24家。

3. 市场持续拓展

以全球视野开展市场营销，真金白银支持企业到大中城市开设品牌体验店，连续三年对在全国一线城市和新一线城市新开设恩施玉露品牌形象店的企业，采取以奖代补方式给予补助。州域内开设茶叶销售店或体验馆513家，以武汉、北京和上海等为主阵地开设茶叶销售店或体验馆755家。领导干部带头直播带货，引导企业线上线下开拓市场。主动融入"一带一路"建设，大力拓展海外市场。

4. 产业深度融合

鼓励企业、专业合作社等市场主体开展茶旅融合基地建设和茶旅产品开发。通过实施"茶叶+旅游"行动，打造了27条茶旅线路，创建了39个茶旅融合点。启动了"龙马抹茶小镇""世界硒茶小镇"等茶叶特色小镇建设项目，开发了"蓝焙玉露桃花源""花枝山休闲茶园"等一批茶旅综合体，对美丽乡村建设进行了有益的探索。

5. 宣传成势见效

"恩施玉露"作为产业名片，与恩施大峡谷旅游名片、土家女儿会文化名片一起推出，提升了品牌美誉度；高位谋划推动，举办东湖茶叙周年茶会、全民饮茶日、硒博会、茶王大赛、土家女儿会等系列活动，"走出去"参加中国国际茶博会、农博会、深圳茶博会等重大展会，并作为湖北茶品牌的优秀代表多次参与外交部的全球推介，提升了品牌知名度；抢占央视品牌宣传高地，在CCTV-1、CCTV-13插播广告，借助知名度大、公信力强、传播面广的央视广告传播平台，提高了品牌影响力；在北京等重点城市地铁专线等重要平台投放广告，提升品牌显示度。

6. 品牌规范管理

坚持用标准统一质量，以质量护航品牌，擦亮恩施玉露"金字招牌"。恩施州多部门联动配合，组建恩施玉露品控专家库，出台品牌发展保护方案、品牌质量管控方案、州域公用品牌使用管理办法、品牌保护专项行动实施方案等，修订恩施玉露相关标准并发布实施。开展"五个打击"（商标侵权、非法印制、不正当竞争、非法生产、价格欺诈）和"铁拳"行动，组织开展打击商标侵权专项行动。2021年，恩施州共立案74件，查扣"三无"通用包装21071个、侵权包装15000余个，下达责令改正通知书64份，清理下架恩施玉露包装袋（盒）900余个，取得了良好效果。

恩施玉露品牌一步一个脚印地崛起，走出了一条品牌成功蜕变之路。2010~2012年，恩施玉露荣获"中国茶叶区域公用品牌最具发展力品牌""消费者最喜爱的中国农产品区域公用品牌""最具影响力中国农产品区域公用品牌"等称号。高质量发展之路永无止境，湖北省委赋予恩施州建设"两山"实践创新示范区的历史使命，恩施玉露茶产业面临着新的发展机遇。站在新的起点，恩施玉露品牌必将焕发出无限生机与活力，迎来更加美好的明天。

参考文献

宗庆波等：《"一片叶子"如何高质量发展——湖北科技助力茶叶产业升级》，《农村工作通讯》2021年第8期。

官波、陈娉婷、罗治情：《湖北省茶产业龙头企业发展的情况、问题及对策》，《中南农业科技》2023年第10期。

《中国茶叶学会2021中国茶业科技年会在湖北恩施开幕》，《科技传播》2022年第14期。

王艳：《持续擦亮区域公用品牌》，《恩施日报》2022年6月16日。

《湖北省人民政府关于〈湖北省促进茶产业发展条例〉实施情况的报告》，《湖北省人民代表大会常务委员会公报》2022年第4期。

《恩施：阔步流星迈向茶叶强州》，《湖北日报》2018年5月15日。

B.7
湖南省茶产业发展研究报告

萧力争　陈岱卉　王准　伍崇岳　尹钟*

摘　要： 2021年湖南省茶产业综合产值首次突破千亿元大关，初步实现了茶农增收、企业增效、财政增税、产业持续发展的良好局面。湖南省坚持培养在茶产业一线工作的高素质技术技能型专门人才，在着力打造"潇湘茶""湖南红茶""安化黑茶""岳阳黄茶""桑植白茶"五大区域公用品牌的同时，通过茶产业结构调整等相关措施的同步实施，全面推进茶产业提质升级。

关键词： 茶产业　湘茶文化　多茶类产销格局　湖南省

一　湖南省茶产业发展概况

湖南产茶历史悠久，是中华茶文化的重要发祥地之一和我国著名的"绿茶优势产业带"、"黑茶产业中心"和"黄茶之乡"。独特的地理生态环境和多样化的生产加工历史，形成湖南以绿茶、红茶、黑茶为主，黄茶、白茶、茉莉花茶等为辅的多茶类产销格局。绿茶、红茶、黑茶产量占到全省茶叶总产量的80%以上。黄茶、茉莉花茶作为湖南的特色茶叶产品，在全国

---

* 萧力争，湖南农业大学园艺学院教授、博士生导师，研究方向为茶叶加工与茶业经济；陈岱卉，湖南省农业农村厅种植业管理处副处长，研究方向为茶业经济管理；王准，高级农艺师，湖南省茶业协会秘书长，研究方向为茶业经济；伍崇岳，高级农艺师，湖南省红茶产业发展促进会会长，研究方向为茶业经济；尹钟，湖南省茶叶品牌建设促进会副会长兼秘书长、研究员，研究方向为茶业企业经营管理与茶业标准化。

亦有重要地位。

近年来，湖南省委、省政府和省直相关部门加大了对茶产业的扶持力度，相继出台了一系列推动茶产业快速发展的政策文件，制定了相关政策措施，以打造"潇湘茶""湖南红茶""安化黑茶""岳阳黄茶""桑植白茶"五大区域公用品牌为抓手，有力推动了湖南茶产业整体实力提升与综合效益提高。

2021年湖南省茶产业综合产值首次突破千亿元大关，初步实现了茶农增收、企业增效、财政增税、产业持续发展的良好局面。省委、省政府出台了文件，明确继续支持"两茶两油两菜"品牌建设、产业发展；"湖南五彩湘茶产业集群"被农业农村部、财政部批准为"2021年优势特色产业集群建设项目"；2022年9月26日湖南省第十三届人民代表大会常务委员会第三十三次会议通过《湖南省茶产业发展促进条例》，该条例已于2022年12月1日起正式施行。相关政策措施同步推进实施，为湖南茶产业可持续发展提供了坚实的保障。

（一）生产环节

1. 面积、品种、产量

2020年湖南茶园面积185.77千公顷，其中采摘面积136.04千公顷，茶叶产量250080吨；2021年茶园面积203.30千公顷，其中采摘面积142.73千公顷，茶叶产量258537吨；2021年茶园面积比2020年增加17.53千公顷，增长9.44%，采摘面积增加6.69千公顷，增长4.92%，茶叶产量增加8457吨，增长3.38%。

2021年全省茶叶主产区的茶园面积183.74千公顷，占全省茶园面积的90.38%；茶叶产量246918吨，占全省茶叶产量的95.51%。2021年湖南省各市（州）茶园面积和茶叶产量及其排名见表1。

表1 2021年湖南省各市（州）茶园面积和茶叶产量及其排名

单位：千公顷，吨

市(州)	茶园面积 年末实有	其中：采摘面积	采摘面积排名	茶叶产量	产量排名
长沙市	14.44	12.75	4	47062	2
株洲市	4.16	2.84	14	2635	13
湘潭市	4.02	3.60	12	2287	14
衡阳市	5.91	3.92	11	4446	11
邵阳市	5.94	4.12	10	6686	9
岳阳市	15.63	10.98	6	16803	4
常德市	19.35	15.58	3	29417	3
张家界市	6.53	5.36	9	4607	10
益阳市	33.91	29.36	1	98440	1
郴州市	15.11	11.46	5	9092	7
永州市	5.52	3.48	13	3266	12
怀化市	17.67	9.59	7	12776	6
娄底市	7.76	5.95	8	7881	8
湘西州	47.35	23.74	2	13139	5
合计	203.30	142.73	—	258537	—

资料来源：湖南省统计局。

湖南省目前种植的茶树品种主要有45个，其中本省品种19个，占42.22%（见表2）。根据当前湖南省茶产业发展结构，湖南省主推的茶树品种有保靖黄金茶系列（80万亩）、槠叶齐（40万亩）、碧香早（20万亩）、桃源大叶（8.5万亩）、白毫早、湘波绿2号、江华苦茶、汝城白毛茶等。近年来，湖南省大力发展"湖南红茶"品牌，适制红茶的潇湘红21-3、金观音、金牡丹等品种的种植面积增长较快。

表2 湖南省主要种植茶树品种

序号	品种类型	个数	具体品种
1	本省品种	19	槠叶齐、白毫早、碧香早、湘波绿2号、保靖黄金茶1号、保靖黄金茶2号、保靖黄金茶8号、保靖黄金茶168号、湘妃翠、云台山种、江华苦茶、城步峒茶、汝城白毛茶、潇湘红21-3、湘红1号、尖波黄13号、桃源大叶、安茗早、西莲1号

203

续表

序号	品种类型	个数	具体品种
2	引进花香型品种	10	铁观音、金观音、黄观音、金牡丹、软枝乌龙、金萱（台茶12号）、梅占、凤凰单枞、福建水仙、毛蟹
3	白毫品种	5	福鼎大白、福鼎大毫、福云6号、福安大白、政和大白
4	白化黄化品种	6	安吉白茶、中黄1号、黄金叶、黄金芽、极白、奶白
5	浙江等地品种	5	龙井43、中茶108、乌牛早、云南大叶、英红9号
合计	—	45	—

资料来源：湖南省茶叶产业技术体系。

2. 标准化茶园建设

茶叶精细化生产示范基地建设。2020年省农业农村厅在全省支持建设了13个茶叶精细化生产示范基地。其中在汝城县、岳阳县、桑植县、新化县、安化县、石门县等支持建设了6个茶叶品种改良及低产园改造基地；在吉首市、沅陵县、常宁市、炎陵县、桃源县、长沙县等支持建设了6个茶叶绿色精细高效示范基地；在新化县支持建设了"湖南红茶"创新型加工技术推广示范基地。通过项目建设，示范带动了全省茶产业朝绿色精细高效方向发展。

茶叶"三品一标"基地建设。根据《农业农村部办公厅关于印发〈农业生产"三品一标"提升行动实施方案〉的通知》等文件精神，湖南省持续深入开展茶叶"三品一标"提升行动，着力打造产业基础雄厚、规模效益好、科技水平高、生产特色鲜明的茶叶基地，示范带动品种培优、品质提升、品牌打造和标准化生产。2022年长沙县金井镇茶叶基地被农业农村部认定为第二批全国种植业"三品一标"基地。近年来，在茶叶"三品一标"提升行动的示范带动下，湖南省有机茶园面积不断增长，2020年湖南省有机茶园面积19.50万亩，2021年有机茶园面积27.61万亩，增加了8.11万亩，增长41.59%。

茶叶绿色防控技术示范推广。近年来，湖南省每年在15个左右县（市、区）开展茶叶绿色防控技术示范推广，形成了茶叶病虫害绿色防控

"五个一"示范推广模式。即一片茶园，每个示范区面积300亩以上；一个主攻对象，根据示范区内实际发生的病虫害种类，选择某个重大病虫害作为主攻对象；一套集成技术，根据一个主攻对象，一般全程采用一套集成技术；一个实施主体，茶园由一个合作社或一家企业或一个家庭农场统一管理，便于实现绿色防控与区域统防统治融合；一块示范牌，展示项目名称、项目目标、示范面积、示范点地址、主攻对象、采用的绿色防控技术措施、承担单位、技术支持单位等内容，充分发挥示范展示效果。

3. 茶园管理

茶园机械推广应用。近年来，为了降低劳动强度、提高耕作效率，湖南部分主产茶区陆续引进耕施一体机、开沟起垄机、修剪机、采茶机、灭虫机（含飞防作业）、小型挖机和单轨运输机等茶园耕作机械，尤以微耕机、割草机、修剪机、采茶机为主，使用效果较好。如乘用型采茶机每小时可采收3~5亩茶园，采茶效率比传统的双人手抬式采茶机提高3~4倍，与单人采茶机相比效率提高7~9倍；除了进行茶园采摘作业之外，还可以进行茶树修剪、修边和茶园耕作施肥，能满足茶园田间主要作业工序的要求，但湖南主产茶区大部分在山区，以山地小块茶园为主，受立地条件影响该类机械推广范围不大。据统计，2022年湖南省采茶机（含电动单、双人）推广数量达到9000台，修剪机（含电动单、双人）推广数量达到14400台，耕作机（含微耕机、割草机）推广数量达到9000台。

（二）流通环节

1. 销售渠道与交易方式

湖南省茶叶目前主要是通过网络商城、电商平台、实体店等渠道直接向消费者销售，还通过经销商、代理商等渠道间接向消费者销售。

省内茶叶交易市场主要有高桥茶叶茶具城、长沙茶市、神农茶都文化产业园、益阳茶业市场、岳阳茶博城、衡阳雁城茶都、衡阳海通茶叶城、衡阳万恒茶文化广场、古丈县茶文化一条街、张家界市茶叶专业市场、滨江茶叶市场、株洲大坪茶叶市场、常德桥南茶叶市场等。很多厂家、很多品牌有自

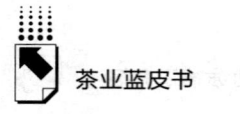

己的茶叶专卖店或加盟店，批零兼营，销量较大。近年来，随着科技的发展，茶叶电商等创新营销迅速崛起，这将是今后茶叶销售的一个非常重要的发展方向。

2. 湘茶品牌

在省委、省政府品牌强农行动的推动下，湖南形成以"潇湘茶""湖南红茶""安化黑茶""岳阳黄茶""桑植白茶"五大区域公用品牌为统领，"三湘四水五彩茶"竞相发展的格局，并将之纳入了《湖南省千亿茶叶产业高质量发展规划（2020—2025年）》。

2021年"潇湘茶"已覆盖全省55个县（市、区），在全国建立了品牌专卖店460余家，实现综合产值455亿元。"湖南红茶"生产加工7.5万吨，实现综合产值240亿元，"湖南红茶"品牌授权企业151家。"安化黑茶"品牌授权企业200余家，其中规模以上企业63家，此外，产量9.6万吨，实现综合产值230亿元。"岳阳黄茶"产量9106吨，实现综合产值35亿元。"桑植白茶"产量1800吨，实现综合产值13亿元。"2022中国茶叶区域公用品牌价值评估"结果显示，"潇湘茶"品牌价值达68.42亿元人民币，连续两年位居全国茶叶区域公用品牌第四；"2022中国区域农业产业品牌影响力指数TOP100"中，"湖南红茶""安化黑茶"两大品牌分别居排行榜第41位、第43位。

截至2022年底，获批为国家地理标志保护产品的湖南茶叶产品有25个，包括安化黑茶、岳阳黄茶、长沙绿茶、城步青钱柳茶、绥宁青钱柳茶、桃源野茶王、桃源红茶、碣滩茶、溆浦瑶茶、玲珑茶、古丈毛尖、保靖黄金茶、桃江竹叶、茅岩莓茶、东江湖茶、永顺莓茶、溪洲莓茶、太清双上绿芽、江华苦茶、绥宁绞股蓝、古丈红茶、安化松针、汝城白毛茶、安化红茶、平江烟茶。2022年湖南省产茶市（州）、县（市、区）茶叶区域公用品牌建设成效突出（见表3）。安化黑茶、君山银针、桑植白茶、古丈毛尖、保靖黄金茶、沅陵碣滩茶获评湖南省"一县一特"农产品优秀品牌。

表3　2022年湖南省产茶市（州）、县（市、区）茶叶区域公用品牌建设情况

市(州)、县(市、区)	品牌名称	品牌价值	品牌建设年投入	品牌管理部门
长沙市	长沙绿茶	100亿元	500万元	长沙市农业农村局
衡阳市	南岳云雾	未评估	2000万元	衡阳市农业农村局
常德市	常德红茶	未评估	900万元	常德市茶业协会
桃源县	桃源大叶茶	11.45亿元	320万元	桃源县茶叶产业协会
	桃源野茶王	9.39亿元	140万元	桃源县市场监管局
	桃源红茶	评估中	840万元	桃源县经济作物站
石门县	石门银峰	18.01亿元	230万元	石门县茶叶产业协会
株洲市	茶陵茶祖红	100万元	300万元	—
	炎陵神农福	100万元	300万元	—
茶陵县	茶陵红茶	1亿元	500万元	茶陵县茶产业发展促进会
永州市	永州之野	3.8亿元	2000万元	永州市农业农村局
宁远县	宁箭	2000万元	20万元	天功农业公司
江华县	江华苦茶	3.06亿元	465万元	江华县农技推广中心
岳阳市	岳阳黄茶	20.76亿元	600万元	岳阳市茶产业办
郴州市	郴州福茶	未评估	2100万元	郴州市茶叶协会
汝城县	汝城白毛茶	未评估	2500万元	汝城县农业产业化促进会
资兴市	东江湖茶	未评估	1500万元	资兴市茶叶协会
桂东县	玲珑茶	1.96亿元	2000万元	桂东县玲珑王茶叶开发有限公司
宜章县	莽山红	未评估	2000万元	宜章县茶叶协会
邵阳市	邵阳红	22亿元	2000万元	邵阳市农业农村局
怀化市	怀化碣滩茶	26.93亿元	2600万元	怀化市茶叶协会
沅陵县	沅陵碣滩茶	26.93亿元	1500万元	沅陵县茶叶办
张家界市	张家界莓茶	未评估	4530万元	张家界市永定区农业农村局
桃江县	桃江竹叶	2000万元	20万元	桃江县茶业协会
安化县	安化黑茶	42亿元	3000万元	安化县茶旅产业发展服务中心
	安化千两茶	未评估	500万元	安化县茶旅产业发展服务中心
	安化红茶	未评估	100万元	安化县茶旅产业发展服务中心
韶山市	韶山红茶	500万元	50万元	韶山市供销社

资料来源：笔者根据相关网站资料整理绘制。

在品牌建设上，近年来湖南茶企取得较大成效。截至2022年底，"白沙溪""君山银针"分别被评为中国黑茶、黄茶标志性品牌；"怡清源""湘丰"等24个茶叶品牌荣获中国驰名商标（见表4）。

表4 湖南省获中国驰名商标的茶叶品牌（2022年止）

序号	商标名称	单位名称
1	猴王	中国茶叶股份有限公司
2	沙漠之舟	湖南中茶茶业有限公司
3	金井	湖南金井茶业集团有限公司
4	湘丰	湘丰茶业集团有限公司
5	白沙溪	湖南省白沙溪茶厂股份有限公司
6	湘益	湖南省益阳茶厂有限公司
7	君山银针	湖南省君山银针茶业股份有限公司
8	洞庭	湖南省临湘永巨茶业有限公司
9	玲珑	桂东县玲珑王茶叶开发有限公司
10	狗脑贡	湖南资兴东江狗脑贡茶业有限公司
11	怡清源	湖南省怡清源茶业有限公司
12	密印寺	湖南沩山湘茗茶业有限公司
13	巴陵春	岳阳市洞庭山茶叶有限公司
14	洞庭春	岳阳县黄沙街茶叶示范场
15	九狮寨	湖南省九狮寨高山茶业有限责任公司
16	双上绿芽	澧县太青山有机食品有限公司
17	石门银峰	石门县茶叶产业协会
18	古洞春	湖南古洞春茶业有限公司
19	安化黑茶	安化县茶叶协会
20	古丈毛尖	古丈茶业发展研究中心
21	兰岭	湖南兰岭绿态茶业有限公司
22	响莲	湖南娄底响莲实业发展有限公司
23	金鲵	张家界金鲵生物工程股份有限公司
24	华莱健	湖南华莱生物科技有限公司

资料来源：笔者根据相关网站资料整理绘制。

3. 龙头企业发展

截至2022年底，湖南省拥有国家级茶叶农业产业化龙头企业6家，省级94家（见表5）。在中国茶叶流通协会发布的"2022年度茶业百强企业"中，湖南省茶业集团股份有限公司、湖南华莱生物科技有限公司、湖南省白沙溪茶厂股份有限公司、湖南省益阳茶厂有限公司等7家企业入围。

表5 湖南省茶叶农业产业化龙头企业（2022年止）

市(州)	县(市、区)	企业名称	级别
省直 （4家）	芙蓉区	湖南省茶业集团股份有限公司	国家级
	高新区	湖南隆平茶业高科技有限公司	省级
	天心区	湖南潇湘茶业有限公司	省级
	望城区	湖南中茶茶业有限公司	国家级
长沙市 （8家）	长沙县	湘丰茶业集团有限公司	国家级
	长沙县	湖南金井茶业集团有限公司	国家级
	宁乡市	湖南沩山茶业股份有限公司	省级
	宁乡市	长沙沩山炎羽茶业有限公司	省级
	望城区	湖南望城乌山贡茶业有限公司	省级
	宁乡市	湖南金叶茶叶科技有限公司	省级
	长沙县	湖南怡清源有机茶业有限公司	省级
	望城区	长沙云游茶业有限公司	省级
常德市 （7家）	桃源县	桃源县君和野茶开发有限公司	省级
	桃源县	湖南百尼茶庵茶业有限公司	省级
	汉寿县	湖南植歌茶业有限公司	省级
	石门县	湖南壶瓶山茶业有限公司	省级
	鼎城区	湖南福祥天茶业有限公司	省级
	武陵区	湖南武陵红茶业有限公司	省级
	石门县	石门县天画罗坪茶业有限责任公司	省级
郴州市 （12家）	资兴市	湖南资兴东江狗脑贡茶业有限公司	国家级
	临武县	湖南东山云雾茶业股份有限公司	省级
	宜章县	湖南莽山瑶益春茶业有限公司	省级
	汝城县	汝城县鼎湘茶业有限公司	省级
	宜章县	宜章和宜农业综合开发有限公司	省级
	宜章县	宜章莽山木森森茶业有限公司	省级
	临武县	湖南舜源野生茶业有限公司	省级
	宜章县	宜章莽山仙峰有机茶业有限公司	省级
	桂东县	桂东县玲珑王茶叶开发有限公司	省级
	桂东县	桂东县蓝老爹茶业开发有限公司	省级
	汝城县	湖南木草人茶业股份有限公司	省级
	资兴市	资兴市瑶岭茶厂	省级
衡阳市 （6家）	常宁市	湖南谷佳茶业生态农业科技有限公司	省级
	衡山县	湖南辉广生态农业综合开发有限公司	省级
	耒阳市	湖南水木芙蓉茶业有限公司	省级

续表

市(州)	县(市、区)	企业名称	级别
衡阳市 (6家)	常宁市	湖南瑶园生态农业科技发展有限公司	省级
	耒阳市	湖南胡家园茶业有限公司	省级
	南岳区	衡阳市南岳怡绿有机茶开发有限公司	省级
怀化市 (5家)	沅陵县	湖南官庄干发茶业有限公司	省级
	中方县	怀化华汉茶业有限公司	省级
	会同县	湖南会同宝田茶业有限公司	省级
	沅陵县	湖南省沅陵碣滩茶业有限公司	省级
	沅陵县	沅陵县皇妃农林开发有限公司	省级
娄底市 (7家)	新化县	湖南省渠江薄片茶业股份公司	省级
	新化县	新化县天鹏生态园开发有限公司	省级
	新化县	新化县天门香有机茶业有限公司	省级
	新化县	湖南月光茶业科技发展有限公司	省级
	新化县	湖南紫金茶叶科技发展有限公司	省级
	新化县	新化县天渠茶业有限公司	省级
	新化县	湖南紫鹊界有机茶业开发有限公司	省级
湘西州 (8家)	保靖县	保靖县林茵茶业有限责任公司	省级
	保靖县	保靖县鼎盛黄金茶开发有限公司	省级
	古丈县	古丈县锦华农业综合开发有限公司	省级
	古丈县	湘西自治州牛角山生态农业科技开发有限公司	省级
	古丈县	湖南英妹子茶业科技有限公司	省级
	古丈县	古丈县古阳河茶业有限责任公司	省级
	吉首市	吉首市新田农业科技开发有限公司	省级
	花垣县	花垣五龙农业开发有限公司	省级
益阳市 (11家)	安化县	湖南华莱生物科技有限公司	国家级
	安化县	湖南安化芙蓉山茶业有限责任公司	省级
	赫山区	湖南省益阳茶厂有限公司	省级
	安化县	湖南阿香茶果食品有限公司	省级
	安化县	湖南省白沙溪茶厂股份有限公司	省级
	安化县	湖南省云上茶业有限公司	省级
	安化县	湖南建玲实业有限公司	省级
	安化县	中茶湖南安化第一茶厂有限公司	省级
	桃江县	湖南浩茗茶业食品有限公司	省级
	安化县	湖南省高马二溪茶业股份有限公司	省级
	赫山区	湖南黑美人茶业股份有限公司	省级

续表

市(州)	县(市、区)	企业名称	级别
永州市 (4家)	祁阳市	湖南自然韵黑茶科技有限公司	省级
	蓝山县	湖南三峰茶业有限责任公司	省级
	江华县	湖南冯河大龙山茶业有限公司	省级
	江华县	湖南瑞鑫源生物科技开发有限公司	省级
岳阳市 (8家)	君山区	湖南省君山银针茶业股份有限公司	省级
	平江县	湖南省九狮寨高山茶业有限责任公司	省级
	岳阳楼区	湖南洞庭山科技发展有限公司	省级
	岳阳县	岳阳县洞庭春纯天然茶叶有限公司	省级
	湘阴县	湖南兰岭绿态茶业有限公司	省级
	临湘市	湖南省明伦茶业有限公司	省级
	临湘市	湖南省临湘永巨茶业有限公司	省级
	华容县	华容县胜峰茶业有限公司	省级
张家界市 (8家)	桑植县	张家界高山怡韵茶业有限公司	省级
	桑植县	张家界万宝山茶业有限公司	省级
	桑植县	湖南湘丰桑植白茶有限公司	省级
	桑植县	张家界婉嘉生态农业有限公司	省级
	桑植县	张家界林丰茶叶开发有限公司	省级
	慈利县	张家界云雾王茶业有限责任公司	省级
	桑植县	张家界西莲茶业有限责任公司	省级
	慈利县	湖南金慈银澧茶业有限公司	省级
株洲市 (5家)	茶陵县	茶陵县茶祖印象茶业有限公司	省级
	渌口区	株洲市利达茶业有限公司	省级
	茶陵县	湖南龙灿生态农业股份有限公司	省级
	茶陵县	茶陵县景阳山茶业有限公司	省级
	炎陵县	炎陵县神农生态茶叶有限责任公司	省级
邵阳市 (5家)	绥宁县	绥宁县神农金康药用植物科技开发有限公司	省级
	洞口县	湖南古楼雪峰云雾茶有限公司	省级
	邵阳县	湖南小康生态科技有限公司	省级
	新宁县	新宁县舜帝茶业有限公司	省级
	隆回县	湖南龙回一都富硒茶业股份有限公司	省级
湘潭市 (2家)	湘乡市	湖南香露红茶业科技股份有限公司	省级
	湘乡市	湖南省湘乡市茶叶一厂	省级

资料来源：笔者根据相关网站资料整理绘制。

（三）消费环节

1. 消费总体状况

（1）内销市场

2022年湖南茶叶总产量为32万吨，其中25万吨为内销，占比78%，名优茶的80%在省内销售。湖南茶叶以内销为主，销售渠道多样化，茶消费更趋多元化、品牌化。

创新营销方式促进销售，成效显著。面对疫情常态化的影响，全省茶界积极应对、创新营销方式。一方面，省市县广泛开展五彩湘茶"五进"（进机关、进学校、进宾馆、进茶楼、进社区）活动，扩大本地消费；另一方面，通过搭建电商平台或借助新媒体，开展直播带货等活动，在积极推介产业、宣传品牌和产品的同时，促进了湘茶线上的销售，扩大了消费市场。如2021第十三届湖南茶博会，通过"百名茶文化推广主播逛茶博直播"，与（茶频道著名主持人）茶铺三姐妹互动直播带货，增强活动及茶产业影响力，打造线上线下人气直播间，百名茶文化推广主播倾情助力，100余家网媒转载新闻，相关点击量超过了3000万人次，抖音话题1亿条，微博话题6258万条，有效扩大了影响力，吸引市民参会、观展，为茶商茶友搭建方便快捷的线上对接渠道，在展会期间，吸引参会、观展人员达8.2万人次，1100家参展企业现场成交总额达1.27亿元，网上茶博点击参与数量达17218万人次，交易额达8319万元，展会活动经贸签约3.23亿元，签订意向性茶叶购销订单11亿元，刷新了茶博会纪录。

茶叶消费呈现出以下特点。一是茶产品消费结构调整优化。在延续绿茶、黑茶主导的基础上，红茶消费快速增长，普及面越来越广，白茶、黄茶消费在产区也有较快增长，乌龙茶消费近两年降温，但在特定群体中的消费基本平稳。二是茶叶消费群体年轻化。以15~35岁为主要消费群体的本土新式茶饮茶颜悦色成长为湖南名片，此外，茶守艺、尚木兰亭、喜茶、奈雪的茶等新式茶饮正成为年轻人消费茶叶的主要方式，新式茶饮将为培养年轻茶叶消费者奠定基础。三是消费渠道多样化。湖南省逐步构成了茶叶营销立体网络。四是人均消费量呈现增长趋势。五是消费者"品牌"意识增强。在消费者对茶产品"安全、健康"高度关注的驱使下,"品牌"成为消费者选购茶叶时的首要关注因素。六是代用茶中不含咖啡因的莓茶获得消费者认可,保健功能性消费市场逐步扩大。

(2)边销市场

边销茶是我国新疆、内蒙古、青海、西藏、甘肃、宁夏等地区少数民族同胞的生活必需品。边销茶作为一种民族特需商品,政治意义重大,历来受到党中央、国务院的高度重视,国家曾长期将其列为指令性计划商品进行管理,实行"定点生产、归口经营、计划调拨、保障供应"的政策。按照商务部、财政部下达的中央储备计划,2022年国家下达湖南省边销茶原料储备任务为11.5万担(湖南省益阳茶厂有限公司8万担、湖南省白沙溪茶厂股份有限公司2.5万担、中茶湖南安化第一茶厂有限公司1万担),成品储备任务为6.7万担(湖南省益阳茶厂有限公司3万担、湖南省白沙溪茶厂股份有限公司3.5万担、中茶湖南安化第一茶厂有限公司0.2万担)。湖南省按照相关政策文件要求完成了边销茶原料的收购、储备、轮换及成品的储备、轮换,并严格做到专库、专账、专人管理。湖南省委、省政府一直把保障边销茶的稳定供应作为全省一项政治任务来抓,每年都圆满完成了国家下达的边销茶储备、调拨任务,为落实党的民族政策、增强民族团结、维护边疆地区稳定做出了积极贡献。

(3)外销市场

2022年受复杂严峻的国际形势及疫情的持续影响,世界茶叶贸易遭受不同程度的冲击。2022年中国茶叶出口量为37.53万吨,出口额为20.83亿美元,出口均价为5.55美元/千克,出口额和出口均价出现了十年来首次下降。

2022年湖南省茶叶出口量为4.76万吨,居全国第3位,同比增长14.42%;出口额为1.40亿美元,居全国第5位,同比增长12.90%;出口均价为2.94美元/千克,同比增长-1.67%(见表6)。

表6 2019~2022年湖南省茶叶出口情况

年份	出口量（万吨）	同比增长（%）	出口额（亿美元）	同比增长（%）	出口均价（美元/千克）	同比增长（%）
2019	3.90	7.37	1.03	8.41	2.65	0.96
2020	3.55	-8.97	0.99	-3.88	2.78	4.91
2021	4.16	17.18	1.24	25.25	2.99	7.55
2022	4.76	14.42	1.40	12.90	2.94	-1.67

资料来源：湖南省统计局。

从出口量看，绿茶为湖南省最大的出口茶类，出口量40285.98吨，占84.57%；红茶为第二大出口品种，出口量3861.13吨，占8.11%；乌龙茶位居第三，出口量2028.28吨，占4.26%。从出口额看，绿茶出口额11097.66万美元，占79.12%；红茶出口额1678.51万美元，占11.97%；乌龙茶出口额566.20万美元，占4.04%；花茶出口额490.69万美元，占3.50%（见表7）。

表7 2022年湖南省各茶类出口情况

茶类	商品名称/规格	出口量（吨）	同比增长（%）	出口额（万美元）	同比增长（%）	出口均价（美元/千克）	同比增长（%）
乌龙茶	乌龙茶，内包>3千克	2008.30	-3.30	542.10	-33.80	2.70	-31.50
乌龙茶	乌龙茶，内包≤3千克	19.98	80.58	24.10	43.50	12.06	-20.53
黑茶	普洱熟茶，内包>3千克	390.43	13.93	166.07	23.16	4.25	8.10
黑茶	普洱熟茶，内包≤3千克	13.65	113.70	21.41	188.26	15.68	34.89
黑茶	其他黑茶，内包>3千克	5.88	474.68	2.94	399.32	5.00	-13.11
黑茶	其他黑茶，内包≤3千克	2.45	104.50	3.70	175.39	15.09	34.67
红茶	红茶，内包>3千克	3754.83	-4.99	1407.34	4.65	3.75	10.14
红茶	红茶，内包≤3千克	106.30	6.53	271.17	46.78	25.51	37.78

续表

茶类	商品名称/规格	出口量（吨）	同比增长(%)	出口额（万美元）	同比增长(%)	出口均价（美元/千克）	同比增长(%)
绿茶	绿茶,内包>3千克	35699.41	17.54	9399.32	21.87	2.63	3.68
	绿茶,内包≤3千克	4586.57	20.75	1698.34	-0.58	3.70	-17.67
花茶	花茶,内包>3千克	824.04	19.95	282.38	5.12	3.43	-12.36
	花茶,内包≤3千克	223.76	6.86	208.31	-6.23	9.31	-12.25

资料来源：湖南省统计局。

2022年湖南省出口量前5位贸易伙伴依次为俄罗斯、摩洛哥、德国、乌兹别克斯坦、波兰，出口量分别为10859.03吨、7747.20吨、3935.42吨、3319.63吨、2703.01吨，合计占出口总量的59.96%。

2022年湖南省出口额前5位贸易伙伴依次为俄罗斯、摩洛哥、德国、中国香港、波兰，出口额分别为2686.40万美元、2431.47万美元、1424.63万美元、869.60万美元、592.31万美元，合计占出口总额的57.06%（见表8）。

表8 2022年湖南省茶叶出口主要贸易伙伴（出口额前10位）

贸易伙伴名称	出口量（吨）	出口量同比增长(%)	出口额（万美元）	排名变化	出口额同比增长(%)	出口均价（美元/千克）
俄罗斯	10859.03	8.75	2686.40	0	1.22	2.47
摩洛哥	7747.20	100.88	2431.47	1	102.42	3.14
德国	3935.42	6.42	1424.63	-1	13.43	3.62
中国香港	113.21	-2.60	869.60	0	3.96	76.82
波兰	2703.01	-4.91	592.31	1	-6.25	2.19
美国	1578.92	-13.18	585.27	-1	-12.03	3.71
乌兹别克斯坦	3319.63	31.08	583.30	2	22.15	1.76
利比亚	2057.38	84.64	507.59	3	21.41	2.47
巴基斯坦	1052.29	-12.95	495.15	1	5.75	4.71
阿尔及利亚	1146.47	-43.43	425.07	-3	-27.60	3.71

资料来源：湖南省统计局。

2. 第三产业

（1）茶旅游

湖南省近年来依托茶园景观、茶文化、当地民俗，坚持政府主导，优化融合环境，发展茶旅游，成效显著。以基础好、潜力大、价值高的茶乡如石门、安化、古丈、保靖、君山等地为龙头，创建茶旅融合示范区，同时关联周边其他旅游资源，突破地区行政区域限制，打造湘茶文旅精品线路，建设茶旅融合特色小镇，塑造区域性茶旅品牌，形成点、线、面结合的发展格局；加强复合型人才储备，对接湖南农业大学茶学系、地方大学旅游学院等教育资源，打造产学研教育基地，开设茶旅产品规划、开发、营销等课程，培养茶旅融合乡村合伙人、讲解员、茶艺师、文创工作者等复合型人才；引导龙头企业和其他社会资本参与茶旅融合的开发与投资，搭建金融服务平台，落实贷款、税收、用地租金等优惠政策，为茶旅融合的发展拓宽资金渠道；加大茶旅融合项目扶持力度，省农业农村厅、省发改委等部门加大扶持力度，通过加快茶旅融合特色小镇、标杆企业、特色产业园等项目建设，已经形成了一定的茶旅融合氛围，出现了茶祖文化主题公园、金井三棵树茶园、湘丰茶博园、白沙溪博物馆、安化黑茶博物馆、九狮寨茶旅民俗区、吉首湘西黄金茶博览园、古丈牛角山茶庄园等茶旅融合示范点，生态效益、经济效益和社会效益逐渐凸显。

创新融合业态，丰富产品体系。一是因地制宜开发具有当地茶文化特色的业态与产品。茶产地可以基于"茶、乡、俗"的旅游资源，开发集茶园游、乡村游、民俗游于一体的新型业态，推出茶村康养、茶俗体验、制茶体验、非遗手作等茶旅产品。茶叶再加工与销售地可充分利用"茶、商、道"的旅游资源，开发集茶文化游、古商城游、古道游于一体的新型业态，推出实景演艺、商帮住宿、博物馆研学、古道研学等茶旅产品。二是丰富"茶+生活方式"与"茶+生产方式"的产品体系。丰富"茶+生活方式"的茶旅产品，包括茶膳、茶饮、茶宿、茶艺、茶养生等；丰富"茶+生产方式"的茶旅产品，包括制茶、茶商贸等。

凸显湘茶文化，拓展融合深度。一是打造富有文化内涵的茶旅产品，深入挖掘和提炼湖南茶文化，打造文化符号，讲述文化故事，将湖南茶俗、茶歌、茶舞及茶诗融入茶旅产品、文化制品、文化作品。二是打造富有文化底蕴的茶旅融合示范基地，如茶博物馆、茶文化剧院、茶禅修馆、非遗文化馆等。三是打造富有文化氛围的美丽茶乡，提高茶乡的服务品质，重视文化体验，在旅游设施、公共服务中增加茶文化元素和茶文化符号，培育主客共享的美好生活新空间。

（2）茶馆业

茶馆是茶叶消费和茶文化传播的最好末端市场，推进茶馆服务于产业，搭建产销宣传对接平台，是推进集群建设、品牌建设、文化建设的有效快捷方式。依托"湖南五彩湘茶产业集群"建设项目，通过湘派茶馆建设、湘派茶馆星级评定和总结表彰，彰显湘派茶馆经营特点和文化特色，推介湖南茶文化、讲好五彩湘茶故事、推介五彩湘茶，做好湖南省茶文化、茶产业、茶科技统筹这篇大文章，促进湘派茶馆自身提质升级，服务湖南省茶产业高质量发展。

据不完全统计，湖南省内现有茶馆、茶楼、茶坊近2万家。2007年，湖南省茶业协会成立茶馆分会，其在培养和造就高素质的茶馆业技能人才、提高湖南省茶馆业经营管理水平、推广湘茶文化、促进茶叶消费等方面发挥了积极作用。2021年和2022年，连续组织省内茶馆参加五彩湘茶"五进"活动和全民饮茶日活动，激发了旅游消费活力，推动了湘茶文化普及。为促进湖南省茶馆业的提质增效，省茶协组织开展了湘派茶馆星级评定活动，出台了《湖南省茶馆星级评定标准》，提出建设具有湖湘文化特质的湘派茶馆的愿景。2022年8月，湖南省茶业协会等单位举办了首次湘派茶馆星级评定活动，通过地方和部门推荐、实地检查、专家评审验收等环节，首批遴选了48家茶馆，授予其"湘派茶馆"称号，同时评选出3家五星级湘派茶馆、6家标杆湘派茶馆、15家形象湘派茶馆。对获得五星级湘派茶馆、标杆湘派茶馆、形象湘派茶馆的单位分别给予5万元、3万元、1万元的奖励。2023年3月，省茶协组织相关单位开展了第二次湘派茶馆星级评定活动，至此湘派茶馆已发展到70家，其中五星级湘派茶馆5家、标杆湘派茶馆9

家、形象湘派茶馆22家、标准湘派茶馆34家。湘派茶馆星级评定活动促进了湖南省茶馆的标准化建设，成为湘茶产业向高、向好发展的重要抓手，对聚焦产业服务，拓展湘茶市场，宣传湘茶品牌，推动茶文化、茶产业、茶科技统筹发展意义重大。

2021年1月，湖南省茶馆行业协会成立，成为湖南省茶馆行业内唯一的省级社会组织。湖南省茶馆行业协会成立旨在繁荣湘茶文化，做大、做强"茶、水、器、艺、食、旅、文"多元融合的湘派茶馆。湖南省茶馆行业协会成立以来，主动承接政府部门委托的管理和服务职能，积极扩大湘派茶馆影响力，组织开展各类与茶馆行业相关的会议、培训、调研、考察等活动，助推湖南省茶馆企业做大、做强、做优。2021年，湖南省茶馆行业协会推荐会员单位时蕴茶驿获评全国"茶馆复兴"特色茶空间，推荐会员单位清荷茶馆、文芳茶苑、儒和茶馆、茶香十里茶楼、同之福茶馆、杜甫江阁、尚书房、渌羽茶艺卓越店等入选全国百佳茶馆。湖南省茶馆行业协会成立后，多次组织会员单位到杭州、海南等地，在重大行业活动上积极展示湘派茶馆的形象，传递湖南省茶馆行业的声音。2021年5月，协会受邀赴杭州参加了2021年全国茶馆联盟各省负责人联络会议。2021年10月，协会名誉会长刘仲华院士受邀出席"博鳌国际茶馆业发展论坛暨2021年中国茶馆业年会"并在大会上做了《中国茶的科技文化与茶馆业的融合》的主旨报告，在国际舞台上推介了湘派茶馆。2021年4月，湖南省茶馆行业协会主办了"湘派茶馆百店赋能帮扶启动会"，聘请实战派营销专家团队进行现场帮扶，提升茶馆业从业人员的技能水平与营销意识，帮助会员单位创新营销模式。为了提升从业人员茶叶销售专业能力，湖南省茶馆行业协会在湖南省人社厅的支持和指导下，联合会员单位湖南臻诚尚育教育科技有限公司，创新开发了湖南省茶品推介专项职业能力考核项目，并且编著了配套教材《茶品推介》。茶品推介专项职业能力考核项目以"茶艺基础+评茶基础+营销能力"为培训内容和考核规范，对行业现存的茶艺师与评茶员的职业能力进行创新提升，旨在为行业培养"会泡茶""懂品鉴""擅销售"的持证上岗的创新型、综合型技能人才。2021~2022年，已累计培训了近500人次，培训学员通过考核均获得"茶品推介"职业技能证书。配套教材《茶品推介》入选人社部"十四五"全国技工教育规范教材，成为我国茶文化领域专项职业能力培训教材的代表。

3. 茶文化

（1）茶艺活动与传统节会

①茶艺活动开展情况

作为全国唯一的茶叶专业频道，湖南广电茶频道是茶产业的宣传推介平台，也是茶艺、茶文化展演的窗口。2020年8月开启的全国"最美茶艺师"第四季评选，经历了全国五大赛区三个多月的海选、30晋10、半决赛后，于2021年3月24日在湖南广电演出厅举行了总决赛。经过第一轮竞演、第二轮即兴布席茶艺赛，"国茶天团"正式诞生，茶艺师们竭尽全力带来了一场场精美绝伦的茶艺盛宴，以热爱与坚守展示了一次次不凡的表演。2021年12月12日茶频道在江西浮梁县结合千年瓷都的瓷源茶乡，大力宣传浮梁"瓷因茶而兴，茶因瓷而雅"的文化，来自全国的业界专家齐聚于此，为浮梁茶产业高质量发展献计。此外，全国"最美茶艺师"第五季评选同时开启，2022年12月29日全国六大赛区种子选手逐鹿湖南广电芒果馆，历时一年，一场场创意大秀，在全国茶界引起了极大关注。

2022年7月4日，湖南省人民政府主办，省人力资源和社会保障厅、株洲市人民政府、省教育厅、省总工会承办了湖南省第一届职业技能大赛，作为全省14个市（州）、21个行业部门的35个代表团共1087名选手参加的55个集中比赛项目中的一个，茶艺师和评茶员比赛成为赛场最大亮点之一，吸引了现场所有人的目光和视频前广大观众的关注，让湘茶、湖湘茶艺成为一时热议的话题。

②传统节会举办情况

2021年3月19~21日，湖南省在湘西州举办了2021中华茶祖节·"中国黄金茶之乡"湘西茶叶推介会；4月29~30日，在吉首市举办了2021中华茶祖节·第六届湘西黄金茶品茶节活动。以上节会全面展现了湘西州茶产业、特色茶旅文化的魅力。4月10日，潇湘·"邵阳红"第二届舜皇山野

茶节暨"重走长征路，翻越老山界"活动揭开了新宁舜皇山野茶资源保护及其开发情况的真实面容。4月19~21日，在炎陵县举行了2021中华茶祖节暨"茶祖红"茶旅文化节，成功地向全国宣传推介了株洲"茶祖红"品牌，推出了茶文旅一体的茶祖文化旅游线路。10月17日，"挑担茶叶上北京——'五彩湘茶'大型宣传推广活动"在伟人故里韶山正式启动，组合式宣传推广"湖南五彩湘茶产业集群"，引起了全国茶界的轰动和社会的广泛关注。10月21~24日的"第五届湖南·安化黑茶文化节"，充分展示了24小时健康茶生活的新趋势、安化黑茶产业发展的新路径、产城融合的新面貌，推动了安化茶旅文体康深度融合发展。12月3日，在沅陵县举行了"2021湖南茶业科技创新论坛"，全面推介了沅陵碣滩茶，积极推动科技、文化赋能茶产业，提升湘茶核心竞争力。12月10~13日，2021第十三届湖南茶业博览会暨新化红茶推介会在湖南国际会展中心成功举办。年内还举办了岳阳黄茶节、古丈茶旅文化节、石门茶文化节、桃源红茶节以及长沙、安化、沅陵、保靖等地开园节，卓有成效地宣传了各地茶品牌。"湖南红茶"被评为"全国茶界推广力度最大的公用品牌"。

（2）茶文化推广情况

以中华茶祖节品茗思祖月为代表的中华茶祖节系列活动是举茶祖大旗、兴富民产业的湖南茶文化推广经典传统之作。同时，随着新媒体、新业态、新平台的不断涌现，湖南茶人也在不断创新茶文化推广的方式、内容与主题，进一步助推了茶产业的发展、茶文化的繁荣。

从2022年7月份开始，由湖南省农业农村厅主办，湖南省红茶产业发展促进会、湖南省茶馆行业协会承办的2022"湖南红茶"推介职业能力大赛，分别于株洲、衡阳、益阳、张家界地区举办选拔赛，并推选优秀选手进入决赛。8月31日，组委会在湖南省湘绣博物馆举行了2022"湖南红茶"推介职业能力大赛决赛。经过前期分赛区的严格选拔，来自全省的近40名选手以创新创意的方式展开了精彩激烈的决赛竞技。9月4日，2022"湖南红茶"推介职业能力大赛组委会在长沙举行颁奖典礼。省农业农村厅领导出席颁奖典礼并为一等奖获得者颁奖。大赛期间，在茶馆、在学校、在热闹市井，湖南红茶代表性品牌产品走到三湘四水广大消费者面前，湖南红茶的独特品质及口感在全省得到了大范围内多人群的品鉴、体验和传播；线上推介比拼期间，抖音、小红书等平台上到处都是关于"花蜜香、甘鲜味"湖南红茶的图像、文字传播，它们一度霸屏，在新媒体、自媒体上引起了不小轰动，一个个靓丽的推介大使不断获得青年粉丝们的青睐和消费者的喜爱，使湖南红茶销量大增。

2021年初湖南省茶业协会、湖南省红茶产业发展促进会等行业组织联合发起"挑担茶叶上北京——'五彩湘茶'大型宣传推广活动"，活动迅速得到了中国茶叶流通协会、中国国际茶文化研究会等7家国家级行业组织和湖南茶叶产区地方政府以及7家省级行业组织的响应与支持。活动报经省政府主管部门批准同意，确定由湖南省供销合作总社牵头、省文化和旅游厅等部门主办、湖南省茶业协会等单位承办。2021年10月17日，活动启动仪式在韶山毛泽东广场举行。权威媒体对整个活动进行全面报道，视频观看、图文阅读人次总计超过2亿。

2022年11月26日，2022年益阳市文旅融合发展大会暨"天下黑茶·神韵安化"直播大事件活动在安化县万隆广场隆重举行，安化黑茶巨型铜茶壶亮相现场，壶把长10.72米，象征1072年安化置县历史，直径4.9628米，象征安化于1949年6月28日解放，现场以安化黑茶为创意元素，取南岳之火、资江源头之水、百年之茶王，古法制作"天下一壶安化黑茶"，该壶获上海大世界基尼斯"中国最大铜茶壶"纪录认证。

（3）茶创意产业

关于湖南茶创意产业发展成果，最具代表性的当数瓷与茶的打通与连接，特别是湖南省发改委、湖南省文旅厅、湖南省工信厅共同主办的"湖南省瓷茶产业融合发展大会"。醴陵陶瓷至今已有近2000年历史，独创的釉下五彩瓷被誉为"东方陶瓷艺术的高峰"，列入了国家级非物质文化遗产，如今，醴陵陶瓷已初步形成集陶瓷材料、陶瓷制造、陶瓷机械、陶瓷颜料、配送物流于一体的完整产业链条，有5000多个品种的陶瓷产品，畅销150多个国家和地区，年产值达700余亿元。同时，近年来，湖南省委、省政府

大力扶持"湘茶"品牌，安化黑茶产业异军突起，潇湘茶、湖南红茶、岳阳黄茶和桑植白茶知名度也显著提升，五彩湘茶年产值超千亿元，湖南构建了"三湘四水五彩茶"发展格局。2020年8月22日，以"潇湘五彩瓷茶风云"为主题的湖南省瓷茶产业融合发展大会暨文旅推广活动在长沙举行，此次活动将见证釉下五彩瓷和潇湘五彩茶的美丽邂逅，打造湘瓷湘茶产业融合新名片。此次活动将促进瓷茶产业融合，积极引导文旅经济与瓷茶等实体经济不断融合，并利用"一带一路"倡议的重要突破口，不断做大市场规模，大力推进模式创新、产品创新和技术创新，努力实现湖南省瓷茶产业链和价值链在国际经济体系中地位不断攀升，使相关产业的国内国际循环更加畅通且充满活力。同时此次活动还推出了5条瓷旅、茶旅融合发展精品线路，分别是瓷旅醴陵——自驾釉下五彩古瓷城之旅、茶旅湘中——自驾湖湘地理梅山文化之旅、茶旅湘西——自驾魅力湘西探秘之旅、茶旅岳阳——自驾古巴陵洞庭寻古之旅、茶旅汝城——自驾湘南"半床被子"红色之旅。在后疫情时代，瓷茶产业融合发展大会开创了一个合作共享、互利共赢的新平台、新模式、新业态，推出了一批"大众茶大众瓷、礼品茶礼品瓷、高端茶高端瓷、大师茶大师瓷、艺术茶艺术瓷、出口茶出口瓷"，让瓷茶融合产生"1+1>2"的效应，拉开了湖南瓷茶产业融合大发展的序幕。

2021年6月19日，由湖南省大湘西茶产业发展促进会、湖南省茶业协会、湖南省茶叶学会、湖南省茶叶研究所、湖南省天然饮用水产业协会联合主办并以"绿水青山·器韵中华"为主题的"2021潇湘杯茶器设计全球征集大赛"在长沙举行启动仪式，旨在通过茶器设计弘扬中华优秀传统文化，促进茶器设计创新，推广茶器设计新理念、新工艺、新产品，促进茶、水、器及相关产业协同发展，进一步提升湖南茶产业竞争力，助力乡村振兴。赛事分作品征集、评审、精品展览、颁奖典礼四部分，作品征集面向中、日、韩等知名艺术院校、艺术设计师、工艺美术大师、陶瓷大师和生产企业等，将邀请中国工程院院士刘仲华及国内著名茶叶专家、知名艺术院校专家学者担任评委。至2022年1月7日，在长沙市瓷藏艺术馆举行"湖南潇湘茶器发展研讨会暨2021潇湘杯茶器设计全球征集大赛作品评审工作会议"，会议通报了活动开展以来组织实施了 2021 潇湘杯茶器设计全球征集大赛新闻发布会，中国新闻网等媒体进行了广泛报道。大赛工作人员设计制作了专题网站、抖音等互联网专题宣传页面，定向发函、重点走访、调研考察，深入产瓷、产茶区进行调研、写生，同时对活动作品的征集、评审、展出做了大量且细致的工作。此外，聘请专家制定详细的评审细则，对茶器作品的评审进行了量化、细分，解决了茶器作品评审难的问题。现场专家们对参赛作品进行了量化评审，所有参赛作品一律看不到名称、作者姓名，只有作品编号，针对作品从主题、创新、工艺、材质、实用性、外观等不同维度进行评分，同时异地专家组通过视频、图片进行了远程评审。再到 2022 年 11 月 5 日，以"潇湘福器·器韵中华"为主题的潇湘杯茶器设计全球征集大赛成果展览暨颁奖典礼在长沙市三馆一厅潇湘茶文化节主会场盛大举行，据了解 2021 潇湘杯茶器设计全球征集大赛是国内首次举办的高规格茶器专业赛事，大赛共收到 356 件各类茶器设计作品，经过激烈的角逐和严格的遴选环节，共有 96 件优秀作品进入终极评审，组委会根据市场占有率与地域特征将其分为陶、瓷、金属综合材料三大类，并按类别设置了 3 个金奖、6 个银奖、12 个铜奖、21 个优秀奖。这是湖南茶器产业高质量发展的一次成果巡礼。现场为 42 位获奖代表分别颁发了优秀奖、铜奖、银奖、金奖荣誉证书及奖杯。获奖代表一致认为，大赛为茶叶生产企业带来更多茶文化创意与设计方案、品牌包装新思路、茶器文化研究新成果，有力地促进了湖南千亿茶产业发展。活动还组织参观了潇湘杯茶器设计全球征集大赛获奖作品展，这些展出的优秀品牌精品茶器，在陶瓷坯料研究使用、彩釉烧成工艺、器物造型设计、装饰艺术设计、审美与实用性等方面各有千秋，得到了大家的好评与推介。活动旨在向全球讲好中国茶故事，讲好潇湘茶与器的品牌故事，持续打响"潇湘茶"公用品牌，推动湖南"茶、水、器"一体化发展，打造茶与器产业融合发展的高地，呈现出"器象万千、器韵中华"之势，充分展现湖南茶器文化的魅力、茶器产业发展的新前景，为湘茶出湘、湘器出湘开辟广阔天地。同时，搭上茶产业迅速发展的"快车"，湖南茶器产业也迎来蓬勃发展的春天。从"茶瓷融合"理念首次提出，到湖南省茶业协会在全国

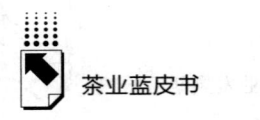

率先成立了首个茶器行业组织——湖南省茶业协会茶器专委会，依托政策等良好基础，湖南茶器科研、发掘和发展迅速步入"快车道"，并取得了系列实质性成果。湖南省茶业协会荣誉会长、湖南省茶产业发展战略专家曹文成表示，将充分发挥协会在政府、企业、茶农间的桥梁和纽带作用，依托湖南建设"潇湘茶"公用品牌的良好基础，加强对茶器文化的研究和推广，促进茶器文化与茶叶品牌相结合，开创瓷器与茶产业融合发展的全新篇章。

4. 茶学教育

（1）高等教育

湖南茶叶科教发达，1958年湖南省人民委员会（即省人民政府）批准湖南农学院设立茶叶专业（湖南农业大学茶学专业前身），1978年招收茶学研究生，1981年在全国首批获得硕士学位授予权，1993年获得博士学位授予权，1995年建立博士后科研流动站。先后获批教育部"高等学校特色专业""卓越农林人才培养改革试点专业"。现有专职教师29人及专职科研人员近10人，学科专业领衔人刘仲华教授为中国工程院院士。建有国家植物功能成分利用工程技术研究中心、茶学教育部重点实验室等创新平台；根据本科教学需求，茶学系设有茶叶加工实验室、茶树栽培育种实验室、茶叶审评实验室、茶叶检验实验室、茶叶生化实验室、茶文化实验室、类茶植物实验室、仪器分析实验室等8个实验室，教学实验用房总面积达2500平方米，教学仪器设备500台（套），总价值800万元。在距离学校本部20公里的长沙县长安村建有湖南农业大学长安综合教学实习基地，拥有茶树品种园和生产茶园100多亩，以及1100平方米的茶叶实习加工厂和完备的教学、生产、生活设施，满足茶学专业实践性教学环节的需求。

湖南农业大学茶学专业设立60多年来，在以陈兴琰教授、施兆鹏教授、刘仲华院士等为代表的几代优秀专家带领下，始终扎根湖湘大地，服务"三农"发展，培养了一批又一批"懂农业、爱农村、爱农民"的高素质茶学专业人才。在教学条件提升、教材建设、教学改革等方面取得一系列突出成就。先后获得国家教学成果奖二等奖1项、国家科技进步奖二等奖2项、省部级科技进步奖一等奖8项等教学成果和科技进步奖励20余项。

自 1958 年至今该专业累计为社会培养各层次人才 7600 多名。其中，本科生 3382 人、专科生 15 人、各类专业证书班和专业技术培训班学员 3500 余人、硕士 645 人、博士 112 人、博士后 16 人。毕业的各类人才先后分配到全国各省份，主要从事茶叶生产技术指导、行政管理、内外贸易、商品检验、科研教学等工作，也有部分跨行业从事技术、经济、管理工作。其中不少人在各级党政部门担任重要职务，一部分人成为国内外知名专家学者和成功的企业家，更多人则奋斗在茶行业，默默奉献他们的智慧和汗水。

在茶学高等职业教育方面，湖南商务职业技术学院于 2013 年首次在市场营销专业设置茶叶营销方向并开始招生，同年湖南商务职业技术学院成立了茶学院。2016 年以后以茶艺与茶叶营销专业招生，2021 年教育部调整专业名称为茶艺与茶文化专业。该专业每年招生 3 个班，目前在校学生 450 余人。目前茶学院拥有专职和兼职教学人员 18 名，建有省内领先、国内一流的茶艺实训室、茶叶审评实训室、茶叶营销实训中心和茶文化综合实训基地等，学院还与湖南省茶业集团股份有限公司、湖南省唐羽茶业有限公司等十余家省内茶叶骨干企业建立校企合作实训基地，为学生提供了近 300 个实习岗位，每年提供 200 个左右的就业岗位，毕业生就业率达到 95%以上。

（2）职业培训

2015 年在长沙成立的中国茶业商学院，多年来致力于提高办学能力，优化教学质量，强化针对性与实操性，为中国茶行业培养更多的高级经营管理人才。2017 年中国茶业商学院举办了两期总裁研修班，参加的学员有 50 多人。学习期间邀请茶行业内外的专家学者和企业家为授课老师，为学员开阔视野，使其跳出行业，更多元化地让学员领略其他行业的经营管理之道，以助益学员对茶企经营加深思考。中国茶业商学院通过开展游学和企业走访，开放的理念和跨界的思维进一步强化，为行业搭建一个开放、平等、深度交互的平台的理想正在一步一步实现。

2021 年湖南农业大学、湖南省茶叶研究所等的 50 多场 6000 多人次的五彩湘茶、湖南红茶生产加工技术培训，省茶业协会超过 5000 人次的茶艺、评茶、直播等技能培训与 10 批次 2000 余人的职业技能等级认定，为茶叶技术推广普及、从业人员素质提升与湘茶科学、健康、高效发展提供了技术支撑和人才保障。

5. 茶叶科技创新

湖南茶叶科教实力位于全国前列，这是湖南茶产业发展最重要的优势之一。湖南农业大学茶学学科综合实力居全国领先水平，在茶树种质资源和茶树生物学、茶叶深加工、茶叶加工理论与技术、茶叶功能成分利用与茶叶健康功能、茶文化与茶产业经济等多个领域均有雄厚的科研实力。

2020~2022年，湖南农业大学茶学学科先后承担国家重点研发计划项目2项，国家自然科学基金重点项目2项，国家自然科学基金优秀青年项目1项，国家自然科学基金面上和青年项目8项，省重点研发计划项目8项，累计获得科学研究、平台建设和人才培育经费资助12852万元。横向课题59项，横向经费达到3533万元。2021年3月，刘仲华院士主持的"茶叶延缓衰老与调节脂质代谢生物活性的分子机制"获湖南省自然科学奖一等奖，18日刘仲华院士工作站落户安化。10月，刘仲华院士团队"黑茶提质增效与产业提升工程科技帮扶项目"入选教育部2021年省属高校精准帮扶典型项目，21日刘仲华院士《安化黑茶品质化学与健康密码》在安化首发，进一步引导安化黑茶迈向科技化、现代化。

湖南省茶叶研究所在我国省级茶叶科研院所中历史悠久、实力较强，茶树种质资源与遗传育种、茶树高效栽培与病虫害绿色防控、茶叶加工与综合利用等多个方面的综合实力居全国前列。2021~2023年湖南省茶叶研究所获得湖南省科技进步奖三等奖1项、湖南省农业科学院科技进步奖一等奖2项、中国茶叶学会科学技术奖二等奖1项。获授权植物新品种1个，拥有国际发明专利2项、国家发明专利18项、实用新型专利10项，登记茶树新品种12个。新建"国家中小叶茶树种质资源圃（长沙）""湖南省茶树种质资源圃""湖南省茶树品种与种苗工程技术研究中心"等创新平台3个。

除了湖南农业大学、湖南省茶叶研究所外，邵阳市农业科学研究院、湘西土家族苗族自治州农业科学研究院、衡阳市农业科学院、常德市农林科学研究院等单位设有茶叶研究所，郴州市农业科学研究所、张家界市农业科技术研究所设有茶叶研究室。湖南省茶业集团股份有限公司、湖南华莱生物科技有限公司、湖南省白沙溪茶厂股份有限公司等湖南省内茶叶重点龙头企业设有企业技术创新中心。全省现有国家级茶叶创新平台3个、省部级茶叶创新平台10个，地市级工程技术研究中心2个。有国家茶叶产业技术体系岗位2个、试验站2个，省茶叶产业技术体系岗位6个、试验站5个。建有湖南省茶产业技术创新战略联盟2个。

二 各茶类产业分析[①]

（一）湖南绿茶

1. 生产情况

湖南位于全国茶叶优势区域发展规划中的名优绿茶和出口绿茶优势区域。其中以武陵山脉、南岭山脉、罗霄山脉以及长岳山丘区为主构成的U形优质绿茶带是湖南绿茶的传统优势产区。2022年，湖南绿茶产量12.77万吨，同比增长4.6%；干毛茶产值91.73亿元，同比增长11.0%；综合产值500.00亿元，同比增长7.3%。各项指标均实现了稳定增长，产业整体发展态势良好。[②]

2. 种植与加工情况

湖南省目前的主栽绿茶良种有保靖黄金茶1号、保靖黄金茶2号、槠叶齐、碧香早、桃源大叶、湘妃翠、白毫早等。其中，保靖黄金茶1号与保靖黄金茶2号等黄金茶系列良种，品种优势突出，所制绿茶品质特优，近年来市场好评率较高，已推广到湖南全省和部分相邻省份，特别是湖南湘西州，已形成"百万亩黄金茶，百亿茶产业"的良好局面。

绿茶是湖南茶叶加工技术较成熟的茶类，加工企业多，装备较先进，工艺稳定成熟，如湖南著名的绿茶产品和品牌保靖黄金茶、湘西黄金茶、古丈

[①] 虽本部分暂不分析安化黑茶，但不能忽视其重要性。
[②] 资料来源：湖南省统计局、湖南省茶叶协会。

毛尖、石门银峰、碣滩茶、桂东玲珑茶、狗脑贡茶、南岳云雾、长沙绿茶等。

3. 品牌建设情况

各级党委、政府及相关部门高度重视品牌打造。通过整合品牌资源、加强资金保障、建立标准和溯源体系、举办节会展会、加大宣传推广力度、强化人才培训培养、加强产学研合作、推进茶旅融合等举措打造"公用品牌+企业品牌+产品品牌"的品牌体系。截至2022年底，湖南绿茶共有省级公用品牌1个、市县级公用品牌16个；已注册茶叶地理标志证明（集体）商标14个，占湖南茶叶总量的比例为48.28%；获批国家地理标志保护产品4个，占湖南茶叶总量的比例为28.57%；获批农产品地理标志5个，占湖南茶叶总量的比例为38.46%；获批中国驰名商标的湖南绿茶品牌14个，占湖南茶叶总量的比例为58.33%。

案例 "潇湘茶"品牌建设现状

为推进大湘西地区开发和湖南茶产业建设，加快贫困群众脱贫致富步伐，2015年9月经湖南省人民政府同意，湖南省发改委会同湖南省农业委员会印发了《关于加快大湘西地区茶叶公共品牌建设的实施方案》，成立了大湘西茶产业发展促进会，着力打造以"生态、安全、有机、优质"为内涵的"潇湘茶"公用品牌，区域覆盖湘西州、张家界市、怀化市、邵阳市、娄底市5个市（州）所辖的42个县（市、区）与武陵山片区的安化、石门、桃源3县，共计45个县（市、区）；2021年8月，经省委、省政府同意，省发改委、省市场监督管理局联合印发了《湖南省茶叶公共品牌建设实施方案（2021—2025）》，以"三湘四水五彩茶"为主题，将"潇湘茶"公用品牌建设实施范围由大湘西地区扩大到全省，涵盖绿茶（含花茶）、黑茶、红茶、黄茶、白茶等茶类及代用茶（含莓茶），将"潇湘茶"建设成为全国最具影响力的茶叶区域公用品牌之一。2021年12月，大湘西茶产业发展促进会更名为"湖南省茶叶品牌建设促进会"。

几年来，省发改委共投入专项资金5亿多元，带动社会资本投入30亿元以上，推动"潇湘茶"公用品牌不断发展壮大。新建和改造标准化茶园50万亩，支持新建或改造茶叶自动化、标准化加工生产线118条；通过实施品牌营销工程，建立"潇湘茶"公用品牌统一的VI形象，建成"潇湘茶"品牌专卖店460家；组团参加大型茶叶展会30余场，举办专场推介会100余场，编撰《文化潇湘茶》专著，创作《潇湘茶歌》，制作《神韵大湘西　生态潇湘茶》宣传片，多渠道、全方位、立体化宣传推介"潇湘茶"公用品牌。建立了"潇湘茶"公用品牌质量可追溯体系，在省内外举办专项培训30余场，培训管理、营销、技术等专业人才近3000人次。聚焦产业链延伸，实施茶旅融合工程，建设了"潇湘茶"茶旅融合发展示范项目50个。在浙江大学CARD中国农业品牌研究中心等单位"中国茶叶区域公用品牌价值评估"中，"潇湘茶"品牌2021年、2022年、2023年评估价值分别为67.83亿元、68.42亿元、69.10亿元。

4. 消费及市场情况

近年来，湖南绿茶消费量额齐增，均价略有下降。据统计，2022年湖南绿茶总销售量14.90万吨，同比增长5.72%；总销售额98.41亿元，同比增长1.09%；平均价格6.60万元/吨，同比下降4.49%。国内市场以省内销售为主，占比近40%，其次是北京、广东以及其他北方各省份。

2021年湖南省绿茶出口量3.42万吨，同比增长14.33%，占总出口量的比重为82.22%；出口额9438.6649万美元；出口均价2.7623美元/千克。湖南绿茶主要销往欧盟、非洲（摩洛哥、阿尔及利亚等）、美国、英国、俄罗斯等国家或地区。

5. 销售方式与渠道建设情况

湖南绿茶中名优茶占比高，目前仍以传统销售方式与渠道为主，且以省内销售为主，内销主要渠道有批发市场、品牌专卖店、农贸市场、大型卖场超市、展销会、酒店会所、社区店、品牌特许加盟店、电商等，批发与线下零售占比较大，其中批发市场、农贸市场等批发渠道销售占总销售的比重约33%，大型卖场超市、酒店会所及各类线下门店等零售渠道销售占总销售的比重约45%，电商销售占总销售的比重约10%。综合来看，湖南绿茶传统销售渠道的市场布局与服务等仍需进一步优化，电商等新兴渠道仍有较大的增长空间。

6. 湖南绿茶产业发展前景

绿茶在湖南茶产业中始终占据着十分重要的位置。随着全省茶产业的蓬勃发展、茶文化的普及和推广，茶健康概念深入人心，绿茶的主导地位将继续凸显。一是湖南有得天独厚的自然环境；二是有黄金茶这个最适合加工绿茶的品种资源；三是绿茶自身香高味鲜的品质特点使消费者更乐于接受；四是具有突出的抗氧化抗辐射健康属性；五是加工较其他茶类耗时短，更易于品质稳定和便于游客体验，适合茶旅融合开发。

同时，各产茶省份都有其区域特色的绿茶，像龙井、碧螺春等历史名茶品牌影响力远大于湖南绿茶。故湖南绿茶下一步的发展，一是要充分利用黄金茶等优异适制绿茶品种创制差异化、有记忆的特色绿茶产品；二是要注重质量安全，生产有机茶和绿色食品茶；三是要关注年轻消费者的诉求，引导年轻人尽早喝茶或新式茶饮；四是要注重品牌打造，降低消费者选择成本；五是要拓展营销渠道，在重点立足本土市场的基础上，积极做好国内国际两个市场。

（二）湖南红茶

湖南红茶历史上称为"湖红"或"湘红"，始创于1854年，曾与祁红、建红鼎足而立，同为中国红茶之正宗，红茶也一直是湖南传统的大宗优势茶类。2018年湖南省委、省政府做出了"重点推进资源整合，打造红茶公共品牌"的决策部署,近几年"湖南红茶"品牌建设成效显著,2022年全省生产红茶7.5万吨,实现综合产值240亿元,产品以品牌化、小包装为主,主要满足国内日益增长的消费市场需求,出口的大宗散装红茶每年只有4000吨左右。

近年来,全省发展红茶产业的积极性不断提高,产区从2017年的桃源、石门、新化、安化、古丈、慈利、城步、洞口、宜章、江华、常宁、平江等,已扩大到2022年的全省14个市(州)的72个县(市、区)(见表9)。其中红茶主产区包括株洲、常德、邵阳、娄底4个市,以及新化、桃源、石门、澧县、洞口、新宁、城步、茶陵、炎陵、常宁、宜章、汝城、江华、双牌、沅陵、古丈、慈利、武陵源、湘乡、韶山等县(市、区)。

表9 2017年、2022年全省红茶产区分布

市(州)	2017年	2022年
长沙市	—	长沙、浏阳、宁乡、望城、芙蓉、岳麓
岳阳市	平江	平江、汨罗、屈原、湘阴、华容
益阳市	安化	安化、桃江、赫山
常德市	桃源、石门	桃源、石门、澧县、临澧、武陵、鼎城
湘西州	古丈	古丈、保靖、吉首、芦溪、龙山、凤凰、花垣
张家界市	慈利	慈利、桑植、武陵源、永定
怀化市	—	沅陵、会同、溆浦、辰溪、中方、通道
娄底市	新化	新化、涟源、双峰
邵阳市	洞口、城步	洞口、城步、新宁、隆回、邵东、新邵、绥宁
永州市	江华	江华、双牌、蓝山、宁远、零陵、东安
郴州市	宜章	宜章、桂东、汝城、资兴、安仁、桂阳、北湖
衡阳市	常宁	常宁、耒阳、南岳、衡南、衡山
株洲市	—	茶陵、炎陵、醴陵、渌口
湘潭市	—	韶山、湘乡、湘潭

资料来源:笔者根据相关网站资料整理绘制。

1. 品种及品质情况

湖南保有较大面积的适制红茶品种,新引进的适制花香红茶品种包括已

发展近万亩的金观音、黄观音、金牡丹以及少量的梅占、水仙、黄金桂、丹桂等乌龙茶系列品种。传统的湖南红茶品质是口感醇厚饱满、香味浓郁。通过技术创新、工艺优化以及相适应生产加工设备的研制与推广普及，全省现在普遍生产"花蜜香、甘鲜味"优异品质的创新型湖南红茶，并且由于品种不同，所呈现的风味又有细微差别。

2. 加工及销售情况

传统的湖南红茶一般指的是湖红工夫茶。至1958年湖南省制作红碎茶成功，湖南红碎茶出口快速发展，至1992年发展到最高峰，当年全省红碎茶出口达到4.5万吨，一度成为当时湖南红茶的主要产品。2004年后，因应逐步兴起的红茶消费热和人民高品质生活需要，在继承传统工艺的基础上，进行大胆技术创新，研发引进"晒青、晾青、加温萎凋、摇青、控温控湿发酵、分段干燥提香"等新技术并实现了自动化加工，着力加工个性突出且具有"花蜜香、甘鲜味"品质特点的湖南红茶产品，催生了常德红茶、邵阳红、新化红茶、桃源红茶、莽山红、黄金红茶、安化红茶、茶陵茶祖红等一批有一定知名度和消费市场的区域品牌及企业品牌。2022年全省红茶实现了240亿元综合产值。

3. 品牌建设情况

2018年以来，在省农业农村厅的直接领导支持下，政府投入"湖南红茶"品牌建设资金数亿元，带动社会资本投入超10亿元，采用"政府引导、企业主导"的运作模式和"省级品牌+企业品牌+产品品牌"联动方式，成立了湖南省红茶产业发展促进会，通过统一品牌形象、制定标准规范、广泛宣传推广、强化市场开拓，湖南红茶产区面积扩大，全省红茶品质明显提升，授牌企业品质达标率90%以上，能生产"花蜜香、甘鲜味"红茶的企业比例超过60%，龙头企业集群不断发展，红茶生产销售500万元以上企业近200家、红茶生产销售1000万元以上企业超过100家、红茶生产销售5000万元以上企业18家，产品市场逐步扩大，已相继走出湖南走向国内销区市场、走进国际市场，品牌影响力持续提升。2019年被评为"全国茶界推广力度最大的公用品牌"，"2022中国茶叶区域公用品牌价值评估"中，

"湖南红茶"以211.9分位居全国省级红茶品牌第二。

未来3~5年，应着力构建"湖南红茶"产业集群，实现湖南红茶产量10万吨，综合产值500亿元，形成湖南农产品的亮丽名片，实现湖南红茶全面复兴，助力乡村振兴、产业兴旺。

4. 消费及市场情况

湖南本省传统上以喝绿茶为主，但近年来随着全国红茶热不断兴起，市、县消费者受金骏眉红茶影响带动了当地红茶消费，当然各地经济发展水平、消费档次、人口数量、茶叶销量和价位不同，长沙则是市、县开拓外地市场的首选，其次是省外市场。全国红茶消费市场传统上主要在东北、西北、华北，再加上广东，随着近年来省及市、县组织的在省外的推广活动的开展，红茶主产市、县的企业及其产品逐步走进了珠三角、东北、内蒙古、陕西、新疆、山西、上海等销区市场以及福建、四川、河南、贵州、广西等部分产茶区市场，并且占比逐年增加。长沙企业因区位及信息优势，外地市场销售占比更大（见表10），并且因出口公司集聚，红茶出口占比不少。

表10 2021年湖南省红茶当地、外地市场销售金额及其占比情况

单位：亿元，%

市（州）	红茶当地市场销售 金额	红茶当地市场销售 占比	红茶外地市场销售 金额	红茶外地市场销售 占比
长沙市	3.5	27.8	9.1	72.2
常德市	12.2	32.8	25.0	67.2
郴州市	8.6	32.5	17.9	67.5
娄底市	18.0	66.7	9.0	33.3
衡阳市	3.8	43.2	5.0	56.8
邵阳市	3.2	34.3	6.1	65.7
怀化市	6.2	41.9	8.6	58.1
湘西州	5.4	32.7	11.1	67.3
益阳市	9.5	49.7	9.6	50.3
株洲市	13.5	53.8	11.6	46.2
岳阳市	3.8	37.6	6.3	62.4

续表

市（州）	红茶当地市场销售		红茶外地市场销售	
	金额	占比	金额	占比
张家界市	3.5	79.5	0.9	20.5
永州市	2.8	45.2	3.4	54.8
湘潭市	2.0	87.0	0.3	13.0
合计	96.0	43.7	123.9	56.3

资料来源：湖南省茶业协会。

5. 销售方式与渠道建设情况

湖南与内陆大部分产茶区一样，还是以传统销售方式为主，甚至小企业零售占比很大，几乎没有印度、斯里兰卡等国外的拍卖市场，销售渠道主要有经销商、自营店、加盟店等。不过近年来随着线上电商的推开，湖南红茶通过天猫、京东等开设网店销售的数量和金额持续增加，尤其是通过抖音、朋友圈等微营销平台实现销量增长，但由于各市（州）交通、信息及经济外向度不一，内销主要渠道情况也有很大差异（见表11）。与全国一样，红茶的出口市场因为传统"浓、强、鲜"品质习惯，一时间相对平稳，只是均价上升明显。

表11 2021年湖南省红茶内销主要渠道情况

单位：家

市（州）	经销商	自营店	加盟店	网店	微营销平台
长沙市	2600	368	1300	20	15
常德市	236	136	161	43	16
郴州市	300	120	220	90	50
娄底市	450	280	380	30	22
衡阳市	138	22	36	21	8
邵阳市	108	31	18	103	36
怀化市	310	20	50	70	21
湘西州	835	128	323	200	69

续表

市(州)	经销商	自营店	加盟店	网店	微营销平台
益阳市	1130	76	510	360	210
株洲市	320	27	48	60	20
岳阳市	79	20	15	16	9
张家界市	500	120	50	40	35
永州市	85	35	19	20	12
湘潭市	200	180	20	10	3
合计	7291	1563	3150	1083	526

资料来源：湖南省茶业协会。

（三）岳阳黄茶

1. 生产情况

（1）种植业发展情况

2021年岳阳市茶园面积30.6万亩，采摘面积25.0万亩，干茶总产量3.47万吨，其中黄茶产量9106吨。2022年采摘面积较上年增长5%左右，单产受夏秋特大干旱影响与上年持平。茶园面积与产量以平江县最多，其次是临湘市、汨罗市、岳阳县、湘阴县、华容县，再次是君山区、岳阳楼区、岳阳经济技术开发区、云溪区。

（2）加工业发展情况

加工企业茶叶总产量2.50万吨，其中黄茶产量8000吨，企业（含小作坊）100家，从业人员1500人。

岳阳市茶叶生产和贸易企业574家，按企业类型分：个体工商户（个体）422家，有限责任公司128家，个人独资企业11家，普通合伙企业6家，全民所有制企业3家，集体所有制企业2家，股份有限公司2家。另有涉茶服务业企业12家，涉茶农民专业合作社75家。

十强企业基本情况见表12。

表 12 十强企业基本情况

序号	企业名称	年产量（吨）	年销售额（万元）	年加工能力（吨）	资产总额（万元）	从业人数（人）
1	湖南省君山银针茶业股份有限公司	600	6000	1500	16800	300
2	湖南省临湘永巨茶业有限公司	1500	5000	3000	1200	250
3	湖南省明伦茶业有限公司	1300	4600	1000	5000	250
4	湖南省九狮寨高山茶业有限责任公司	1000	4300	800	2000	220
5	湖南洞庭山科技发展有限公司	800	4200	1000	22	220
6	岳阳黄茶产业发展有限公司	800	4000	800	10000	200
7	湖南兰岭绿态茶业有限公司	600	3000	1000	5000	250
8	岳阳县洞庭春纯天然茶叶有限公司	600	2500	1000	1000	300
9	岳阳市农业农村发展集团铁香茶业有限公司	500	1500	500	800	200
10	华容县胜峰茶业有限公司	500	1000	1000	1050	200

资料来源：笔者根据相关网站资料整理绘制。

2. 消费情况

（1）国内消费情况

岳阳黄茶总消费量9000吨，总消费支出18亿元，黄茶产品人均消费量0.5千克，人均消费支出100元，消费平均价格200元/千克。

（2）国际贸易情况

出口黄茶主要是黄茶砖，出口量200吨，出口额2000万元，出口均价

10万元/吨，主销俄罗斯和蒙古国。

3. 市场情况

（1）交易方式

岳阳黄茶交易方式主要是零售（包括网上零售）、批发。

（2）批发市场

有批发市场3个，岳阳茶博城有"最美茶城"的称号，环境优雅，是游客打卡的重要景点，梅溪桥综合批发市场和观音阁茶叶市场是传统市场。

（3）零售企业

岳阳市有茶叶零售或批零兼营企业470家（不含茶馆），营业额10亿元，从业人员2500人，主要连锁企业、连锁店数量30家，主要分布在湖南省内。

（4）品牌建设

"岳阳黄茶"证明商标授权生产企业共26家（见表13），助推了"岳阳黄茶"品牌建设。

表13 "岳阳黄茶"证明商标授权生产企业

序号	企业名称	注册地址
1	湖南省君山银针茶业股份有限公司	君山区
2	湖南洞庭山科技发展有限公司	岳阳楼区
3	岳阳县洞庭春纯天然茶叶有限公司	岳阳县黄沙街镇
4	湖南省九狮寨高山茶业有限责任公司	平江县安定镇
5	湖南省临湘永巨茶业有限公司	临湘市聂市镇
6	湖南省明伦茶业有限公司	临湘市季台坡
7	湖南兰岭绿态茶业有限公司	湘阴县文星镇
8	华容县胜峰茶业有限公司	华容县章华镇
9	岳阳黄茶产业发展有限公司	岳阳南湖风景区
10	岳阳市屈原管理区君原黄茶专业合作社	屈原管理区凤凰乡
11	岳阳市五星鸿农业科技开发有限公司	岳阳县荣家湾镇
12	汨罗市神农茶业有限公司	汨罗市屈子祠镇
13	临湘市白石千车岭茶业有限公司	临湘市横铺乡
14	湖南千盏茶业发展股份有限公司	汨罗市罗江镇

续表

序号	企业名称	注册地址
15	岳阳市农业农村发展集团铁香茶业有限公司	湘阴县玉华乡
16	湖南相悦茶文化传播有限公司	平江县安定镇
17	湖南省幽吉茶业有限公司	平江县南江镇
18	湖南省汨江源葛茶有限公司	汨罗市罗江镇
19	湖南白云高山茶业有限公司	平江县福寿山镇
20	湖南远山茶业有限责任公司	岳阳楼区
21	岳阳市妃情君山茶业有限公司	岳阳楼区
22	湖南平云茶业有限公司	平江县安定镇
23	岳阳湘丰黄茶有限公司	岳阳楼区
24	岳阳洞庭君岛茶厂	岳阳楼区
25	岳阳市湘桂茶厂	岳阳南湖风景区
26	岳阳岁贡十八茶业有限公司	岳阳楼区

资料来源：笔者根据相关网站资料整理绘制。

4. 产业发展前景

产业规模不断扩大，黄茶将成为岳阳市的主导茶类，黑茶、绿茶、红茶比重将下降。

进一步推进茶产业标准化建设，下大力气对茶叶种植、生产、加工、流通等各个环节进行标准化管理，已发布岳阳黄茶系列团体标准6个，未来2年团体标准将增加到12个以上。

高山茶比重增加，新发展茶园向海拔较高的山地倾斜。

黄茶创新产品不断推向市场，茶饮料、茶食品、茶日化产品将扩大岳阳黄茶的消费市场。君山茶业2022年推出的平平淡淡岳阳黄茶饮料，受到市场追捧，前景可期。

（四）桑植白茶

1. 产区情况

桑植白茶产区主要集中于全省茶叶重点县、十强生态产茶县——张家界市桑植县，目前已基本形成了以八大公山大宗茶叶产业园、人潮溪名优茶叶产业带和洪家关休闲茶园片为核心的"一园一带一片",有八大公山和人潮溪2个万亩桑植白茶产区,五道水、官地坪、龙潭坪3个5000亩以上桑植白茶产区,加工企业基本覆盖主要产区。2020~2022年,桑植白茶在稳定茶园面积的基础上,采摘面积、产量、综合产值均实现了持续增长。2020年,桑植白茶茶园面积7.95万亩,采摘面积5.4万亩,产量932吨,综合产值3.9亿元;2021年,茶园面积7.95万亩,采摘面积6.1万亩,产量1157吨,综合产值4.6亿元;2022年,茶园面积7.95万亩,采摘面积7.0万亩,产量1226吨,综合产值5.8亿元。

2. 种植与加工情况

桑植白茶产区主要种植品种为碧香早、黄金茶、槠叶齐、西莲1号和群体品种,种植面积分别为4.0万亩、0.4万亩、0.5万亩、0.1万亩和3.0万亩,所制桑植白茶产品普遍香气高锐、滋味醇厚。其中西莲1号为桑植白茶特色品种,有叶片厚、芽头肥壮、内含物成分丰富等特征,所制白茶花香格外浓郁。截至2022年底,桑植白茶现有企业56家,规模以上企业13家,其中省级龙头企业6家,市级龙头企业7家,代表性企业有张家界西莲茶业有限责任公司、湖南湘丰桑植白茶有限公司、张家界万宝山茶业有限公司等(见表14)。

表14 桑植白茶代表性企业信息

规上企业	厂址	年产量(吨)	年销售额(万元)	年加工能力(吨)	资产总额(万元)	主要产品	主要品牌
张家界西莲茶业有限责任公司	人潮溪镇	401	5524	516	4249	白茶	西莲
湖南湘丰桑植白茶有限公司	洪家关乡	420	5783	540	4449	白茶	湘丰
张家界万宝山茶业有限公司	洪家关乡	364	5013	468	3856	白茶	洪家关
张家界婉嘉生态农业有限公司	陈家河镇	372	5112	478	3933	白茶	吴丫头

续表

规上企业	厂址	年产量（吨）	年销售额（万元）	年加工能力（吨）	资产总额（万元）	主要产品	主要品牌
张家界林丰茶叶开发有限公司	人潮溪镇	389	5357	501	4120	白茶	帅湘红
张家界恒丰农业开发有限公司	陈家河镇	351	4832	452	3717	白茶	雾影仙踪
桑植县澧水韵茶叶有限公司	陈家河镇	124	1707	160	1313	白茶	醉岩春
张家界乡滋味农产品开发有限公司	八大公山镇	95	1307	122	1005	白茶	马桑花
张家界源丰成农业科技开发有限公司	龙潭坪镇	425	5847	546	4497	白茶	溇澧
张家界高山怡韵茶业有限公司	五道水镇	522	7180	671	5523	白茶	尖峰神叶
张家界爱尚园茶业有限公司	工业园	210	2889	270	2222	白茶	宫匠
桑植八七战友农业开发有限公司	沙塔坪镇	82	1127	105	867	白茶	SZ 812887
张家界原邦农牧发展有限公司	洪家关乡	109	1494	140	1149	白茶	穴虎洞

资料来源：笔者根据相关网站资料整理绘制。

3. 品牌建设情况

2007年，在桑植县委、县政府的产业发展引领下，在湖南省茶叶科学研究所的技术指导下，在湖南湘丰桑植白茶有限公司等茶企的努力配合下，桑植县重点打造了桑植白茶公用品牌，采用"公用品牌+企业品牌+产品品牌"的架构，其中桑植白茶是县域公用品牌（母品牌），由桑植县人民政府授权桑植县茶业协会管理，负责桑植白茶技术标准的制定和推广、品牌使用的授权和监管。政府购买协会服务，开展桑植白茶品牌申报、宣传等工作。

下一步，桑植白茶公用品牌将按照"基地提质、产能升级、品牌增效"的发展思路，实现夯实一批产业基础、创办一个白茶"飞地"经济园、打造一个茶旅示范基地、创建一条桑植白茶街、制定一套技术规程、做大一个销售市场、培育一支产业队伍的"七个一"工作目标，全力提升品牌知名度，促进桑植白茶销售。

4. 消费及市场情况

据统计，2022年桑植白茶总销售量为3500吨，总销售额为5.6亿元，平均销售价格为16万元/吨，主要销售市场为张家界旅游市场、"三北"非产茶区市场。

5. 销售方式与渠道建设情况

作为新兴茶类，桑植白茶采取了线上线下共同发展的销售方式，主要销售渠道为品牌专卖店、经销商等线下网点与微商、抖音、淘宝、天猫等互联网平台。

6. 产业发展前景

白茶具备一定的耐储藏特性和药用价值，产品市场前景广阔。在桑植县委、县政府的重视与推动下，桑植白茶已成为当地农业主要产业，成立了专门的白茶产业发展办公室，产业队伍体系建设不断完善，加工、品牌营销水平不断提升。目前，正极力打造与福建、云南等其他白茶主产省份产品的差异化格局，形成特色鲜明的桑植白茶，使之成为全国知名的茶叶品牌与张家界的一张特色名片，在全省乡村振兴中发挥更大作用。

三 近年来湖南省茶叶发展主要政策与措施

省委、省政府出台了湘发〔2021〕1号文件，明确继续支持"两茶两油两菜"品牌建设、产业发展；农业农村部、财政部批准"湖南五彩湘茶产业集群"为"2021年优势特色产业集群建设项目"；《湖南省茶产业发展促进条例》于2022年12月1日正式实施；同时全省茶叶主产区也相继将茶产业列入乡村振兴、产业兴旺重点发展产业，出台了相关的政策文件，加大了

对茶产业的投入和支持力度，明确了发展任务、方向、目标及扶持举措，为湘茶可持续发展提供了坚实的保障。

立足资源禀赋，深入实施"品牌强农"行动，推进茶产业发展，着力搭建了省级区域公用品牌、片区公用品牌、优势特色产业集群品牌与企业品牌、产品品牌相结合的梯次架构。2021年湖南省重点推进潇湘茶、湖南红茶、安化黑茶、岳阳黄茶、桑植白茶等公用品牌提升营销能力，支持新化县、安化县、石门县、桃源县、沅陵县、古丈县、保靖县、桑植县等8个主产茶县，重点实施九个一工程：一套品牌VI形象体系、一个宣传推介PPT、一个五彩茶香宣传片、一首茶歌、一个形象代言人、一个宣传口号、一套科普读物、一个五彩湘茶直播间、一个展示展销及电商服务平台。

坚持围绕优势特色、品种品质、区域特点、品牌内涵，在重点打造"湖南红茶"公用品牌的同时，进一步推动"潇湘茶""湖南红茶""安化黑茶""岳阳黄茶""桑植白茶"五大区域公用品牌发展，支持"长沙绿茶""郴州福茶""邵阳红""茶陵茶祖红""南岳云雾""常德红茶""黄金茶""新化红茶""碣滩茶""古丈毛尖""桃源红茶""石门银峰""江华苦茶""城步峒茶"等有一定基础、市场覆盖度、品牌知名度、文化底蕴并获国家地理标志保护的区域公用品牌建设及优势企业品牌发展，全力营造"三湘四水五彩茶"竞相发展的格局。

四 近年来湖南省茶叶发展主要关注的问题

湖南茶产业要关注"量起来了，但质还没有拔高"。从源头来看，湖南茶树种业发展有待加强。全省良种率不足70%，种植品种达50多个，但夏秋茶利用率仅为40%左右。从加工角度来看，湖南茶产业深加工产品仅为所有产品的8%，加工装备智能化、智慧化水平有待提升，缺少自有深加工产品，就很难形成深加工产品品牌效应。从销售业态创新来看，千亿产值并没有发展出相匹配的消费规模，电商方面，2021年中国茶产业线上销售规模近300亿元，但2021年度茶业电商十强企业中，湖南茶企一家都没有上榜。从出口来看，2020年全国茶叶出口量破万吨的省份有6个，湖南出口量与浙江相比，距离不小。出口茶叶均价则在出口量前十省份中排在最末，不到3美元/千克，暴露出湖南茶叶在高端化领域有所欠缺。这就意味着，湖南茶产业看似产值高，但是利润低，湖南茶企产品的质量与国内头部茶企仍有很大距离。未来湘茶要实现高质量发展，就必然要消除品质短板，实现从量变到质变的完美转化。湘茶产业一定要坚持文化、科技双头驱动，重基础、强科技，从源头开始把产业、产品做到极致；要进一步发扬光大湘茶品牌，利用自身优势形成独特的品牌竞争力；要进一步培育龙头企业，带动湘茶走向国内广阔的市场，促进湘茶出湘；要在出口方面发力，提升质量效益，培育绿茶出口国际品牌，抓住红茶发展机遇和黑茶的出口优势，将茶出口打造成湘茶产业发展的新突破口；要在茶叶深加工上着力，充分发挥茶叶本身提取物的健康价值，做大健康产品，延伸茶产品产业链；要在创新营销上进一步发力，强化网络营销平台和线下门店的联动，巩固、拓展消费群体与消费市场；要充分推动湖湘文化、民族文化与茶产业结合，延伸茶产业，做好茶文旅康养大健康产业。

参考文献

欧阳军：《坚持"三茶统筹"谱写"乡村振兴"湘茶篇章》，《中国食品报》2023年3月2日。

欧阳军、刘晓玲：《湖南致力湘茶高质量发展》，《中国食品报》2022年6月2日。

董晓东、马沅聪、李桦：《茯茶婀娜香　天下识君来》，《咸阳日报》2023年9月29日。

成小兰、彭福琦、尹钟：《打造茶叶区域公共品牌助力脱贫攻坚路径探析与效果研究——以大湘西地区"潇湘"茶品牌为例》，《中国茶叶加工》2021年第1期。

胡晓云等：《2023中国茶叶区域公用品牌价值评估报告》，《中国茶叶》2023年第6期。

# B.8
浙江省茶产业发展研究报告

苏祝成　黄韩丹*

摘　要： 近年来，浙江省茶产业发展势头良好，茶叶线上销售继续蓬勃发展，茶文化活动内容、形式丰富，对浙江省茶叶推广有积极作用。浙江省作为"绿茶强省"，名优绿茶仍是其茶叶保持优势地位的核心产业。目前，浙江省采茶工短缺造成经营成本上升，获利空间受到挤压，而提高机械化程度、开展产业融合等，可以进一步增加茶产业的利润。

关键词： 茶产业　绿茶　浙江省

一　浙江省茶产业发展概况

（一）生产环节

浙江省是中国茶叶主产地之一，茶产业是浙江省农业的支柱产业，在浙江省农业结构调整、农民增收、新农村建设和出口创汇等方面具有十分重要的意义。

2021年浙江省茶叶总产量近20万吨，同比实现增长。从产值来看，2011年浙江省茶叶产值为100.87亿元，农业总产值为1126.81亿元，茶叶产值占比为8.95%。2011~2020年浙江省茶叶产值不断增加，在农业总产值中的占比也不断提高。到2020年浙江省茶叶产值达到238.65亿元，在农

---

* 苏祝成，浙江农林大学茶文化学院教授，研究方向为茶产业经济与文化、茶叶加工；黄韩丹，浙江农林大学茶文化学院讲师，研究方向为茶叶加工、茶产业经济、茶具与茶文献。

业总产值中的占比增加至 14.97%，由此可以看出浙江省茶产业在农业中的地位不断上升。

1. 茶叶种植

（1）面积和产量

2020 年浙江省茶园总面积 307.5 万亩，同比增长 0.49%；茶叶总产量 19.1 万吨，同比增长 0.53%。其中名优茶产量 10.2 万吨，同比增长 6.25%。2021 年浙江省茶园总面积 307.7 万亩，比上一年的 307.5 万亩增加了 0.2 万亩，增长 0.07%；茶叶总产量近 20 万吨，实现增长。其中名优茶产量 10.5 万吨，同比增长 2.94%。

2021 年早春，浙江省茶区遭遇罕见的干旱低温，茶树长势受到影响，茶芽萌发延迟，好在春茶后期的气候条件有利，故 2021 年茶产业形势依旧良好。

（2）茶树品种及良种化

除龙井茶适制品种外，叶色特异茶树品种的选育和栽培是浙江省茶树品种发展的特色，且走在全国前列。截至 2020 年，浙江省有叶色特异茶树品种 39 个，占全国 55 个的 70%多，品种有白叶 1 号、中黄 1 号、黄金芽、景白 1 号等。

浙江省多年来一直坚持茶树良种化的推广，2020 年无性系良种茶园面积 15.4 万平方千米，无性系良种率 75.33%。

（3）生态茶园建设

配合实现国家"双碳"战略，低碳经济"低能耗、低污染、低排放、高碳汇"发展要求与生态茶园的环境和生产要求相符，如保持周边水土、保护茶园及周边环境的生物多样性等。实现有机茶产业的持续健康发展，需提高生产中的低碳农业技术，加强有机茶生产管理中的低碳措施。

中茶龙冠通过全国首批生态茶园的认证，通过实施减肥减药和生态低碳的茶园管理措施，提升茶树病虫害防治技术水平和茶叶质量安全水平，打造生态低碳茶发展示范区。

杭州中农质量认证中心①为茶叶生产企业提供生态低碳茶认证，认证标志如图1所示，现有标准及实施规则包括：《生态低碳茶评价技术规范》《生态低碳茶认证实施规则》《生态茶园建设指南》。

图1　生态低碳茶认证标志

资料来源：杭州中农质量认证中心。

生态茶园主要建设内容包括：生态茶园管理技术标准体系建设；生态茶园智慧管理平台建设；管理技术标准体系的示范与应用。2021年浙江省共建成各级生态茶园39.8万亩，同比增加近1倍。

以开化县为例，2021年开化县有茶园12.5万亩，其中高标准生态茶园5.4万亩，茶叶产量3221吨，产值13.02亿元，同比分别增长34.4%和27.9%。

我国首个生态低碳茶认证花落浙江，2011年5月21日，淳安千岛湖龙冠茶业有限公司获得由中国农业科学院茶叶研究所茶叶质量认证发展研究中心颁发的国内首张生态低碳茶认证证书。生态低碳茶认证体系的建立推动了生态低碳茶与有机茶、绿色食品茶协同发展，促进了茶叶生态价值转化为经

---

① 原为1999年3月成立的中国农业科学院茶叶研究所有机茶研究与发展中心（OTRDC），是我国最早一批从事有机农业技术研究和开展质量认证的专业力量，2003年经国家认证认可监督管理委员会（CNCA）批准成立杭州中农质量认证中心（英文缩写保持OTRDC，批准号：CNCA-R-2003-096），并通过中国合格评定国家认可委员会（CNAS）的资质认可。

济价值，推动了现代茶产业可持续发展。

2. 茶叶加工

浙江省近几年重点推行标准化名茶厂工程，到2020年共认定128家省级标准化名茶厂，建成名优茶自动化生产线349条，生产量达1.0万吨，达到全省名优茶产量（10.2万吨）的9.8%。2021年浙江省共有311家企业配置名优茶自动化生产线，合计447条，同比增加28.1%；申请茶叶类补贴农机已达1.59万台（套），补贴金额达1805万元。

中国茶叶流通协会发布"2021中国茶叶行业年度调查"，公布年度百强企业及百强县域。浙江省新昌县获"2021年度'三茶'统筹先行县域"称号，松阳县获"2021年度茶旅融合特色县域"称号，武义县获"2021年度科技兴茶富民典型县域"称号，松阳县、新昌县、武义县、淳安县、磐安县、宁海县获"2021年度茶业百强县域"称号。

2021年，丽水市茶园面积已达到60.8万亩，其中投产茶园54.8万亩，全年茶叶产量4.7万吨，同比有所增长（见表1），茶产业链产值150亿元，其中一产产值52亿元，比2020年增加12.7%，种植面积位列全省第一，产量、产值位列全省第二，与绍兴、杭州并列浙江茶产业第一方阵。

表1 2011~2020年浙江省各地级市茶叶产量

单位：万吨

年份	杭州	宁波	温州	湖州	绍兴	金华	衢州	台州	丽水
2011	3.14	1.78	0.48	1.07	5.03	1.87	0.65	0.44	2.49
2012	3.23	1.66	0.50	1.06	5.13	2.03	0.68	0.45	2.72
2013	2.85	1.53	0.51	1.05	4.97	2.09	0.62	0.46	2.76
2014	2.65	1.59	0.55	1.03	4.33	2.21	0.69	0.47	2.99
2015	2.81	1.45	0.59	1.06	4.85	2.20	0.74	0.48	3.06
2016	2.82	1.42	0.61	1.05	4.73	2.16	0.75	0.50	3.16
2017	3.01	1.36	0.64	1.08	4.79	2.20	0.83	0.52	3.38
2018	3.01	1.31	0.68	1.07	4.14	2.34	0.89	0.53	3.53
2019	3.13	1.25	0.70	1.09	4.17	2.41	0.84	0.53	3.58
2020	2.96	1.16	0.73	1.13	4.20	2.50	0.79	0.55	3.70

注：嘉兴、舟山数据暂缺。
资料来源：浙江省统计局。

华茗园获"2021年度茶业领军企业"称号，浙江省茶叶集团、浙江武义茶业、浙江诚茂控股获"2021年度茶叶出口领军企业"称号，艺福堂获"2021年度茶叶新技术成果转化企业典范"称号，浙江省茶叶集团、杭州正浩茶叶获"2021年度茶业电商十强企业"称号，浙南茶叶市场获"2021年度茶业十强市场"称号，浙江省茶叶集团、杭州正浩茶叶、杭州茶厂、安吉极白、浙江更香、艺福堂、仙居县茶叶、浙江云翠获"2021年度茶业畅销品牌"称号，华茗园、艺福堂、浙江诚茂控股、仙居县茶叶获"2021年度百强企业"称号。

（1）初加工

绿茶是浙江省主要生产茶类，占主导地位，2020年绿茶产量占总产量的90.23%，产值占总产值的91.31%，红茶、白茶、黄茶均有大幅度提升，各地除绿茶之外其他茶类从少量培育到形成一定规模。红茶增长显著，2020年浙江省红茶产量8952吨，占总产量的4.69%，产值162300万元（见表2），相比2015年产量增长47.08%，产值增长96.78%。其他茶类的开发和生产丰富了浙江省茶类资源，满足了市场的各类需求。名优茶产量10.2万吨，占总产量的53.41%，产值213.4亿元，占总产值的89.42%。

表2 2020年浙江省各大茶类产量及产值

单位：吨，万元

茶类	产量	产值
绿茶	172300	2179100
红茶	8952	162300
黄茶	181	15040
白茶	976	11045
黑茶	5472	8147
乌龙茶	414	6042
花茶	2670	4806

资料来源：浙江省统计局。

浙江省最主要的名优茶是龙井茶，2020年龙井茶生产面积7.4万平方千米；产量2.5万吨，同比增长1.91%；产值52.8亿元，同比增长8.35%。2021年全省龙井茶产量2.6万吨、产值60.0亿元，分别占全省总量的13.2%和23.1%。

2021年春茶生长前期天气偏暖，各地开采均比上年提前2~10天，至3月22日春茶全面开采并进入盛采期，但受2020年干旱影响，开采量普遍低于往年。2~3月整体气候平稳有利茶叶生长，产量、产值有较大幅度增加。春茶生长中期低温，区域增减不一。3月气温持续在20度以下，金华、绍兴、宁波等浙中茶区产量减少2%~6%，而杭州、丽水等浙北浙南茶区产量增长15%以上，形成了"两头旺、中间平"的区域分布特点。

（2）精深加工

浙江省进一步发展茶叶精深加工，在重点茶区鼓励建立茶叶精深加工园区，大力开发茶叶精深加工产品、再加工产品，如茶食品、茶保健品、茶食品添加剂、茶饲料添加剂、茶日化产品等终端产品，支持抹茶产业和新茶饮原料产业发展。浙江省计划到2025年培育精深加工龙头企业20家，年消耗茶叶原料30万吨，综合效益达到500亿元。

截至2020年，浙江省精深加工企业增加到了111家，茶叶原料消耗了20.6万吨，产值43.7亿元。抹茶是浙江省精深加工中应用最为广泛的产品。浙江省已成为全国抹茶产量最大的地区，2020年抹茶产量3698吨，产值4.08亿元，抹茶原料生产茶园35.85平方千米。同时，浙江省拥有生产抹茶机械的厂家5家，生产碾茶流水线机械的厂家6家，并已形成抹茶产业化的成套技术。

①浙江茗皇天然食品开发股份有限公司

成立于1980年，位于浙江省衢州市龙游县，专注茶与植物提取40余年，是全球知名企业的茶粉、茶浓缩液与植物固体饮料指定供应商。公司主营各类速溶茶及各类代用茶植物提取物研发、生产、销售、服务，年生产能力达6000吨，拥有提取系统、膜过滤系统、反渗透浓缩机、喷雾干燥塔、液相色谱、气相色谱等国内外先进生产检测设备，采用膜技术、微胶囊技

术、CO_2中空造粒技术等先进技术。公司建有一个省博士后工作站和市专家工作站；拥有植物提取省级高新技术企业研究研发中心、省农业企业科技研发中心、省茶叶深加工研发中心、省企业技术中心，以及国家茶叶深加工科学技术与成果转化示范基地等多个研究平台，是国家级高新技术企业和国家级农业龙头企业。

②杭州茗宝生物科技有限公司

成立于2000年，位于浙江省杭州市余杭区。与中国农业科学院茶叶研究所及浙江大学茶叶研究所等国内顶尖科研机构深入开展产学研合作，承担了多项省内重点科技项目的研发工作。以国家级实验室为标准建立了1100平方米实验室，拥有新型专利45项、核心专利15项、发明专利3项，已研发储备1000多种速溶茶配方、200多种茶浓缩液配方。

③大茗堂生物科技有限公司

成立于2009年，专业从事茶叶提取物终端产品研发、生产、销售，是茶多酚、茶黄素国家标准的起草制定单位之一，致力于茶科技在健康产业的综合应用与推广。公司以浙江大学农业与生物技术学院茶学系、江南大学食品学院等的重点学科实验室和中华全国供销合作总社杭州茶叶研究所、中国茶叶博物馆等国字号科研文化机构作为战略合作伙伴。在现有"大茗堂茗宝系列"产品基础上，已陆续推出"茶舒宁""茶怡宁""茶纤宁"等多系列高科技茶健康产品，并储备GMP认证产品"茶寿108"，为不同人群、不同体质提供不同配方，满足更多健康需求。

④杉杉（杭州）茶叶萃取科技有限公司

成立于2010年6月，注册资本为1450万美元，是主营茶叶提取物、茶粉、液体茶产品、脱咖啡因茶的研发、生产、销售和出口的科工贸一体化企业集团。工厂坐落在杭州经济技术开发区核心区块。

（二）流通环节

1. 交易方式

2020年浙江茶叶市场交易量15.6万吨，交易额235.5亿元。交易方式以线上与线下相结合为主。线下包括茶叶市场、茶叶零售店、超市等。线上包括淘宝、天猫、京东、微信、唯品会、抖音、快手等平台以及自媒体公众号卖货、直播带货等不同电商模式。

受疫情影响，网络销售市场活跃、发展迅速，以浙江电商头部企业——艺福堂为例，2020年"双11"销售额达到2750万元，表现突出，以"支付买家数行业排名第一"的成绩稳居天猫茶行业TOP10榜单。

根据对茶叶企业的调查，2020年样本企业各平台粉丝总数达到4601万人，其中新增粉丝达到1596万人，增长率为53%，电商渠道消费群体发展迅速。分平台看，样本企业在京东平台粉丝增长速度最快，达到101%。

据中国互联网络信息中心（CNNIC）《中国互联网络发展状况统计报告》，2020年12月我国网络直播用户规模达6.17亿人，形成"线上引流+实体消费"的数字经济新模式，66.2%的用户购买过直播商品。直播带货等模式率先发展，以其直观、参与感强、互动性强等特点，满足消费群体诉求。如金华抹茶食品抖音销售火爆，线上交易量占总交易量的60%以上。自有电商平台销售下降，如浙南茶叶市场网上商城交易量337吨、交易额5052万元，同比分别下降50.80%和42.05%。

2. 交易场所（茶叶市场）

2020年浙南茶叶市场交易量8.09万吨，同比减少3.46%；交易额62.09亿元，同比减少9.03%。其中市场店铺交易量8.01万吨，同比增加167吨；网上商城入驻企业920家，注册会员14998个，实现交易10.57万笔，交易量700余吨，交易额9216万元。新昌茶叶市场交易量1.71万吨，同比减少2.29%；交易额55.14亿元，同比减少1.04%（见表3）。其中龙井茶交易稳中有进，交易量1.55万吨，同比减少1.01%；交易额48.80亿元，同比增长2.56%；交易均价314.60元/公斤，同比增长3.60%。

表3　2011~2020年浙南和新昌茶叶市场交易量及交易额

单位：万吨，亿元

年份	浙南茶叶市场 交易量	浙南茶叶市场 交易额	新昌茶叶市场 交易量	新昌茶叶市场 交易额
2011	5.55	25.69	1.10	20.50
2012	6.78	34.39	1.16	23.33
2013	7.10	38.62	1.30	35.23
2014	7.66	46.15	1.40	35.49
2015	7.38	47.56	1.61	45.53
2016	7.62	50.45	1.52	40.91
2017	7.68	57.00	1.66	51.00
2018	7.91	57.90	1.68	51.80
2019	8.38	68.25	1.75	55.72
2020	8.09	62.09	1.71	55.14

资料来源：浙江省茶叶产业协会。

截至2021年12月底，浙南茶叶市场交易量8.30万吨，同比增长2.60%；交易额65.60亿元，同比增长5.65%。新昌茶叶市场交易量1.68万吨，同比减少1.75%；交易额61.24亿元，同比增长11.06%。其中大佛龙井交易量1.56万吨，同比增长0.34%；交易额55.92亿元，同比增长14.59%。浙南茶叶市场规模最大，交易茶叶中，浙江省外茶叶比重稳步增加，交易量占比超过50%。

新昌茶叶市场是我国最重要的龙井茶交易集散地，其龙井茶交易情况通常被视为全国龙井茶产地市场风向标。从市场统计数据分析来看，2021年龙井茶交易量微增，交易额增长幅度较大，青茶、黑茶及其他绿茶降幅较大，总交易量微降。其中龙井茶市场呈现以下特点：一是春茶交易量小幅上涨，交易价格好于往年；二是夏茶交易量微增，交易价格增幅明显；三是秋茶交易量下降，交易价格上涨。而红茶、黑茶、青茶及其他绿茶的交易量和交易额受疫情影响，呈不同程度下降态势。

3. 茶叶出口

2020年浙江省仍位居全国茶叶出口量和出口额第一，但占比小幅下降，茶叶出口量14.62万吨,占比41.90%,茶叶出口额4.47亿美元,占比21.95%,领先优势微弱。2021年浙江省茶叶出口量15.08万吨,同比增长3.15%,占全国出口总量的41.00%,位居全国第一(安徽省以6.77万吨位居第二);出口额4.86亿美元,同比增长8.72%,占全国出口总额的21.13%,位居全国第二。

红茶出口量0.33万吨,同比增长13.29%;出口额0.23亿美元,同比减少20.41%。乌龙茶出口量0.14万吨,同比减少3.19%;出口额759万美元,同比增长80.08%。花茶出口量0.12万吨,同比减少23.36%;出口额906万美元,同比减少22.21%。

浙江省出口前十位的市场是摩洛哥、塞内加尔、毛里塔尼亚、冈比亚、乌兹别克斯坦、尼日尔、中国香港、美国、阿尔及利亚、日本。

(三)消费环节

1. 消费总体状况

疫情防控期间,茶叶作为非生活必需品,消费速度放缓,销售遭遇巨大压力。另外,新冠疫情的发生使人们健康意识增强,关注健康养生的消费人群也从中老年群体逐步向年轻化发展。2021年央视财经调查显示,保健养生产品消费意愿高,有1/3左右的消费者打算增加预算。

茶叶消费经过连续多年的快速增长,基数不断增大,上涨动能持续放缓。茶叶消费呈现客群结构调整、多元业态叠加和需求细化态势。根据京东平台2021年1~8月前10位热销茶类单品情况,传统原茶产品占7位,全部产品均价均高于300元/公斤,价格居于中高位。在高性价比消费趋势下,作为嗜好性饮品,茶叶消费者更加趋向"向上偏好"的理性消费。据京东大数据研究院发布的《2021春季饮茶消费趋势报告》,高档西湖龙井预订量同比提升12%,狮峰龙井茶成为最火"爆品",北京、山东等省外销售市场蓬勃发展,反映出龙井茶等浙江绿茶受到消费者青睐。

(1)消费群体结构的变化

中国"90后"和"00后"人口规模巨大,成为新茶饮消费的主力。京

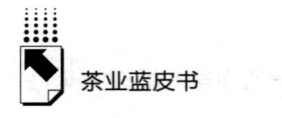

东平台数据显示：2021年，购买茶叶的群体中主力人群年龄在26~35岁，35岁及以下的客户占比已达57%；2020~2021年，16~25岁和26~35岁的消费者所占比例均有所增加。26~35岁年龄段人群大多已进入职场，收入稳定，已成为消费市场的中坚力量，消费量大。同时新生代消费者与老一辈的茶叶消费模式不同，他们倾向于线上消费，在互联网空间中占据着话语权与流量高地；此外，新生代的消费理念鲜明，对本土品牌的接受程度较高，追求个性和差异化，茶叶消费呈现个性化、多元化等特点，因此会愿意为茶产品设计及特色支付一定的溢价。

随着物流业降本增效和数字化基建的完善，茶叶电商在下沉市场的发展更加迅速。与2020年相比，2021年京东平台数据显示，茶叶销售在五、六线及以下城市快速崛起，由2020年的占比3%攀升至2021年的13%，涨势惊人。特征多元、体量巨大，下沉市场已经成为新品牌、新模式、新消费成长的新阵地。中产阶级成为茶叶消费的主力，中产阶级的茶叶消费量大，中等价位的茶叶销售量大。

（2）茶类消费的特点

2020年，绿茶内销量127.91万吨，占总销量的58.1%；红茶31.48万吨，占比14.3%；黑茶31.38万吨，占比14.2%；乌龙茶21.92万吨，占比10.0%；白茶6.25万吨，占比2.8%；黄茶1.23万吨，占比0.6%。增长过程中，茶类格局调整变化，但与茶叶生产的关联不大，更多的是市场喜好与选择导致的变化，这在红茶和黑茶上表现得尤为明显。2019~2020年，红茶干毛茶产量增长率连续处于高位（17.3%、31.6%），其内销量却在2020年呈现小幅下跌（-1.2%）；相反，2020年产量下跌的黑茶销售形势看好，内销量增长45.1%。

各种茶类中，绿茶均价132.85元/公斤，红茶159.09元/公斤，乌龙茶128.06元/公斤，黑茶96.11元/公斤，白茶143.35元/公斤，黄茶138.06元/公斤。在不同渠道，茶类的销售热度也有变化。据京东超市数据，2021年1~8月购买热度最高的3种茶类分别为：绿茶、花草茶和黑茶（含普洱茶）。绿茶产品的网络销售热度有所提升，花草茶则下降1位。

2. 第三产业

2020年，浙江茶相关第三产业增加值91.1亿元，比2015年的43.9亿元增长107.52%。其中包括茶旅游、茶馆、茶艺、茶相关培训及服务、茶文化产品等。

2021年底印发的《浙江省农业农村厅关于深入推进茶产业高质量发展的实施意见》提出，浙江将推行茶产业融合发展与文化兴茶，计划到2025年，浙江将推出50条茶旅精品线路、200个服务功能齐全的茶庄园。通过培育茶相关深度融合的新产业、新业态、新模式，推动茶生产、茶文化、茶旅游、茶休闲、茶养生的融合发展，全面打造美丽茶乡。

（1）茶旅游与茶香小镇

浙江省茶旅游以"茶香小镇""茶庄园""茶养生""茶非遗"为特色，突出地方茶文化，结合茶园自然资源，带动茶叶销售，近年来已逐见成效。

2020年首次现场发布的"世界茶乡看浙江·浙里游好茶"十大茶旅精品线路串联10个市、40个县（市、区）的包括茶历史、茶文化、茶产业及茶旅游在内的相关资源，吸引了国内外游客。浙江茶旅游发展迅速，产业集群效应下，已建成杭州龙坞茶镇、松阳茶香小镇、齐溪茶叶特色强镇等一批茶业特色茶镇，其中杭州龙坞茶镇已成为全国茶事活动的集聚地。

（2）茶庄园

2021年7月12日，由中国国际茶文化研究会、浙江省农业农村厅、浙江省茶文化研究会主办的以"发展茶庄园·助力乡村振兴"为主题的浙江省茶庄园建设座谈会暨浙江茶庄园发展联盟成立活动在台州市举行，会上探讨了浙江茶庄园发展趋势与路径，浙江茶庄园发展联盟在浙江省成立，公布了茶庄园的基本条件和浙江茶庄园发展联盟管理办法，与会人员分享了茶庄园建设中的成功经验。

茶庄园可进一步推动三产融合，统筹发展茶文化、茶产业、茶科技。茶庄园以第一产业为基础，带动第二、三产业发展增值，实现茶农持续创收，是地方茶产业发展和共同富裕的重要载体。现今的茶庄园，在参考国外葡萄酒庄园的模式下，结合传统元素和时尚元素，通过游客参与采茶、制茶、品茶等环节，开展集生产、加工、销售、观光、教育于一体的综合性多元化经营，实现从第一产业到第二、三产业的全面跨越。浙江茶庄园发展联盟首批成员有42家茶企，其中11家茶企为主席单位、20家茶企为理事单位。联盟首批认可了20家茶庄园，其中茶庄园引领单位1家、茶庄园示范单位8家、茶庄园11家。

3. 茶非遗旅游资源开发

2022年11月29日，"中国传统制茶技艺及其相关习俗"项目正式入选联合国教科文组织非物质文化遗产名录，传统制茶技艺和茶俗茶艺等文化资源是茶旅游开发的重要资源，茶非遗一般结合景区资源、校园第二课堂、民宿与餐饮。下面以浙江省杭州市余杭区的径山茶宴为例。

浙江省杭州市余杭区径山村的径山茶宴2011年5月23日入选第三批国家级非物质文化遗产名录（项目编号：X-140）。径山茶宴始于唐，盛于宋，是余杭区径山万寿禅寺以茶代酒宴请客人的仪式。游客可以在景区参与宋代点茶、茶筅制作等非遗活态化体验活动。"仿宋七汤点茶"是茶宴中的重要呈现形式，游客可以身着汉服，沉浸式体验宋人生活。径山村积极开设第二课堂，与多所小学和中学合作。学生们可以通过学习径山茶文化、了解茶树的种植和品种、茶叶的制作工艺等茶知识，还可以通过茶叶冲泡、品鉴以及点茶等体验活动，感受到茶文化的魅力。

径山村旅游围绕IP形象"径灵子"开发文创产品——径灵子抱枕、点茶套装、低碳禅意茶包装等。游客可以身着汉服，沉浸式体验宋代点茶。径山村还组建了"径灵子"民食民宿联盟，有10余家民宿和70多家农家乐参与，可同时接待1000余人入住、3000余人就餐。据统计，2022年径山村游客量超过220万人次，村集体经营性收入超过230万元，村人均收入5.2万元。

（1）茶馆业

2022年9月22日上午浙江省杭州市淳安县举行了中国（千岛湖）茶馆联盟大会暨千岛农品丰收节，以"品茶香、庆丰收、迎盛会、谋发展、奔共富"为主题，探讨中国茶馆业高质量发展路径。

中国星级茶馆是由商业饮食服务业发展中心茶馆行业办公室依据商务部《茶馆等级划分与评定》（SB/T 11072—2013）进行评定的，以经营茶、茶水为主要业务的服务场所（茶楼、茶坊、茶空间、茶书院、茶肆、茶寮、茶社、茶室）。依据茶馆规模、设备设施、技术力量、茶叶及茶水质量、服务能力、管理水平以及环境卫生状况等划分为五个等级（一到五星）。浙江省中国星级茶馆名单（截至2021年3月）见表4。

表4 浙江省中国星级茶馆名单（截至2021年3月）

星级	茶馆名称	地址
五星	千岛湖茶艺馆	浙江省杭州市淳安县千岛湖镇梦姑路370号
	龙茗轩	浙江省宁波市鄞州区南部商务区水街9号楼
	清源茶馆	浙江省宁波市海曙区月湖盛园22号院
	月影轩茶庄	浙江省宁波市鄞州区和丰创意广场创庭楼5楼505室
	悟念茶馆	浙江省宁波市鄞州区惊驾路672弄31号
	阿里山茶楼	浙江省东阳市关山路9号
	御道茶庄	浙江省台州市椒江区白云山中路88号
四星	未雨居茶楼	浙江省杭州市拱墅区大兜路92-94号
	紫艺阁茶坊	浙江省杭州市西湖区曙光路172号
	自在林茶舍	浙江省嘉兴市南湖区凌公塘路
	金一堂	浙江省金华市义乌市稠城街道江滨西路76号
三星	甬上富安	浙江省宁波市鄞州区江东南路145号1-4
	益鼎香	浙江省宁波市海曙区呼童街92号鼓楼茶城B区
	丽泽轩	浙江省温州市宏源路55弄64号101室
	大其心茶庄	浙江省温州市乐清二环路良港西路143号
	承郎	浙江省义乌市北苑街道西城路192号A栋4-6
	仰贤茗亲驿（龙泉站）	浙江省龙泉市剑池东路25号
	八马茶业	浙江省丽水市青田县鹤城街道涌金街2号上55号
	昴山缘茶庄	浙江省丽水市龙泉市现代广场翔宇楼151-154号
二星	中吉号	浙江省金华市义乌市稠城街道春江路137号

注：无一星茶馆。
资料来源：商业饮食服务业发展中心茶馆行业办公室。

（2）茶叶品牌发展

浙江省茶叶品牌格局层次分明，现有茶叶品牌200多个，区域公用品牌

40多个，省级以上龙头企业品牌40多个，有西湖龙井、大佛龙井、开化龙顶茶、安吉白茶、武阳春雨、松阳银猴、绿剑茶等十大名茶，另有以平阳黄汤、泰顺三杯香、平水日铸茶等为代表的一批特色的区域优势品牌。"龙井茶"品牌已成为我国产区范围最广、产业规模最大、涉及茶农最多且区域优势最强的茶叶品牌。

2021年12月底，浙江大学CARD中国农业品牌研究中心牵头，联合中国农业科学院茶叶研究所《中国茶叶》杂志、中国国际茶文化研究会茶业品牌建设专委会、浙江大学茶叶研究所、浙江永续农业品牌研究院，开展2022年中国茶叶区域公用品牌价值专项评估。居价值前10位的茶叶品牌中浙江省的西湖龙井排名第一（79.05亿元）、大佛龙井排名第七（50.04亿元）、安吉白茶排名第八（48.45亿元）。西湖龙井成为最具带动力的三大品牌之一，安吉白茶则成为最具传播力的三大品牌之一。

（3）茶文化推广

①茶非遗及茶文化标识

2022年11月29日，联合国教科文组织保护非物质文化遗产政府间委员会第十七届常会在摩洛哥拉巴特举行，会上由中国单独申报、浙江省牵头的"中国传统制茶技艺及其相关习俗"项目正式入选联合国教科文组织非物质文化遗产名录。

浙江省有国家级茶非遗制作技艺4个和民俗活动2个，制作技艺涉及西湖龙井、安吉白茶、紫笋茶、婺州举岩，民俗活动是庙会（赶茶场）和径山茶宴。拥有省级茶非遗项目12个，县级茶非遗项目4个，省级红茶非遗制作技艺1个，茶非遗传承人100多名。浙江省各地通过茶叶手工炒制技能大赛等方式，推广传统手工制茶技艺，并培养更多的"茶二代"。各地茶叶企业也积极参与茶非遗传承和推广，浙茶集团运用方志资料复兴中华抹茶案例获得"十佳"典型案例称号。

2022年1月8日，浙江省文化和旅游厅公布了首批100个"浙江文化标识"培育项目，涉及茶文化的项目有4个：杭州市西湖区西湖龙井文化、湖州市吴兴区中国茶文化圣地·茶经故里、湖州市长兴县中国茶文化圣地·

大唐贡茶、金华市磐安县古茶场文化。

②茶文化相关书籍及电影

《浙江通志》第104卷《茶叶专志》在历经9年的修纂过程之后，于2021年4月底正式出版，该专志以单一商品设志，是迄今最全的浙江茶叶专志介绍，是全省茶业界同心合力完成的一项文化工程。省农业农村厅、中国农业科学院茶叶研究所、中国国际茶文化研究会、浙江大学茶叶研究所、中华全国供销合作总社杭州茶叶研究所、中国茶叶博物馆等承编和参编单位选配33名业内行家分别担任各章主编和撰稿人，专志主编为阮浩耕。

《浙江名茶图志》出版发行，由浙江省农业技术推广中心罗列万研究员主编、中国农业科学技术出版社出版，该书以史录名茶、获奖名茶、龙井茶、名茶选介四个篇章图文并茂地集中展现了浙江省名茶荟萃的独特风采，详细记录了截至2018年浙江省境内具有一定生产规模及品牌影响力的名茶。

2021年5月22日，电影《龙井》杭州首映式在杭州国际博览中心举行，电影由谢鸣晓执导，编剧为古兰月、尹婷，主演人员为薇薇、熊佳骏等。电影以龙井村为故事背景，讲述了不同时期三段因茶结缘的爱情故事。

③茶文化研究会及行业协/学会

浙江省现有茶文化研究会及行业协/学会约80个，茶文化和茶知识的普及推动了茶在日常生活中的应用。各地茶文化研究会及行业协/学会通过组织各类茶事活动、茶艺培训和竞赛、茶空间设计等，吸引了一大批学员和茶文化爱好者，进一步推广茶文化，促进茶叶消费。

其中国字号的有中国国际茶文化研究会、中国茶叶学会，省级的有浙江省茶叶产业协会、浙江省茶文化研究会等，市县级的有杭州市茶文化研究会、江山市茶文化研究会、临安区茶文化研究会、绍兴市茶文化研究会、武义县茶文化研究会、天台县茶文化研究会、西湖区茶文化研究会、上城区茶文化研究会、萧山区茶文化研究会等。

④冲泡技术规程标准建设

狮峰龙井茶、开化龙顶茶、"钱江源开门红"红茶均产自浙江。狮峰龙井茶是中国十大名茶之首——西湖龙井中的上品，品质优异，知名度高。开化龙顶茶是国家地理标志产品，具有较高知名度。开化县委、县政府在开化龙顶茶产业之外开辟出了一条红茶产业发展之路，打造出了"钱江源开门红"红茶区域公用品牌。《狮峰龙井茶冲泡技术规程》《开化龙顶茶冲泡技术规程》《"钱江源开门红"红茶冲泡技术规程》以3款茶叶1500余次冲泡技术研究结果为基础，规定了茶叶冲泡的条件、流程，以及冲泡温度、时间和茶水比等的最适参数，使各自的特色能够充分地展现，有利于茶叶宣传与推广。

4. 茶叶教育

（1）科技人才队伍的培养和建设

浙江省政府加强人才队伍建设，强化科技支撑。健全基层茶叶技术推广体系，依托省、市、县各级茶叶技术创新与推广服务团队，在名优茶机采、连续化加工、茶资源综合利用、茶树良种选育推广、生态高效栽培和数字化智慧化升级等方面开展协同攻关和示范推广。

科技小院研究生培养模式是指培养单位把研究生长期派驻到农业生产一线，在完成理论知识学习的基础上，重点研究解决农业农村生产实践中的实际问题，是一种集人才培养、科技创新、社会服务于一体的培养模式。2022年7月29日，教育部办公厅、农业农村部办公厅和中国科协办公厅联合发布《关于支持建设一批科技小院的通知》，确定对68个单位的780个科技小院予以支持。浙江大学申报的2个茶相关科技小院获得支持，分别是龚淑英教授为首席专家的浙江长兴紫笋茶科技小院和郑新强副教授为首席专家的广西苍梧茶科技小院。

（2）职业技能教育和培训

深入推进职业茶农技能培训，鼓励"茶二代"等农创客培育，支持开展师傅带徒弟式的精准培养，提高从业人员素质，营造"后继有人"的良好氛围。2021年中国茶叶流通协会公布第四批制茶大师——绿茶类，浙江云翠茶业发展有限公司的汪秀芳位列其中。

2021年11月13日，宁波茶学院成立大会在宁波城市职业技术学院举行，学院由浙江省茶叶产业协会和宁波城市职业技术学院合作共建，姚国坤等专家为特聘教授，福泉山茶场等 5 家茶企为现场教学实践基地。

（3）浙江茶业学院

浙江茶业学院于 2020 年 5 月 21 日成立，由浙江省政府领导、浙江省农业农村厅和浙江省供销合作社联合社主管、产茶大县协办、浙江农业商贸职业学院承办，是茶业高层次人才培养基地。

学院以"专业研修+技能考证"培养模式，聘用茶业相关领域的院士、专家、企业家、政府职能部门负责人为专业导师与创业导师，以"洞察、构建、提质"为导向，坚持"高层次、复合型、精准化"培育理念，打破行业之间的界限，整合茶业、食品、经管、文化等多领域资源。

截至 2022 年底，学院已举办四期茶产业高级在职研修班。第三期研修班分茶创客班与高管班（2 个班），共有 80 位来自省内各市的 78 家茶企的学员参加学习。其中 30%的学员来自 26 个县的山区，受过高等教育的学员占 86.25%。第四期研修班有 239 人报名，通过资格审查、专家面试，最终录取了 80 位学员，来自浙江省内各市的 80 家茶企，其中"90 后"学员有 21 人，最年轻的仅 23 岁，90%的学员受过高等教育。研修班学员呈现高学历、年轻化的趋势。

5. 茶叶科技创新

2021 年《浙江省农业农村厅关于深入推进茶产业高质量发展的实施意见》中强调应大幅提高茶园管理、茶叶采摘和加工的机械化智能化水平。为此，应推动科技兴茶，强化科技引领作用，推动茶园耕作、植保、施肥和采摘机械的研制，加快自动化智能化加工机械装备与技术示范推广，加快推动优质绿茶机采、茶叶数控加工、茶园病虫害精准防控、抹茶全产业链生产等科技成果转化。

以科技为支撑，提高连续化自动化的初精制加工水平，实现茶叶生产规模化、清洁化、连续化和数字化。

拉长茶叶产业链条，加大综合利用研发力度，深度开发茶食品、茶保健品、茶食品添加剂、茶饲料添加剂、茶日化用品等终端产品。

（1）系列科技项目齐头并进

浙江省政府2021年针对农业提出了"双强"行动，扎实推进"科技强农""机械强农"，促进农业高质量发展。具体组织实施了"尖兵""领雁""揭榜挂帅"等系列科技项目。2021年协作单位在原"三农六方"基础上扩容为"三农九方"，茶叶立项项目有所增加。2021年9月17日，浙江省农业农村厅牵头成立了"三农九方"科技联盟，联盟成员包括省科协、中国农业科学院茶叶研究所、中国水稻研究所、浙江大学、浙江农林大学、浙江理工大学、浙江工商大学、浙江清华长三角研究院等单位。通过"三农九方"科技协作项目、农业重大技术协同推广计划项目、省茶产业团队项目，逐层推进茶叶新技术的熟化、集成与落地。部分项目的具体情况见表5至表7。

表5 2022年浙江省茶产业"尖兵""领雁"系列科技项目

科技项目	具体名称	牵头单位
"尖兵"	农业刺吸类害虫新型物理防控装备	中国农业科学院茶叶研究所
	茶园自走式中耕施肥机	浙江红五环
"领雁"	弃采茶资源高值化利用关键技术研究及产品开发	中国农业科学院茶叶研究所
	名优茶芽叶智能精准采摘分级关键技术研究及装备研制	浙江理工大学
	泰顺现代茶产业绿色高质量发展关键技术研究与应用示范	浙江泰龙制茶
	广元黄茶高值化开发关键技术研究与降糖益脂功能产品开发	浙江工业大学

资料来源：浙江省科技厅。

表6 2021年浙江省"三农六方"科技协作计划茶产业相关项目清单

项目名称	主要研究内容
生态茶园建设中遮阴树的选择与种植技术	1. 适合茶园配置的乔木型遮阴树种选择。主要筛选病虫少、经济效益高、与茶树生长发育匹配程度高的品种 2. 茶园内或四周遮阴树种植技术。对研究内容1选择的主要乔木型遮阴树开展种植技术研究，主要研究种植规格及其培育管理技术 3. 遮阴树对茶叶产量和品质的影响。主要研究遮阴树对茶园小气候和土壤质量的影响，以及对茶树生育及茶叶产量和品质的影响

续表

项目名称	主要研究内容
粉茶品质提升关键产业化技术应用	1. 以粉茶尤其是抹茶为对象,针对粉茶加工中微生物易染的质量安全薄弱点,解析加工中微生物迁移行为,锁定微生物迁移/生长关键控制点,研究应用低温、减损食品杀菌技术,集成粉茶加工过程全域质量安全控制技术 2. 以粉茶为研究对象,针对当前产量大、价格低、应用面广的中低档粉茶的感官品质不高问题,以浙江省名优茶后的二采鲜叶为原料,基于主栽品种内质差异,一体化集成研究适宜的种植、采摘、加工(杀青、干燥、磨粉)等生产工艺,获得滋味低苦涩、色绿弱黄、鲜香突出的粉茶产品

资料来源:浙江省农业农村厅。

表7 2022年浙江省"三农九方"科技协作计划"揭榜挂帅"茶产业相关项目清单

项目名称	主要研究内容
基于数字智能的茶叶香气分子感官组学测试及定向加工技术研究	1. 构建基于GCxGC-TOF/MS、GC-O/MS的茶叶香气分子感官组学测试方法的茶叶香气分析检测平台 2. 研究高品质绿茶"清香"、"花香"、"嫩香"和"栗香"的关键成分 3. 研究高品质红茶"甜香"和"花果香"的关键成分,及与具体水果香型的匹配度 4. 研究茶叶香气与茶树品种、栽培环境和加工工艺的关系 5. 研究提出特定香型绿茶和红茶的标准化加工技术 6. 研究提出特定香型绿茶、红茶的拼配技术和特定香型新茶饮原料的拼配技术
基于人工智能的茶树病虫识别、监测与预警系统开发与应用	1. 基于VGG16卷积神经网络技术建立茶树病虫害识别系统,实现远程即时茶树病虫害种类辨别与确定 2. 结合众源数据建立一套病虫害发生及危害等级的监测系统,通过环境因子整合建立病虫害预警模型库,以实现茶树病虫害发生程度监测和快速诊断 3. 基于病虫害预警模型库,集成智能终端设施,建立自动监测的病虫害防治系统,以实现茶园病虫害的智慧预警
茶园绿色生态生产与数字化管控技术集成与示范应用	1. 浙江省茶叶及茶园生态环境中草甘膦残留水平,草甘膦在茶园系统中的迁移转化规律 2. 研发环境友好型除草剂、高效便捷灰/茶尺蠖性诱捕器、便携式茶小绿叶蝉杀虫灯、茶树专用稳定性肥料、无人机航空安全施药技术 3. 茶园高效施肥、绿色防控和杂草生态防控技术集成与示范应用 4. 县域茶园绿色生产与肥药投入数字化监管系统和模式

续表

项目名称	主要研究内容
绿茶贮藏品控关键技术集成与应用	1. 围绕浙江省绿茶产品品类多、做形工艺差别大的应用场景,基于不同类型绿茶的贮藏变化规律特点,开展环境因子补偿调控技术对绿茶贮藏品质控制效果的比较验证 2. 针对包装阻氧、阻湿性能差的共性问题,开展基于不同做形工艺的绿茶精准包装包材、活性保鲜剂的筛选优化 3. 主要采用生物酶技术、远红外提香技术等新技术,集成传统茶叶加工工艺,研制冷泡茶、奶茶和水果茶等专用原料茶及关键加工技术,研究建立集工艺控制、高阻隔包装、活性保鲜剂等于一体的绿茶贮藏品质调控应用技术体系,实现预包装绿茶产品的减损保质增效
新式茶饮专用特色茶加工技术研究与产品开发	主要采用生物酶技术、远红外提香技术等新技术,集成传统茶叶加工工艺,研制冷泡茶、奶茶和水果茶等专用原料茶及关键加工技术

资料来源:浙江省农业农村厅。

(2) 茶树种质资源圃建设

浙江省两个最大的茶树种质资源圃分别位于杭州(由中国农业科学院茶叶研究所建设)和松阳(由丽水市农林科学研究院建设),2021年7月两个资源圃入选首批16个省级农作物种质资源库(圃)。松阳县的"浙江省茶树种质资源圃"于2016年筹建,2020年5月建成,占地334亩,包括七彩茶树观赏区、露地资源种植区、珍稀资源种植区、温室大棚保育区、种苗繁育区等功能区,是丽水市农林科学研究院农科教旅一体化基地。

浙江省茶树种质资源圃是浙江省最大的"茶树基因库",也是国内最大的省级茶树种质资源圃,种植、收集、保存了2400余个各类茶树种质资源,其中包括省内800多个(龙井43、白叶1号、黄金芽等)、省外1000多个(铁观音、大红袍、蒙顶山茶等),国外167个(日本的薮北、印度的阿萨姆茶等)。

二 各茶类产业分析

据2020年业务部门统计,浙江省茶产业生产经营性企业中,国家级、省级农业龙头企业仅分别有5家和34家，销售额2亿元以上的大型企业仅有9家，500万~2亿元的中型企业占18.6%，小微企业占81.1%。

"浙江绿茶，品行天下"，通过打造"一县一品"区域公用品牌，浙江形成了多个茶产业集聚板块：龙井茶品牌集群的大龙井板块——以西湖龙井、大佛龙井、越乡龙井、千岛湖龙井为核心；绿色生态板块——武义的有机生态农业之路、大佛龙井政府主导品牌、安吉白茶"一片叶子成就了一个产业"绿色生态；白化茶板块——以安吉白茶、建德苞茶（中白1号、中白4号）为代表；黄化茶稀有资源茶板块——以天台、缙云、龙游黄茶为代表；另外还有丽水香茶板块、温州早茶板块；等等。

（一）浙江省绿茶产业发展动态

根据市场需求，绿茶仍占绝对主导地位，浙江省作为"绿茶强省"，名优绿茶仍是其茶叶保持优势地位的核心产业。2020年西湖龙井在总产量同比减少4.3%的情况下总产值同比增长48.6%，单价同比增长55.1%。

"2021浙江绿茶博览会"于2021年10月16~19日在青岛举行，由浙江省农业农村厅主办、中国国际茶文化研究会和浙江省茶叶产业协会协办。青岛是浙江绿茶的重要销区，浙江组织了60个产茶县（市、区）的130余家企业参展。

浙江省绿茶产业发展重点一是"龙井茶"品牌的新赋能；二是重点支持"安吉白茶""丽水香茶""大佛龙井"等品牌的做大做强。在产品生产方面，重点培育浙江抹茶等茶叶精深加工产品新品牌。

（二）浙江省红茶产业发展动态

2021年9月22~26日，省农业农村厅教育培训总站和省茶叶产业协会红茶分会在龙泉金福茶业有限公司联合举办"浙江省红茶标准化加工技术培训班"。全省各地70位茶企负责人和技术人员参加培训班，培训班学员认真学习"国内外红茶产业概况与发展趋势""红茶加工关键技术与装备""红茶适制茶树品种与栽培管理""红茶拓展利用与新产品开发""红

茶品质管控与审评技术"等课程,并参与红茶萎凋、揉捻、发酵、初烘、复烘实操培训。

2021年全省有97件有效茶样参加"浙茶杯"优质红茶推选活动。根据《优质红茶推选规则》,组委会从专家库中抽取8位专家组成专家审评组,按编号对参选茶样进行感官品质和品牌建设水平审评,并经农残检测,产生70件获奖产品。杭州余杭车坑坞茶厂"径心"牌红茶等10件产品获得金奖(见表8),杭州千岛玉叶茶业有限公司"淳农"牌红茶等10件产品获得银奖,杭州白头红茶业有限公司"白头红"牌红茶等50件产品获得优胜奖。

表8 2021年"浙茶杯"金奖红茶名单

序号	企业名称	品牌
1	浙江九曲茶业开发有限公司	九曲惠明
2	浙江龙泉阳光农业有限公司	龙泉红
3	杭州余杭车坑坞茶厂	径心
4	龙游吴刚茶叶专业合作社	三衢味·龙游红
5	绍兴市上虞觉农茶业有限公司	虞阳红
6	宁波市奉化区雪窦山茶叶专业合作社	雪窦山
7	浙江天瑞贸易有限公司临安茶叶加工厂	天也
8	浙江亿养道健康科技有限公司	本乡
9	天台山云露茶业有限公司	天台山茶婆
10	浙江龙泉地阳红生态农业有限公司	周岱村

资料来源:浙江省茶叶产业协会。

三 近年来浙江省茶叶发展主要政策与措施

为深入推动浙江省茶产业在"十四五"期间高质量发展,根据《农业农村部 国家市场监督管理总局 中华全国供销合作总社关于促进茶产业健康发展的指导意见》精神,《浙江省农业农村厅关于深入推进茶产业高质量发展的实施意见》出台，提出以"生态高效、特色精品"为目标，发挥浙江省茶产业资源与传统优势，加强组织领导、增加政策扶持、创新发展机制、强化指导服务。

浙江省以"生态高效、特色精品"为目标，深入实施茶叶领域农业"双强"行动，持续推进生态茶园、机器换人、数字赋能和全产业链建设，着力构建茶文化、茶产业、茶科技"三茶"统筹和"三产"融合的现代茶业体系。

（一）茶产业高质量发展

为深入贯彻落实全省农业高质量发展大会精神，统筹推进茶文化弘扬、茶产业发展、茶科技创新，全面推动茶产业转型升级和高质量发展，不断提升茶产业竞争力，《浙江省农业农村厅关于深入推进茶产业高质量发展的实施意见》出台。该意见提出了"十四五"期间全省茶产业发展主要目标，即到2025年，全省茶园面积稳定在300万亩，产量保持在20万吨左右，第一产业产值超过300亿元，茶叶全产业链产值突破1500亿元；明确了八个方面主要任务，即优化茶叶区域布局、大力实施生态茶园建设、加强先进实用技术研发推广、着力提升加工和综合利用水平、强化主导品牌和市场培育、深入开展数字化技术研发与应用、加大力度培育新型经营主体、推进产业融合发展与文化兴茶。该意见将引领"十四五"期间浙江省茶产业高质量发展，具有重要指导意义。

省农业农村厅有关负责人表示，坚持"三茶"统筹发展，有利于推动浙江省茶产业高质量发展，培植新优势，促进茶农增收致富。全省各地要做好茶文化的挖掘、弘扬和交流，全方位多途径提升茶文化资源应用价值，培育茶文化展示平台，组织开展形式多样的浙茶宣传、体验活动，大力培育茶文化组织，积极参与国内国际茶文化活动；要大力实施农业"双强"行动，集聚科研力量，培育新品种，建设茶苗繁育基地，健全茶苗交易体系，重点研制茶园耕作、植保、施肥及名优茶智能化采摘机械等先进装备；要推进茶产业大脑建设，开发完善重大应用场景，大力推广"浙农码"，拓宽数据收集领域和主体应用面,培育产业发展新优势;要推进生态茶园建设、提升精深加工水平、深化茶旅融合发展,实现强链补链。

(二)疫情下的茶产业政策及其成效

面对疫情来袭,浙江省茶叶主管部门在 2020 年 2 月初发布了《新冠疫情下春茶生产应对措施》,浙江成为全国最早提出应对措施的省份之一。各地、各主体密切关注疫情及有关防控措施变化,及时调整生产安排,重点做好采茶工和加工工防疫安全培训,创新采取了茶园分区块错开采摘和分散收青、独立承担加工过程的一个环节等有效措施,提高机采和连续自动化生产线加工等的比例,减少茶厂用工数量和人员集聚。

浙江省级层面出台支持小微企业渡过难关 17 条、农产品稳产保供贷款政策性担保等农业普惠政策。温州给予茶业招工、交通、防疫物资等一次性补助,实行金融扶持政策以缓解企业资金压力;湖州出台春茶生产四大专项支持政策,首创采茶工新冠隔离险,加快低温保险理赔,实施抗疫支农贷并给予规模基地(采摘 30 亩以上)一次性补助;新昌、安吉出台政策,对用电用气、采制工资、物流费用和市场经营物业费等方面进行补助;杭州西湖区对茶企收购本地茶叶、茶农安全防护等方面发放 600 万元补助。

四 近年来浙江省茶叶发展主要关注的问题

(一)疫情影响下的浙江茶产业

浙江是产茶大省,春茶期间全省共需要采茶工 158.4 万人,2022 年 3 月底已经在岗的采茶工有 143.8 万人,其中浙江本省的有 105.7 万人,省外的采茶工有 38.1 万人(占 26.5%),中间还有 14.6 万人的缺口,占总的需求量的 9.2%,比 2021 年高,采茶"用工荒"的现象比上年更加明显。

为了确保春茶生产和疫情防控两手抓、两不误,浙江省主要采取了以下措施。

省新型冠状病毒肺炎疫情防控工作领导小组办公室和省农业农村厅明确针对春茶采摘期间疫情防控的相关措施。一是严格实行省外来浙采茶人员的"进入浙江"和"上岗采茶"前的全流程闭环管理，建立起采茶人员的登记报备、封闭管理等制度。对茶叶的交易市场实施限流，严防人员大量集聚。同时帮助用工企业做好核酸检测、防疫物资配备、用工包车以及防疫管理，在这些方面都是给予了政策倾斜。二是坚持"谁用工，谁负责"的原则，明确乡镇村社属地责任、部门行业管理监管责任，以及生产经营单位的主体责任、采茶人员经纪人直接管理责任。三是深入村社、企业、市场进行调研指导，检查疫情防控措施落实到位情况，了解掌握采茶用工缺口情况，指导调度各地根据不同茶园、不同品种实行错时错峰采摘。四是做好春茶生产指导和疫情防控措施落实的同时，管理部门积极引导茶农和企业利用网上农博、电商平台以及直播等方式拓展销售渠道。

建德一方面挖掘自身潜力，发动所属各村新增0.2万名闲置劳动力参与采茶；另一方面引进贵州、山东、河南等地0.2万名采茶工，基本解决了用工缺口问题。余杭落实采茶工接送包车补助政策，合计补助金额382.9万元。淳安对外来采茶工的包车拼车给予单程一次性交通全额补助，共补助35.6万元，并协调企业、乡镇做好外来采茶工有关防疫服务。

随着疫情防控常态化，各地积极出台扶持政策，帮助企业渡过难关。富阳区、建德市成立春茶生产服务专班，派出专家服务队对规模茶企开展"一对一"服务。出台政策促进春茶生产。如绍兴市落实茶产业高质量发展奖补政策，兑现2020年度奖补资金近300万元。建德市出台《建德市积极应对疫情支持乡村产业发展十条意见》，对规模基地春茶生产给予100元/亩的一次性补助，疏解无加工能力茶农鲜叶销售困难，对收购茶农鲜叶2.5吨以上、5.0吨以上、7.5吨以上的茶企合作社，各给予1万元、2万元、3万元的奖励。淳安县对贷款用于春茶产销的，给予最高6个月的3‰贴息补助，对投产良种茶园30亩以上的，给予50元/亩的一次性采收服务补助。西湖区出台《西湖区新冠肺炎疫情期间春茶生产扶持政策》，对茶企按照本地茶叶的收购量、收购金额给予一定比例的财政补助。

（二）茶园面积发展合理化

随着土地资源的不断减少、山地森林资源的保护，浙江省近几年限制新开茶园，茶园面积有减无增。《农业农村部　国家市场监督管理总局　中华全国供销合作总社关于促进茶产业健康发展的指导意见》指出："引导高纬度、高坡度非适种区逐步退出茶叶种植。禁止在生态脆弱地区发展茶产业，严禁违规占用永久基本农田建设茶园。"

2021年1月，《浙江省人民政府办公厅关于坚决制止耕地"非农化"防止耕地"非粮化"稳定发展粮食生产的意见》印发。该意见提出坚决防止耕地"非粮化"，其中提出禁止占用永久基本农田种植水果、茶叶等多年生经济作物。这项政策对依赖于开发农田种茶的茶区来说，茶园面积的增加将受到极大的限制。

在茶园土地流转方面，浙江省积极引导地方茶园流转，小农小片的茶园通过流转，实现茶叶专业化分工和组织化协作，促进产业要素向龙头企业（合作社）整合集聚，进一步增强茶叶龙头企业发展动力和活力，提高市场竞争力。

（三）茶叶生产机械化

浙江以名优茶为主导，茶叶外形要求高，对采摘劳动力依赖大，采茶工工资每年以10%左右的速度递增，名优茶机采技术还跟不上农业现代化步伐，全程"机器换人"一时还难以实现，采茶工短缺因素仍在制约产业发展。

局部采茶工仍然紧缺。受疫情影响，2020年本地劳动力出门务工受限，农村劳动力充足，采茶工紧缺现象稍有缓解。外出务工如常后，部分地区采茶工恢复紧缺状态。同时闽北武夷岩茶、闽东福鼎白茶产业发展快，导致采茶工紧缺加剧，采茶工工资普遍在200~300元/天，高于浙江平均的174元/天，特别是大大高于附近文成、平阳的110元/天，部分浙南采茶工流向闽北、闽东。

采茶工老龄化加剧。采茶工人群较为固定，以农村老年妇女劳动力为主，随着时间推移，采茶工平均年龄不断增大。一些企业采茶工平均年龄已在70周岁以上，很多已过意外险购买年龄。采茶工老龄化带来了用工效率下降和用工风险增加。

浙江茶产业以全程机械化为目标，以耕作、采摘、加工机械化为当前工作重点。耕作方面，在中耕、覆盖、施肥、植保等方面开展研发、中试、示范、推广工作，丰富机械种类，推广"无人机"植保。采摘方面，根据茶类特点和技术成熟度，分层次推进，大宗茶和优质茶以技术提升与普及为主；名茶以试验熟化与示范推广为主。加工方面，根据不同茶区和主体的产品特点与要求，研发和应用连续化、自动化、数字化加工生产线，试点数字化工厂。进一步扩大茶叶生产加工机械（设施）购机补贴范围，重点支持连续化加工生产线，引导茶叶加工产业升级。

2022年3月，第三代名优茶采摘机器人在中国农业科学院茶叶研究所嵊州茶叶综合实验基地进行调试。该机器人可助力龙井茶等名优茶采摘，能够精准识别茶树新梢嫩芽，并利用3D定位进行精准采摘。期待通过构建"数字茶业"生产新模式，有效提高茶叶生产效能，破解高档名优茶采摘难题。

机采是浙江省茶叶采摘发展的大趋势，大面积推广势在必行。到2020年浙江全省分别有72850台茶叶修剪机和13044台采茶机。在大宗茶机采方面，全年机采面积406890亩、产量54521吨、产值107681万元，平均节本增效8.68元/公斤，累计增收3658万元；在名优茶机采方面，全年机采面积179016亩、产量13030吨、产值148137万元，平均节本增效12.17元/公斤，累计增收15858万元。

（四）茶叶品牌建设及管理

1. "茶叶正品保真保险"

浙江首批授权的100多家茶企采用联保的形式投保"茶叶正品保真保险"（中国太平洋财产保险股份有限公司杭州分公司协作），这是全国首创

的"组团联保—质量鉴定—保险代偿"全程可溯可诉模式。承保茶企销售的所有批次西湖龙井茶做到防伪码、号段、保险单一一对应。自2021年起，如果消费者对购买到的茶叶质量有疑问，经西湖龙井茶质量鉴定中心进行鉴定，若结果为不符合产品质量的茶叶，将由保险公司进行理赔。这一实践必将为我国公用品牌管理提供可借鉴的浙江经验和"西湖龙井"样本。

全程可溯可诉的公用品牌"西湖龙井"模式新鲜出炉，为更好地保障消费者权益，提升"西湖龙井"品牌任信度，杭州市西湖龙井茶管理协会依托农业农村部茶叶质量监督检验中心成立了西湖龙井茶质量鉴定中心，开展西湖龙井茶检验检测工作。

2. 《杭州市西湖龙井茶保护管理条例》

2021年11月25日，浙江省第十三届人大常委会第三十二次会议批准了杭州市第十三届人大常委会第三十八次会议审议通过的《杭州市西湖龙井茶保护管理条例》，自2022年3月1日起施行。该条例提出，包装销售时，要在包装显著位置加贴西湖龙井专用标识。网络销售还要在产品介绍页面显著位置明确示意。不能转让、赠与、借用，以及故意遮挡、污损。西湖龙井茶生产企业之间、生产企业和农户之间的交易，应直接划转西湖龙井茶数字化管理系统中的西湖龙井专用标识数据，不得转让领取的专用标识。该条例规定，违反以上行为的，将由相关部门责令限期改正，逾期不改正的对个人处最高1万元罚款，对单位处最高5万元罚款。任何单位或者个人不得伪造、擅自制造西湖龙井专用标识，或者销售伪造、擅自制造的西湖龙井专用标识。违者由相关部门责令停止违法行为。违法所得5万元及以上，可处违法所得5倍以下罚款；不足5万元的，可处20万元以下罚款。

五　近年来浙江省茶叶发展主要研究结论

（一）茶产业集群建设有助于提升产业竞争力

发展产业集群，有助于不断提升产业竞争力。坚持综合运用集群效应带动区域茶叶生产，由龙头企业主导，地方公用品牌和企业品牌共同经营，政府部门提供技术支撑、设施保障等，形成茶产品特色鲜明、优势集聚、竞争力较强、效益良好的农产品集中生产区域。

浙江省茶产业致力于区域布局的进一步优化，产业集中趋势凸显，逐渐形成了龙井茶、白化茶、早茶、其他特色茶4个优势产区。浙江茶产业集中度、竞争力不断提升；四大产区中，白化茶和早茶产区已形成集群，龙井茶产区具备一定集群基础；各地市中，湖州市、丽水市、衢州市已形成产业集群，绍兴市具备一定集群基础。建议各产区坚持培育特色精品，发挥禀赋特长，推进差异化发展。

2020年，浙江省开展了"浙南生态早茶优势特色产业集群"项目建设，首次在浙江茶产业中提出了集群建设，并每年投入财政资金5000万元，产业集中度和全产业链水平显著提升。

2021年，浙江省认定5个茶叶类特色农产品优势区：磐安县龙井茶特色农产品优势区、柯桥区日铸茶特色农产品优势区、宁海县望海茶特色农产品优势区、江山市香茶特色农产品优势区、遂昌县香茶特色农产品优势区。

浙江省茶叶产业化联合体稳步发展，杭州市余杭区茶叶产业化联合体、建德市苞茶产业化联合体、余姚市瀑布仙茗茶叶产业化联合体、绍兴市柯桥区茶叶产业化联合体、金华市婺城区箬阳龙珍茶产业化联合体、诸暨市绿剑茶产业化联合体、新昌县茶叶产业化联合体、磐安县云峰茶叶产业化联合体、天台县茶叶产业化联合体获评第二批"省级农业产业化联合体"。

（二）经典案例评析（茶产业大脑）

2023年5月21日上午浙江茶产业大脑在杭州第五届中国国际茶叶博览会现场正式发布。浙江茶产业大脑打通种植、加工、流通、服务等全环节的业务流和数据流，构建"161+N"核心构架，即1个能力中心、6个业务场景、1批未来茶场、N个地方特色应用，通过主体全上线、地图全覆盖、业务全闭环、服务全集成、一码全贯通，实现了"从茶园到茶杯"全链条管理服务的数字化应用。该应用还包括一个包含主体数据、生产数据等的茶叶专题数据库，以及一幅茶产业地图，可以通过"浙里办""浙政钉"等多端触达。消费者可以通过应用里的溯源码，查询茶叶成品的产地以及茶树鲜叶的品种、采摘时间、品质等级等信息，公司可通过使用"溯源称""PDA扫码枪"录入产品信息。浙江茶产业大脑已集成了一批地方特色应用和未来茶场数字化管理系统。如围绕"数字生态茶园"建设，以全域统防统治的杭州市西湖区为例，实时的空气和土壤等环境数据、月度虫情分析、杀虫灯设备状态、植保员所管辖的村社茶园图斑和巡查日志，以及无人机飞防作业轨迹、作业效果评价等信息与数据一目了然。浙江茶产业大脑现有注册主体用户6.7万户。

各茶叶产地在基础应用功能之外，可以根据实际需求再开发迭代特色模块，以及特色化应用场景，在共享数据和路径之下，地方应用模块可保障浙江茶产业大脑的良性循环并为企业赋能。

以新昌县茶产业大脑为例，其含涉农数据专题库1个、驾驶舱1个、应用子场景6个，推出产业指数、线上账本、新昌茶卫士等16项服务内容。实现服务集成化、监管全闭环、一码全贯通，促进茶产业转型升级，以数字化改革为牵引推动共同富裕。

全流程茶产业指数借助卫星遥感、互联网自动抓取等技术，汇集气象、病虫害、交易等数据，建立涉农数据专题库，通过对库内数据进行抽取、验证、转换等技术处理，为育苗、生产、加工等提供预防和监测服务、发布农业和茶叶气象专题服务等，茶叶气象指数成为低温保险赔付有效依据。

线上账本结合在浙江省大力推行的"浙农码"，集卖鲜叶、收干茶、码上记录等功能于一体，接入52个气象观测站物联网平台，利用传感器、视频监控等设备，采集温湿度、光照强度、图片等农业生产环境数据，通过扫码即可查看茶园农事操作、投入品使用、产量和销售等信息，助力茶园管理更高效、更精准，同时贯通茶企、茶叶加工大户、茶农等各方茶叶生产信息，实现茶叶质量安全可追溯。

新昌茶卫士依托中国农业科学院茶叶研究所研究成果，智能识别防治病虫害，解决茶园病虫害识别难、用药乱等问题。通过病虫害数据归集、处理和分析，绘制数据模型，建立茶叶病虫害识别防治数据库，可自动识别茶叶病虫害85种，识别准确率90.36%，对茶叶实行红、黄、绿"三色健康码"管理，帮助茶农实时掌握病虫害的危害程度和危害范围，保障茶园生产安全。

参考文献

杨晓晶：《茶叶市场发展渐入正轨》，《中国食品报》2022年2月10日。
熊竟宏：《浙江省茶叶产业竞争力提升研究》，硕士学位论文，河南工业大学，2021。
夏兵、刘东红、何晨蕾：《以现代茶产业高质量发展助力共同富裕示范区建设的路径探索》，《农产品加工》2023年第14期。
袁凯：《从大到强，中国茶业如何破题》，《小康》2023年第1期。
浙江省茶叶产业协会：《2021年浙江茶行业十大新闻》，《中华合作时报》2022年2月22日。
任苧、陆德彪、刁学刚：《浙江茶情（3）》，《茶叶》2022年第3期。
范旻澜：《苏州碧螺春制作技艺入选世界非物质文化遗产的措施》，《文化产业》2023年第8期。
陆德彪、金晶、毛祖法：《浙江省茶科技与产业现状及"十三五"思考》，《茶叶》2015年第4期。
蒋之炜、顾惠波、杨敏：《"三茶"统筹促进茶文旅融合高质量发展及乡村共富——以淳安千岛湖鸠坑茶为例》，《福建茶叶》2023年第6期。
朱山姊、吴水女：《基于SWOT-PEST模型的浙江省开化茶产业竞争态势研究》，《福建茶叶》2023年第5期。
《农业农村部国家市场监督管理总局中华全国供销合作总社关于促进茶产业健康发展的指导意见》，《农业工程》2021年第9期。

B.9
安徽省茶产业发展研究报告

孙晨 李大祥 沈周高 孙桐*

摘　要： 2022年，安徽省茶园种植面积稳定在320万亩，其中开采茶园面积297.29万亩；干毛茶产量16.95万吨；茶叶综合产值达到734.68亿元。安徽省茶产业发展成效凸显——产值规模稳中有进、绿色防控初显成效、茶园管理提档升级、经营主体稳步壮大、精深加工快速发展、对外贸易稳扎稳打等，但仍然存在生产成本持续提高、亩均效益未充分挖掘、现代化管理水平较低、品牌宣推重点不突出、科技支撑力度不够等问题。

关键词： 绿色防控　"三茶"统筹　安徽省

安徽位于长江、淮河中下游，生态环境优越，同时拥有江南、江北茶区。安徽产茶历史悠久，早在《桐君采药录》中就有相关文字记载，"酉阳、武昌、庐江、晋陵，皆出好茗"，当时江淮大地就有了种茶、制茶的历史。唐代敦煌遗书《茶酒论》中有"浮梁歙州，万国来求"的记载，更是展现了历史上徽茶贸易空前繁荣的景象。徽茶品类齐全，涵盖绿茶、红茶、黄茶、黑茶、白茶以及乌龙茶六大茶类，且名茶品类数量位列全国第一。2022年11月29日"中国传统制茶技艺及其相关习俗"被列入《联合国教科文组织非物质文化遗产名录（名册）》，其中包括安徽省黄山毛峰、太平猴魁、祁门红茶、六安瓜片制作技艺项目。

---

* 孙晨，安徽省农业农村厅种植业管理局科长，研究方向为茶叶等经济作物生产管理；李大祥，安徽农业大学茶与食品科技学院院长、博导、教授，安徽省茶业学会理事长，研究方向为茶学教育、科研和产业服务；沈周高，安徽农业大学茶与食品科技学院党委副书记、硕导、研究员，安徽省茶业学会副理事长兼秘书长，研究方向为茶学教育、科研和产业服务；孙桐，安徽省茶业协会办公室主任，研究方向为茶产业服务。

一 安徽省茶产业发展概况

（一）产值规模稳中有进

安徽省共有10个市56个县（市、区）产茶，茶农300多万人。2020~2022年，安徽省茶园种植面积与开采茶园面积呈现稳中稍进态势，茶叶产量与产值稳步提升。据农业行业调度，2022年，安徽省茶园种植面积稳定在320万亩，其中开采茶园面积297.29万亩，较"十三五"末增长8.94%；干毛茶产量16.95万吨，较"十三五"末增长22.03%；干毛茶产值203.73亿元，较"十三五"末增长39.38%；茶叶综合产值达到734.68亿元，较"十三五"末增长53.92%（见表1）。茶叶出口量6.21万吨，出口额2.45亿美元。

表1 2020~2022年安徽省茶产业发展情况

年份	茶园种植面积（万亩）	开采茶园面积（万亩）	全国位次	干毛茶产量（万吨）	全国位次	干毛茶产值（亿元）	全国位次	综合产值（亿元）
2020	316	272.90	6	13.89	8	146.17	8	477.32
2021	320	289.59	6	15.27	8	182.53	8	614.91
2022	320	297.29	6	16.95	8	203.73	8	734.68

资料来源：农业行业调度。

2020~2022年安徽省六大茶类生产情况见表2。

表2 2020~2022年安徽省六大茶类生产情况

单位：吨

年份	绿茶	红茶	乌龙茶	黑茶	白茶	黄茶
2020	119078	10705	0	422	0	8695
2021	132599	10754	25	540	40	8751
2022	141938	12169	26	2710	96	12511

资料来源：农业行业调度。

（二）绿色防控初显成效

近年来，安徽省重点聚焦茶叶质量效益提升，先后实施绿色高质高效、有机肥替代化肥等项目，集成推广绿色技术模式，推动茶叶生产减肥减药增效。2020年，全省建成高标准良种茶园、生态茶园110万亩，实施绿色防控茶园160万亩，"三品"认证茶园255.36万亩。截至2022年，全省茶园绿色防控覆盖面积已达214.32万亩，占开采茶园面积的72.09%；获得绿色食品认证茶园65.50万亩、有机食品认证茶园32.04万亩，分别占开采茶园面积的22.03%和10.78%，均高于全国平均水平。黄山市作为安徽省第一大产茶市，连续三年推行全域茶园绿色防控。

（三）茶园管理提档升级

安徽省茶叶生产以绿茶和红茶为主。近年来，各地在大力发展传统名茶和黄（白）化名茶、巩固名优茶基本盘的同时，开展生态化、标准化、宜机化（以下简称"三化"）茶园创建，促进名优茶品质和夏秋茶资源利用率双提升，带动茶农增效增收。全省已建成"三化"茶园53个，生产管理机械化率均超过50%。

（四）经营主体稳步壮大

安徽省现有国家级龙头企业6家、省级龙头企业63家。全省年营收超亿元企业达20家。在2022年中国茶业百强县中，安徽省有10个县入选；在2022年中国茶业百强企业中，安徽省有14家企业入选。首批全国优势特色产业集群——徽茶产业集群全产业链产值达400亿元。

（五）精深加工快速发展

面对当前新式茶饮产业快速增长的市场规模，安徽省各地积极引入茶饮料、茶叶萃取等精深加工产品线，开发生产代用茶、调味茶、三角袋泡茶、精品小包装茶等新式茶饮产品，为夏秋茶资源开发与利用提供了巨大市场。中国科学技术大学茶业创新团队研发的冬茶及其衍生品，在全国茶领域已产生一定影响力，其中，冬茶啤酒、冬茶冰酒、冬茶黄酒等制作工艺已走在全国前列。

（六）对外贸易稳扎稳打

2020~2022年，安徽省茶叶出口量稳定在6万多吨，稳居全国第二位；出口额稳定在2亿多美元，稳居全国第三位。2022年，受国际新冠疫情防控和消费市场紧缩双重因素影响，茶叶出口量、出口额及出口均价出现下滑态势（见表3）。

表3 2020~2022年安徽省茶叶出口情况

年份	出口量（万吨）	同比增长（%）	出口额（亿美元）	同比增长（%）	出口均价（美元/千克）	同比增长（%）
2020	6.64	10.65	2.80	12.88	4.22	2.01
2021	6.77	1.96	2.87	2.50	4.24	0.47
2022	6.21	-8.27	2.45	-14.63	3.95	-6.84

资料来源：农业行业调度。

2022年，绿茶依然是安徽省最大的出口茶类，出口量5.90万吨，占95.01%，出口额2.30亿美元，占93.88%；红茶为第二大出口茶类，出口量0.25万吨，占4.03%，出口额0.12亿美元，占4.90%；乌龙茶位居第三，出口量0.04万吨，占0.64%，出口额0.01亿美元，占0.41%。

2022年，安徽省出口额前5位贸易伙伴依次为加纳、多哥、塞内加尔、毛里塔尼亚、阿尔及利亚，出口额分别为7858.55万美元、3089.04万美元、2843.79万美元、2506.67万美元、1391.49万美元，合计占72.24%。

（七）茶旅融合效应显著

全省努力做强第一产业、做优第二产业、做活第三产业，发挥三产融合的乘数效应。通过深入挖掘茶产业多功能性，使茶产业与休闲、旅游、文化、科普教育、研学、康养等产业深度融合，取得了显著的经济效益和社会效益。目前，安徽省主产茶市已兴建了一批茶叶主题景点，包括谢裕大、松萝、天之红、祥源等茶叶博物馆，谢裕大茶博园、六安茶谷等茶主题公园。通过生态、绿色、休闲、体验、养生相结合的方式，带动当地茶叶消费和经济增长。

（八）名茶品牌广受认可

安徽省以区域公用品牌为引领，建立健全"一个公用品牌、一套管理制度、一套标准体系、多个经营主体"的公用品牌管控体系，实施"区域公用品牌+企业品牌"双品牌扩张策略。在2017年由农业农村部主办的首届中国国际茶叶博览会上，"六安瓜片""黄山毛峰"获得全国十大区域公用品牌称号，"祁门红茶"获得优秀区域公用品牌称号，安徽成为入选品牌最多的省份之一。近年来，安徽省举办中国（黄山）茶业发展大会、安徽国际茶产业博览会等活动，组织主产茶市抱团赴杭州、上海、北京等地参展办展，有效提升了徽茶在销区的知名度。根据《2023中国茶叶区域公用品牌价值评估报告》，"四大名茶"品牌价值均超过40亿元。在区域公用品牌带动下，企业品牌市场竞争力日趋强劲。在"中国茶业畅销品牌"评选前30名中，安徽省独占1/3。

（九）科技创新优势显著

安徽省不仅拥有全国唯一的茶学国家重点实验室——茶树生物学与资源利用国家重点实验室，而且以安徽农业大学、安徽省农业科学院茶叶研究所、中国科学技术大学茶业创新团队等为依托构建了完备的茶科技支撑体系。在茶学基础研究、应用研究、应用性成果转化等方面优势明显，具备了茶叶种植、采摘、加工，茶资源综合利用、深加工、文化内涵及健康功能发掘等全产业链技术研发能力。此外，建设了以省茶叶产业技术体系等为依托的技术研发体系，以及以安徽省茶业学会、安徽省茶业协会、安徽省茶文化研究会、安徽省茶产业标准化技术委员会等为依托的"三茶"统筹服务体系。

有关部门重点支持安徽农业大学宛晓春教授团队联合美亚光电、谢裕大等企业，研发茶叶加工生产技术和装备，主持完成的"绿茶自动化加工与数字化品控关键技术装备及应用"项目，荣获2020年度国家科学技术进步奖二等奖。谢裕大、祥源等规模以上茶企均完成机械化、连续化、清洁化、数字化加工线改造升级。

2022年由安徽农业大学宛晓春教授主持的"黄茶加工关键技术体系创新与健康属性挖掘"项目荣获2021年度安徽省科学技术奖一等奖。谢裕大茶叶博物馆等获批为全国科普教育基地。

（十）茶叶标准引领发展

建立健全茶产业标准体系，累计制定、修订茶叶基础、质量、方法、物流等地方标准50余项。充分发挥安徽省茶科技优势，抢占茶叶国际话语权，安徽农业大学宛晓春教授主持起草并发布国际标准《茶叶分类》（ISO 20715：2023）。按照标准推进加工筛分、色选分级、智能拼配等装备普及，全省新建或改造机械化、连续化、清洁化、数字化加工线240余条，黄山毛峰、六安瓜片、祁门红茶、太平猴魁等均已实现加工全程不落地。

二 近年来安徽省茶叶发展主要政策与措施

（一）推动产业振兴政策落地

1. 强化工作部署

省委、省政府、省政协主要领导和分管领导多次做出批示，实地调研指导。省政府先后3次主持召开专题会议，统筹协调解决难点、堵点，研究部

署推进重点工作。

2. 优化政策设计

省政府办公厅印发《关于推动茶产业振兴的意见》（皖政办秘〔2021〕28号），省农业农村厅编制《安徽省绿色食品产业（茶）全产业链发展指引》，以打造千亿级徽茶产业为目标，明确发展路径、具体任务和保障措施。省财政厅、省农业农村厅统筹安排专项资金用于支持茶产业，按照"县级补基础短板、市级抓统筹提升"的思路，优化资金投向，合力推进徽茶产业振兴。

（二）推动生产加工转型升级

1. 推进"三化"茶园建设

省农业农村厅围绕"两强一增"行动目标和任务，组织开展生态化、标准化、宜机化茶园创建，形成建设技术规范和认定指标体系，引导各地因地制宜扩大生产。

2. 推进茶叶绿色高质高效示范创建

安徽省先后在岳西、石台等9个县推进茶叶绿色高质高效示范创建，选育推广无性系良种，应用推广茶园绿色防控、有机肥替代、机采机管及加工线改造等绿色生产加工技术。示范区绿色防控覆盖率达到100%，化肥施用量平均减少约15%。

3. 推进夏秋茶资源开发利用

加强夏秋茶产品功能性研究，发现老干烘（又名黄大茶）显著降血糖功效，深度对接长三角市场，带动全省黄茶产量、产值实现六连增。黄山市积极引进规模以上深加工企业11家，建立产地直供新模式，与全国近90%的新式茶饮生产商建立合作关系。

（三）推动经营主体做大做强

1. 开展茶产业"双招双引"

省农业农村厅成立绿色食品产业"双招双引"工作领导小组，设立工作专班，用市场逻辑、资本力量、平台思维大力开展茶产业"双招双引"。截至2022年底，茶产业"双招双引"项目总数达122个，投资总额达121.26亿元。

2. 培育产业化龙头企业

加强本地领军茶叶企业的培育，充分发挥农业产业化基金的引导作用，引入更多茶产业投资者，推动新技术、新产业、新业态、新模式等"四新"龙头企业发展。持续开展"四送一服"双千工程，切实为企业解决产业发展中的问题。

3. 建成优势特色产业集群

连续三年实施全国优势特色产业集群创建项目，重点加强茶叶产品加工营销体系及产业经营组织体系建设，加强加工、保鲜、包装等新装备集成应用，加速物联网、区块链、人工智能等新技术赋能茶产业。截至2022年底，产业集群累计实施子项目55个，总投资8.43亿元。

（四）推动区域公用品牌价值提升

1. 建立标准化体系

安徽省以区域公用品牌为引领，建立健全"一个公用品牌、一套管理制度、一套标准体系、多个经营主体"的公用品牌管控体系。完善"黄山毛峰""六安瓜片""太平猴魁""霍山黄芽"等地理标志证明商标管理办法，规范区域公用品牌授权使用，引导被授权主体按规定生产包装。

2. 实现数字化监管

引导1316家生产经营主体入驻省农产品质量安全监管与追溯平台，实施带证上网、带码上线、带标上市。黄山市实施全域茶园绿色防控，开展农残常态化检测抽查，建立质量安全"红黑榜"，全力打造茶叶无农残城市。

3. 实施品牌化推广

安徽省先后围绕"中国徽茶迎客天下"主题，举办中国（黄山）茶业发展大会、安徽国际茶产业博览会、国际茶日等活动。2022年，统筹省内

优势区域公用品牌，抱团赴北京、深圳、上海、西安等地参展，累计举办专题宣传推介活动30余场次。

（五）推动"三茶"统筹融合发展

1. 搭建"三茶"信息平台

充分发挥互联网传播优势，借鉴"按图索麦"成功经验，结合茶行业特色，以"名茶故里 按图寻茶"为主题，制作发布了全国首幅茶产业招商地图，将40余个名茶产区、20余个区域公用品牌茶及30余条茶旅精品线路上图。

2. 加速"三茶"体系融合

统筹指导省茶业协会、茶业学会、茶文化研究会发挥桥梁纽带作用，开展"三茶"统筹发展论坛、茶叶进校园等系列活动。省级成立了由安徽农业大学领衔的茶叶产业技术体系，参与规划设计、技术支撑及科技服务，推动科技、文化要素向茶产业集聚。

3. 加强"三茶"金融保障

针对近年来疫情防控对茶产业生产经营主体造成的冲击，省农业农村厅积极协调金融机构加大对中小微农业企业复工复产信贷支持力度，推荐101家茶企与金融机构对接。举办全省茶叶要素专项对接会，9家茶企与银行、担保等机构现场进行签约，签约金额达5050万元。

三 安徽省茶产业发展制约因素

（一）生产成本持续提高

安徽省高山茶园、生态茶园面积大，茶园道路、水利、电力等配套基础设施相对薄弱，且部分老茶园为20世纪70~80年代建立，良种覆盖率低，茶树老化、退化现象较为明显。但由于改造成高标准良种茶园投入成本至少需要5000元/亩，且连续投入三年后才能重新投产，生产经营主体改造积极性不高，茶园改造总体进度较慢。截至2023年，全省无性系良种茶园面积140余万亩，占开采茶园面积的比例未超过50%，较全国75%的平均水平仍有差距，特别是随着农村劳动力的逐年减少，在低海拔、低坡度适宜茶园推广无性系良种，提升茶园宜机化水平，将成为未来发展的主要趋势。

（二）亩均效益未充分挖掘

1. 茶园亩均产量低

安徽省茶产业结构以名优茶生产为主，春季茶叶鲜叶市场价格普遍较高，但到夏秋季茶叶鲜叶市场价格普遍较低，多数茶园只生产一季春茶导致亩均产量不足60公斤，低于全国亩均产量的70.93公斤。

2. 干毛茶均价未达预期

安徽干毛茶品质优越，均价达到120.27元/公斤，但相较于贵州的179.43元/公斤、浙江的145.38元/公斤仍有差距。2022年，全省茶园亩均产值6852.86元，纵向比较有较大进步，但横向比较，与福建的9607.02元、浙江的8894.13元仍有较大差距。

（三）现代化管理水平较低

全省共有茶叶企业5800余家，省级龙头企业63家，仅约占企业总数的1%。上市企业仅1家，且为新三板。一方面，茶企多为本地种茶或制茶大户，通过多代经营发展壮大，企业现代化管理水平相对不高，专业创新人才相对缺乏，一定程度上制约了茶企进一步做大做强。另一方面，茶叶生产投入成本高、风险大，且安徽省主产的名优绿茶、红茶消费周期短，社会金融资本关注度不高，导致茶企在发展过程中缺乏融资。全省年营收超2亿元的茶企虽已有9家，但市场话语权不足且辐射带动能力较弱。

（四）品牌宣推重点不突出

安徽省茶叶区域公用品牌近50个，数量较多，且其中不乏"黄山毛峰""六安瓜片"等历史名茶品牌，但同时拥有如"岳西翠兰"等多个新

创制品牌，也导致了多数主产市、县在品牌建设上"一心多用"。相比之下，浙江安吉通过政府统筹规划、加大财政投入、规范行业管理、集中宣传推介等措施，集全县之力主打"安吉白茶"一个区域公用品牌，其品牌价值由2011年的20亿元发展至2021年的45.17亿元。"祁门红茶"发展合力未高效形成，2023年品牌价值为39.89亿元，排名已从第9位下滑至第19位。

（五）科技支撑力度不够

安徽省高等院校、科研院所茶叶科技教育实力处于全国前列，但由于部分地方和企业对茶叶科技重视度不高，"政产学研推"融合不紧密，应届毕业生大量外流，科技人才与成果未能有效转化为生产力。同时，省级主管部门从事茶产业管理和技术推广的力量较为薄弱，各茶叶主产市虽设有茶叶局（站、办），但面临编制少、人员结构老化等问题，特别是基层农业技术推广队伍中，大多数是非专业技术干部兼职，打通茶叶"最后一公里"缺乏人才支撑。

四 安徽省茶产业下一步发展思路

安徽省委、省政府高度重视茶产业发展，将发展茶产业作为做好"土特产"和"农头工尾"增值文章的重要抓手，提出要将茶产业打造为安徽省十大千亿级绿色食品产业之一。未来，安徽省将进一步加大对茶产业的支持力度，健全利益联结机制，加快高质量发展步伐，把茶产业打造成安徽省优势产业、富农产业。

（一）健全产业发展机制

1. 加强统筹

充分发挥省茶产业发展联席会议制度作用，设立联席会议办公室，由省领导定期召开会议。有关市、县招考或选调专业技术人员专职开展茶叶管理与技术指导服务。组建一支从上到下的专职茶产业管理队伍,满足产业发展需求。

2. 优化政策

系统梳理安徽省茶产业政策,编制《推动茶产业振兴政策清单》,建立稳定的财政资金年度支持制度,分重点、分批次择优支持,建立财政资金支持涉茶高等院校、科研院所开展产学研合作从而服务茶产业的政策机制,加大科技特派团项目经费支持力度。

3. 健全立法

加快推进"安徽省促进茶产业发展条例"立法进程,建立健全政策体系和工作机制,加快形成政府引导、市场主导的茶产业发展格局;明确各级政府及其部门、生产经营主体责任,促进全产业链各环节有效衔接,有力推进徽茶产业振兴。

(二)夯实生产加工基础

1. 加强茶树种质资源保护

开展茶树种质资源普查、收集保存和鉴定评价行动,建立资源分布区域、类型、农艺性状和适制性等信息数据库,加快茶树种质资源共享平台建设,促进资源整合、保护、共享和利用。加强茶树繁育、茶叶生产企业与高等院校、科研院所等的联合协作,不断加大茶树新品种的培育和推广力度。

2. 加快"三化"茶园建设

充分发掘与利用安徽地方茶树种质资源,在安徽四大名茶和区域公用品牌专用的无性系良种选育上取得突破。持续推进低产低效茶园改造,建设生态化、标准化、宜机化茶园。推广绿色技术模式,推进开展化肥、农药使用量零增长行动,建立健全茶园绿色防控技术体系。在省级层面引领发力,倡导各茶叶主产区减少对化学除草剂的使用,助力茶产业绿色发展。

3. 提升茶叶加工能力

加强初制茶厂改造,建立绿色标准生产体系。支持开展数字化技术改造升级,推进名优茶加工智能化、标准化生产线应用,倡导冷链运输和标准化仓储。茶叶加工龙头企业要全部实现 SC 认证。以茶叶全价利用为重点，特别是夏秋茶资源的充分利用，深度开发黄大茶等新产品，开发专用茶叶原料产品，以强力推动新式茶饮、茶食品、茶日化品等系列产品产业化，加大以健康为导向的功能性茶产品开发力度。

（三）推动产业既大又强

1. 打造行业头部企业

支持优质龙头企业收购或并购中小型企业，鼓励社会资本进入安徽省茶产业。整合六大主产茶市部分优质关联企业，通过兼并、股权合作等多种形式，组建混合制省属大型茶业集团，强力带动安徽省茶产业发展，壮大四大名茶品牌，促进茶旅文康养融合，实现徽茶产业一体化发展。

2. 打造行业拳头品牌

打造四大名茶产业大脑平台，通过全程数字化智能化改造提升，实现产业数据的统一管理，满足追溯、管理、服务需求，让产品质量更安全、消费者更了解、管理者更清楚。树立品牌战略观念，通过招商、推介等形式，擦亮徽茶金字招牌。

3. 加大市场监管力度

监管部门围绕茶叶质量安全，依据行业管理体系，定期开展专项整治，严厉查处生产经营虚假宣传、假冒伪劣、以次充好、恶意侵权等违法违规行为。对生产经营企业严格监管，加强市场巡查和产品抽查抽检，建立企业和个体经营者诚信档案，完善信用信息查询和披露制度，引导企业和个体经营者增强诚信意识。建立有奖举报制度，动员社会力量参与举报假冒伪劣行为。

（四）推动产业融合发展

1. 创新市场营销体系

支持线上与线下相结合的销售模式，创新发展线下销售渠道，全力打造"生态徽茶"，以绿色生态或有机、健康、高品质茶产品的打造，开拓长三角高端茶叶消费市场。加大对东北、华北、西北及皖北等主销区市场的开拓力度，对在销区开展宣传推介的地市政府给予财政支持，对开设"生态徽茶"主题门店的经营主体予以政策奖补。积极融入国家"一带一路"重大倡议，充分利用中欧地理标志互认、中欧班列扩量提质等，积极拓展国际市场，推动茶叶出口转型升级。

2. 营造茶产业文化氛围

加大对茶文化挖掘、研究、保护、传承、推广的支持力度，在全省遴选更多具有超高价值的传统制茶技艺及其相关习俗，依法列入《联合国教科文组织非物质文化遗产名录（名册）》，并认定代表性传承人。投入资金，支持对古茶树、茶号、茶道等茶历史文化及遗迹（址）开展普查整理，加以详细登记备案，划定保护范围、制定保护措施。推进茶文化列入中小学课程内容。同时，鼓励与支持传统媒体、新媒体、自媒体等开设茶频道、茶专刊、茶专栏，弘扬徽茶文化，促进产业发展。

3. 丰富产业业态

按照"生产基地标准化、加工营销集群化、经营体系一体化、要素集聚先进化、利益联结共赢化"全产业链提升思路，统筹各地资源，优化专业分工，再打造一个安徽茶产业集群。适应茶叶消费新形势和不同群体不断升级的消费需求，创新流通和消费业态。支持电商、物流、商贸、金融等企业参与茶叶电子商务发展，大力扶持名优茶跨境电商，培育网络营销、直播带货等新业态。鼓励茶叶主产市、县打造茶旅精品线路、茶旅精品园区、茶旅特色小镇，开发"茶旅+民宿""茶旅+研学"等茶旅融合新业态。

（五）加强产业要素保障

1. 加强用地保障

统筹谋划重大茶产业项目，将重大茶产业项目专项规划纳入正在编制的国土空间规划范围，科学确定村庄分类，统筹布局农村一二三产业整合发展项目用地和配套基础设施、公共服务设施，适量布局集体经营性建设用地，为茶产业发展提供空间保障。新增建设用地计划继续向农村地区倾斜，鼓励

在符合村庄规划和集体建设用地管控要求的前提下,通过自主经营、合作经营、委托经营等方式对依法登记的宅基地等农村建设用地进行复合利用,发展茶产业初加工、茶旅融合等农村新产业新业态。

2. 加强科技人才保障

支持茶产业科技创新,完善由安徽农业大学等科研队伍牵头打造的茶科技支撑体系,引导茶企成为科技创新主体,扶持其与高等院校、科研院所加强合作,共同建立重点实验室、院士(专家)工作站等,开展技术创新和先进装备研发。强化专业人才队伍建设。支持安徽省有条件的高等和中职院校开设涉茶专业,培养茶产业发展后备人才;充实地方茶叶农技推广人员;发挥安徽省茶产业教育资源优势,培育一批茶产业领军人才、技术团队和企业家。

3. 加强金融保障

充分调动主产市、县政府积极性,特别是引导县级政府加大对茶产业的财政资金投入。积极拓展茶产业直接融资渠道,引导社会资本投向茶产业。鼓励农业保险经办机构开发茶叶专项险种,有效防范自然风险与市场风险。

参考文献

杨进华、张军:《安徽省茶产业发展现状及对策建议》,《中国农技推广》2023年第11期。

安徽省茶叶行业协会秘书处:《安徽省茶产业"十四五"发展规划建议(2021—2025)》,《茶业通报》2022年第1期。

安徽省茶叶行业协会:《2021年安徽茶叶行业十大新闻》,《中华合作时报》2022年1月11日。

B.10
广东省茶产业发展研究报告

陈皓阳*

摘　要： 作为茶叶消费大省和流通大省，2020~2022年，广东省茶园面积、茶叶总产量和干毛茶产值年均增幅分别约为12.78%、12.00%和13.58%，全省茶园平均亩产量、亩产值均位居全国前列且均高于全国平均水平。广东以生产乌龙茶、绿茶和红茶为主，"十三五"以来各茶类年产量持续保持稳步增长的良好态势。在茶叶加工方面，研发了英红9号加工全程连续化、自动化和清洁化生产线，加工技术的不断创新与提高使生产加工能力稳步提升，研发集成了"品质与健康导向的广东茶资源创新利用关键技术及其应用""英红9号功效成分活性研究及其新产品开发与应用"2项重要技术成果，取得了显著的经济效益和社会效益，为引领品质与健康导向的广东茶资源创新利用做出了重要贡献。同时，结合茶旅游产业的三产融合方向是广东省茶产业发展的新趋势。但是，良种的普及率低以及加工质量不稳定等问题还需要进一步通过提升组织化程度、增强品牌意识等途径来解决。

关键词： 茶叶生产　品牌建设　茶旅游　广东省

一　广东省茶产业发展概况

（一）种植面积、品种、产量

广东历来是全国茶叶的重要产区和消费大省。"十三五"以来，广东茶

---

* 陈皓阳，广东省农业有害生物预警防控中心助理农艺师，研究方向为农作物病虫测报。

产业呈现出稳步增长的良好发展态势。2020~2022年，全省茶园面积、茶叶总产量和干毛茶产值年均增幅分别约为12.78%、12.00%和13.58%（见表1）。全省茶园平均亩产量、亩产值均位居全国前列且均高于全国平均水平。

表1　2020~2022年广东茶园面积和茶叶产量

年份	茶园面积（万亩）	茶叶总产量（吨）	干毛茶产值（亿元）	茶园平均亩产量（千克）	茶园平均亩产值（元）
2020	117.3	128200	153.8	109.3	13111
2021	133.9	139500	156.8	104.2	11710
2022	149.2	160800	198.4	107.8	13298

资料来源：2020~2022年《广东农村统计年鉴》、广东省农业农村厅、中国茶叶流通协会。

在产区布局方面，广东茶产业逐步向优势产区发展。全省茶叶种植区主要分布在粤东、粤西、粤北地区，重点集中在梅州、清远、潮州、揭阳、河源、韶关、惠州、湛江、肇庆9个市，这9个市的茶园面积及茶叶产量总和在全省占比均超90%（见表2）。县域茶产区共有70多个，其中茶园面积超1万亩的有32个（见表3）。

表2　2021年广东主要产茶地级市茶园面积和茶叶产量

地级市	茶园面积（亩）	茶叶产量（吨）	茶园平均亩产量（千克）
梅州	327270	25579	78.16
清远	252835	16879	66.80
潮州	225420	26728	118.57
揭阳	147120	28836	196.00
河源	145245	8185	56.35
韶关	81615	7734	94.76
惠州	60690	2285	37.65
湛江	40695	9840	241.80
肇庆	39240	7233	184.33

资料来源：《广东农村统计年鉴2022》等。

表3 2021年广东茶园面积超1万亩的县域茶产区

序号	县（市、区）	茶园面积（亩）	茶叶产量（吨）	茶园平均亩产量（千克）	序号	县（市、区）	茶园面积（亩）	茶叶产量（吨）	茶园平均亩产量（千克）
1	英德	175000	14000	80.00	17	乐昌	22110	1530	69.20
2	饶平	126180	16200	128.39	18	连南	21435	914	42.64
3	丰顺	97950	4087	41.73	19	梅县	21000	1449	69.00
4	潮安	90390	8670	95.92	20	和平	20145	943	46.81
5	五华	67815	4328	63.82	21	龙川	18975	1260	66.4
6	揭西	65505	18490	282.27	22	连平	18660	631	33.82
7	揭东	58980	6018	102.03	23	罗定	18120	2558	141.17
8	大埔	58275	6385	109.57	24	普宁	17730	2475	139.59
9	东源	46515	2150	46.22	25	怀集	15675	2611	166.57
10	紫金	39975	3179	79.52	26	平远	15375	967	62.89
11	廉江	36435	9542	261.89	27	仁化	14745	1525	103.42
12	博罗	32595	1480	45.41	28	蕉岭	12960	2934	226.39
13	兴宁	28455	2794	98.19	29	连州	12075	164	13.58
14	梅江	25440	2635	103.58	30	曲江	11025	410	37.19
15	清新	24540	1071	43.64	31	陆河	11010	3077	279.47
16	惠东	23535	603	25.62	32	海丰	10950	910	83.11

资料来源：《广东农村统计年鉴2022》、英德市农业农村局。

广东省茶区自然条件优越，拥有大量的茶树种植资源和丰富的地方品种，广东省主要产茶区分布在粤东、粤北地区。2020~2022年，广东省农业科学院茶叶研究所收集保存了国内外特色茶树种质资源400多份，广东省茶树种质资源库内保存了茶树种质资源2200多份，建成了华南茶区最大的茶树资源保存体系。截至2022年，全省共育成茶树新优品种30个，其中国家级品种11个、省级品种10个、植物新品种权9个。丹霞1号、乌叶单丛、鸿雁12号、英红9号、凤凰八仙单丛茶等5个品种先后入选广东省农业主导品种，其中丹霞1号连续9年（2014~2022年）入选、乌叶单丛连续7年（2016~2022年）入选，截至2022年，累计推广面积超8

万亩，成为韶关、潮州等地的当家品种。在区域分布上，粤东地区以乌龙茶、特色绿茶为主，包括潮州、梅州、河源、揭阳等，主要发展具有地区独特优势的潮州单丛茶及客家炒青绿茶品种；粤西是大叶种红茶和绿茶产区，包括湛江、云浮等；粤中北是以英德红茶为主的红茶产区，包括清远、韶关等，辐射推广在国内外都有产品竞争力的广东创新红茶。2020年广东省主栽品种的种植面积见表4。

表4 2020年广东省主栽品种的种植面积

单位：万亩

品种	调查区域	茶园面积	无性系/有性系
岭头单丛	饶平、潮安、丰顺、揭西、五华、兴宁	18.0	无性系
英红9号	英德、开平、廉江、梅县	12.0	无性系
金萱	廉江、紫金、东源、丰顺	10.0	无性系
丹霞1号、丹霞2号	仁化	0.7	无性系
乌叶单丛	潮安、饶平、丰顺	5.0	无性系
鸿雁12号	南雄、开平、紫金、东源、廉江、龙川、梅县	2.3	无性系
群体和地方品种	全省茶区	34.0	有性系
其他	全省茶区	10.0	无性系

资料来源：广东茶产业调研。

广东以生产乌龙茶、绿茶和红茶为主，"十三五"以来各茶类年产量持续保持稳步增长的良好态势。茶类结构根据市场需求不断调整优化，2021年乌龙茶产量占46.1%、绿茶产量占40.0%、红茶产量占9.2%（见表5）。以英红9号为代表的英德红茶是中国创新红茶的引领者，2019年10月22日，在第十五届中国茶业经济年会上，国际茶叶委员会授予英德红茶"世界高香红茶"牌匾。凤凰单丛先后被认定为地理标志保护产品、中国国际农业博览会名牌产品、中国重要农业文化遗产、中国优秀茶叶区域公用品牌等，成为粤东乃至全省特色茶的一张代表性名片。绿茶以客家炒青绿茶为主，逐渐由大宗高产向品牌高效转变。产品品类多元化，三大茶类的结构不断优化。

表5 2020~2021年广东各茶类产量

单位：万吨

年份	乌龙茶	绿茶	红茶	黄茶	其他茶类	总产量
2020	5.59	5.20	1.22	0.08	0.73	12.82
2021	6.44	5.59	1.28	0.10	0.55	13.96

资料来源：2020~2021年《广东农村统计年鉴》。

除绿茶、乌龙茶、红茶外，广东还生产白茶、黄茶及柑茶等茶类。黄茶的产量在全国茶叶产量中的占比不到0.5%，广东省黄茶的主产区在连南县、丰顺县、台山市、英德市、四会市，广东大叶青是黄茶的主要代表。近几年，广东茶产业不断探索、不断创新，逐渐形成了以新会柑普茶、英德柑红茶、梅州柑绿茶等为代表的广东柑茶业态，其品质、品牌和文化孕育了一个优势特色产业。如今的广东柑茶早已不是小众茶类，而被业界誉为中国六大茶类以外的"第七大茶类"。

（二）茶产业相关领域

生态茶园建设方面，广东生态环境优良，自然条件优越，特别适合发展生态茶园。广东依托这一资源优势，在全国率先开展生态茶园建设，通过科学构建和管理适宜茶树生长的茶园生态系统，在茶叶生产中推动实现经济效益、生态效益和社会效益相统一。近年来，广东大力推进生态茶园建设，成效显著，在行业内取得领先地位。2018年以来，广东连续启动5批生态茶园认定工作，制定广东生态茶园分级标准，截至2023年，全省共有211家企业通过了生态茶园认定，梅县区、大沙镇先后获得广东区域品牌生态茶园示范县/镇荣誉称号。直接认定茶园面积20多万亩，辐射面积超30万亩，覆盖全省主要茶产区，形成了全国知名的零农残生态茶园建设"广东模

式"。广东在创建生态茶园的过程中，不断完善技术体系并注重标准控制，成为全国首个制定生态茶园标准的省份，先后制定出台了广东生态茶园建设规范、广东茶园生态管理技术良好规范等10多项标准，获授权专利20项，有效提升了生态茶园评价体系的科学性和社会认可度。此外，广东省在有效期内的无公害茶叶产地认证企业有49家，涉及茶园5万多亩、茶叶产量约7000吨；绿色食品（茶叶）认证企业有30家，监测茶园面积3.33万亩，批准产量3275吨；获广东省名牌产品（农业类）称号的茶叶产品有78个，获国家地理标志保护产品称号的茶叶产品有8个，绿色、生态、优质正加速成为粤茶品牌形象。"十三五"以来，广东积极推动国家茶叶产业技术体系和陈宗懋院士的茶园有害生物绿色防控技术在全省的应用推广，开发了适合广东生态茶园发展的茶园生境智慧管控技术和茶园杂草生态防控技术，形成了广东单丛茶区化肥减施增效技术模式。"广东生态茶园建设与管理技术"等近10项生态种植管理技术先后入选广东省农业主推技术，其中"生态茶园有机替代培肥关键技术"等3项技术在全省的示范应用面积达5万多亩，辐射面积达20多万亩，农药、化肥用量分别减少25%、30%以上。

茶文化方面，广东高度重视茶文化的传承、保护和发展。一是完善茶文化相关非遗项目名录。将英德红茶、擂茶粥、陆河擂茶、罗氏柑普茶、康禾贡茶、玉湖炒茶等制作技艺以及笔架茶制作工艺、潮州工夫茶艺等列入省级以上非物质文化遗产代表性项目。2022年11月29日，我国申报的"中国传统制茶技艺及其相关习俗"成功列入联合国教科文组织人类非物质文化遗产代表作名录，广东省潮州市茶艺（潮州工夫茶艺）参与联合申报。二是做好茶文化相关非遗项目的宣传推广。组织潮州枫溪手拉朱泥壶、潮州工夫茶艺等非遗项目精彩亮相第七届中国非遗博览会。组织广东电视台、《南方日报》、"南方+"等省级媒体和新媒体对潮州工夫茶艺进行广泛宣传，并在潮州举办"茶和天下 共享非遗"线下活动、工夫茶艺专题成果展览、潮州工夫茶艺保护与发展座谈会。此外，广东将茶产业作为全面推进乡村振兴的重要抓手，持续走好"茶+"发展道路，创新推动茶产业与茶文化、茶旅游深度融合发展,探索构建茶文旅一体化发展新格局,延伸产业链、提高附加值,持续推动广东茶产业高质量发展。潮州凤凰山被称为"潮汕屋脊",是凤凰单丛茶的原产地。当地通过建设凤凰山茶旅走廊,将各式景点串联成线,开展文化博览展示、研学教育交流、茶叶展示等活动,培育康养度假、茶事体验等旅游新业态,打造特色旅游线路,不断挖掘产品资源,为产业发展注入新动能。韶关市新丰县黄磜镇精心谋划,将茶文化融入旅游业,利用良好的产业基础打造以优美田园风光、茶场、民宿等为核心的乡村特色旅游路线,以茶促旅、以旅促茶、茶旅融合,相关旅游路线被列入全国茶乡旅游精品路线,持续推动一二三产业融合发展。

茶树资源保存、新品种选育与推广方面,粤茗1号、粤茗2号、粤茗4号、粤茗5号、粤茗7号、华农181、白月香、长叶香、一派香、丹妃和丹霞8号等11个特色优异茶树新品种获得了植物新品种权。集成和发明了"大叶种茶树快繁育苗方法"等茶树种苗繁育技术,并在梅州五华县(梅州市华顺农林发展有限公司,300亩)和清远英德市(广东德高信种植有限公司,55亩)分别建立了全省最大的特色优异茶树育繁推一体化示范基地,年均繁育高香型茶树品种及高花青素等特异功能性新品种(系)的茶树种苗近1500万株,为加快广东特色优异茶树无性系新品种的推广应用提供了配套技术支撑。

茶叶加工技术提升方面,英德产区重点打造了国内红条茶领域首个年干毛茶供应能力超500吨的英红9号"1+N+家庭农场+科技"产业服务联合体发展模式,实现了英红9号智能萎凋、揉捻传输、发酵控制、自动烘干等加工全程连续化、自动化和清洁化,有效提升了英红9号高品质多茶产品的标准化、智能化、规模化供应能力。在提高乌龙茶加工工艺和效率方面,以广东单丛为对象,突破了乌龙茶传统工艺,围绕农业机械化、生产智能化等技术进行攻关,研发了国内首套"乌龙茶全自动连续化做青装备"。该装备是目前与广东单丛传统工艺最融合的加工装备,实现了广东单丛自动化、连续化、精准化、优质化生产。

茶叶健康功效研究与应用方面，研发集成了"品质与健康导向的广东茶资源创新利用关键技术及其应用""英红9号功效成分活性研究及其新产品开发与应用"2项重要技术成果。这2项技术成果明确了英红9号、单丛茶等广东特色茶资源的物质基础，阐明了以缓解代谢综合征为主线的茶叶健康效应机制，创建了广东特色低值茶资源活性成分（茶黄素、茶多糖、茶多肽、茶多酚、茶氨酸等）提取与应用关键技术，开发了高品质传统茶、高附加值健康茶产品（具有抗炎、降尿酸功效的"一叶飘零"配方茶和护肝安神茶产品等），5项关键技术标准（3项为广东省农业主推技术）及新产品在40余家企业推广应用，推广面积为50万亩，新增销售总额156.4亿元（其中代表性应用企业新增销售额34.25亿元、利润2.98亿元），新增就业120余万人次，推广范围覆盖广东四大茶区，取得显著的经济效益和社会效益，为引领品质与健康导向的广东茶资源创新利用做出了重要贡献。

地方特色茶产品标准体系建设方面，"十三五"以来，全省以科技为支撑加强地方特色茶产品标准化建设，制定发布了《白毛茶加工技术规程》（DB44/T 2211-2019）、《地理标志产品 英德红茶》（DB 4418/T 0001-2018）和《广东茶叶品质评鉴方法》（T/GDAQI 033-2020）等20多项省级、市级地方标准及团体标准，为构建仁化白毛茶、英德红茶、客家炒青绿茶等广东地方特色茶产品标准体系奠定了基础，更为完善和创新现行茶叶评比、品鉴方法，推动广东特色茶生产与市场接轨及打造产品品牌和企业品牌提供了技术支撑。

二 广东省各茶类产业分析

（一）茶产业消费状况

2022年广东茶叶消费量约为25万吨，珠三角地区人均茶叶消费量高达2公斤，位居全国之首。茶叶出口量为4249.6吨，出口额为6954.3万美元，排名前五的市场分别是中国香港、日本、马来西亚、美国、中国澳门，出口量分别为 2381 吨、856 吨、293 吨、126 吨、75 吨,其中中国香港占 56%;出口品种以乌龙茶、红茶及部分发酵茶为主,绿茶也有一定比例,占比分别为 35%、32%、22%、11%。

(二)品牌建设

截至 2022 年,广东有茶叶类地理标志产品 8 个(见表 6)、茶叶区域公用品牌 31 个(见表 7),其中,英德红茶品牌价值从 2020 年的 27.88 亿元增长至 2022 年的 37.18 亿元,在 2022 中国茶叶区域公用品牌价值评估的 126 个茶叶区域公用品牌中排第 28 位。2022 年广东省重点农业龙头企业(茶叶类)营业收入及茶叶产量见表 8。

表 6 广东省茶叶类地理标志产品

产品名称	产地	产品编号	证书持有者	登记年份
岭头单丛茶	广东省潮州市	AGI01151	饶平县浮滨镇兴农茶叶专业合作社	2013
鹤山红茶	广东省江门市	AGI01767	鹤山市农产品质量监督检验测试中心	2015
大埔乌龙茶	广东省广州市	AGI01969	大埔县茶叶行业协会	2016
梅江区清凉山茶	广东省梅州市	AGI02339	梅州市梅江区茶叶协会	2018
梅县绿茶	广东省梅州市	AGI02982	梅州市梅县区茶叶协会	2020
海丰莲花山茶	广东省汕尾市	AGI03390	海丰县农业科学研究所	2021
连南大叶茶	广东省清远市	AGI03391	连南瑶族自治县农业科技推广服务中心	2021
大沙茶	广东省江门市	AGI03392	开平市大沙镇农业综合服务中心	2021

注:统计时间截至 2022 年。
资料来源:全国地理标志农产品查询系统。

表7 广东茶叶区域公用品牌

品牌名称	产地	品牌名称	产地
凤凰单丛茶	潮州	惠东莲花山茶	惠东
英德红茶	英德	罗坑茶	曲江
嘉应茶	梅州	连南大叶茶	连南
岭头单丛茶	饶平	鹤山红茶	鹤山
新会陈皮茶	新会	西岩乌龙茶	大埔
新会柑茶	新会	马图绿茶	丰顺
五华绿茶	五华	象窝茶	新兴
紫金蝉茶	紫金	东源仙湖茶	东源
清凉山茶	梅江	仁化白毛茶	仁化
莲花山绿茶	海丰	东源康禾茶	东源
沿溪山白毛尖	乐昌	连州溪黄草（白茶）	连州
紫金红茶	紫金	紫金竹壳茶	紫金
紫金绿茶	紫金	河朗神仙茶	阳春
柏塘山茶	博罗	台山白云茶	台山
龙川茗茶	龙川	新岗红茶	怀集
封开白马茶	封开		

注：统计时间截至2022年。
资料来源：广东省农业农村厅。

表8 2022年广东省重点农业龙头企业（茶叶类）营业收入及茶叶产量

单位：万元，吨

企业名称	营业收入	茶叶产量
广州田园牧歌农林股份有限公司	4297.00	5.00
深圳市中吉号茶业股份有限公司	11227.09	166.60
广东雪花岩茶业有限公司	4031.62	209.30
始兴县亚历亨茶叶有限公司	4081.73	16.73
翁源县坝仔胜龙名茶生产基地	7304.00	48.50
乐昌市沿溪山茶场有限公司	4077.25	158.00
南雄市山与山间生态农业综合开发有限公司	3803.14	59.50
河源市石坪顶茶业发展有限公司	3205.00	300.00
河源市丹仙湖茶叶有限公司	4032.11	11.00
河源市天仙湖农业发展有限公司	6196.50	29.40
紫金县金山茶业科技发展有限公司	5017.86	301.20

续表

企业名称	营业收入	茶叶产量
紫金县承龙嶂龙王绿茶业有限公司	2121.00	102.00
广东呀依山珍稀药材种植有限公司	5308.00	2.00
龙川南越王生态农业发展有限公司	4975.87	35.00
河源市吉龙翔生物科技有限公司	3003.99	60.20
和平县天富发展有限公司	5343.89	66.79
东源县仙湖山农业发展有限公司	4185.14	15.63
东源县仙湖鼎生态农业发展有限公司	6728.41	33.42
东源县曾氏仙湖茶业发展有限公司	6613.20	55.69
梅州市荷灵农林发展有限公司	5512.30	29.00
梅州市明山嶂茶业有限公司	4952.30	26.00
梅州雁南飞茶田有限公司	4676.00	70.00
广东健神科技股份有限公司	4714.83	238.63
梅州市珍宝金柚实业有限公司	5521.25	10.00
广东省大埔县西岩茶叶集团有限公司	13531.20	180.00
广东龙岗马山茶业股份有限公司	5181.06	300.00
广东华承生物科技有限公司	5427.00	35.00
丰顺县龙丰农业综合开发有限公司	4854.19	31.37
丰顺县嘉洪农林有限公司	4875.66	27.00
五华县强兴七目嶂绿色食品有限公司	5950.00	600.00
梅州市新农民农业科技发展有限公司	4024.50	23.00
广东茗丰茶业有限公司	5126.00	123.00
平远县鸿基生态园有限公司	4007.00	0.90
平远园山湖农业开发有限公司	5526.19	22.00
陆河县果田生态农业科技有限公司	5852.00	100.00
江门市新会区泓达堂陈皮茶业有限公司	5941.49	1.00
湛江市茗禾茶业有限公司	5126.00	333.00
连南瑶族自治县八排瑶山生态农业发展有限公司	4683.18	63.00
英德市上茗轩茶叶有限责任公司	7859.00	246.00
英德市英州红茶业有限公司	4030.00	203.40
英德市龙润农业发展有限公司	5381.00	125.00
英德八百秀才茶业有限公司	5408.34	406.00
英德市三圣红茶业有限公司	5370.50	96.00
广东英九庄园绿色产业发展有限公司	8200.00	230.00
广东豪爽天然保健食品有限公司	4191.03	869.00

续表

企业名称	营业收入	茶叶产量
潮州市潮安区金雀嘴茶业有限公司	23211.20	420.00
广东军枞茶业有限公司	5012.00	25.00
广东翔顺象窝禅茶有限公司	4785.00	77.01

资料来源：广东省农业农村厅。

三 近年来广东省茶产业发展主要政策与措施

2020~2022年，广东省有关领导围绕支持广东茶产业发展提出了"扶持茶叶龙头企业做大做强，提升茶叶品牌知名度和影响力，促进一二三产业融合""大力推动茶产业高质量发展，着力促进产品质量更高、产业效益更高、生产效率更高、经营者素质更高、市场竞争力更高和农民收入更高，不断提升广东茶产业的综合效益和竞争力"等指导意见。

《广东省推进农业农村现代化"十四五"规划》等政策文件深度聚焦广东茶产业发展。"十三五"以来，全省认定了以茶叶为主导的省级特色农产品优势区7个；2020~2022年，省级"一村一品、一镇一业"茶叶专业镇有22个，茶叶专业村有165个（见表9），11个省级涉茶现代农业产业园获批建设（见表10）。2020年，以英德红茶为主导产业的英德市现代农业（茶叶）产业园被纳入国家现代农业产业园管理体系；2023年，英德市现代农业（茶叶）产业园入选第五批国家现代农业产业园认定名单。

表9 2020~2022年省级"一村一品、一镇一业"茶叶专业镇、专业村区域分布

单位：个

序号	地级市	专业镇	专业村	序号	地级市	专业镇	专业村
1	梅州	2	23	4	河源	2	28
2	韶关	3	27	5	肇庆	3	8
3	清远	4	18	6	汕尾	3	6

续表

序号	地级市	专业镇	专业村	序号	地级市	专业镇	专业村
7	云浮	1	1	12	湛江	0	2
8	潮州	1	18	13	阳江	1	1
9	惠州	0	10	14	揭阳	0	10
10	江门	1	3	15	茂名	0	4
11	汕头	1	5	16	佛山	0	1
	全省总计					22	165

资料来源：广东省农业农村厅。

表10 2020~2022年省级涉茶现代农业产业园建设情况

单位：个，%

序号	建设年度	全省当年产业园建设总数	涉茶产业园数量（占比）	涉茶产业园名称
1	2020	41	3 (7.3)	清远市红茶优势产区产业园
2				河源市东源县茶叶产业园
3				湛江市廉江市茶叶产业园
4	2021	74	3 (4.1)	汕尾市海丰县莲花山茶产业园
5				清远市连南瑶族自治县茶药菌产业园
6				云浮市新兴县茶叶产业园
7	2022	53	5 (9.4)	广东省凤凰单丛茶跨县集群产业园（潮州市）
8				梅州市丰顺县茶叶产业园（扩容提质）
9				梅州市梅县区茶叶产业园
10				江门市开平市茶叶产业园
11				清远市连山壮族瑶族自治县稻菜茶产业园（扩容提质）
总计		168	11 (6.5)	—

资料来源：广东省农业农村厅。

四 近年来广东省茶产业发展主要关注的问题

经过长期建设发展，广东茶产业已成为富民兴村、促进城乡区域协调发展的重要抓手。近年来，为推动茶产业绿色高质量发展，广东主要在以下几方面重点开展工作。

（一）注重品质控制和提升

持续关注茶叶的品质控制，包括茶园管理、采摘、制作等环节，确保茶叶的口感、香气和营养成分达到高品质。同时，注重提升茶叶的附加值，推动茶产业向中高端市场发展。

（二）创新研发多样化产品

鼓励茶企进行创新研发，推出具有特色和差异化的茶产品，如功能性茶、特色茶、定制茶等，满足消费者对不同品类茶叶的需求，提高产品的竞争力和市场份额。

（三）构建质量标准体系

制定并实施科学、严格的茶叶质量标准体系，从茶叶的外观、色泽、香气、口感、营养成分等方面进行评价和检测，确保茶产品的稳定性和可信度。

（四）加强品牌建设和营销推广

注重提升茶企的品牌形象和知名度，通过品牌营销、专业展会、电子商务等多种渠道推广茶产品，扩大市场份额，提升市场竞争力。

（五）支持产业链优化和制度创新

加强茶产业链各环节的协同合作，优化供应链和分销渠道，提高整体效率和资源利用率。同时，在政策支持和产业扶持方面进行制度创新，为茶产业提供良好的发展环境和有力的支持。

五 近年来广东省茶产业发展主要经验

（一）坚定发展思路，明确目标方向

按照"企业为主、带动农户"的组织形式，坚持"优质、高效、安全、生态"的可持续发展方向，加强规划指导，立足区域优势，优化产业布局，加快科技进步，创新经营机制，拓展产业功能，促进产业融合发展，构建现代茶产业体系，提升产业竞争力。

（二）注重绿色生态，筑牢产业底色

广东茶人把改善茶园生态环境、提高茶叶品质作为推动茶产业高质量发展的重要举措。在政府引导、科技引领下，全省各茶叶主产区积极推进生态茶园建设，各农业龙头企业自觉应用生态茶园建设技术，不仅有效节省了种植成本，促进了茶叶优质高效高产，还实现了综合经济效益比传统生产模式年均增长15%~30%。2020~2022年，广东开展第二批至第五批生态茶园创建工作，187家经营主体获得认定，河源市紫金县、连南瑶族自治县、乐昌市大源镇、廉江市长山镇等4个产茶县（镇）被列为广东区域品牌生态茶园创建县（镇），广东鸿雁茶业有限公司建成"不使用化学农药"的全国标杆性生态茶园，产品品质优异，广受市场青睐，300亩核心茶园亩产值连续多年达到6万~8万元，成为广东农业高质量发展的典范。

（三）加快市场建设，打造茶叶金字招牌

为打造广东茶叶产业发展交流平台、促进高质量发展，广东省农业农村厅连续多年联合省内地市共同举办广东茶叶产业大会，其中，2020~2022年分别在梅州市大埔县、江门市举办第三届、第四届广东茶叶产业大会，吸引全省各地茶企和相关市场主体广泛参与，全面展示广东茶叶产业成果，打响广东茶叶品牌知名度。各主产茶区也先后举办了2022"国际茶日"中国主场活动（潮州）、2022广东"岭南茶山·春茶飘香"系列活动之"走进中国白毛茶原种园"直播活动、2022第四届中国·英德红茶头采节等茶事活动，展现各地特色茶文化，打响各地优势茶品牌，掀起了广东茶叶发展新高潮。同时，重点建设好茶叶区域品牌，加强茶叶区域品牌的管理和运营，加强对外品牌宣传和市场开拓，加快推动广东茶叶走向全国、走向世界。

（四）创新融合发展，开拓产业新空间

广东省各主产茶区依托良好的茶产业基础和优美的自然生态环境，创新茶产业模式、业态，深化产业融合发展。江门市新会区深挖茶文化、红色文化等文化资源，积极打造茶旅一体化融合发展的侨乡特色茶韵小镇，也孵化了"喜茶"等品牌，不断丰富着新式茶饮消费市场。陈皮茶、簕菜茶、柑普茶等创新保健茶饮在乡村振兴中迸发新活力，带动当地老百姓增收致富，探索走出"现代农业+全域旅游+乡村振兴"的新路子。湛江农垦打造"茶与菠萝"创新创业基地，挖掘茶的独特文化元素，融入农垦文化和红土文化，走出具有徐闻特色的"茶、菠萝与旅游相融合"新道路。清远市连南县结合瑶族的建筑、歌舞、美食等特色，建立独具特色的瑶族稻鱼茶体验馆、农家乐、观光茶园等，探索差异化发展道路，实现旅游和农业、文化与产业园发展的有机结合。

六 经典案例评析

广东省农业科学院茶叶研究所基于自身科技、人才、平台等优势，结合英德红茶产业发展的良好势头，创新探索出英红9号"1+N+家庭农场+科技"产业服务联合体发展模式，"1"即中央智能茶厂，"N"即区域加工分中心，辐射带动周边家庭农场，开展全产业链科技攻关和示范服务，着力把英德红茶产业区域资源优势、要素优势转变为产品优势、市场优势和竞争优势，以科技支撑英德红茶产业高质量发展，受到各级政府、农业经营主体的高度认可。

（一）建设中央智能茶厂，科技成果打包转化入企再创新

为推动先进技术成果快速进入茶产业，提升产业科技发展水平，广东省农业科学院茶叶研究所以推进英德红茶标准化、规模化生产为突破口，选择一家农业龙头企业集中力量开展技术帮扶，系统集成涵盖种植、生产、加工

等环节的10项先进技术，建设智慧生态茶园和中央智能茶厂，构建以标准化为核心的工业化生产体系，同时以"茶青"和"基础产品"为关键节点，围绕产业链前端、中端、后端三大环节，利用5G、AR/VR、IoT、大数据、人工智能等技术手段，打造数字红茶生产体系。驱动主体企业逐步实现从种植、初制和精制加工到产品的标准化、规模化、集约化，探索出促进新品种、新技术快速集聚转化的高效路径。帮助主体企业创新开发了13项实用新型专利、3个标准，获得首批广东生态茶园认定，率先打造了英红9号高品质产品规模化供应链，获得国家高新技术企业认定。合作成果通过"1+N+家庭农场+科技"产业服务联合体发展模式复制推广，产业化服务直接覆盖英红镇片区12000多亩茶园，并于2021年3月顺利签订了价值2000万美元的英德红茶出口订单合同，这是《中欧地理标志协定》生效后广东茶产业签订的首份外贸出口大单，为英德红茶突破小、散、乱的发展瓶颈提供了途径。

（二）推进机械化标准化生产，实现红茶生产量质齐升

广东省农业科学院茶叶研究所以数字化驱动农业农村现代化，加快推进英红9号工艺数据化、设备机械化、生产智能化，利用数字化精准控制技术，合作研发成套自动化现代茶叶加工生产设备，将中央智能茶厂打造成国内首个标准化、自动化、规模化现代茶叶加工技术集成中心，构建了全国智能化程度最高的红条茶加工集成体系。英红9号红条茶生产线生产能力达50万斤/年，每年开发产品10个以上，是传统茶叶加工企业生产能力的3倍，实现数字化精准控制和规模化加工，在确保高品质的基础上大大提升了产品的稳定性和标准化水平。该生产线生产的英红9号先后获得2019年世界红茶质量评选活动金奖、2021年广东十大茗茶等奖项和荣誉称号，有效培育了广东省规模化茶产品品牌。同时，英德区域内形成了10个直营、20个联营的区域加工中心，年产干毛茶300万~400万公斤，年产值达20亿元以上，为建成广东省首个茶叶国家级农业龙头企业提供了新路子，显著提升了传统农业企业向现代化农业企业跳跃式发展的水平。

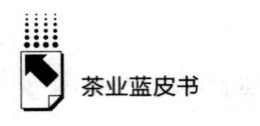

（三）加快培育产业技能人才，壮大产业发展人才队伍

广东省农业科学院茶叶研究所通过"派出专家驻点+实践理论培训"，为产业培育大批骨干人才。一是每年派出1名高级专业技术人员或高级技能人才驻点指导企业，充分发扬"传帮带"传统，全方位、立体式、无差别、手把手地悉心指导工作人员成长，指导1人获得全国农业行业技术能手荣誉称号、1人获得广东省劳动模范荣誉称号、1人获得2018年首届全国红茶加工制作大赛第一名、1人获得2020年全国茶叶加工工（精制）职业技能竞赛优秀选手荣誉称号等。二是注重理论与实践水平的综合提升，充分借助技能型人才培养场所，每年派出100多名科技人员到企业，系统培训从业人员1000多人次，为英德红茶产业高质量发展培育了一批具备工匠精神的专业化技能型人才，实现由"小农"到"产业人才"的转变，有效提升了英德红茶的知名度，形成"一个品牌，一群人才""一群人才，带动品牌"的可持续发展新格局，大大提升了英德红茶产业的内生发展动力。

（四）注重科技帮扶联农带农，促进小农户增收致富

围绕共同富裕目标，以保障农民富裕为出发点和落脚点，在发挥农业科技资源优势和专业优势的基础上，注重现代化科学组织管理，做好利益联结分配。合作的家庭农场可通过三种利益联结机制获得收入：一是通过卖茶青获得种植业（一产）收入；二是通过投资共建区域加工技术服务中心获得加工环节（二产）收入；三是通过销售市场服务平台获得成品茶销售环节（三产）收入。这种多渠道、紧密合作的收入分配模式有效解决了传统茶产业链农民收益渠道少、收入低的问题，大大提高了农户的经济收入和参与积极性。"1+N+家庭农场+科技"产业服务联合体发展模式有效推动了英红9号整体亩产值位居全国前列，带动茶农增收致富。截至2022年，该模式直接带动了英红镇田江村、龙头影村、河角村、云岭社区等村委会共500多人就业，茶农年均收入2.8万元。

参考文献

陈慧英等：《广东茶产业发展现状、问题与科技支撑对策》，《江西农业学报》2022年第12期。

张婷等：《"生态、特色、健康、高效"铺就粤茶高质量发展之路——广东茶产业十年发展成效回顾》，《广东茶业》2023年第1期。

陈柔燕、伟宗：《亮出真"工夫"古城再出发》，《南方日报》2023年10月12日。

李卫星：《浅论陕北秧歌系统性保护的基本路径》，《榆林学院学报》2023年第4期。

夏华锁、夏志远：《英九庄园：科技引领打造中央智能茶厂》，《食品安全导刊》2020年第14期。

B.11 广西壮族自治区茶产业发展研究报告

周彦会 胡启明 孙庆磊*

摘　要： 茶产业是广西优势特色产业，多分布在山区，是推动农民增收致富的绿色产业，也是促使脱贫地区实现乡村振兴的主导产业。近年来，自治区党委、政府出台多项政策支持茶产业发展，通过实施绿色高效茶园建设工程、茶叶加工水平提升工程、品牌提升和营销体系建设工程等"七大工程"打造茶叶全产业链，破解产业发展存在的问题，提升茶产业质量效益，促进茶产业高质量发展。

关键词： 茶产业　茶文化　广西壮族自治区

一　广西壮族自治区茶产业发展概况

南方有嘉木，桂地出好茶。北纬25°上下被称为茶叶的黄金产区。"八桂大地"广西位于北纬20°54′~26°24′，是中国茶叶主要产区之一，自然资源优势得天独厚，好山好水孕育了丰富的茶树种质资源。茶产业是天然的"三产"融合产业，也是大健康产业的重要组成部分。在自治区党委、政府的高度重视下，广西茶产业呈现持续健康快速发展的良好势头，特别是六堡茶产销两旺、量价齐升，茶产业已成为推动广西实现巩固拓展脱贫攻坚成果

---

* 周彦会，广西壮族自治区茶叶科学研究所助理农艺师，研究方向为茶叶加工与综合利用、茶产业政策；胡启明，广西壮族自治区茶叶科学研究所助理农艺师，研究方向为天然产物化学；孙庆磊，博士，广西农业农村厅乡村产业发展处处长、高级工程师，研究方向为乡村产业、大健康产业、茶产业政策。

同乡村振兴有效衔接的重要产业。六堡茶产业在党的二十大期间获得了习近平总书记的关注和具体指导指示。为进一步贯彻落实自治区党委、政府关于促进广西茶产业高质量发展的战略部署，广西以六堡茶为引擎，打造千亿元茶产业，助推乡村振兴战略实施。

（一）茶叶种植与加工

1. 茶叶种植规模扩大，结构更加合理

广西种茶、制茶历史悠久，生态环境优美，富硒资源丰富，茶叶品质特色优势明显。近年来，广西茶园面积不断扩大，产量步入全国前十，三江侗族自治县被评为2021年度"三茶"统筹先行县域和科技兴茶富民典型县域，横州市被评为2021年度茶旅融合特色县域，横州市、三江县、昭平县被评为2021年度茶业百强县，苍梧县列入全国农业全产业链（茶叶）典型县。根据农业农村部门统计，广西14个市有979个村超过20万户农户种植茶叶。2021年，全区茶园面积为144.11万亩（见表1），新建茶园面积为7.19万亩；全区干毛茶产量为9.60万吨（见表2），同比增长8.4%，综合产值约为320亿元。2022年，全区茶园面积为153.76万亩，新建茶园面积为9.65万亩；全区干毛茶产量为10.77万吨，同比增长12.2%，综合产值突破410亿元。2023年，全区茶园面积为160.85万亩，新建茶园面积为7.09万亩；全区干毛茶产量为12.01万吨，同比增长11.5%，综合产值突破500亿元。全区茶叶种植重点产区有百色市、柳州市、贺州市、梧州市，4个市的种植面积合计超过118.8万亩；重点县主要有昭平县（26.02万亩）、三江侗族自治县（21.50万亩）、苍梧县（16.65万亩）、凌云县（11.2万亩）、乐业县（10.02万亩）。广西自主选育的凌云白毛茶、桂绿1号、桂红3号、桂红4号、尧山秀绿、桂香18号等6个品种被认定为国家级茶树良种，桂香22号、桂热1号、桂热2号、桂职1号等品种被认定为自治区级茶树良种，桂茶1号、桂茶2号、西山茶1号、西山茶8号、多耶楼1号、多耶楼2号等品种获得非主要农作物品种登记和植物新品种权证书；全区主要种植品种有福云6号、云南大叶种、凌云白毛茶、乌牛

早、尧山秀绿、桂香18号等。近年来,广西各级主管部门大力推动老旧、低产茶园改造,加快推进集中连片茶园建设,鼓励和支持茶树品种改良,加速茶园新旧品种替换及品种统一,自主选育和引进的无性系优新品种得到推广,无性系良种推广面积达60%以上,但与福建省等茶产业先进省份相比,仍然存在明显差距。

表1 2020~2023年广西茶园面积情况

单位:万亩

年份	2020	2021	2022	2023
面积	136.92	144.11	153.76	160.85

资料来源:广西统计局。

表2 2020~2023年广西干毛茶产量

单位:万吨

年份	2020	2021	2022	2023
产量	8.86	9.60	10.77	12.01

资料来源:广西统计局。

近年来,广西深入贯彻落实习近平生态文明思想和"绿水青山就是金山银山"理念,突出生态资源优势,大力推进生态茶园建设,全面推广茶园绿色防控、有机肥替代化肥、高效低毒低残留农药使用等减肥减药技术,在富硒茶产区大力推进富硒茶园建设,开展"三品一标"认定。截至2022年底,全区共创建24个国家级茶叶标准园和32个自治区级茶叶标准园,认证有机茶园1.94万亩、绿色茶园50.19万亩,建设富硒茶叶示范基地60个,富硒茶园面积为12万亩,富硒茶种植面积约为12万亩;共认定富硒茶产品90个(占全区富硒农产品的15.3%),有17个茶叶产品获得"中国富硒好茶"等荣誉称号。开展茶园管理绿色化、高效化、生态化行动,加强化肥农药使用管理监督,加强茶叶安全高效栽培、病虫草害综合防控、生产全程机械化等关键环节的科技攻关和技术推广,从源头把好茶叶质量安全关，逐步建立起从茶园到茶杯的质量安全监督网络，推进茶园耕作、修剪、采摘等管理机械化，大力发展适应山地、丘陵茶园管理的机械设备，促进茶园管理水平提升。

广西围绕构建生态茶园技术体系开展了系统的技术研发，以多项科研项目成果为依托，近年来制定发布了《生态茶园建设与管理规范》《茶园用有机肥堆沤技术规程》《茶小绿叶蝉测报调查及防控技术规程》等地方标准；编制发布了《茶叶绿色高质高效创建项目技术指导意见》《茶叶雨季田间管理技术指导意见》《广西茶树品种与配套技术》《茶尺蠖测报调查及防控技术规程》《广西茶园病虫害防治及栽培管理50问》等技术资料，开展了茶园生态调查及配置优化、茶园杂草的发生调查和科学治理等研究，构建了周年绿肥轮作、茶园栽培等技术体系，基本形成了生态茶园建设方案和配套技术，研发的"生态茶园建设与管理技术"被列入2022~2023年度广西农业主推技术。

2. 茶叶加工品类丰富，优势特色明显

（1）加工品类丰富

广西茶叶加工品类齐全，有绿茶、黑茶、红茶、白茶、乌龙茶五大茶类和茉莉花茶、桂花茶等再加工茶，以生产绿茶、红茶、六堡茶和花茶为主，茉莉花茶加工业发展迅速，白茶产量增长显著，已形成茉莉花茶、六堡茶"一花一茶"特色产业带和"广西绿茶""广西红茶"优势产区。2020年，全区干毛茶产量为8.86万吨，其中绿茶5.90万吨、红茶2.07万吨、黑茶0.28万吨，分别占66.59%、23.36%、3.16%（见表3）；2021年，全区干毛茶产量为9.60万吨，其中绿茶6.22万吨、红茶2.32万吨、黑茶0.62万吨，分别占64.79%、24.17%、6.46%（见表4）；2022年，全区干毛茶产量为10.77万吨，其中绿茶5.17万吨、红茶3.24万吨、黑茶1.38万吨，分别占48.00%、30.08%、12.81%（见表4）；2023年，全区干毛茶产量为12.01万吨，其中绿茶5.54万吨、红茶4.08万吨、黑茶1.85万吨，分别占46.13%、33.97%、15.40%（见表5）。2023年绿茶类干毛茶产量占比较2020年下降20.46个百分点，但占比仍较高；红茶和黑茶类干毛茶产量占

比提高幅度较大,分别提高10.61个、12.24个百分点。从2020~2023年广西各茶类生产情况来看,产品结构进一步优化,扩大黑茶生产成为广西茶产业的加工方向。

表3 2020年广西不同茶类干毛茶产量情况

单位:万吨

茶类	绿茶	红茶	乌龙茶	黑茶	白茶	其他茶
产量	5.90	2.07	0.06	0.28	0.07	0.48

资料来源:广西统计局。

表4 2021年广西不同茶类干毛茶产量情况

单位:万吨

茶类	绿茶	红茶	乌龙茶	黑茶	白茶	其他茶
产量	6.22	2.32	0.07	0.62	0.08	0.29

资料来源:广西统计局。

表5 2022年广西不同茶类干毛茶产量情况

单位:万吨

茶类	绿茶	红茶	乌龙茶	黑茶	白茶	其他茶
产量	5.17	3.24	0.05	1.38	0.31	0.62

资料来源:广西茶业协会。

表6 2023年广西不同茶类干毛茶产量情况

单位:万吨

茶类	绿茶	红茶	乌龙茶	黑茶	白茶	其他茶
产量	5.54	4.08	0.06	1.85	0.37	0.11

资料来源:广西茶业协会。

(2)突出地域特色优势

广西根据资源禀赋、生态条件和产业基础,经过多年统筹谋划,充分突出生态安全和地域特色优势，形成桂东优势产茶区（梧州、贺州）、桂西优势产茶区（百色市、河池市）、桂南优势产茶区（南宁、贵港、玉林、钦州）、桂北优势产茶区（柳州、桂林、来宾）4个优势产茶区。桂东优势产茶区重点发展黑茶，兼顾发展红茶、绿茶优势产区；桂西优势产茶区重点发展凌云白毛茶，开发具有地方独特风味的红茶、黑茶，适度发展高品质白茶；桂南优势产茶区重点打造茉莉花茶、黑茶、红茶、绿茶优势产区；桂北优势产茶区重点打造生态早春绿茶、红茶和精品茶区生态旅游优势带。

（3）提升加工能力，延伸产业链条

从整体来看，广西茶叶产业化发展成效明显，企业现代化水平和科技含量进一步提升，质量安全成为企业生产的主线，茶叶加工机械化、连续化、清洁化水平提高，但是茶叶加工仍停留在初级层面，精深加工发展较为滞后，初级加工主要呈现"小、弱、散"局面，加工企业中小企业、小作坊占比较高，加工设备智能化、自动化、精细化程度不高。茶叶精深加工是延伸产业链、提升产品附加值的重要途径，当前广西茶叶精深加工水平还不能满足打造千亿元茶产业的要求，缺乏大型精加工企业，深加工科技型企业技术优势不明显，茶叶科研机构在深加工领域拓展不深、积累不厚，成果转化与辐射能力不强。茶产业加工水平与国内一流水平相比存在较大差距。

为加快提升茶叶加工水平、延伸产业链条、提升产品附加值，广西实施"产业兴龙头，龙头带产业"战略，以茶叶全产业链开发项目为抓手，加大对茶企和茶叶专业合作社的扶持力度，鼓励支持龙头企业采取"公司+合作社+基地+农户"的产业化组织模式共建茶园基地，完善茶企茶农利益联结机制，增强辐射带动能力，推进广西茶产业行业整合，扶持一批规模大、起点高、市场竞争力强的企业，将其培育成科技型、外向型、带动型龙头企业。支持龙头企业完善产业链，促进中小茶叶企业向龙头企业和知名品牌靠拢，增强产业竞争实力，抢占市场并提升优势地位。截至2023年，全区有涉茶企业（含合作社）2433家，其中茶叶类农业产业化国家重点龙头企业3家、自治区级农业产业化龙头企业34家、规模以上企业91家、SC认证企业652家。

（4）技术创新赋能

近年来，广西大力推动产品结构调整，发展茶叶精深加工业。以横州市南方茶厂为例，其牵头承担的广西重点研发计划"复方茉莉花茶咀嚼片的研制与开发"在茉莉花茶保健品开发上取得新成效。两项技术创新为广西六堡茶和横州茉莉花茶 2 个优势特色茶类的发展赋能，推进产业走向更高水平、更深层次。

（二）茶叶流通

1. 交易方式

广西茶叶交易方式以线下直销为主，通过专卖店、茶馆、茶城、茶博会以及新式茶饮门店等渠道进行销售。但随着近年来茶叶电子商务平台的建设以及地方茶叶电商营销中心的运营，线上销售也在逐步兴起。例如 2020 年，三江侗族自治县发布了《三江侗族自治县 2020 年春茶生产交易工作实施方案》，并举行"柳州早春茶扶贫网络直播促销活动"，通过多渠道获得足额融资，多平台同时直播促销三江茶，畅通茶叶销售渠道，助力茶农增收。此外，2022 年广西茶青交易平台正式发布，广西茶交易数据全面接入广西工业互联网平台，平台围绕茶产业链条面向茶农、茶园、茶厂、消费者提供茶青数字交易，服务广西六堡茶、将军峰等茶叶生产企业，数字采收覆盖率达 80%。

2. 交易场所

随着交易方式、产品类型的丰富，交易场所也在不断扩展，广西茶叶通过越来越多的渠道进入大家的生活。线上主要在淘宝、京东、抖音、拼多多等电商平台进行交易，通过互联网、新媒体让广西茶叶"走出去"。线下除了专卖店、茶馆、茶城等传统场所，新式茶饮门店也是广西茶叶的"新战场"。如横州茉莉花茶因其香气鲜灵芬芳受到消费者的热烈追捧，不少茶企联手国内知名饮品店推出茉莉花新茶饮，成为茶叶消费新赛道的宠儿。

（三）茶叶内销与外销

1. 茶叶国内销售情况

2020~2022年，广西茶叶消费量、消费价格总体呈持续上升的发展态势，尤其是线上消费市场规模有较大拓展。茶叶产品结构得到调整，各档茶价格有所上升，高档茶占比略有提升，消费占比最高的为200~400元/千克的优质茶。

2. 区域消费特点

目前，广西茶叶消费市场中六堡茶、绿茶、红茶是主要消费茶类，传统茶叶种类消费趋势与前文提及的茶叶地域生产特点有较强关联性。广西茶叶消费人群年轻化趋势明显，尤其是"奶茶之乡"平南带动广西新式茶饮门店及新式茶馆"遍地开花"，消费市场以年轻人及女性为主，为广西茶叶消费、茶文化传播注入新的力量。值得注意的是，广西民族特色茶饮油茶与餐饮业成功"牵手"，受到消费者青睐。

3. 国际贸易情况

根据南宁海关统计（见表7），2021年广西茶叶出口贸易快速增长。全年茶叶出口量达1587吨，比2020年增加466吨，增幅达41.57%，金额继续创历史新高，但与其他茶叶出口大省相比仍存在较大差距。

表7 2020~2023年广西茶叶出口情况

单位：吨，千元

年份	出口量	出口金额
2020	1121	201088
2021	1587	329821
2022	1162	167726
2023	1688	79946

资料来源：南宁海关。

2022年受全球疫情及区域局势影响，从数据上看，广西茶叶出口量和出口金额均出现下滑，分别同比下降26.8%和49.1%，出口遭遇严峻挑战。

但与2020年相比，2022年出口量小幅提升。由此可见，广西茶叶出口体量虽小，但出口产品多为优质名茶。

从出口地区来看，广西茶叶出口贸易国分布在亚洲、欧洲、北美洲、南美洲，主要为东盟和欧盟成员国，主要国家和地区有越南、印度、中国香港、斯里兰卡、中国台湾、印度尼西亚、法国、德国、中国澳门、英国、马来西亚、加拿大、泰国、新加坡、秘鲁、厄瓜多尔。出口的主要茶类有红茶、花茶、黑茶、绿茶、乌龙茶。六堡茶作为侨销茶，主要出口马来西亚、中国香港、新加坡、美国、法国等国家和地区。

（四）特色产业

茶产业是融合一二三产业的附加值较高的优势特色产业，广西积极响应"三茶"统筹发展理念，始终推动茶文化、茶产业、茶科技的深度融合发展。

1. 茶旅产业

近年来，广西地方政府积极探索"茶+康养+旅游"模式，推进茶产业与生态乡村、健康养生及文化旅游相结合。整合茶叶专业村寨、传统村落、特色民族村寨、特色旅游名村等优势资源，积极开发茶旅农家游、生态游、田园游、民俗游等特色项目，茶旅产业融合已初见成效。苍梧县获得"全国十大魅力茶乡"称号，六堡镇获得"全国特色小镇"称号，横州市获得"全国茶旅研学实践基地"称号，先后创建了苍梧县六堡茶生态旅游景区、茂圣六堡茶文化中心、贺州市南山茶海景区、凌云茶山金字塔景区等4A级旅游景区。同时，积极开展文化产业示范基地、示范园区和非物质文化遗产保护平台创建工作，已认定150个自治区文化产业示范基地和17个自治区文化产业示范园区，包括广西梧州茶厂、苍梧县六堡镇黑石山茶厂、梧州市天誉茶业有限公司等具有较强竞争力的茶产业企业。突出以茶促旅、以旅带茶、茶旅互济，提升茶旅融合效益。

2. 茶馆产业

作为传播桂茶文化的窗口，茶馆承载茶生活体验、茶文化传播和服务等功能，与民族特色、历史文化等聚合创新。近几年，茶馆如星星之火点亮"八桂大地"，全区涌现了一批优秀的茶馆（见表8），促进桂茶消费，助推广西茶产业发展。

表8 广西部分优秀茶馆名单

茶馆	茶馆
南宁市覃聪聪茶修馆	龙脊茶馆
吾茶空间	阳朔七仙峰茶馆
南宁长裕川茶庄（茶馆）	桂茶生活体验馆
郑玉茶事生活馆	山水道茶坊
大苗山红茶文化体验馆	芽庄茶舍
桂林市伴璧江山茶会馆	茶船古道茶馆

资料来源：广西茶业协会。

3. 茶艺产业

广西一直致力于培育本土茶艺人才，弘扬桂茶文化，传承壮乡茶艺，推动桂茶产业人才梯队发展壮大。2020年以来，广西连续3年举办广西茶艺师职业技能竞赛，选拔了一批优秀的茶艺职业技能人才，形成了良好的茶文化传播氛围，学习茶艺在广西蔚然成风。

（五）茶文化发展现状

1. 茶品牌

近几年，广西茶产业发展迅速，随着种植面积不断扩大、茶叶质量及效益的显著提高，广西茶产业呈现较好的发展态势，品牌建设初显成效。广西茶素来以六堡茶、早春茶、花茶、红茶闻名，形成"一花"（茉莉花茶）、"一黑"（六堡茶）、"三红"（昭平红、三江红、百色红）、"四绿"（桂平西山茶、覃塘毛尖、南山白毛茶、昭平绿）的茶叶品牌矩阵。广西农业农村部门充分发挥广西自然资源优势，多措并举，致力于打造广西茶叶区域公用品牌。

一是培育壮大品牌，提高桂茶影响力。重点培育壮大黑茶类的"六堡茶"、红茶类的"桂红"、绿茶类的"桂绿"、花茶类的"茉莉花茶"与"桂花茶"等桂茶公用品牌。二是制定统一标准,提升桂茶品质。制定公用品牌种植、加工技术规程及产品质量标准体系,统一包装标准,统一标识管理,统一品牌使用。实施品牌地理标志、生态原产地产品保护制度,推动优势产区品牌创建。通过政策引导与市场优胜劣汰,培育一批区域性知名茶叶品牌,通过重组优化,强化区域性品牌优势。三是举办茶事活动,丰富桂茶内涵。举办或参与丰富多彩的茶事活动,提升茶产业的知名度和市场竞争力,广西茶叶品牌的影响力正在形成,在全国占有一席之地。

目前,横州茉莉花茶、广西六堡茶等一批区域公用品牌逐渐蜚声全国。2022年,横州茉莉花茶和昭平茶入围中国品牌价值百强榜,其中横州茉莉花茶品牌价值达160.46亿元,排在榜单第19位,同比上升4位,成为广西地理标志第一品牌;在2022年、2023年中国茶叶区域公用品牌价值评估中,梧州六堡茶公用品牌价值分别为37.64亿元、44.03亿元。2023年,全区共有茶叶区域公用品牌(地理标志产品/农产品地理标志产品)22个(见表9),其中自治区级区域公用品牌1个;共有重点茶叶企业(产品)品牌46个。

表9 广西茶叶区域公用品牌(地理标志产品/农产品地理标志产品)

茶类	品牌
绿茶类	灵山绿茶、桂平西山茶、覃塘毛尖茶、平乐石崖茶、开山白毛茶、木梓阿婆茶、昭平银杉茶、大新苦丁茶、古琶茶
黑茶类	广西六堡茶、梧州六堡茶
红茶类	百色红茶、金秀红茶、大苗山红茶、龙脊茶
再加工茶类	横州茉莉花茶、桂林桂花茶
其他类型(涵盖多茶类)	三江茶、昭平茶、凌云白毛茶、兴业茶、南丹六龙茶

资料来源:广西农业农村厅。

2. 茶业创意产业

广西在带动茶农致富、茶企增效的同时,积极创新联农带农激励机制，帮助小农户降本增效、对接市场、抵御风险、拓展增收空间，发展涉茶延伸产业，促进小农户和现代农业发展有机衔接，让农民真正分享到产业发展收益，实现了增收致富。以梧州茶厂为代表的龙头企业以"公司+合作社+农户"模式发展六堡茶包装产业，向农民合作社采购藤竹制品，带动3000多人从事竹箩编织工作，保障农民特别是一些贫困户和老人获得稳定收入。将茶产业与竹编产业有机结合，促进共同发展，形成了一个新的亮点。

3. 茶文化推广

随着茶事活动的开展，广西茶叶的影响范围日益扩大，茶文化氛围日趋浓厚。广西连续多年举办广西春茶节暨三江早春茶节，以茶娘采茶、炒茶展演、直播带货、现场参观等"线上+线下"双向结合的方式，倾情展现侗乡多彩风情，全力擦亮"三江早春茶，敢为天下先"特色品牌，助力三江全面推进乡村振兴。此外，近几年持续举办广西国际茶日暨全民饮茶日活动，营造"知茶、爱茶、饮茶"的氛围，倡导广西人喝广西茶。活动通过茶艺展演、茶话讲堂、茶席插花、茶点品鉴、茶企展销、非遗传承、云上直播等方式，充分体现"茶和世界"活动特色，打破时空界限，开展线上线下融合、国内国际联动的集体验、交流、展示、推广等于一体的系列活动，向全球推介广西名优茶产品。同时，着力营造浓厚的茶文化氛围，开展六堡茶斗茶大赛、茶叶技能鉴定比赛、加工比武大赛等赛事，以及"全民饮茶日""六堡茶文化旅游节""广西人喝广西茶"等活动。

广西壮族自治区政府部门加大茶产业推广力度，定期组织茶叶企业参加国内外的茶叶展销会、推介会。2019~2020年，自治区农业农村厅连续两年安排区本级茶叶全产业链项目700万元，开展"茶船古道·新丝路"六堡茶行销全球系列推介活动，支持梧州茶企到马来西亚、泰国、俄罗斯等国家展销六堡茶。2019~2023年，支持横州市连续举办五届世界茉莉花大会，向中国—东盟博览会秘书处争取列入会节系列活动，通过中国—东盟博览会这一国际交流大平台向国内外友人推介横州茉莉花（茶），让横州茉莉花（茶）走进东盟大市场。

（六）茶叶教育

乡村振兴，人才先行。茶产业的发展离不开人才队伍支撑。近年来，广西壮族自治区政府根据产业需求，持续加大对茶叶人才队伍建设的支持力度，构建专业人才队伍体系。

首先，引导和支持全区高校茶类专业设置和建设。截至2022年，广西有4个茶类相关专业布点，共有在校生959人。其中：本科专业布点2个，分别是梧州学院、贺州学院的茶学专业，共有在校生427人；专科专业布点2个，分别是广西职业技术学院的茶叶生产与加工技术、茶艺与茶文化专业，共有在校生532人。广西职业技术学院的茶树栽培与茶叶加工专业群入选国家"双高"计划高水平专业群，该学院主持建设的中华茶文化传承与创新资源库入选国家职业教育专业教学资源库，牵头成立的广西茶业职业教育集团入选全国第一批示范性职业教育集团（联盟）培育单位。其次，广西指导高校加强茶学专业教师队伍建设，推动茶学专业教师队伍规模不断扩大、结构不断优化、素质不断提升，为茶学专业人才培养奠定坚实基础。截至2022年底，全区高校本科茶学专业共有教师31名，其中梧州学院18名、贺州学院13名，具有副高级以上职称的教师17名，具有博士学历的教师8名。"十四五"期间，广西将支持梧州学院六堡茶现代产业学院建设，提供奖补经费1000万元，用于现代茶产业专业人才培养。

（七）茶科技创新发展

除了注重人才培育，广西壮族自治区政府一直密切关心茶产业自主创新能力的提升，并已取得一定成效。

近年来，广西组织引导高校、科研院所及企业围绕六堡茶、茉莉花茶、绿茶、红茶等开展茶树新品种选育、茶树栽培新技术研究、功能茶新产品开发、新工艺生产线建设等茶产业关键技术攻关，支持科技计划项目68项，累计资助财政科技经费7400多万元，认定广西六堡茶加工工程技术研究中心等4家茶叶类工程技术研究中心。组织成立由广西区内83家高校、科研院所和茶企业组成的广西茶产业技术创新战略联盟，分别从茶产业关键核心技术攻关、基础研究、创新平台建设、标准制定以及高精尖茶叶人才引育等10个方面引导广西茶产业科技创新，全力推进广西茶产业高质量发展。同时，广西以科技创新为核心推动茶产业高质量发展，对于涉茶项目给予大力支持。支持广西茶叶科学研究所牵头、中国工程院刘仲华院士负责实施的广西科技重大专项"广西六堡茶'八新双增'关键技术研究与产业化示范"。该项目已完成收集茶树种质资源140份，初筛优良单株5个，开发快速育苗技术，实现扦插50天可移栽，确定槟榔香、陈香、菌香3种香型的香气成分及主要微生物菌属，建立六堡茶"金花"菌种分离体系等工作。支持苍梧、昭平等茶叶主产县建设"广西农业科技园区"，每个项目安排400万元科研经费，支持关键技术攻关，加强科技人才培养，不断提升自主创新能力。

二　近年来广西壮族自治区茶产业发展主要政策与措施

（一）各级管理部门出台的主要政策

近年来，广西深入贯彻落实习近平总书记考察广西时提出的"扎实推进现代特色农业建设"[①] 要求，以绿色高质量发展为第一要义，突出产品品质优势、生态安全优势、地域特色优势，通过强龙头、补链条、聚集群、提品质、创品牌、传文化、扩营销，促进生产规模化、质量标准化、品牌规范化、营销网络化，加快推动茶叶全产业链培育及一二三产业融合发展，促进更多农民增收致富。广西各级政府部门先后制定出台一系列政策和措施，鼓励和扶持当地茶产业发展，走标准化、规模化、产业化的道路。

---

① 《九大行动！广西加快向现代特色农业强区跨越》，"澎湃网"百家号，2021年8月12日，https://m.thepaper.cn/baijiahao_14024565。

2020年2月8日和3月24日，自治区农业农村厅分别印发了《关于做好疫情防控期间广西茶产业复工复产的指导意见》《关于2020年推进全区茶产业高质量发展的通知》，为解决全区茶产业复工复产、用工问题提出指导意见。2020年2月，广西还出台了《深入推进"复工贷"促进广西经济平稳发展十条措施》，通过"到期延、存量续、总量增"等措施，力保全区企业复工复产平稳有序推进。将苍梧六堡茶业有限公司等一批茶企纳入"复工贷"重点支持企业名单，引导金融机构加大对茶企的资金支持力度。

2020年，自治区科技厅印发《关于支持广西茶叶产业技术创新若干政策措施的通知》，从科技创新角度为茶产业高质量发展赋能，全面提升良种选育、绿色高效栽培、加工、产业融合发展等技术创新能力，促进广西茶产业高质量发展。

2021年，梧州市以自治区有关文件精神为指导，结合发展实际，先后出台《梧州市六堡茶文化保护条例》《梧州市六堡茶产业高质量发展三年行动计划（2021—2023年）》《梧州市人民政府办公室关于印发我市支持六堡茶茶园建设政策的通知》等系列文件，全方位为六堡茶产业核心区高质量发展保驾护航。同年，苍梧县人民政府办公室印发《苍梧县六堡茶产业高质量发展三年行动计划（2021—2023年）》。

2022年，经自治区人民政府同意，自治区农业农村厅印发《加快推进广西六堡茶及特色优势茶产业高质量发展实施方案》，明确提出以发展现代农业、促进茶产业提质增效为目标，对标"六项任务"实施绿色高效茶园建设工程、茶叶加工水平提升工程等"七大工程"，大力支持企业把六堡茶产业做大做强，紧紧抓住国家推进"一带一路"建设和实施乡村振兴战略的机遇，打造广西千亿元级茶产业，促进广西特色优势茶产业高质量发展，努力把茶产业发展为助力乡村振兴的支柱产业。同年，《广西壮族自治区乡村产业高质量发展规划（2021—2025年）》印发，将茶产业列为全区"10+3+N"现代特色农业产业体系十大重点产业之一。

2022年，南宁市编制印发《南宁市茉莉花茶（六堡茶）特色茶全产业链建设行动方案（2022—2025年）》，为横州茉莉花茶、六堡茶产业发展提供了方向指引；《南宁市食品产业发展"十四五"规划（2021—2025年）》将六堡茶等精制茶深加工列为食品产业重点发展细分领域，进一步延伸精制茶加工产业链条。

2022年，梧州市人民政府办公室印发《我市自然资源服务苍梧县六堡茶产业和乡村振兴措施》，梧州市发展壮大村级集体经济工作领导小组印发《关于进一步推动村级集体经济与六堡茶产业互促发展的通知》，进一步促进六堡茶产业发展。

2022年，贺州市人民政府办公室印发《贺州市支持广西六堡茶产业发展若干政策措施》，从品种选育、标准化建设、技术水平提升、龙头企业培育等方面进一步支持调整生产结构，释放发展动能，夯实贺州特色六堡茶产业基础，推动茶产业高质量发展。同年，昭平县人民政府印发《昭平茶产业高质量发展奖励扶持办法（试行）》，强调加快扩大种植规模，调整品种结构，打造公用品牌，促进三产融合发展，持续推动昭平茶产业提质增效。

（二）促进产业发展的工作举措

2020年以来，广西茶产业驶入高速发展的"快车道"，干毛茶产量于2020~2023年稳居全国前十，茶叶一产产值连年增长，综合产值迅速提高，"桂茶"品牌知名度和影响力进一步提升，联农带农富农成效显著。广西茶产业的快速发展，主要归功于行业主管部门采取了行之有效的工作措施，主要有以下几项。

1. 政策保障产业发展

为推动广西茶产业跨入新发展阶段，主管部门在调研全区茶产业发展情况的基础上，编制和出台了《加快推进广西六堡茶及特色优势茶产业高质量发展实施方案》《广西"十四五"茶产业高质量发展专项规划（2021—2025年）》等多项政策性文件，绘好产业发展蓝图，将茶产业列为全区"10+3+N"现代特色农业产业体系十大产业重点之一，从资金、项目、人才、科技等方面为茶产业的高质量发展提供政策保障，加快品种培优、品质

提升、品牌打造和标准化生产，提高茶产业链供应链现代化水平，打造茶叶全产业链，拓展茶产业多种功能。统筹实施绿色高效茶园建设工程、茶叶加工水平提升工程、品牌提升和营销体系建设工程、产业融合和茶文化提升工程、标准体系和质量安全提升工程、科技创新提升工程、产业人才素质提升工程"七大工程"，支持良种选育、基地建设、野生资源保护、初精深加工能力提升、品牌打造、营销体系建设、科技创新、人才队伍建设、龙头企业培育、标准体系建设与市场监管等方面，提升全区茶产业质量效益、竞争力和可持续发展能力。

2. 项目驱动产业发展

以项目建设为抓手，搭建平台载体，激活产业发展动能。2020~2022年连续3年实施广西茶叶全产业链开发项目，推进茶叶全产业链建设，支持茶叶全产业链"建链"工程。共投入财政资金1.15亿元，在全区安排实施100个项目，建设了一批标准化茶园基地，提升茶叶初加工能力和产能，大力发展茶叶精深加工，加快发展以茶产业为主的特色旅游，深度融合休闲观光、人文历史、健康养生等产业，统筹推动茶产业发展。2022年首次创建自治区级优势特色产业集群，安排700万元支持梧州市、贺州市创建六堡茶优势特色产业集群，将打造全产业链和突出重点相结合，推动生产、加工、流通一体化发展，做大做强做优六堡茶产业。同时安排一批现代特色农业示范区、田园综合体、农业产业强镇等项目，通过项目建设带动茶产业发展。

3. 系列茶事活动助力产业发展

自治区农业农村厅连续多年主办广西春茶节暨三江早春茶开采仪式、广西国际茶日暨全民饮茶日活动、茶船古道·六堡茶发展高峰论坛、广西茶博会、广西茶文化节、"给世界一杯好茶"广西茶叶品牌推介会等主题鲜明、内容丰富的系列茶事活动，打破时空界限，推动线上线下融合、国内国际联动，传播"桂茶"文化，擦亮广西茶产业名片。

4. 人才队伍建设支撑产业发展

人才是支撑产业发展的第一生产力，近年来广西逐步建立起从大专到本科的茶学专业教育体系，同时加强技能人才培训，建强产业人才队伍。截至

2022年，全区有大专以上涉茶专业在校学生959人，各级管理部门每年举办茶叶专题培训班超5期，培训茶叶生产加工技术骨干超1000人次。2021年选拔培养的3名茶艺技能人才在全国大赛中成绩亮眼。2022年1人获得"全国技术能手"荣誉称号，2人获得"广西五一劳动奖章"，10人获得"广西技术能手"荣誉称号，茶产业技能人才培养成效显著，人才队伍不断壮大。

5. 科技服务下沉赋能产业发展

推动科技服务下沉，打通科技赋能产业发展"最后一公里"。每年组织茶叶技术专家、乡村科技特派员深入一线开展科技服务，推广茶叶高效栽培、生态茶园建设、加工提质等绿色生产技术，强化生产环节科技支撑，确保整枝修剪、平衡施肥、病虫害绿色防控等关键技术落实到位。2022年累计派出1032名茶叶专家开展实地技术服务，累计服务1005天，培训茶农、基层农技人员978人次，服务茶叶企业、合作社120多个，建立茶叶科技示范点13个。

三 近年来广西壮族自治区茶产业发展主要问题

近年来，广西茶产业发展速度和成效显著，但是产业发展过程中也存在一些短板和问题，清除产业健康良性发展的"绊脚石"，是接下来促进茶产业高质量发展的主线任务。广西茶产业主要面临的问题有以下几个。

（一）茶园建设水平不高

广西茶园总体规模小，布局小且散，组织化程度不高，茶产业机械化程度和茶树良种普及率偏低，部分茶园缺乏科学管理，产出低，绿色、有机基地占比不高。

（二）劳动力资源短缺造成成本上升

由于茶叶生产的特异性，劳动力资源在茶叶生产中十分重要。近年来，

广西农村劳动力外流，采茶季招工难且招到的工人平均年龄在 50 岁以上，劳动力资源短缺导致成本上涨，加之广西茶产业机械化发展相对滞后，产业比较效益下降，农民对发展茶产业缺乏积极性。

（三）市场主体不足，龙头企业带动力不强

截至 2022 年，全区仅有茶叶类农业产业化国家重点龙头企业 3 家、自治区级农业产业化龙头企业 17 家、规模以上精制茶加工企业 59 家，有规模的龙头企业数量少，同茶产业发达省份相比存在较大差距。大部分茶叶企业仍以小规模生产、分散经营为主，难以形成规模效应，而且普遍存在科技投入少、自我造血功能及引领作用不足、带动产业发展的能力有限等问题。

（四）产业链不够健全

目前，全区茶产业链存在以下问题：科学管理覆盖不足，缺乏管理专业人才；加工企业小而散，生产线连续化、自动化程度不高，标准执行不到位，产品以初级产品与低附加值产品为主；精深加工发展滞后，产品少、结构单一，精深加工综合利用水平低，产品附加值有待进一步提升。

（五）品牌建设薄弱，营销体系不健全

目前，广西茶叶品牌建设较为薄弱，虽然"广西六堡茶""横州茉莉花茶"等区域公用品牌建设取得一定成绩，但是品牌强度不高、传播力不强，企业品牌建设滞后，品牌知名度、认知度、好感度和名优茶品牌数量远低于其他产茶大省。

（六）营销渠道不畅

广西专业茶叶市场建设滞后，线上销售尚处于起步阶段，出口市场还有较大的开拓空间。由于缺乏稳定的营销渠道，不少企业成为外地经销商的代加工厂和外地品牌茶的优质原材料供应基地。

（七）人才支撑不够

如表 10 所示，广西从事茶叶科研教学的院所较少，且平台建设与福建、浙江等省份的茶叶研究机构差距明显，茶学高等教育落后，贺州学院、梧州学院分别于 2016 年、2017 年开设茶学本科专业，此前仅有 1 所大专院校开设茶叶加工、茶艺与营销专业，全区尚未设置茶学硕士点及博士点，缺乏基础研究型、复合型人才，专业技术人才不足，无法满足茶产业升级发展的需要。人才队伍差距导致广西在茶产业机械化服务、茶产品产业链延伸、茶叶基础应用研究、茶产业科技创新等方面难有突破性发展，难以跟上茶产业发达省份前行的速度。

表 10 广西从事茶叶科研教学的院所名单

级别	院所名称
自治区级专业研究机构	广西壮族自治区茶叶科学研究所
省级涉茶研究机构	广西壮族自治区亚热带作物研究所、广西南亚热带农业科学研究所
市级研究机构	梧州市六堡茶研究院
本科高校	梧州学院、贺州学院
大专高校	广西职业技术学院

资料来源：广西农业农村厅。

四 近年来广西壮族自治区茶产业发展主要研究结论

广西是中国茶叶的主要产区之一。近年来，在自治区党委、政府的高度重视下，广西茶产业以"绿色"为发展底色，在项目、人才、技术、品牌和营销等方面发力，推动茶产业绿色转型以实现高质量发展，已经在茶叶品质提升、品牌建设、市场开拓和技术创新等方面取得显著成效。通过对近年来广西茶产业发展情况的分析研究，得出以下几个主要结论。

第一，广西自然资源优势得天独厚，茶树种质资源丰富，为推动茶产业科技创新、新品种选育、新产品开发等提供了丰富素材和良好基础。近年来，广西虽然选育出桂香22号、桂热1号、桂茶1号等多个具有自主知识产权的地方特色无性系茶树良种，但主栽品种仍以从外省引进的茶树良种为主，广西自主选育的无性系茶树良种推广种植面积远落后于外省引进的福云6号、云南大叶种、乌牛早等品种，全区茶园尚未形成以地方特色优势品种为当家品种的结构布局。广西各级主管部门在推动老旧、低产茶园改造和无性系茶树良种推广时，要结合广西茶产业发展特色优势和重点，做好顶层规划设计。

第二，广西各级党委、政府高度重视茶产业发展，政策引领为广西茶产业发展注入新动能。自治区政府、行业主管部门以及茶产区政府部门制定了一系列支持茶产业发展的政策措施，针对阻碍广西茶产业高质量发展的堵点，实施绿色高效茶园建设工程、品牌提升和营销体系建设工程、科技创新提升工程等"七大工程"，打通广西茶产业发展的"任督二脉"。近年来，广西茶产业规模稳步扩大，效益显著提升，茶产业已经成为广西实现乡村振兴的重要产业和促进农民增收致富的"绿色银行"。

第三，广西茶叶生产品类齐全，六堡茶和茉莉花茶优势特色突出，但以本地茶叶为主的创新型高附加值茶叶精深加工产品和周边衍生产品少，资源综合利用率较低。促进产品结构由单一向多元化发展，提升茶产业链科技含量和产品附加值是实现广西茶产业高质量发展的关键环节。

第四，品牌建设成效显著，影响力大幅提升。广西构建区域公用品牌、企业品牌、产品品牌"三位一体"的桂茶品牌体系，通过多元、立体宣传打造"广西六堡茶""横州茉莉花茶"等优秀区域品牌，带动一批优秀企业品牌形成品牌矩阵，提升了广西茶叶的影响力和知名度。但广西茶叶品牌存在"多而不强"的特点，茶企品牌建设观念相对落后，品牌内涵挖掘不足。广西要充分挖掘生态文化、民族文化、红色文化、长寿文化，以文化赋能茶叶品牌建设，讲好"茶船古道"故事。

第五，以科技支撑、龙头带动促进融合发展，打造更广阔的市场。近年来，广西茶产业科技创新能力明显提升，科技支撑产业发展的能力不断增强，但科研机构建设、高层次人才培养和高新技术企业培育仍须进一步加强。广西通过实施"龙头带产业、产业兴龙头"战略，重点培育了一批科技型、外向型、带动型的龙头企业，积极探索"茶+康养+旅游"等融合发展模式，推进茶产业与休闲娱乐、文化教育、科普科研、健康养老等产业融合发展，为广西茶产业绿色转型发展做出了重要贡献。

参考文献

刘光琳、周家立、陈光琦：《独有南山桂花发——"桂茶"出山记》，《农家之友》2018年第6期。

韦静峰、刘晓东：《广西茶产业发展历程与展望》，《广西农学报》2019年第4期。

吴潜华等：《"十三五"以来广西茶叶产业发展概况及建议》，《南方农业》2022年第15期。

任慧等：《小农户与现代农业有机衔接的路径研究》，《农业经济》2023年第7期。

陈静、周彦会：《广西茶叶产量位居全国前列》，《广西日报》2022年10月6日。

B.12
河南省茶产业发展研究报告

周琼琼　赵仁亮　王 龙*

摘　要： 茶产业是河南省区域特色产业，是农民增收致富的绿色产业，也是部分地区推进乡村振兴的主导产业。2023年，河南省茶园面积达240.24万亩，干毛茶产量达10.20万吨，产值达187亿元，比2021年增长17.11%。本报告通过对河南省茶产业发展的现状、优劣势、做法及成效进行阐述，总结了河南省茶产业的发展方向：以市场需求为导向，以开发省内茶叶消费群体为基础，以建设基地、调整结构、创建品牌、培育龙头、文化带动为重点，助推河南省茶产业实现跨越式发展。

关键词： 茶产业　"三茶"统筹　品牌建设　河南省

河南省产茶历史悠久，茶文化底蕴深厚，是我国"南茶北销"的重要集散地，茶产业主要分布于大别山区、桐柏山区、伏牛山区和汉水流域，涵盖信阳市10个县区（浉河区、平桥区、罗山县、潢川县、固始县、光山县、商城县、新县、息县、淮滨县）、南阳市5个县区（桐柏县、卧龙区、淅川县、西峡县、内乡县）、驻马店市、舞钢市和济源市等，信阳市、南阳市和驻马店市合计茶园面积和产量均占全省的98%以上。长期以来，河南省委、省政府把茶产业作为地方区域特色经济大力发展，出台政策、强化措施、大力扶持，有力推进了河南省茶产业持续快速发展，茶园

---

* 周琼琼，博士，河南农业大学副教授，研究方向为茶树种质资源及逆境分子生物学；赵仁亮，博士，河南农业大学副教授，研究方向为茶叶加工及品质化学；王龙，博士，河南农业大学讲师，研究方向为土壤质量提升。

面积、茶叶产量和产值持续提高。目前，茶产业已成为河南省主要产茶区促进农业增效、农民增收、农村发展的重要产业和推动区域经济发展的特色支柱产业。

一 河南省茶产业发展概况

河南省及地方政府高度重视茶产业的发展，把茶产业作为推动生态文明建设、脱贫攻坚和乡村振兴的重要抓手，以及践行"绿水青山就是金山银山"理念的着力点，先后出台《河南省绿色高质高效行动项目实施方案》《河南省茶产业发展规划（2011—2020 年）》《信阳市茶产业发展规划（2012—2020）》《桐柏县创建河南省茶叶特色农产品优势区工作方案》《内乡县茶产业发展规划》《信阳市茶产业高质量发展三年行动方案（2023—2025）》等政策文件。

2023 年，河南省茶园面积达 240.24 万亩，干毛茶产量达 10.20 万吨，产值达 187 亿元，比 2021 年增长 17.11%；茶叶出口量达 6385.41 吨，出口额达 6580.24 万美元，每千克出口价达 10.31 美元，高于全国出口均价。在全国 18 个主要产茶省份中，河南省茶园面积居第 11 位，干毛茶产量居第 12 位，干毛茶产值居第 8 位。全省茶农数量达 120 万人以上，茶产业从业人员达 150 万人左右，有初制茶场 1500 多个、大型及初具规模的茶叶加工企业 500 多家。

信阳市是河南省茶叶主产区，位于河南省南部，地处淮河上游、大别山北麓，东邻安徽、南接湖北、承东启西、连南贯北。信阳市地处南北气候过渡带，属亚热带向暖温带过渡区，全市年均降雨量为 1200 毫米左右，年平均气温为 15.1℃，日照充足、雨量丰沛、山水相依、泉明林翠，素有"北国江南，江南北国"的美称。特殊的地理位置、良好的自然生态条件使信阳成为我国北方边缘茶区以及全国名优茶生产大市之一。"五云（车云山、集云山、连云山、天云山、云雾山）、两潭（黑龙潭、白龙潭）、一寨（何家寨）、一山（震雷山）、一寺（灵山寺）"逐渐成为信阳毛尖的

核心产地。随着产业的发展，信阳毛尖的产地已扩展至整个信阳市管辖的八县两区，并受国家标准《地理标志产品　信阳毛尖茶》（GB/T 22737-2008）保护。截至2022年底，全市茶园面积达216万亩，茶叶产量达8.2万吨，总产值达153亿元。全市现有农业产业化国家重点龙头企业3家、省级农业产业化龙头企业31家、中国茶行业百强企业12家；拥有中国驰名商标8个。2010年以来，信阳毛尖在中国茶叶区域公用品牌价值评估中稳居前列，2023年的品牌价值达79.84亿元，排在全国第3位，仅次于西湖龙井和普洱茶。

桐柏县是河南省重点产茶县，地处千里淮河源头，有"中国天然氧吧"之美誉，适宜的气候和环境使桐柏县成为中国优质茶叶的产地，已有2000多年的种茶历史。近年来，桐柏县聚焦"中原茶乡"发展定位，围绕茶文化、茶产业、茶科技"三茶"持续发力，通过办茶节、强茶企、助茶农等多种形式，把茶区变成景区、茶园变成公园，全面推动"三茶"统筹高质量发展。2022年，桐柏县获得"全国'三茶'统筹发展先行县"荣誉称号。2023年，桐柏县茶园总面积达16.3万亩，开采面积达11.6万亩，茶叶年产量达4000吨以上，综合产值超20亿元。

二　河南省茶产业发展优势

（一）自然条件优越

河南省茶区主要分布于大别山区、桐柏山区、伏牛山区和汉水流域，年均温度在15℃以上，年降雨量为900~1200毫米，相对湿度为70%~80%，年有效积温为4800~5100℃，光照充足、雨量充沛、酸性土壤肥沃，适宜的种茶面积约为400万亩，是我国绿茶生产的主要适宜区之一。截至2023年，全省尚有近200万亩的宜茶荒山坡地可以利用，而且这些区域污染和病虫害较少，是生产无公害茶、绿色食品茶和有机茶的理想地区，发展空间大。

（二）茶叶内在品质佳

河南省茶区属高纬度茶区，茶叶具有持嫩性强、芽叶肥壮、水浸出物丰富、耐冲泡等品质特色，特别是影响香气和滋味的芳香物质、氨基酸等含量高，茶多酚、咖啡碱含量适中，奠定了优质绿茶的良好基础。"信阳毛尖""赛山玉莲""仰天雪绿"等多次获得国际、国内大奖，豫炒青茶已成为出口眉茶提升品质必不可少的拼配成分。

（三）区位优势明显

一方面，河南省地处中原，南接我国茶叶优势主产区，北连广大北方主销区，与周边大中城市距离均在600~800公里以内；另一方面，河南省交通优势明显，铁路及高速公路纵横交错。加之近年来河南省东部产业向中西部地区加快转移，为河南省茶产业的持续发展提供了有力支撑。

（四）茶文化底蕴深厚

河南省茶文化源远流长，距今已有2300多年的历史，既有"唐煎""宋点""明冲泡"等独特的中原茶文化，又有"茶仙"卢仝故里等地理优势，大大丰富了河南省茶文化的深刻内涵。随着河南省经济大省、文化大省地位的确立，茶文化已渗透河南省经济社会生活的各方面，信阳茶文化节、郑州国际茶博会、少林禅茶文化等的影响力日益提升，茶文化对茶产业的促进作用不断增强，饮茶、品茶的消费群体更加广泛。

三 河南省茶产业发展劣势

（一）茶园基础相对薄弱

全省30%左右的茶园建于20世纪60~70年代，建园基础差，建设标准低，产出水平低。全省无性系良种茶园面积不足，低于全国平均水平，与先进省份的差距更大。

（二）产业链条延伸不够

河南省茶产品结构单一，仍以散形茶为主，普遍重视春茶生产、轻夏秋茶生产。企业整体实力不强，精深加工水平低，产品附加值不高。茶叶综合利用水平较低，茶食品、茶饮料、茶保健品、茶具、茶旅游等的开发处于起步阶段，三产融合还处于初级阶段，产业融合的广度、深度和强度有待全面提升。

（三）茶文化氛围营造不足

河南省茶产业品牌形象宣传力度不够，没有在主流媒体上进行宣传。饮茶氛围不浓，悠久灿烂的中原茶文化没有被发扬光大。

四 河南省茶产业发展的做法及成效

（一）标准引领、法治保障，织牢茶叶质量安全监管网络

河南省及各产茶县（市、区）高度重视茶叶标准化和茶叶质量安全工作，加强茶叶标准的制定和修订。《地理标志产品　信阳毛尖茶》（GB/T 22737-2008）作为国家标准已发布实施，河南省也制定了《信阳毛尖茶清洁化生产技术规程》、《信阳红茶初制加工技术规程》、《无性系良种茶树栽培技术规程》、《茶树主要病虫害测报调查与绿色防控技术规程》和《豫南黑毛茶加工技术规程》等地方标准。信阳市市场监督管理局组织编写了《信阳茶叶标准体系》（2022年版），从规范茶叶种植、加工和销售行为等环节入手，基本建立健全了信阳毛尖茶标准体系，为信阳茶产业的高质量发展提供了较为有力的标准支撑，推进茶叶标准化生产，保障茶产品质量安全。信阳市人大常委会制定的《信阳市信阳毛尖茶保护条例》为信阳茶产业高质量、绿色可持续发展提供目标引领、政策保障和立法保护。桐柏县也积极制定《桐柏玉叶茶》行业标准，以及《桐柏红茶》和《桐柏红茶加工技术规程》

团体标准，对维护桐柏茶叶市场秩序、促进行业健康发展、提升产品品质具有重要意义。

（二）大力推动"信阳毛尖"品牌集群化发展

为启动信阳毛尖地理标志产品专用标志申报工作，信阳市市场监督管理局制定出台了《信阳毛尖地理标志产品专用标志使用管理办法（试行）》，全市信阳毛尖地理标志产品专用标志核准使用企业从0家增加到93家。通过"产地+产业+产品"的发展模式，强化国家市场监督管理总局在信阳设立商标注册服务窗口和商标服务站的优势，发挥信阳毛尖区域品牌建设的集聚效应、经济效应和品牌效应，积极推进"信阳毛尖"与各茶企发展"母子商标"，发挥产业规模优势，不断推动信阳地方特色经济高质量发展。2022年，信阳市市场监督管理局向国家知识产权局申报的"信阳毛尖——信阳市的'金名片'"成为河南省唯一入选的国家商标品牌建设区域建设类优秀案例。

（三）"三茶"统筹，协调发展

作为信阳毛尖的原产地、主产地、核心产区，信阳市浉河区牢牢占据着信阳毛尖的"C位"，在全国重点产茶县（市、区）中，浉河区以102亿元的涉茶综合产值位居前列。为实现茶产业的更好发展，浉河区在"三茶"统筹方面积极实践，成效不断显现。茶文化方面，浉河区打造茶文化广场、生态茶庄园等多个茶主题建筑，坚持将茶文化与全域旅游相结合，积极筹办信阳茶文化节、信阳毛尖开采仪式、信阳毛尖手工炒制大赛等丰富多彩的文化活动，打造"茶旅融合"文化品牌，还建立了一座以信阳毛尖为主题的博物馆，面积达300多平方米，共设置9个展厅，每个展厅都有相应的实景实物展示，通过不同的视角展示信阳茶文化以及信阳毛尖的发展历史。茶产业方面，浉河区持续推进"改良、提质、赋能"三大工程，其中一个重点就是培育推广"信阳10号"茶树新品种改良茶叶。茶科技方面，浉河区建设了"山水浉河云赏毛尖"信阳毛尖"五云两潭一寨"（以下简称

"521")区块链溯源体系,来自信阳毛尖521产区的每一盒茶叶都拥有了"身份证",每一片茶叶都能溯源。该区块链溯源体系于2023年3月正式推广,实现了浉河区300米以上高山茶园全覆盖,覆盖面积是西湖龙井茶叶溯源体系覆盖面积的两倍。2022年省财政支持浉河区成功创建以茶产业为主导的国家现代农业产业园,争取了中央财政资金3000万元。

(四)促进茶业三产融合

《河南省"十四五"乡村振兴和农业农村现代化规划》在推进农业供给侧结构性改革、发展优势特色农业方面明确提出,以信阳等茶叶优势区为核心,辐射带动桐柏、内乡等县(市、区)发展优质茶叶,建设一批面积达千亩以上的集中连片高标准茶叶示范基地,改造老茶园,发展无性系茶园、生态茶园等,加快茶产业结构调整,做大做强茶叶企业品牌,推进茶文化、茶体验、茶旅游融合发展,推动茶产业的协调发展和高质量发展。

(五)提高茶产业人才素质和技能水平

一是举办全国农业行业职业技能大赛茶叶加工工选拔赛。该选拔赛旨在弘扬工匠精神、发掘乡村能工巧匠、助力乡村产业振兴,推进"人人持证、技能河南"工作,提升人才的茶叶加工技术水平,并选拔优秀的制茶人才。二是加强专业技术人员的培训交流。通过举办"全市茶叶品质再提升培训会"和"茶树病虫害绿色防控技术培训班",邀请中国科学院、河南农业大学、信阳农林学院、信阳市农业科学院等单位的专家为全市茶办业务人员、重点茶企及合作社技术人员授课。每年组织"信阳毛尖传统手工炒茶大赛",交流学习经验,提高制茶技艺。这些培训交流活动有效提高了茶企、茶农的茶叶生产技艺和茶树病虫害科学防治水平,保证了茶叶品质提升和质量安全。三是开展科技下乡行动。组建茶叶科技特派员服务团,实施"科技入户",利用"新型职业农民培训工程"等扶贫项目,通过举办培训班,对茶叶从业人员进行生产管理和技能培训,提高从业人员的茶叶管理及加工水平。通过召开现场会、观摩会,组织技术人员深入茶园地头对茶苗种植、修剪、肥水管理、茶籽直播、茶叶加工等关键技术开展现场教学，为茶叶标准化生产提供智力支撑。

五 河南省茶产业的发展方向

全面贯彻落实习近平总书记关于"三茶"统筹发展的重要指示精神，立足河南省茶叶生产和消费潜力优势，围绕做大做强做优茶产业，以市场需求为导向，以开发省内茶叶消费群体为基础，以建设基地、调整结构、创建品牌、培育龙头、文化带动为重点，按照推进农业供给侧结构性改革的总体部署，不断完善科技支撑、良种繁育、标准生产、市场流通、质量安全体系，稳定茶叶种植面积，提高茶叶综合利用率，提升茶叶精深加工能力，提高茶产品的消费水平，拉长产业链条，增强茶产业带动增收的能力，推动河南省茶产业实现跨越式发展。

参考文献

《河南省人民政府办公厅关于印发河南省茶产业发展规划（2011—2020年）的通知》，《河南省人民政府公报》2011年第16期。

郑杰等：《河南省茶产业发展现状及建议》，《中国茶叶》2021年第5期。

赵仁亮：《河南省茶产业现状及发展趋势》，《落叶果树》2021年第4期。

余冰洁、刘扬：《乡村振兴视域下河南信阳茶产业发展路径研究》，《商展经济》2023年第16期。

周涛：《茶韵天香醉乡愁》，《信阳日报》2023年4月9日。

潘蓉等：《2022年中国茶叶进出口贸易结构简析》，《中国茶叶》2023年第4期。

B.13
江西省茶产业发展研究报告

李道和　陈江华　钟恬玥*

摘　要： 2023年，江西省茶园面积达123919公顷，位居全国第十，同比增加6226公顷，增长率为5.29%。江西是"万里茶道"传播中国茶文化的重要区域，是整个茶道最长的一段水上通道。近年来，江西以"江西茶·香天下"为主题，以千年茶瓷文化为载体，以生态、绿色、有机为方向，提升茶叶质量，加快品牌整合，开拓国际、国内茶叶市场，形成特色鲜明、市场广阔的现代茶产业发展格局，实现江西茶产业的振兴发展。

关键词： 茶产业　"万里茶道"　江西省

一　江西省茶产业发展概况

（一）茶叶种植概况

1.面积

2019~2023年，江西省茶园面积逐年扩大。2023年，江西省茶园面积达123919公顷，位居全国第十，同比增加6226公顷，增长率为5.29%（见表1）。2023年，全国茶园面积约为3430000公顷，江西省茶园面积约占全国的3.61%。

---

* 李道和，江西农业大学经济管理学院教授、博士生导师，研究方向为茶业经济；陈江华，博士，江西农业大学经济管理学院副教授，研究方向为茶业经济；钟恬玥，江西农业大学经济管理学院硕士研究生，研究方向为茶业经济。

表1　2019~2023年江西省茶叶生产情况

年份	茶园面积（公顷）	面积增长率（%）	干毛茶总产量（吨）	产量增长率（%）
2019	109062	—	73404	—
2020	113202	3.80	78076	6.36
2021	115081	1.66	78888	1.04
2022	117693	2.27	83700	6.10
2023	123919	5.29	76900	-8.12

资料来源：中国茶叶流通协会。

2. 产量

江西省茶叶以绿茶为主，红茶次之，主要的茶叶区域公用品牌可以分为庐山云雾茶、婺源绿茶、浮梁茶、狗牯脑茶以及宁红茶（"四绿一红"）等。2019~2022年，江西省干毛茶总产量连年攀升。2023年，江西省干毛茶总产量较上年有所回落。据统计，2023年，江西省干毛茶总产量为76900吨，较上年下降6800吨，增长率为-8.12%；全国干毛茶总产量约为3339483吨，江西省干毛茶总产量约占全国的2.30%。

（二）茶园建设与加工概况

1. 茶叶加工标准不断提高

截至2022年，江西省共有地方茶叶加工标准57项，其中2020年新增3项，2021年新增9项，内容涉及重点建设品牌"四绿一红"的共有14项。近年来，江西省不断加强对地方标准的制定和修订工作，茶叶加工地方标准数量日益增多，标准的科学性和可操作性进一步增强。

2. 标准化生态茶园建设稳步推进，茶叶品质持续提升

2020年，江西有机茶园面积达2.3万公顷，同比增长5.2%，全省无性系茶园占比达50%以上，通过国内有机认证机构认证的茶企有106家，六大茶叶主产区内42家经营主体进行了有机食品认证，23家经营主体进行了绿色食品认证。全省茶叶领域拥有农业产业化国家重点龙头企业3家、省级龙

头企业48家、市级龙头企业124家。婺源县作为全国茶叶出口的主要集中地,有80%以上的茶园达到了生态标准,其生态茶园建设模式已成为全国生态茶园建设的示范样板。庐山云雾茶和宁红茶的主产区已经建成面积达千亩以上的标准茶园30个,获有机认证的茶园面积达1333公顷。截至2020年底,江西省婺源县有机茶园面积达5100公顷,2020年新增有机认证茶园面积268公顷,有机认证茶园面积累计达2967公顷,位居全国前列。修水县2020年"新扩低改"茶园800公顷,1.3万公顷的茶园达到无公害茶生产示范标准。2020年,浮梁县改造和新发展茶园233公顷,有机化管理标准茶园4000多公顷,已认证绿色有机茶园1355公顷,有机、绿色茶园新增认证面积达400公顷,良种率达到64%。遂川县建成省级茶产业现代园区1个,建设狗牯脑茶树良种母本园(繁育)基地3公顷和集合全国主要茶叶种质资源的品种园3公顷。

3.区域公用品牌价值逐年攀升,市场影响力不断增强

《2021年中国茶叶区域公用品牌价值评估报告》显示,全国108个茶叶区域公用品牌中,江西省共上榜9个,其中排名最靠前的是庐山云雾茶,品牌价值达36.8亿元,跻身中国茶叶区域公用品牌前20名,排在第18名;排名最靠后的是三清山白茶,品牌价值为1.88亿元,排在全国第107名。江西省主要茶叶区域公用品牌总价值达162.14亿元,与2020年相比增长了18.25亿元,同比增长12.68%,其中"四绿一红"品牌总价值达140.07亿元,与2020年相比增长了14.56亿元,同比增长11.60%。

4.产业链条不断延伸,新增长极不断崛起

以茶促旅、以旅兴茶、茶旅融合、文旅互动是近年来促进江西省茶产业振兴的又一新增长极。如宁红集团与江西红色摇篮、绿色家园、古色厚土联合打造的国家3A级旅游景区宁红茶文化园,以茶产业联动旅游业,以旅游业带动茶产业,致力于打造茶文化特色鲜明的国际旅游目的地,擦亮修水县茶文化旅游名片。婺源县推出十大最美旅游路线,把婺源县丰富的人文自然景观与主要茶产地有机结合,涌现了厚塘庄园、金山茶庄等一批休闲农业与乡村旅游示范点。上犹县积极打造茶文化旅游名片,在上犹犹江绿月食品有限公司设立了上犹绿茶制作技艺生产性保护示范基地，通过开展茶叶采摘制作研学体验活动、茶文化主题科普活动、茶文化知识讲座等茶旅融合项目，增强了社会各界对传统工艺的了解和认识，提升了上犹绿茶制作技艺及其产品的社会知名度。随着茶叶采摘、手工炒制、品茗茶膳分享等体验活动与周边旅游项目的充分结合，上犹绿茶产品的社会效益和经济效益不断提升。此外，南昌凤凰沟、婺源林生茶庄、浮梁高岭中国村茶园、遂川狗牯脑茶园等一批独具特色的茶旅综合体走出了一条茶旅融合产业化发展道路，形成了茶农增收、产业增效、生态增值的茶产业绿色发展模式，从而助推乡村振兴、带动区域经济发展。

（三）茶叶流通概况

1. 批发市场

江西省茶叶批发市场数量逐年增加，大多位于江西南昌。鹿鼎国际（南昌）茶叶交易市场是南昌第一个专业茶叶交易市场，汇聚200多家茶叶茶具品牌、6000多种茶叶、上万款茶具及茶配套产品，是江西精品名茶的展销平台与形象窗口，也是专业化、信息化、现代化的大型茶叶交易中心和国际茶文化交流平台。

2021年，南昌华南城打造了江西茶业交易服务中心，通过组建异业品牌联盟的方式集结茶商，形成一个关系紧密、资源共享、利益共享的联盟。江西茶业交易服务中心以"振兴赣茶、帮扶茶农"为根本目的，致力于用3~5年时间，以打造服务和技术平台为抓手构建江西茶集成运营体系，让服务端成本降低、效率提高，让渠道端集中采购更便捷，让客户端性价比更高，同时结合互联网运营模式整合上下游和客户端。江西茶业交易服务中心团队于2022年9月赴修水县搭建修水茶实训基地，助力宁红茶线上销售。

中国（南昌）国际茶叶博览会立足南昌，辐射中部及全国重点茶叶消费市场，截至2020年已成功举办了4届，累计展出面积达11.5万平方米，参展商达5128家，有30多个国家参展，观众达100余万人次，专业采购商

达30余万人次。中国（南昌）国际茶叶博览会已发展成江西省知名度最高、规模最大、覆盖范围最广的茶产业盛会，近年来分别荣获"江西省最具潜力展会奖""江西省优秀品牌展会奖"等多项荣誉。

2. 零售市场及中介市场

江西省茶叶零售市场按照销售形式分为线上、线下两部分。线上方面，采用网络销售模式，借助淘宝、京东等平台对江西省茶叶进行销售；线下方面，江西省茶馆、茶楼、茶坊等中介市场数量众多，超1500家，主要对接散客。

（四）茶叶出口外销概况

1. 江西省茶叶出口情况

中国海关总署数据显示，2023年江西省茶叶出口额为9954.4万美元；2022年为12997.2万美元，在全国排名第六。与2022年相比，2023年江西省茶叶出口额减少3042.8万美元，增长率为-23.41%。2019~2022年江西省茶叶出口额总体呈增长趋势，仅2020年因新冠疫情影响出现负增长（见表2）。

表2 2019~2023年江西省茶叶出口概况

年份	茶叶出口额（万美元）	出口额增长率（%）	茶叶出口量（吨）	出口额增长率（%）
2019	8761.3	—	14546.5	—
2020	8471.6	-3.30	14422.5	-0.85
2021	12129.1	43.17	14129.9	-2.03
2022	12997.2	7.16	14167.0	0.23
2023	9954.4	-23.41	13137.3	-7.27

资料来源：根据中国海关总署网站数据整理。

根据中国海关总署数据统计，2019年江西省茶叶出口量为14546.5吨，2023年江西省茶叶出口量为13137.3吨。受疫情影响，江西省茶叶出口量自2019年起整体呈现负增长态势。2021年，江西省茶叶出口量排全国第6

位，约占全国茶叶出口总量的40.8%，出口额排名低于出口量排名；福建省茶叶出口额位居第一，约占全国茶叶出口总额的22.3%。江西省与福建等茶产业强省相比还有一定差距。2022年，江西省茶叶出口量为14167.0吨，位居全国第六，出口额排名与出口量排名相当。2023年，江西省茶叶出口量为13137.3吨，出口额未超过1亿美元。

2.江西省茶叶出口市场情况

2023年，江西省茶叶出口额排名前五的贸易伙伴依次为马来西亚、中国香港、加纳、毛里塔尼亚、越南（见图1），出口额分别为3739.6万美元、1436.6万美元、969.3万美元、845.9万美元、271.9万美元，合计占总额的72.97%；江西省茶叶出口总量为13137.3吨，排名前三的贸易伙伴依次为加纳、毛里塔尼亚、马来西亚，出口量分别为2456.7吨、1879.3吨、1865.9吨，合计占总量的47.21%。从出口的茶叶品种来看，江西省出口的茶叶中70%以上为绿茶，红茶为第二大出口品种，只有极少数为乌龙茶和花茶。

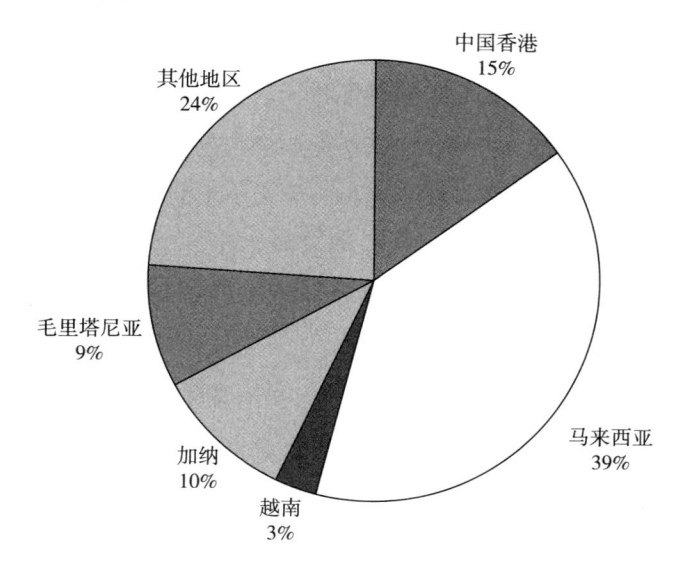

图1　2023年江西省茶叶出口地区及出口额占比

资料来源：根据中国海关总署网站数据整理。

（五）相关产业发展概况

1. 茶旅游

近年来，茶旅融合成为新的经济增长点，带动乡村旅游市场需求旺盛、富民效果突出、发展潜力巨大，是新时代促进居民消费升级、加快乡村振兴的有效途径。2017年印发的《江西省人民政府办公厅关于进一步加快发展乡村旅游的意见》、2019年印发的《江西省促进乡村旅游发展提质升级实施方案》、2022年印发的《2022年全省休闲农业和乡村旅游产业项目实施方案》等一系列政策文件均强调推动乡村旅游发展是实现江西"绿色崛起"的重要抓手。

江西省茶叶主产区在推动茶旅融合中起到重要作用。其中，浮梁县积极推进茶旅文化融合，接待游客总数、旅游综合收益稳步提升；婺源县打造的"婺源问茶"乡村茶旅游路线获评"中国十大金牌茶旅游路线"，"千年茶乡婺源问茶寻绿之旅"路线入选"全国20条茶乡旅游精品路线"。

2. 茶馆

茶馆兼具茶叶消费、社交、休闲等特征。当代茶馆在传承的基础上不断创新。一些茶馆沿袭旧时风格，而新茶馆则顺应时代潮流融入表演、音乐、棋牌等娱乐元素，综合性更强。江西拥有大大小小的茶馆近千家，分布于南昌、赣州、景德镇等地，尤其是江西南昌的茶楼茶馆数量众多，2020年第四届中国（南昌）国际茶叶博览会举办期间更是开展了"2020年度江西优秀茶馆"评选活动。

以江西省南昌市的茶馆为例，江西南昌老茶馆历史悠久，保留旧时风格，如八一广场旁的江西茶艺馆、民德路上的洗尘茶馆、三经路尽头的白鹭原茶馆、子固路上的茶人缘茶馆等，皆含抱朴守真的积极意义；江西南昌新茶馆历史不长，多是比较西化的茶楼，采用典雅的现代建筑风格，经营风格也较为现代化，结合了茶艺表演、棋牌聊天等休闲娱乐功能。茶馆功能渐趋多样化，消费者在饮茶与休闲中交流、体会茶文化。

3. 茶艺

江西省茶艺文化不断发展，茶艺比赛影响力持续扩大。根据江西省人力资源和社会保障厅《关于公布江西省第二批职业技能等级认定社会培训评价组织的通知》，江西省茶艺师职业技能培训中心被认定为全省官方备案的职业技能等级评价机构，获得评定茶艺师（所有5个级别）、评茶员（可考4个级别）的鉴定考试资格。2022年，江西省举办的"振兴杯"茶艺师茶叶技能竞赛圆满落幕。不仅如此，一些全国性茶艺比赛也选址江西，如第五届全国茶业职业技能竞赛茶艺竞赛总决赛在江西遂川举行。

（六）茶文化发展概况

1. 茶品牌

江西省近年来全力推进茶品牌整合，茶叶区域公用品牌价值不断提升，品牌整合成效明显。在政策影响下，江西省"四绿一红"品牌价值连年攀升。2019年"四绿一红"品牌在全国茶叶品牌中的平均排名为35名左右。其中庐山云雾茶排第19名，浮梁茶排第27名，狗牯脑茶排第35名，婺源绿茶排第38名，宁红茶排第53名。2023年江西省"四绿一红"品牌总价值达171.31亿元，较2022年的157.60亿元增长了13.71亿元，同比增长了8.70%。2022~2023年，婺源绿茶的品牌价值增幅最大，达9.92%。庐山云雾茶、浮梁茶、狗牯脑茶、宁红茶的品牌价值也均有不同程度的增长（见表3）。

表3 2019~2023年江西省"四绿一红"茶叶区域公用品牌价值

单位：亿元

茶叶品牌	2019年	2020年	2021年	2022年	2023年
庐山云雾茶	27.70	33.33	36.80	41.02	44.47
浮梁茶	23.76	26.54	28.23	31.18	33.07
狗牯脑茶	22.22	25.37	29.18	33.34	36.82
婺源绿茶	20.63	23.45	25.62	29.13	32.02
宁红茶	15.30	16.82	20.24	22.93	24.93

资料来源：2019~2023年《中国茶叶区域公用品牌价值评估报告》。

近年来，江西省主要产茶县（市、区）大力推进茶产业发展。其中，浮梁县以浮梁茶为核心品牌，大力推广"天祥茶号""昌南雨针""赣森"等原创系列名茶品牌。遂川县狗牯脑茶荣获"2010年上海世博会金奖"、"中国老字号"、"地理标志证明商标"、"中国驰名商标"、"2015年意大利米兰世博会金奖"、"最受消费者喜爱的中国农产品区域公用品牌"、"中欧100+100"地理标志产品互认产品等40余项荣誉，并被省委、省政府列为全省重点扶持茶叶品牌。截至2022年7月，资溪县有机白茶种植规模达2520公顷，年产量突破180吨，产值达2.6亿元；资溪县累计创建有机白茶品牌12个、有机红茶品牌6个，成为资溪有机农业的"金招牌"，先后纳入国家地理标志保护产品，并获得"江西省著名商标""江西十大名茶"等荣誉称号。经中国农业品牌研究中心评估，2022年"资溪白茶"的品牌价值高达5.77亿元，较上年增长30%，名列全国名优茶百强。

2. 茶业创意产业

江西省持续推动茶业文化创意园区和茶业创意产业建设，以促进全省茶产业持续发展。九江市修水县宁红茶文化园作为全省有代表性的茶业文化创意园区，不仅是国家3A级旅游景区，也是修水县唯一的全省旅游示范区，向全体游客免费开放。园区总占地面积为160亩，总建筑面积为6万平方米，总投资2.6亿元，分为技术中心、会务中心、产品展示中心、红茶精制加工区、绿茶精制加工区等10个功能区。园区与周边生态科技园相结合，集茶文化、茶休闲、茶展示、茶销售、茶体验、茶研发和茶叶精深加工于一体，大大推动了当地茶产业的发展。另外，江西省庐山市紧跟时代步伐打造了庐山茶文化创意产业园，该园区集生产加工、观光休闲、品鉴展演、修身养性、贸易传播于一体，迎合当下产业风潮，是构建"环庐山、大庐山、泛庐山"旅游经济圈的重要一环，亦是庐山旅游业参与共建"一带一路"的重要着力点。同时，庐山市将电商平台融入庐山茶文化创意产业园，打造了线下平台体验、线上平台销售的全新商业模式。

3. 茶文化推广

江西茶文化历史悠久、内涵深厚，江西省致力于传播推广江西茶文化。江西茶叶主产区为推广当地茶文化做出了积极贡献。

2021年，国务院公布了第五批国家级非物质文化遗产代表性项目名录扩展项目名录，江西省的红茶制作技艺（宁红茶制作技艺）位列其中。2021年，1名江西省婺源绿茶技艺传承人被评为茶叶区域公用品牌国家级非遗传承人；2人被评为茶叶区域公用品牌中国制茶大师，其中浮梁茶制茶大师1人、修水宁红茶制茶大师1人。茶产业非物质文化遗产是茶种植、茶消费的历史文化结晶，也是较具品牌运作价值的文化资源，江西省茶叶区域公用品牌"非遗传承人""中国制茶大师"的技艺较具文化传承价值，在茶文化推广中成为生动的载体，连接茶文化与茶品牌、茶品牌与消费者，进而挖掘、释放传统制茶技艺在品牌消费、个性化消费时代下的全新价值与活力。

此外，江西省各级地方政府通过各种茶事活动加大了对茶文化的宣传推介力度。如在2021年第四届中国国际茶叶博览会上，江西十余家茶叶企业共同参展，展示赣茶形象，传播赣茶文化，提升赣茶影响力；九江市每年组织茶叶企业赴各地参加茶博会，积极承办庐山问茶会、九江国际名茶名泉博览会、茶文化节等专场推介活动，编撰出版《庐山茶志》，为整合茶品牌、弘扬茶文化、振兴茶产业精心搭建技术交流平台与文化传播平台；浮梁县近年来以"茶瓷文化"为推动茶文化发展的全新切入点，举办"'一带一路'浮梁茶瓷文化节"，将浮梁茶与瓷器很好地融合，在促进大众更加深入了解和体会茶文化的同时带动了茶产业的蓬勃发展；婺源县编写《茶香婺源》、《婺源茶人传》和《松风煮茗：婺源茶事》等地方茶书，举办茶文化摄影展等活动，每年吸引"茶客"逾百万人次。

（七）茶学教育发展概况

江西省重视茶学教育，在全省各地打造多个茶学基地，同时相关高校致力于提升办学实力。

江西农业大学于2013年开设茶学专业，茶学教师规模不断扩大。茶学

专业着重培养具备茶学、农业生物科学和食品科学等方面的基本理论、基本知识和基本技能，能在现代农业、食品工业、商业贸易等领域或部门从事与茶学有关的技术与推广、设计与开发、经营与管理、教学与科研等工作的高级科学技术人才，2018年培养了第一批茶叶专业技术人才。江西农业大学茶学与茶文化研究中心于2017年成立，研究中心设茶叶生物化学实验室、茶叶审评室、茶艺室、茶叶加工室4个研究室，拥有科研人员和科研成果若干。同时，学校注重教学实训。2023年，江西农业大学茶产业专题班的学员到江茶集团旗下品牌旗舰店"江茶集"和"江西茶学"进行了参观交流。

江西婺源茶业职业学院开设茶学系，涉茶类专业实力强劲。2013年学院与江西农业大学合作办学，开设茶业类、旅游类本科专业，还与香港茶道总会等国际组织、机构合作，为港澳台地区培养了大量茶业人才。2013~2022年，江西婺源茶业职业学院累计培养茶学本科学生900余人，其中考取安徽农业大学茶学硕士研究生的有91人。

（八）茶产业科技创新概况

为推进茶产业科技创新，江西各地出台了相关技术规程，相关企业、高校、科研机构积极参与其中。

江西农业大学茶学与茶文化研究中心对外进行茶文化交流，提供涉茶社会化服务；对内承担茶学本科学生的教学工作，并开展茶叶科学相关研究。自2017年成立以来，承担国家自然科学基金项目2项、江西省自然科学基金项目3项、江西省教育厅项目7项，在国内外发表论文20余篇，其中SCI期刊收录10余篇。2019年11月，研究中心团队在省科协和学校的大力支持下，在修水县建立了宁红茶科技小院，该科技小院为江西省成立的首批7家科技小院之一，也是全国第2家茶产业方面的科技小院。2020年，在国家自然科学基金、江西省自然科学基金、广东省茶叶产业技术体系等项目的资助下，江西农业大学茶学与茶文化研究中心在茶学研究方面取得较大进展，在SCI期刊上发表高水平学术论文5篇。2022年，江西农业大学茶学与茶文化研究中心与其他单位合作，于国际知名期刊 *Frontiers in Nutrition* 发表题为"EGCG

Inhibits Proliferation and Induces Apoptosis through Downregulation of SIRT1 in Nasopharyngeal Carcinoma Cells"的论文。

近年来，江西省茶叶生产向标准化、专业化、数字化转型，茶叶领域科技创新成果频出。核心技术"茶叶全程机械化生产技术"自2017年以来在南昌、高安等地进行示范推广，获得良好效果。2017~2019年，江西省农业科学院高安茶园试验基地采用该技术进行小面积试点，实收亩产均在180千克以上，最高亩产达到206千克，其中名优茶亩产8千克，最高亩产达到11千克。2019~2021年，江西省农业科学院高安茶园试验基地采用该技术进行大面积生产示范，平均亩产分别为185千克、201千克、210千克。目前该技术正在江西全省推广应用，依托单位江西省农业科学院农业工程研究所申报的"茶叶全程机械化科研基地建设项目"于2021年获得农业农村部立项，总投资1596万元。和常规技术相比，应用该技术可增产名优茶30%以上，实现节肥节水，水肥利用率提高15%以上，化肥、农药用量降低6%以上，亩增收节支3000元以上，同时机械化管理可以提高茶叶产量和茶叶品质。该技术具体包括机械移栽技术、名优茶机械采摘技术、肥药智慧管理技术、茶园机械化运输技术、茶园智慧管控技术。

二 江西省茶产业发展重点与主要研究结论

（一）江西茶产业发展重点

1. 提升茶园生产能力，提高茶叶品质

江西省按照"优质、高效、生态、安全"的要求，大力推进管理生态化，推广茶园病虫害生物综合防治、测土配方施肥和节水灌溉技术。大力推进加工厂房清洁化、加工能源清洁化、加工设备清洁化，积极推广自动化、智能化的现代茶叶生产线，避免茶叶在加工过程中被二次污染。茶产业被赋予健康养生、生态经济、出口贸易、脱贫攻坚等多重属性。现代茶叶市场上同质化现象较为严重。不管是门店、产品、包装，还是品牌文化，都出现了核心诉求扎堆的现象。未来江西茶产业将朝着集约化方向发展，去同质化后将涌现一两个核心品牌。与此同时，目前江西茶企发展水平参差不齐，标准化是江西茶产业的发展趋势。江西省各地区茶企逐渐重视茶叶生产加工标准化、数字化建设，引入科技设备改造生产加工流水线。

2. 茶叶区域公用品牌价值提升

近年来，我国茶叶区域公用品牌的价值不断提升，《2021年中国茶叶区域公用品牌价值评估报告》显示，全国108个茶叶区域公用品牌的总价值达2395.62亿元，平均价值约为22.18亿元，品牌价值不断攀升。江西省坚持省、市、县三级联动，完善产业协调机制，加强对茶产业在政策、资金、科技、人才等方面的统一部署，系统推进江西茶叶品牌进一步整合，主打生态、文化、特色、有机"牌"，构建富有地域特色的品牌形象。充分发挥江西茶叶生产的自然生态优势，以绿色有机茶叶为发展方向，统一产品标准和生产标准，推动茶园"三品一标"认证，不断扩大高产优质茶园面积。

3. 茶文旅融合发展

江西省大力推动茶文旅融合发展，打造茶叶精品旅游线路与全产业链，通过休闲旅游、茶文化推广等方式助推江西经济发展。建设茶特色小镇，推进产镇融合。以规划为先导，在茶叶集中产区或特色名茶区域，将茶产业、生态观光、休闲养生、美丽乡村建设等资源整合，建设一批集茶叶生产、体验、观光、度假等功能于一体的茶特色小镇，推进茶产业、茶经济和茶文化等的融合发展。

（二）江西省茶产业发展主要研究结论

1. 茶叶生产规模扩大，茶叶产值提升

2023年江西省干毛茶产值为77.83亿元，较上年增加6.42亿元，增长8.99%，单位面积产值达63122.47元；茶园面积达123919公顷，干毛茶产量达76900吨，单位面积产量达0.62吨。从出口量来看，2023年江西省茶叶出口量达13137.3吨，同比下降7.27%，占全国总出口量的3.57%。茶叶消费情况可观,"四绿一红"品牌价值增速较快。

2. 推进茶叶生产数字化、标准化,标准化生态茶园建设持续推进

茶叶精深加工企业数量增加,龙头企业带动数字化产业链建设。江西省茶产业布局趋向合理,茶区茶园发展态势良好。全省依托总体农业结构布局调整茶产业,开展茶叶优势产区创建工作,重点支持赣中南的狗牯脑茶产区,赣西北的庐山云雾茶和宁红茶产区,赣东北的婺源绿茶、浮梁茶、河红茶产区,以及资溪、靖安等白茶产区的发展。在产业发展环节,江西省重点支持标准化生态茶园建设,按照"山顶戴帽、山腰结带、山脚穿靴"的生态模式进行开发,实现品种良种化、栽培标准化、生产绿色化、产品安全化目标。

3. 茶文旅融合发展势头强劲

江西省不断推动茶文旅融合发展,展现区域风采,在推进以茶促旅、以旅兴茶、茶旅融合、文旅互动的同时大力发展江西茶文化,讲好江西茶叶故事。浮梁、婺源等地打造了茶文旅经济带。例如,浮梁县结合赣徽文化和浮梁文化,通过"双选双引"(选商选资、引人引智),按照"历史文化打头、生态空间打底、特色产业打样"布局,为经济发展助力。

三 江西省茶产业存在的问题

近年来,江西省茶产业发展取得显著成效,但仍存在以下不足之处。

(一)无性系良种率偏低,茶叶单产水平较低

江西省政府积极出台政策并下发资金扶持无性系良种在茶叶生产中的应用。但是,江西省无性系良种选育起步较晚、基础较差,导致无性系良种发展步伐较为缓慢。2019年,江西省无性系茶园面积约为110万亩,较2018年增长了5.2%,仅占全省茶园面积的60%左右,无性系良种率大大低于福建(95%)。无性系良种率偏低在一定程度上制约了江西省茶产业的健康可持续发展。尽管江西省已出台多项举措大力支持茶产业发展,但是良种化、

标准化茶园占比不足，机械化水平不高，小规模茶农管理意识淡薄，茶叶产出水平较低，降低了茶叶生产的经济效益。

（二）消费结构有待升级

近年来，我国茶饮市场迅速发展，新式茶饮作为新兴茶行业大大促进了年轻人的茶产品消费。中国连锁经营协会发布的《2021新茶饮研究报告》显示，2020年我国新式茶饮市场收入达831亿元，新式茶饮类门店数量高达37.8万家，我国新式茶饮消费者已突破3.4亿人。而江西省目前难以带动相关行业发展和消费结构升级，主要有以下原因：品牌新式茶饮店主要扎根于一线、二线城市，向其他城市下沉的程度不深，江西省已有的新式茶饮店较少；江西省当前缺乏自主创新的新式茶饮品牌，没有针对年轻消费者的消费行为和喜好推出创新的茶产品，也未能通过茶产业新业态为消费者提供更多的情感价值和社交功能；江西省目前的茶产品结构未能适应消费的多元化发展，大多数企业缺乏茶文化体验、研修等产品和服务。

（三）品牌溢价能力不足

《2021年中国茶叶区域公用品牌价值评估报告》显示，尽管江西省主要茶叶品牌"四绿一红"的品牌总价值较高，但它们在单位销量和品牌溢价能力上仍有较大的提升空间。江西省"四绿一红"品牌与知名茶叶品牌之间还有较大差距，江西省茶叶品牌的知名度、品质有待提高，品牌个性化形象、文化内涵等还有待丰富。

（四）标准体系有待健全

截至2022年，江西省地方茶叶加工标准共有57项，其中2020年新增3项，2021年新增9项，但内容涉及重点建设品牌"四绿一红"的仅有14项。对比来看，贵州省现行茶叶加工标准有176项，江苏省有96项，江西省地方茶叶加工标准不足贵州省的1/3，标准体系有待健全。

四　江西省茶产业发展对策建议

2018年以来，江西省强调品牌建设与品牌整合，着力推进生态茶园建设，优化茶叶良种繁育和茶叶加工体系。2022年，《江西省"十四五"农业农村现代化规划》指出，以"江西茶·香天下"为主题，以生态、绿色、有机为方向，重点建设"四绿一红"茶叶优势产区，统筹建设赣州市、宜春市、抚州市、萍乡市、鹰潭市等茶叶产区，推进标准化生态茶园建设，加快发展"生态、绿色、有机"茶叶，培育省、市龙头茶企，开创茶叶产业发展新格局。本报告基于上文提出的问题和相关政策规划，提出如下对策建议。

（一）加快龙头企业和品牌整合

一方面，加快龙头企业整合。目前，全省茶叶企业依然小、弱、散，如狗牯脑、庐山云雾等品牌还没有一个产值上亿元的龙头茶企，缺乏发展实力。因此，应按计划分级整合，省级通过自愿原则，采取合资、入股等方式，引导几个龙头茶企组建省级领军茶企，并将其打造成全省企业龙头，主攻江西茶销售市场。同时，鼓励引导江西省"四绿一红"等茶产区整合市、县两级品牌企业，形成企业梯队，在整合效果较好、达到门槛的条件下，适时纳入省级领军茶企。另一方面，加快品牌整合。主要涉及构建"区域品牌+企业品牌+产品品牌"的融合发展模式。应以"江西茶·香天下"省级公用品牌为主打品牌，以省级领军茶企的入股企业为主体，整合现有茶叶区域公用品牌，吸纳绿茶、红茶、白茶等实际销量排名靠前的企业加入，采取产品统一标准、统一包装、统一宣传、统一销售的方式，实现省级领军茶企对江西省茶叶品牌的整合。

（二）推进标准化生态茶园建设

根据国家茶叶产业区域规划和江西省茶叶资源禀赋，加快优化茶产业

布局，让绿色、安全成为江西茶叶最鲜明的特质。重点在赣东北、赣西北和赣中南三大优势茶区和万亩以上茶叶主产县（市、区）大力推进森林茶园、有机茶园、观光茶园等标准化生态茶园建设，持续推进茶树良种化、种植立体化、生产机械化、管理规范化，支持探索机械化和自动化的管理模式。

（三）推广绿色生产模式，支持茶叶加工升级

大力推进有机肥替代化肥，鼓励茶园套种绿肥和增施有机肥，改良茶园土壤。大力推广茶园病虫害生态、物理、生物防控等绿色技术，加大绿色有机转化力度。鼓励支持开展绿色有机农产品认证和农产品地理标志登记。鼓励龙头企业和标准化生态茶园健全生产有记录、信息可查询、责任可追究、质量有保障的产品可追溯体系。加快初制茶厂的清洁化改造，提升初制茶产品质量。鼓励茶企引进清洁化、现代化、智能化加工生产线，提升茶叶绿色加工能力和水平。积极举办制茶大赛，促进制茶工艺传承。鼓励茶企在传统工艺基础上创新现代化加工工艺体系。支持发展茶叶精深加工，提高茶产品附加值。

（四）培育新增长极，延伸江西茶产业链

一是加大夏秋茶开发力度。大力推广茶园机械化采摘，提高夏秋茶资源利用率；推广夏秋茶综合管护和生态防治技术，提升夏秋茶品质；引导企业进一步挖掘夏秋茶资源利用潜力，扩大大宗绿茶、红茶生产；支持企业利用夏秋茶资源开发白茶、黑茶、黄茶等适储茶类，丰富茶叶种类，增强茶叶市场适应能力。二是促进茶旅融合。按照茶叶与旅游"资源共享、无缝植入、有机结合"的理念，充分利用现有旅游资源，打造有区域特色的茶文化旅游精品路线；鼓励各地、各行业及茶企依托茶资源，结合当地自然风光、民族风情、民俗美食等特色，重点打造若干个茶叶公园、研学游基地、体验点和茶艺小镇，引导建设体验茶场、茶产品展示购物店、茶文化吧等，传播普及茶文化，拓展茶功能，延伸产业链，提高茶产业综合效益。

参考文献

胡晓云等：《2021 中国茶叶区域公用品牌价值评估报告》，《中国茶叶》2021 年第 5 期。

郑明喆：《茶叶企业品牌生态位影响因素及竞争策略分析》，《江西农业学报》2022 年第 9 期。

《透析茶产业发展〈实施意见〉关注江西茶产业转型升级》，《江西农业》2019 年第 19 期。

陈裕林等：《遂川狗牯脑夏茶酸奶制作》，《蚕桑茶叶通讯》2023 年第 1 期。

B.14 重庆市茶产业发展研究报告

贺鼎 张凯*

摘　要： 重庆市委、市政府深入贯彻习近平总书记对茶产业重要指示精神，高度重视茶产业发展，相关部门出台相应政策措施，加大政策补贴力度，整合有关专项资金，立足资源优势，突出绿色引领，强化科技支撑，坚持稳面积、调结构、提品质、强品牌、拓市场、增效益，加快茶产业转型升级，促进茶产业提质增效和茶农持续增收。

关键词： 茶产业　资源优势　重庆市

一　重庆市茶产业发展概况

（一）茶叶种植

1. 面积、产量、产值

重庆市茶叶种植规模呈现稳步增长态势。据农业部门调度统计，2021年全市茶园面积达105.19万亩，其中可采摘茶园面积72.03万亩，同比分别增加7.02万亩、5.15万亩，增幅分别为7.15%、7.70%；茶叶（干毛茶）产量4.87万吨，同比增加0.54万吨，增幅为12.47%；茶叶产值44.53亿元，同比增加6.99亿元，增幅为18.62%；无性系良种茶园面积达71.28万亩，同比增加6.38万亩，增幅为9.83%，占茶园总面积的

---

* 贺鼎，重庆市农业技术推广总站高级农艺师，研究方向为茶叶技术推广；张凯，重庆市农业技术推广总站农艺师，研究方向为茶叶技术推广。

67.76%；名优茶产量1.39万吨，同比增加0.14万吨，增幅为11.20%；名优茶产值26.72亿元，同比增加4.58亿元，增幅为20.68%（见表1），名优茶是全市茶产业增产增收的关键。

表1 2020~2021年重庆市茶叶生产情况

	茶园面积（万亩）	采摘面积（万亩）	无性系面积（万亩）	茶叶总产量（万吨）	名优茶产量（万吨）	茶叶总产值（亿元）	名优茶产值（亿元）
2020年	98.17	66.88	64.90	4.33	1.25	37.54	22.14
2021年	105.19	72.03	71.28	4.87	1.39	44.53	26.72
增量	7.02	5.15	6.38	0.54	0.14	6.99	4.58
增幅（%）	7.15	7.70	9.83	12.47	11.20	18.62	20.68

资料来源：重庆市农业技术推广总站。

茶类结构进一步优化，茶叶品类日趋丰富，全市形成以绿茶为主，以红茶、沱茶等为辅的生产格局。2021年，全市绿茶产量4.22万吨，红茶0.62万吨，同比分别增加0.39万吨和0.13万吨，增幅分别为10.2%和27.2%（见表2）；绿茶产值39.18亿元，红茶产值5.18亿元。江津区用中小叶种生产黑毛茶，用于加工茯砖茶，产量增幅较大；万州区、开州区、秀山县、城口县开展白茶、黄茶加工技术研究，试制白茶、黄茶品质明显提升，产量得以大幅增加；重庆市茶叶研究所开展重庆沱茶拼配试验，开发"云岭·小婉"沱茶，推动重庆沱茶多品类发展。

表2 2020~2021年重庆市各茶类产量情况

单位：吨，%

	绿茶	红茶	黑茶	黄茶	白茶
2020年	38309.4	4895.6	20.0	0.5	20.0
2021年	42234.7	6228.2	145.0	2.2	110.0
增量	3925.3	1332.6	125.0	1.7	90.0
增幅	10.2	27.2	625.0	340.0	450.0

资料来源：重庆市农业技术推广总站。

2.绿色、有机茶园建设

近年来，重庆市充分利用三峡库区良好生态资源优势，强化科技支撑，加快茶产业转型升级，创建一批绿色、有机茶园示范基地，推动茶叶绿色高质量发展。全市示范建设茶园监测预警、绿色防控、安全科学用肥用药新技术、新模式，全域推进绿色、有机、生态低碳茶园建设。2021年，重庆市绿色有机茶园面积达13.42万亩，26家企业获得有机认证，82家企业获得绿色食品认证，1家企业正在申报生态低碳茶认证。重庆市二圣茶业有限公司定心茶园获批中国绿色食品发展中心认定的"2021首批全国绿色食品（有机农业）一二三产业融合发展园"。重庆玖凤旅游开发有限公司凤凰有机茶园入选"全国T20最美生态茶园"。

3.茶叶种植管理

（1）推进高标准生态茶园建设

"十四五"期间，重庆市把生态茶园建设作为茶叶生产的重点工作之一，加快建设高标准绿色生态茶园，推进茶叶生态、低碳生产。全市严格按照《现代生态茶园生产技术规程》地方标准建设要求，整体推进和示范带动相结合，示范推广生态茶园配套关键技术、绿色农资、农业机械装备，建成高标准生态茶园27万亩。在重庆市巴南区二圣茶场、永川区永荣茶厂、秀山佳沃农业发展有限公司、万州区江南茶厂等茶企建立生态茶园示范点，组织开展生态茶园技术体系集成创新与示范推广工作，因地制宜采用茶—林复合型、茶—果复合型、茶—草（肥）复合型、茶—（林）—菌复合型建设模式，实施茶园有机肥替代化肥，推广茶叶绿色高产栽培技术。以渝东北高山生态茶区万州区为重点，建立高标准生态旅游茶园，大力开发无公害、生态有机绿茶、红茶。围绕三峡库区生态安全，以永川区、南川区、秀山县为重点，开展农业农村部茶叶绿色高质高效创建工作，建成万亩生态茶园示范基地，推进全市高标准生态茶园建设发展。

（2）开展新品种新技术的引进及试验、示范、推广

开展茶树新品种引种试验，引进保靖黄金茶1号、保靖黄金茶2号、金观音、金牡丹、川茶2号、中黄3号、安吉黄金芽2号等无性系茶树良种7

个，在南川区、永川区、万州区、秀山县等区县指导建设新茶园1.5万亩。培育茶树新品系1个（渝茶0306），示范推广茶树新品系25亩。引进山地茶园管理机械化装备，筛选引进适宜重庆茶区的茶园开沟机、修剪机、手持采茶机、修边机、除草机、自走式茶园双侧边修剪机等装备49台，在永川区、万州区、秀山县等区县进行示范应用，辐射带动全市茶园机械化设备和配套技术应用推广，提高了茶园管护效率。引进茶叶配方肥、脲甲醛缓释肥、天敌友好型粘虫色板、幼龄茶园覆膜栽培等技术，在全市开展试验、示范、推广工作，建设示范基地13个，示范面积2.6万亩。

（3）推广茶叶绿色优质高效生产技术

全市以春茶优质高产为目标，在渝西早市名茶区、渝东南生态有机茶区和渝东北高山生态茶区，示范推广《巴渝特早优质丰产栽培制作技术》《茶园蓄梢留养技术》《现代生态茶园生产技术》3项，示范推广面积达5万亩，辐射带动全市茶叶绿色优质高效生产。针对重庆老茶园土壤酸化、肥力水平下降，在永川区、万州区、秀山县重点示范推广"有机肥+茶树专用配方肥+尿素+机械开沟"化肥减量技术模式，有机肥施入100~150公斤/亩菜籽饼肥或150~200公斤/亩畜禽粪肥，替代全年茶园化肥纯氮投入的25%~30%。茶树专用配方肥选用18∶8∶12或22∶8∶12复合肥，施入30公斤/亩复合肥。针对全市茶区茶小绿叶蝉和叶螨普遍发生的情况，在永川区、巴南区、秀山县等示范基地推广茶园主要病虫害绿色防控技术模式，采用"石硫合剂清园+天敌友好型色板+太阳能窄波LED杀虫灯+吸虫机+生物农药+低水溶性化学农药应急防控"技术模式，实现绿色防控100%覆盖，进一步提高示范基地茶叶质量安全水平。

（二）茶叶加工

1.初精加工

重庆市大力示范推广针形名优绿茶和优化工夫红茶加工技术，茶叶加工能力显著增强。全市现有茶叶加工厂229个，已取得SC生产认证茶叶加工企业168家，国家级龙头企业2家、市级龙头企业43家，年产值5000万元以上的企业1家、3000万~4999万元的6家、1000万~2999万元的27家。针对重庆主栽茶树品种原料，通过标准化产品生产工艺技术、核心装备提升研究及设备选型与配套，开展针形绿茶品质提升及加工关键技术集成与推广工作，在开州区、万州区、南川区、江津区、秀山县、巫溪县等区县企业指导建设（改造）针形名优茶自动化智能化示范茶叶加工生产线22条。优化推广工夫红茶加工技术，规范鲜叶要求、加工技术工艺、加工设备配置，提高工夫红茶的品质，集成夏秋茶工夫红茶加工技术1套。制定并发布《重庆沱茶加工技术规程》地方标准，推动重庆沱茶生产加工进入标准化加工新阶段。

2. 技术创新

针对重庆主栽茶树品种原料进行针形名优绿茶品质提升工艺优化试验，突破针形绿茶加工关键技术，研究形成以"蒸汽—热风—微波三级组合杀青、自动精准程控揉捻与理条、连续自动烘炒定形焙香"为核心的针形绿茶加工关键技术，提高了全市针形名优绿茶品质。以福鼎大白茶、蜀永1号、蜀永3号等品种夏秋季鲜叶为原料，开展夏秋白茶加工技术研究，开发"银毫"夏秋白茶。利用机采鲜叶原料，开展不同品种（川茶、福鼎、梅占、水仙）加工夏秋花香绿茶的技术研究，试制花香型茶叶产品4个。以蜀永1号、蜀永3号鲜叶为原料，开展沱茶晒青毛茶加工试验及重庆沱茶拼配试验，开发"云岭·小婉"沱茶。通过检测茶叶产品的矿物元素和稳定同位素比例组成，结合不同判别方法（LDA、PLS-DA、BP-ANN）建立了茶叶产品认证模型，为重庆沱茶、永川秀芽的真伪鉴别提供了可靠技术手段。

（三）茶叶流通

茶叶销售以线下为主，淘宝、天猫、京东等线上平台也有少量交易。

1. 线下销售

重庆茶业集团有限公司、重庆长城茶业有限责任公司、重庆苗品记茶业有限公司、重庆云岭茶业科技有限责任公司、重庆市渝川茶业有限公司、重庆西农茶叶有限公司等6家茶企是本地市场具有影响力的品牌企业，拥有重庆百货、新世纪、永辉等大型国有商场、大型超市、专业零售店、综合性副食商场和零售店等主渠道。重庆主城建有重庆茶叶专业批发市场、重庆九村国际茶都等大型茶叶专业市场及盘溪农产品批发市场，是重庆茶叶零售、批发的重要交易场所。

2. 线上销售

重庆德轩龙茶叶有限公司、重庆茶业集团有限公司、重庆市玉琳茶业有限责任公司、重庆云岭茶业科技有限责任公司、重庆西农茶叶有限公司等着力拓展京东、天猫等电子商务渠道。重庆市农业农村委员会建立巴味渝珍电商平台，突出渝茶文化特色，强化电商质量监管，拓展了全市中小茶企的电商营销渠道。

（四）茶叶消费

1. 消费总体状况

茶叶销售的总体形势较好，消费量持续扩大，销售价格稳中有升。重庆茶叶消费以绿茶、沱茶、普洱茶、花茶和红茶等为主，其中60%为绿茶，25%为沱茶和普洱茶，5%为花茶，10%为乌龙、红茶等特种茶系列。茶叶消费结构将由低、中、高向中、高、低转变，花茶减少，绿茶、红茶增长。地产茶叶购销以绿茶为主，主要以线下销售，中档名优茶是春茶市场主流，销售价格400~600元/公斤，大宗绿茶20~120元/公斤。2021年，名优绿茶销售1.13万吨，销售市外占一成，主要销往北京、上海、江苏、四川、广东等地；大宗绿茶3.07万吨，销售市外占六成，全市最大产区秀山县夏秋茶90%在四川名山茶叶市场销售；工夫红茶0.26万吨，销售市外占五成，主要销往福建、广东等省；安吉白茶110吨，95%销往浙江市场；沱茶145吨，两成以旅游产品销往市外；重庆茶业集团有限公司、重庆长城茶业有限责任公司、重庆苗品记茶业有限公司等6家茶企依托重庆百货、新世纪、永辉等商超、批发和零售主渠道，年销售额达2000万~8000万元。重庆德轩龙茶叶有限公司、重庆茶业集团有限公司、重庆市玉琳茶业有限责任

公司、重庆西农茶叶有限公司等依托京东、天猫等电商平台，年销售额为50万~800万元。

2.国际贸易

重庆市茶叶常年出口4000~8000吨，创汇450万美元，主要出口俄罗斯、美国、欧盟等地，荣昌区红碎茶出口成为重庆市茶产业践行"一带一路"倡议新亮点。

（五）涉茶产业

1.茶旅游产业

在茶旅游资源开发方面，各产茶区县积极引导和开展生态茶园、景观茶园观光游，进行以茶园为载体的茶文化展示和体验，初步实现"以茶带旅、以旅促茶"，形成茶旅融合的发展道路。目前，全市建成国家级茶旅观光基地3个，市级茶旅观光基地7个。巴南区二圣镇白象山定心茶园茶文化休闲游、南川区环金佛山茶乡自驾游、万州凤凰镇玖凤茶乡游3个基地入选"全国茶乡旅游精品线路"；重庆市二圣茶业有限公司定心茶园获批中国绿色食品发展中心认定的"2021首批全国绿色食品（有机农业）一二三产业融合发展园"；重庆玖凤旅游开发有限公司凤凰有机茶园入选"全国T20最美生态茶园""建设百年百条红色茶乡旅游精品线路"；秀山县入选"区域特色美丽茶乡"。2021年，巴南区二圣镇定心茶园累计接待游客10万人次，收入近2000万元；重庆玖凤旅游开发有限公司凤凰有机茶园累计接待游客5万人次，收入500万元。

2.茶馆产业

重庆人饮茶之风俗历史悠久，茶馆文化也非常盛行。随着时代发展，茶馆产业融入了更多新元素，推动茶馆"互联网+""营销+""跨界+""文创+"等多元融合发展。随着旅游产业的发展，重庆逐渐成为一座"网红旅游城市"，位于九龙坡区黄桷坪的"交通茶馆"是重庆著名的、有代表性的"网红茶馆"，茶馆内摆放着许多艺术家的作品，越来越多的游客来此打卡留念，感受重庆本地生活、文艺气息。重庆苗品记茶业有限公司创建现代新都市茶馆连锁经营模式，既保留了中国茶的原汁原味，传承中国茶馆质朴优雅的人文空间，又结合现代时尚的茶艺体验和舒适环境，从单纯的茶叶销售到让每个人都身心放松的现代茶馆，打造城市茶文化会客厅，相继打造了苗品记网红轻轨茶馆三层马路店、苗品记文化名人茶馆磁器口店、苗品记潮州工夫茶馆金科中心店、苗品记古茶林普洱茶馆爱加星悦荟店等众多地域文化特色茶馆。

3. 茶艺产业

作为西南地区和长江上游地区最大的经济中心城市，重庆茶产业发展与巴渝茶文化推广促进了茶艺术快速发展。如重庆白鹭原茶艺馆茶饮与茶艺相结合，不仅拥有专业茶艺表演团队，还曾应邀前往法国、俄罗斯、日本等地表演。以复古、民俗等为主题的茶艺表演，如江西客家的"擂茶"表演等，使人们在喧嚣的都市中回归清净自然的和谐恬静。重庆拥有一批茶艺专业培训学校与机构，如重庆经贸职业学院、重庆信睦文化传媒有限公司、井杨子茶艺培训中心、荟茗茶艺培训中心等，这些机构以茶为载体，专业从事茶艺及文化培训，为重庆培养了一大批优秀茶艺师。同时，开展一系列以茶艺为主题的活动，如"重旅"杯黔江区第二届茶艺技能大赛、"巴渝工匠"杯重庆市第三届茶艺职业技能大赛、茗星茶艺师第七届全国评选大赛·川渝分赛，为广大茶文化爱好者提供一个学习和交流平台，传承弘扬巴渝茶文化。

（六）茶文化发展现状

1. 茶品牌

茶叶品牌建设取得一定成效，培育出一批具有地方特色的茶叶区域公用品牌，在国际、国内名茶评比中屡获金奖，在市内具有一定美誉度和知名度，如"永川秀芽""南川大树茶""三峡天丛""秀山毛尖""巴南银针""金佛玉翠"等。其中，"永川秀芽""金佛玉翠""南川大树茶"品牌价值分别达到28.84亿元、3.52亿元和1.91亿元，分列全国第43位、120位和125位。"永川秀芽""南川大树茶""秀山毛尖"在全国"百县·百茶·百人"评选中夺得"百茶"典型荣誉，先后获"中国地理标志"认证。"永

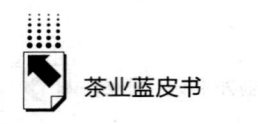

川秀芽"获"全国最具文化底蕴十大地理标志名茶""最受消费者喜爱的中国农产品区域公用品牌""全国优秀区域公用品牌"称号。"秀山毛尖"被评为重庆市首批农产品优质气候品牌。

2. 茶创意产业

重庆茶创意以茶叶为主题，围绕茶产业将茶文化与旅游业相结合，利用"茶+旅游""茶+文化"等模式，形成特色旅游文化，打造特色旅游基地，培育一批特色风情茶园、茶旅企业，推进茶旅融合新型业态发展。如重庆茶业集团有限公司积极探索茶文旅商全面融合发展新模式，将茶叶、茶饮、茶食、茶宿、茶事等与生态茶园充分融合，衍生开发一系列定心茶旅体验项目。茶产业界领军品牌苗品记打造文里苗品茶艺术酒店，这是一家依托茶文化而设计的创意茶酒店，酒店共有48间茶主题客房，每间房都以一款茶叶品种命名，设有泡茶用具，房间里无论是床头柜、茶桌、书桌还是书架上，都摆满古今中外与茶相关的书籍，创意打造出酒店式茶文化博物馆。

3. 茶文化推广

重庆依托重庆国际茶文化研究会、重庆茶叶学会、重庆茶叶商会等行业协会，开展茶历史文化、生产和加工及产品特色等茶文化内涵研究、挖掘与推广，举办不同背景和不同主题的茶文化活动，以此提升重庆茶叶的知名度和影响力。一是加强茶文化资源整理。推动涉茶院校、行业组织等协作开展渝茶文化资源梳理、编撰、研究，建设渝茶文化展览中心。二是抓好茶文化科普教育。开展茶文化进机关、进学校、进企业、进社区、进家庭等活动。举办斗茶大赛、茶文化节、采茶节、茶品鉴等茶事活动，推动茶文化与茶经济发展。三是促进茶馆产业提档升级。支持茶馆行业协会出台地方性行业标准，对茶馆、茶庄、茶叶营销店面改造升级，推进茶馆连锁化、国际化、品牌化发展。培育茶产业服务集中区，打造茶文化特色商贸镇和特色街区。四是着力推进茶文旅融合发展。开展渝茶文化传承人、传统工艺制茶工匠培育和认定。树立"茶园变公园""茶区变景区"理念，提升建设一批文创精品，推进茶产业向"茶+旅游""茶+生态"转型升级。

（七）茶科技发展现状

1. 茶学教育与科技服务

西南大学食品学院是重庆市主要茶学专业院校，2020年以来培养本科、硕士和博士生共计130余人，毕业生主要面向科研院所、高职院校、政府部门或企事业单位。重庆经贸职业学院开设茶叶生产、加工与茶文化培训等课程，培养茶学专科学生120余人，培养社会茶叶爱好者及中小学生"小小茶艺师"1000余人。通过茶学人才培养与补充，全市茶叶生产、加工、茶文化推广等专业人才大幅增加。

组建茶叶产业技术体系专家服务团队，团队成员以重庆市农科院、西南大学、重庆市农技总站为主，拥有茶产业技术与管理人才80余人，其中国家茶叶产业技术体系岗位专家1人、综合试验站长1人，定期为茶区、企业提供科技服务，积极培养茶产业各环节技能人才，助力人才振兴。各产茶区县组成区域性茶产业科技特派员团队，为企业和茶农提供技术指导、市场信息、技术培训等社会化服务，促进茶产业科技服务到农户、到车间、到企业，逐步落实"科技兴茶"。在重点产茶区县配备茶产业科技服务人员，增强技术推广服务功能。2020年以来，在科技服务中实地指导培训茶农、茶技人员的专场培训会15场，累计指导培训3386人次，发放技术资料3884份。

2. 茶产业科技创新与成果

在重庆市现代山地特色高效农业茶叶产业技术体系、重庆市茶叶技术创新战略联盟的带领下，开展鲁渝合作、皖渝合作、川渝合作项目，在茶树新品种选育示范、茶园化学肥料农药双减增效、针形名茶连续机械化加工领域取得了明显进步，有效推动了科技成果的转化与应用。开展良种创新研究，收集各类茶树资源10份，其中包括黄化、紫化、白化、发芽特早、叶片特小等性状资源；评价鉴定茶树资源5份，育成茶树新品系1个；开展茶园主要有害生物识别与草害绿色控制技术研究，收集50种茶园有害生物图片；收集、评价全市主产针形名优绿茶23个；完成"渝茶4号"加工工艺优

化，初步形成"渝茶 4 号"绿茶加工技术；研发关键技术 4 项，制定绿色生产技术规程 1 项，入选农业主推技术 2 项、引领性技术 1 项；指导企业开发新产品或试制品 7 个。获 2020~2021 年度神农中华农业科技奖科学研究类成果三等奖、2020 年度重庆市科技进步奖三等奖各 1 项；获授权专利、软著 17 项（其中发明专利 3 项），发表论文 37 篇（其中 SCI 16 篇、CSCD 5 篇），发布重庆市地方标准 6 个。

二 重庆市茶产业发展存在的问题及主要政策措施

目前，重庆市茶产业发展过程中存在以下四个方面的问题：一是茶叶采摘用工老龄化严重，采摘成本持续增加；二是夏秋茶鲜叶资源闲置，夏秋茶的生产和综合利用率低；三是产茶区对茶叶提质增效关键实用新技术、新设备的需求强烈；四是茶产业的集群效应比较差，没有充分发挥各区域资源优势，没有形成在国内有影响力的茶叶名牌产品。

2020 年以来，重庆先后印发《重庆市推进农业农村现代化"十四五"规划（2021—2025 年）》《成渝现代高效特色农业带建设规划》《重庆市推进特色经济作物提质增效实施方案（征求意见稿）》，作为"十四五"时期全市推进茶产业发展的指导性文件，全市茶叶种植面积稳定在 100 万亩左右。主攻方向：巩固绿茶，提高红茶、沱茶比例，大力发展夏秋茶；促进茶叶深加工，提高茶资源综合利用率；整合打造市级茶叶区域公用品牌。区域布局：一是以永川区、巴南区、荣昌区、万州区、秀山县、酉阳县等为重点，建设市级针形绿茶示范带；二是以南川区、江津区、武隆区、万州区、秀山县等为重点，建设市级工夫红茶示范带；三是以巴南区、江津区、南川区等为重点，建设重庆沱茶示范带。同时，重点将南川区打造成市级夏秋茶加工试验示范区。围绕成渝两地优势特色产业，打造成渝特色农业产业集群，建立早市名优茶产业区，提升优势产业集群国际竞争力。

（一）加强科技创新，提升质量和安全水平

一是增加科技创新立项。通过调研产业现状，深入分析各领域的科技创新合作需求，大力支持科研院所、高校、龙头企业科技创新立项，近三年支持茶叶各级科研项目95项。二是完善茶叶标准体系。形成政府引导、市场驱动、社会参与、协同推进的标准化工作格局，各级政府加强标准化工作，推动茶叶标准体系的建立和完善，制定茶叶地方标准6项。三是建立质量安全可追溯体系。大力推广标准化生产，政府职能部门加强茶叶质量安全监管，依法组织开展质量安全检查、检测，加强质量安全普及宣传，倡导行业自律，有效保障质量、提升效益。四是重视开发新产品、拓展新市场。以市场为导向，紧跟市场变化，适时调整发展思路，丰富茶叶产品种类，推动企业逐步实现由初级产品加工销售向特色化加工的转变拓展，指导企业开发新产品或试制品7个。五是加强夏秋茶原料高效利用研究与应用。加强夏秋季白茶、花香绿茶、工夫红茶、沱茶等工艺创新研究和推广应用，开发夏秋茶新产品5个，实现重庆茶叶春夏秋错季发展，优化重庆茶产品结构，提高重庆茶叶综合效益。

（二）加强基地建设，巩固产业基础

一是持续推进绿色生态茶园基地建设。加强茶园的整体规划，开展新茶园建设和老茶园改造，推广现代生态茶园生产技术，推进绿色食品茶园基地和有机茶园基地建设，打造全域绿色生态茶产业，全市建成绿色生态茶园27万亩。二是提高茶园机械化生产管理水平。结合重庆茶园栽植模式，按照重庆茶园机械化生产技术指导意见，引入不同类型茶园管理机械化装备49台，加快茶园机械化生产管理技术应用推广，提升茶园机械化生产水平。三是提高茶叶加工机械化、自动化、智能化水平。支持大中小茶叶加工厂进行设施设备改造，全市提升改造清洁化机械化茶叶加工生产线22条，建设自动化生产线12条，智能化示范生产线2条，全市企业清洁化生产线普及率达到90%以上，实现高品质、特色化茶叶生产加工。四是着力打造茶叶

专业乡镇。推进茶叶专业合作组织建设,重点打造一批茶叶专业乡镇,如荣昌区打造全国颗粒红茶之乡、酉阳宜居乡打造全国手工茶之乡,建立标准化生产、品牌化销售、规模化经营的现代茶产业发展模式和稳定可控的原料基地。

(三)培育龙头企业,带动产业发展

一是加大对龙头企业的扶持力度。选取有基础的企业整合资源、集中配置,充分发挥茶叶产业技术体系专家服务团队和茶产业科技特派员团队的集体力量,为企业提供技术指导、市场信息、技术培训等科技服务,帮扶企业做大做强。二是重视中小初制加工厂建设。支持初制加工厂改造茶园基地、改建厂房,更新改造加工设备,实现产区集群式发展。三是探索"龙头企业+"发展机制。以龙头企业为核心,探索其与科研院所、大专院校、中小加工厂、合作社、茶农等多种合作机制,构建有龙头、有骨干、有集群的产业发展新格局,惠及茶农50余万人。

(四)加强品牌和渠道建设,提升产业效益

一是不断强化品牌营销理念。充分认识品牌建设和渠道建设的重要性、紧迫性,提升政府管理者、企业家和广大茶产业从业人员的品牌营销理念,为全市品牌建设打下坚实基础。二是着力打造区域公用品牌。整合全市茶资源,创建市级茶叶区域公用品牌,规范现有10余个区域公用品牌的制定、准入、使用、管理,建立健全品牌保护机制,加大品牌宣传力度,推进市级公用品牌和企业品牌协同发展,提升产业整体效益。三是重点支持企业品牌建设。牢固树立质量兴茶、品牌兴业的理念。鼓励支持企业注重品牌策划,重视品牌打造和宣传,提升企业形象,提高企业知名度,增强企业竞争力。

(五)创新营销模式,拓展市场空间

一是立足产业实际,建设茶叶区域交易市场。根据产品区域市场流通的实际需要,推动建立设施齐备、交通便利、服务完善的区域性茶叶交易市

场,促进产销结合,完善茶叶物流体系,打造现代化的区域性茶叶交易集散中心,如秀山县打造武陵山茶叶交易市场。二是创新销售体系,实现全渠道营销。在传统营销模式基础上,鼓励企业建立基于电子商务的茶叶信息平台和移动营销网络,通过购物网站、抖音、小红书等平台扩大销路,建立全渠道营销体系,如重庆市农业农村委员会建立巴味渝珍电商平台。三是探索跨界合作,拓展产品销售渠道。茶企积极探索跨业态跨领域商贸合作,共享销售渠道资源,进行跨界宣传推广,提升品牌影响力、拓展市场,如苗品记打造文里苗品茶艺术酒店。四是组织参加市内外茶事活动。政府和行业协会组织国内企业参加国际性茶叶交易会、展览会等活动,拓宽企业视野,增加对外交流和商贸合作机会,积极开拓国内国际市场,如重庆市农业农村委员会组织参加第四届中国国际茶叶博览会,主办重庆市第十三届"三峡杯"名优茶评比活动等。

三 经典案例评析

重庆茶业集团有限公司是农业产业化国家重点龙头企业,有40多年的发展历史,是集茶树种植、茶叶生产销售、茶文化传播、休闲旅游于一体的综合型茶企。在各级政府部门的关心支持下,公司积极开拓创新,经济效益、社会效益、生态效益突出,茶产业与休闲、旅游结合,实现了一二三产业融合发展。

凭借得天独厚的地理条件,公司根据茶山地形地貌,利用美学原理,科学布局打造了4000亩高标准茶园——定心茶园。在茶园建设中,种植了巴渝特早、安吉白茶、紫娟、黄金芽等颜色各异的茶树品种近50个,茶园便道两旁间种了蓝花楹、樱花、银杏、红枫等多彩植物。同时,大力推广"公司+基地+农户+专业合作社"经营模式,通过向农民赠送茶苗、提供技术培训、订单收购、利益联结等一系列惠农措施,扶持带动周边茶农种植茶树10000余亩,形成了万亩生态茶园的壮观格局。

随着乡村旅游的兴起,公司率先参与到融合发展的队伍中,投资建设定

心茶文化体验园，园内将茶叶、茶饮、茶食、茶宿、茶事等与生态茶园充分融合，全面开启茶文旅商融合发展新模式，紧紧围绕"茶文化"内核，衍生开发出一系列定心茶旅体验项目，游客可通过定制茶园、种茶、采茶感受农耕文化，非遗手工制茶、宋代点茶体验传统文化，自制茶点、茶饮、茶餐体验美食文化。同时，成立定心茶艺培训学校、重庆市中小学社会实践教育基地，每年举办"山水茶文化周""定心采茶节"等大型节会活动，吸引不同年龄不同层次的游客到茶园体验、研学、消费，加强体验式茶文化传播，努力培养全民茶叶消费习惯，扩大消费需求，提升茶产业综合效益。

公司茶旅融合发展卓有成效，提升了公司经济效益，为企业发展注入新的活力。同时，带动了当地餐馆、农家乐等旅游业态的发展，为当地农民提供更多就业机会，解决了当地农副产品销售难的问题，为实现乡村振兴做出了积极贡献。定心茶园每年接待游客、中小学社会实践等近 10 万人次，旅游收入近 2000 万元。如今，定心茶园被游客誉为"重庆版斯里兰卡"，是市内外游客周末节假日休闲度假的理想之地，被授予"中国美丽茶园""中国茶乡旅游精品线路""2021 首批全国绿色食品（有机农业）一二三产业融合发展园"称号。

参考文献

赵伟平：《"重庆茶"如何补足短板借船出海》，《重庆日报》2022 年 12 月 3 日。
刘央：《重庆茶叶产业发展现状与对策分析》，《南方农业》2017 年第 28 期。
贺鼎、刘翔：《重庆市生态茶园建设模式探讨》，《南方农业》2019 年第 10 期。
谷雨等：《农业综合开发支持下的重庆市茶叶产业发展建议》，《南方农业》2017 年第 4 期。

B.15
山东省茶产业发展研究报告

李中华　李玉胜　李　萌*

摘　要： 山东省是"南茶北引"重要产区，也是"南茶北销"的重要省份。本报告从生产、流通与消费、茶文化与产业融合、各茶类发展等方面对山东省茶产业进行概述。2020年以来，山东省高度重视茶产业发展，在政策、科技、资金、人才和模式创新等方面进行了投入和支持，对茶产业发展起到了促进作用。2021年，全省茶园面积、无性系茶园面积、有机茶园面积、投产面积、综合产值、出口创汇额、茶农收入和产业融合等方面都有进一步的发展，山东省茶产业以发展绿茶为主、以提高名优茶产量为突破、以高质量发展为目标的格局基本形成。同时，本报告对山东省茶产业在发展中面临的一些问题进行了分析，提出了加强顶层设计、强化政策引导扶持，优化供给能力和水平、提高茶企创新能力，积极培育新型经营主体、发挥龙头带动作用，加强品牌建设、提高品牌核心竞争力，强化科技支撑、努力提升产业科技含量，持续推进"三茶"统筹、促进产业高水平发展，推动茶旅文康健一体化发展、拉长茶产业链条等发展思路。

关键词： 茶产业　高质量发展　山东省

---

* 李中华，教授，青岛农业大学乡村振兴研究院常务副院长，山东省茶叶产业技术体系产业经济岗位专家，研究方向为农业经济、产业经济；李玉胜，山东省农业技术推广中心正高级农艺师，研究方向为茶叶生产技术及其推广；李萌，山东省合作经济研究会经济师，研究方向为农业经济。

一 山东省茶产业发展概况

山东省自20世纪50年代开始通过"南茶北引"进行茶树试验种植,60年代末70年代初获得引种试种成功并进行推广,20世纪90年代后尤其是2000年以来进入面积扩大、产量增长、品质提升、效益增加的发展新时期。截至2022年,全省有10个市40多个县(市、区)种植茶叶,初步形成了鲁东南沿海、鲁中南泰沂山区和胶东半岛三大茶叶集中产区,产品涵盖绿茶、红茶、白茶等六大茶类,年产值87亿元,成为全国纬度最高、经度最东、面积最大的北方优质茶产区。据农业农村部统计,2022年山东省茶叶平均亩产值约1.4万元,高出全国平均水平80%以上,居全国第二位。

(一)生产环节

1. 茶叶种植

截至2022年,山东省茶园面积达65.8万亩(见表1),同比增长0.04%,日照市、青岛市和临沂市茶园面积在全省位列前三,其中,日照市岚山区和东港区、临沂市莒南县、青岛市西海岸新区等四个县(区)茶园面积都在5万亩以上。2021年冬至2022年春未发生极端低温天气,全省茶树长势情况良好,但降水总体偏少,其中青岛、日照、临沂、泰安、烟台、威海等茶叶主产市降水偏少六成以上,部分茶园出现旱情,同时新冠疫情反复,一定程度上影响了茶叶的正常产销。采茶工均价为100元/(天·人)左右,同比增长5.26%。

表1 2020~2022年山东省茶园面积

单位:万亩

类别	2020年	2021年	2022年
茶园	65.2	65.3	65.8
开采茶园	55.1	56.3	57.5
新建茶园	21.9	10.4	9.8

续表

类别	2020年	2021年	2022年
无性系茶园	9.3	9.7	10.0
有机茶园	4.1	4.2	4.3
绿色食品茶园	3.9	4.1	4.4
生态茶园	9.4	8.8	9.2

资料来源：山东省农业技术推广中心。

（1）春茶发芽早，质量好

2022年，由于早期气温高，春茶开采时间较早，山东省泰安、日照等市部分茶园最早在3月实现开采，但占比不足10%，鲜叶价格为50~120元/斤，与上年基本持平。主产区日照市春茶于4月8日前后开采，4月20日前后全市大部分春茶进入盛产期，与2021年相比基本相同。持续干旱对产量造成一定影响，却为春茶品质的提升创造了良好的气候条件，春茶更好地保持了香气高、叶片厚、滋味浓的品质特征。同时，春茶生产期间虫害发生较少，防控措施安全，没有出现农药残留超标的问题，保证了茶叶质量安全。

（2）单产小幅下降，总产稳中有升

2022年1~5月，山东省气温整体偏高，冷暖波动幅度大，降水总体偏少，其中茶叶主产区青岛、日照、临沂、烟台、威海等市降水偏少六成以上。受气温波动大及干旱影响，春茶单产较上年有所降低。2022年，全省春茶平均单产为24.02斤/亩，同比减少19%；全年茶叶（干毛茶）总产量与上年相比小幅下降，达到31604吨，同比下降3.03%（见表2）。

表2 2020~2022年山东省茶叶产量与产值

单位：吨，亿元

项目	2020年	2021年	2022年
干毛茶产量	31346	32591	31604
干毛茶产值	68	72	72

资料来源：山东省农业技术推广中心。

（3）茶叶品质佳，发展空间大

山东属于暖温带半湿润季风气候。山东茶叶产区位于北纬34°53′~37°49′、东经116°42′~122°42′，区域内年平均气温11~14℃，年平均降水量为550~950毫米，年平均日照时数为2300~2890小时，较适宜茶叶生产。根据有关调研资料和适种区茶业发展规划，目前适宜茶树种植的土地面积在100万亩以上，种植发展空间较大。此外，经中国农业科学院茶叶研究所等单位化验分析，山东省生产的茶叶鲜叶主要化学成分大都高于南方，其中黄酮、儿茶素、氨基酸含量明显高于同类南方茶叶。

（4）采摘工紧缺、生产成本攀升

2022年春茶开采早、上市集中，出现采摘工不足的问题，春季采摘用工价格为80~216元/天，全省平均105元/天，同比上升5%，由于茶叶种植基地一般较为偏僻，很难吸引和留住人才，技术型人才相对缺乏，随着农村劳动力人群年龄持续增大，可用人工越来越少。根据全国茶叶产业技术体系调研，目前日照市茶园田间投入成本（不包含家庭用工）为3437元/亩，全国为1367元/亩，其中抗寒费用占比达41.3%，仅茶树越冬防护1项就比南方茶区高1400多元/亩；由于机械化程度低，用工费用比南方高400元/亩，而且随着肥料等投入品价格上涨、茶农购买力下降，茶叶生产成本逐年攀升，规模化企业经济效益明显下降。

2. 茶叶加工

（1）重视高质量发展，名优茶产量增加

近年来，山东省重视茶产业高质量发展，加强政策引导与措施支持。2022年5月，山东省农业农村厅印发《山东省"十四五"茶产业发展规划》。2023年，山东将茶产业列入《山东省县域经济高质量发展三年行动方案（2023—2025年）》，制定了三年发展目标和重点任务举措。为加强茶叶过度包装治理，2023年山东省市场监管局等6部门制定印发《山东省茶叶过度包装专项治理行动工作方案》，助力加快发展方式绿色转型。莒南县洙边镇是"南茶北引"最早的先行区和主产区，被誉为"南茶北引第一镇"。长期以来，莒南县充分发挥茶叶品质优势，坚持春夏秋茶并重，高中低档搭配，绿茶与红茶、白茶并举，大力推进茶叶新产品的开发和精深加工，发展茶饮料、茶食品、茶日化用品等茶叶精深加工产品，延伸茶叶产业链，提高附加值。

表3　2020~2022年山东省名优茶产量与产值

单位：吨，亿元

项目	2020年	2021年	2022年
名优茶产量	16971.29	17447.70	14253.32
名优茶产值	53.85	56.41	56.02

资料来源：山东省农业技术推广中心。

（2）重视技术创新，实现产品升级

日照市是日照绿茶的主产区，也是山东省最大的茶叶产区。2021年，山东省制定出台《"日照绿茶"优势特色产业培育方案（2021—2025年）》，强化和支持技术创新、品牌铸造。近年来，日照市岚山区围绕茶产业链部署创新链，加快突破北方茶产业关键核心技术。一是加快茶树良种选育，建设茶树种质资源圃。指导圣谷山茶场与山东农业大学合作建立北方茶树基因库，利用基因技术培育抗寒新品系4个。御园春公司引进无性系良种8个，研发的"多根无性茶苗扦插快繁技术"将茶树育苗时间缩短至60天，繁育壮苗仅需两年就可快速成园。二是加快茶叶综合利用与精深加工关键技术研究，延伸产业链条。圣谷山茶场与湖南农业大学合作，取得"一种山东金花茯茶砖的制备方法"发明专利，填补了用北方夏茶制作金花茯茶技术空白，极大提升了夏茶附加值。陆先生生物科技有限公司引进北京工商大学专家成果，开展茶功能因子及健康食品研发。三是加大茶叶装备研发力度。盛华茶叶机械公司与中华全国供销合作总社杭州茶叶研究所（中茶院）合作研发混合热能杀青机、烘干机等新型设备，属国内首创、国内领先水平。农高区引进上海腾皓视线有限公司，研发名优茶智能采摘机器人，目前正在推进机器人模组采茶精准化和采茶速率提升。

（3）积极培育新型经营主体，提高加工能力

近年来，山东省新型经营主体规模不断扩大，带动致富能力不断提高。涉茶农业产业化省级重点龙头企业由"十三五"时期的7家增长到2022年

的19家，茶农合作社由"十三五"时期的500多家增长到2022年的1200多家（见表4）。山东日照祥路碧海茶业有限公司于2021年率先创建溯源新路径，实现数字赋能科学监管每一片干茶。从茶叶采摘到加工生产、储存销售，都可以追根溯源，该公司已通过中国、欧盟、美国有机认证以及ISO9001质量管理体系、ISO22000食品安全管理体系审核。

表4 2020~2022年山东省茶叶经营主体发展情况

单位：家

项目	2020年	2021年	2022年
大型茶叶企业数量	0	0	0
中型茶叶企业数量	76	72	72
小型茶叶企业数量	492	512	529
涉茶农业产业化国家重点龙头企业数量	0	0	0
涉茶农业产业化省级重点龙头企业数量	19	19	19
茶叶加工厂数量	375	405	404
茶农合作社数量	1125	1187	1235

资料来源：山东省农业技术推广中心。

山东雪尖茶业有限公司设有沂蒙雪尖北方茶叶科研中心，现拥有有机茶园基地3处，共计种植有机茶1600余亩，有机认证茶园面积1160余亩，已连续8年获得茶叶种植与加工有机认证。

（二）流通与消费环节

1. 加强品牌推介，扩大消费市场

山东省农技中心、省茶叶学会、省茶叶产业技术体系联合日照、临沂、泰安等市茶叶主管部门组织实施"谷雨工程"北方茶专项科普行动，将"谷雨工程"作为茶叶品牌培育总抓手，通过定标准建联盟、强化生产技术服务、推广集约化经营模式、健全质量安全追溯体系、深化联合执法检查、强化日常监督、加强宣传报道7项举措，加快茶产业生产标准化、经营集约化、行业联盟化、品牌高端化、严管常态化高质量发展。青岛市西海岸新区借助"海青茶"地理标志保护工程项目，投入财政资金200多万元，对"海青茶"全域生产情况进行实时监控与识别管理，同步推动身份标识化和全程数字化管理进程，提升品牌溢价。青岛市崂山区实施创新名牌战略，开展"谷雨茶"开采节、崂山龙须茶发布会、名优茶评比等活动，聘请国内知名品牌策划团队设计、发布崂山茶品牌新形象，全力推介"北茶之尊崂山茶"品牌概念，推动崂山茶区域公用品牌形象升级改造。7月22日联合华巨臣公司举办"鼎承品茶师·首届泉城白茶斗茶大赛"，组织全省商协会、茶城、茶馆、茶企、茶培训机构的20多支战队共200余名选手参加比赛。

2. 做好"双循环"文章，扩大国际市场出口

山东是全国主要的茶叶消费大省和南茶北销大省，年消费茶叶8万吨以上。2021年山东省茶叶出口实现显著增长，茶叶出口量达1021吨，同比增长45.26%，出口额2900万美元，同比增长87%。2022年10月20日，第27届澳门国际贸易投资展览会在澳门威尼斯人金光会展中心顺利启幕。山东省以"鲁茶"为代表的特色农产品应邀参展，海青茶作为"鲁茶"的重要组成部分和地标产品，惊艳亮相澳门威尼斯人金光会展中心。

3. 销售价格下降，种植积极性降低

据各地农技推广部门统计，2022年山东省春茶鲜叶收购均价为48.54元/斤，同比下降2.11%，春茶干茶平均价格为218.44元/斤，同比下降2%。造成价格下降的主要原因是受疫情影响，物流及采购商流动受限、茶叶市场封闭，流通和消费受到影响，线上线下茶叶消费力减弱。同时由于种植成本逐年上涨、利润率下降，发展新茶园积极性降低，全省春季新建茶园面积0.98万亩，同比减少17%。

（三）茶文化与产业融合环节

1. 品牌知名度提高

近年来，山东省茶叶品牌知名度进一步提高，全省有"日照绿茶"等6个茶叶品牌荣获中国驰名商标，"日照绿茶""崂山茶""泰山茶""沂蒙绿茶"等地方区域公用品牌知名度不断提高。2022年4月，青岛市崂山区在

北方茶区首次提出"谷雨茶"文化概念，倡导"雨前茶"理念，举办首届崂山春茶谷雨开采节，并重磅推出自主创新的崂山绿茶高端品系——崂山龙须。当年9月，崂山龙须绿茶入选第二批全国名特优新农产品名录，这是崂山区首个荣登名录的农产品品牌。

2. 茶产业融合实现良好开局

截至2022年，山东省新建市级以上茶主题田园综合体项目5处，茶旅小镇3个，茶博物馆13个，全省各级茶旅融合示范基地达到60个，成功打造济南马套茶马古道红色茶乡旅游线路、青岛海青生态茶乡旅游精品线路等茶旅项目，并入围全国茶乡旅游精品线路；茶酒、茶饮、茶食等茶叶衍生品开发取得重大突破，全省新建出口型抹茶生产基地1处，产业链条进一步丰富和完善。其中，日照市达到A级标准的茶文化旅游景区共有8家，其中4A级1家（浮来青旅游度假区），3A级6家（泉山云顶风景区、瀚林春茶博园、云过山丘茶旅文化园、祥路碧海生态茶园、淞晨有机茶文化旅游区、御海湾茶博园风景区），2A级1家（万平茶文化园）。

3. 茶叶非遗项目不断增加

2022年11月，联合国教科文组织正式批准"中国传统制茶技艺及其相关习俗"项目纳入人类非物质文化遗产代表作名录。山东作为孔孟之乡、儒家文化发源地，也形成了独特的茶宴、茶祭与施茶等茶文化，拥有多个与茶相关的非物质文化遗产（见表5）。

表5　山东省茶叶非物质文化遗产项目一览

序号	名称	级别
1	金凤城红茶传统制作技艺	山东省级非物质文化遗产
2	崂山绿茶制作技艺	山东省级非物质文化遗产
3	海阳绿茶制作技艺	山东省级非物质文化遗产
4	诸城绿茶制作技艺	山东省级非物质文化遗产
5	泰山茶制作技艺	山东省级非物质文化遗产
6	日照茶手工炒制技艺	山东省级非物质文化遗产
7	老鹳窝国槐茶制作技艺	山东省级非物质文化遗产
8	泰山茶制作技艺	泰安市级非物质文化遗产

续表

序号	名称	级别
9	泰山茶道传统技艺	泰安市级非物质文化遗产
10	槐米茶制作技艺	东营市级非物质文化遗产
11	嘉菊加工技艺	济宁市级非物质文化遗产

资料来源：根据公开数据整理。

（四）各茶类发展分析

2022年山东省茶类生产仍然以名优绿茶为主，以大宗绿茶和红茶、白茶等其他茶类为辅。主产绿茶，涵盖卷曲形、扁形和直条形绿茶，约占全年茶叶总产量的81%，其中名优茶产量占比约54%，产值占78%，代表产品有日照绿茶、崂山绿茶、沂蒙绿茶、泰山女儿茶等。红茶产量约占18%，其余为少量白茶（见表6）。

表6 2020~2022年山东省各茶类产量与产值情况

单位：吨，万元

项目	品种	2020年	2021年	2022年
产量	绿茶	25724.55	26472.45	25000.01
	红茶	5680.22	6248.71	6535.43
	乌龙茶	1.95	0.95	—
	白茶	52.05	61.85	65.12
	黄茶	12.50	1.70	—
产值	绿茶	558911.20	583401.77	573500.24
	红茶	147739.11	162601.67	163512.36
	乌龙茶	254.00	34.00	—
	白茶	2281.00	2218.00	2300.00
	黄茶	910.00	116.00	—

资料来源：山东省农业技术推广中心。

近年来，山东茶产业发展迅速，凭借独特的地理与生态环境，诞生了许多香高味醇的名优茶。本着"走在前，开新局"的使命，在绿色、有机茶园建设方面精准发力，解锁生态茶园的种植"密码"。目前，在山东16个地市中，有8个市种植茶叶，种植面积、产量和产值以日照、青岛、临沂和泰安居多，近年来潍坊、威海、烟台和济南四市的发展步伐也较快。

二 近年来山东省茶产业发展主要政策与措施

2020年以来，山东省委、省政府及各地各部门高度重视茶产业发展，在政策、科技、资金和人才等各方面对茶产业进行了大量投入，对茶产业发展起到了促进作用。

（一）加强政策扶持

2022年，山东省农业农村厅编制了《山东省"十四五"乡村产业发展规划》，提出做大做强乡村优势特色产业，综合考虑区位条件、资源禀赋、产业基础、市场需求等因素，重点培育打造十大优势区，突出优势产业，壮大茶、中药材、蚕桑、烟草、蜂、传统食品、乡土工艺、乡土文化等特色产业，构建全省乡村产业"点、线、面"联动发展格局。制定出台《山东省"十四五"茶产业发展规划》，提出以生态茶园建设、茶叶质量提升、茶叶品牌培育和产业融合发展为重点的发展思路。地方层面，日照市委、市政府相继印发了《日照市茶产业发展扶持政策试行办法》《关于做大做强茶产业的实施方案》《日照绿茶"母子品牌"使用管理办法》等一系列文件，扶持日照市有机茶产业发展。2022年，青岛西海岸新区管委办公室印发《关于加快推动青岛西海岸新区茶产业高质量发展的实施意见》，青岛崂山区、潍坊诸城市也先后出台加快推动茶产业高质量发展的实施意见，助推茶产业高质量发展。山东省农业发展信贷担保有限责任公司充分发挥基层党组织领办合作社的积极作用，创新延长信贷支持年限，有效利用托管社会化服务组织降低种植成本，比如与诸城市研究制定了《强村贷—诸城市茶产业集群担保服务方案》等，山东农担累计为 150 户茶叶经营主体提供担保超 1 亿元，有效地解决了茶农的燃眉之急。

（二）加强技术支持

1. 及时制定发布技术指导意见

根据农时，2020 年以来，山东省农技中心组织专家制定发布《北方茶园春季管理技术》《茶园预防"倒春寒"管理技术指导意见》《茶园抗旱技术措施》《春茶采后茶园管理技术意见》等，并进行宣传推广。2022 年，日照市农技中心编制印发《春季茶园管理技术》《茶叶生产质量安全责任告知书》等材料 40000 余份。青岛市发布指导意见 3 个，制作发布生产技术指导视频 2 个，发布关键时期农时农情专报、气象监测信息及各类预报信息 10 余期次。2022 年 6 月，《诸城绿茶生产技术规程》发布，将茶叶种植全过程纳入标准化管理轨道，把农业投入品作为管控重点，推广使用低毒高效低残留农药和生物制剂，同时改革传统耕作方式，推广测土配方施肥、平衡施肥、缓释氮肥、生物防治病虫害、资源节约等实用技术，实现茶叶清洁生产、节约生产和安全生产，保障了茶叶生态安全。

2. 适时举办培训活动

2022 年 4 月春茶集中上市前，山东省农技中心组织举办了"全省茶叶春季生产关键技术网络培训班"，并在多平台进行了在线同步直播，参加在线培训技术人员 1000 余人，云直播观看 2 万多人次。日照市农技中心开展标准化生产现场培训及指导 100 余场次，培训人员 3600 余人，创新开展日照云端农技课堂、综合广播《希望的田野》等线上培训 4 场次，通过音视频同步直播、听众网友即时交流的方式加强农技人员与茶农互动，参与人数 10 万人次。青岛市创新培训模式，将集中培训变为"对点对户"交流、微信培训、网上直播等多种方式，同时结合新型职业农民培训，举办茶叶营销、新品种推介、新技术培训等活动。

3. 深入开展现场技术指导

2020 年以来，山东省农技中心联合省茶产业技术体系专家赴济南市长清

区，青岛市西海岸新区，泰安市岱岳区、泰山区及临沂市莒南县等茶叶产区，围绕新茶园种植、春茶生产等进行技术指导，现场解答茶农疑难问题。

4. 加强标准集成创新

山东省农业技术推广中心联合威海市农技中心、省茶产业技术体系等制定发布《茶园生草技术规程》《茶叶质量安全追溯系统建设要求》《山东省生态茶园建设技术规程》《海青茶种植技术规范》等多个地方或团体标准，推动技术标准化。

（三）加强资金支持

2020年以来，山东省整合财政资金1800余万元，接续实施高效特色农业发展平台（茶叶）项目，在泰安市岱岳区和泰山景区、临沂市莒南县、日照市五莲县等6个区县，新建1000亩现代栽培模式茶园，全部采用无性系良种茶树，配备钢管结构防护拱棚、水肥一体化、物联网等先进生产设备；新建无性系良种茶苗快繁基地1处，重点推广工厂化繁育技术，建成工厂化茶苗繁育基地20000多平方米、母本园600多亩，引进福鼎大白茶、中茶108、鄂茶10号、黄金芽、中白4号等多个无性系茶树新品种。总投资910万元，其中财政投资300万元，实施茶叶良种工程项目1项。将生态茶园建设列入省农业重大协同推广计划项目，申请财政资金50万元。地方层面，青岛西海新区计划连续三年每年安排1500万元用于支持地方茶产业高质量发展，连续四年累计投保5.65万亩，财政投入保费1419.95万元，累计赔付1361.97万元；崂山区连续15年实施崂山茶直补政策，投入资金1.1亿元保障茶园绿色生态发展，全区近2万亩茶园绿色防控率达100%。

（四）加强智库队伍支撑

山东省内共有两所高校设置茶学专业，分别是山东农业大学和青岛农业大学，开展本科、硕士和博士生培养，以及科学研究和社会服务等工作。2020年以来，山东省农业农村厅和财政厅实施省茶叶产业技术体系项目，设置首席专家1名、岗位专家5名、试验站4个，新增副首席专家1名，开展较为系统的茶产业技术创新与推广服务工作。2021年3月，成立山东省农业科学院茶叶研究所，为院属内设机构、公益一类科研事业单位；6月，成立青岛农业大学北方茶叶研究院，引进中国工程院院士、湖南农业大学刘仲华教授团队力量。同时，青岛农业大学日照茶叶研究院已完成规划论证。

（五）加强生产经营模式创新

日照市大力推广"大数据平台+党支部+合作社+企业+基地+茶农"协议托管、大户承包流转等集约化经营模式，有5家茶产业龙头企业完成协议托管茶园面积2000余亩，岚山区巨峰镇成立镇级联合社1个，88个涉茶村居均成立党支部领办合作社。青岛市崂山区建立了崂山茶数字化管理系统，对全区茶园面积进行测绘，建设崂山茶大数据平台和物联感知平台，推行崂山茶产地证明标识，实现崂山茶的防伪保真和"一图知茶园，一网管追溯"。支持建成崂山茶物联网系统，63处"三品"认证农产品生产基地、农资店均被纳入信息系统，8家企业成为全国农产品质量控制技术系统试点单位。

三 近年来山东省茶产业发展面临的主要问题

2020年以来，山东省茶产业发展较快，但也面临一些制约发展的问题，有些问题与全国很多地区有相似之处，也有些问题呈现区域特点。

（一）顶层设计不足，专项规划与政策引导有待夯实

2021年，农业农村部、国家市场监管总局、供销总社正式出台《关于促进茶产业健康发展的指导意见》。中国茶叶流通协会在部委指导下发布了《中国茶产业发展"十四五"规划建议》，并提出"国茶振兴五年计划"。从政策层面看，国家为支持茶产业发展制定了相关政策措施，而近年来山东省对于茶产业的相关扶持政策和规划不到位。2021年，山东省政府印发《山东省"十四五"推进农业农村现代化规划》，其中提出培育壮大乡村特

色产业，重点发展小杂粮、中药材、特色果蔬、茶叶、特种养殖等具有地方特色的优势产业。山东省农业农村厅制定了《山东省茶产业"十四五"发展规划》，但内容多为原则性和方向性的。现实发展中，只有日照市、济南市等地出台了茶产业发展政策，缺乏省级层面关于茶产业发展的详细实施方案及相关扶持机制，政策规划的缺位限制了茶产业发展空间，不利于茶产业的发展。目前省级茶产业扶持项目仅有高效特色农业发展平台1个，为基地建设项目，实施主体自筹比例和建设标准较高，各地申报积极性相对不强。

（二）消费升级背景下供求结构失衡加剧

一方面，产业生产端仍较为落后，供给能力和质量不高，标准化、优质化、数字化水平偏低。山东省大部分茶园水电路渠、越冬防护、排水灌溉、生产装备等基础设施相对较差，抵御自然灾害能力不强。截至2022年，全省无性系茶园面积比例不足20%，远低于全国68%的平均水平，全省低产低效茶园仍占20%以上，暂未实现标准化生产。同时，行业创新能力仍偏弱，对市场诉求把握不准确，产品品种质量与消费升级需求有一定差距，高附加值、适销性好的创新产品占比不高，优质化水平偏低。互联网与现代茶产业发展融合度不高，茶叶智慧化生产与大数据技术研发能力、资源综合利用能力不足，数字茶园、数字茶产、电商等发展都较滞后。另一方面，消费人口增长乏力，消费市场扩增缓慢，消费偏好逐渐向中高端产品转变。随着新生代消费群体的崛起，茶叶消费市场正由大众消费逐步转向个性化、时尚化、科技化的高品质消费。同时，茶叶出口产品利润较低，受到技术壁垒制约。

（三）规模化水平较低，缺乏龙头企业带领

新型茶叶经营主体规模小而散，茶叶加工厂虽然数量较多但普遍规模较小、设备老旧、带动力偏弱。农业农村部开展第十次农业产业化国家重点龙头企业（以下简称"国家重点龙头企业"）监测工作，在2022年1月7日公布的《农业产业化国家重点龙头企业名单》中，山东有国家重点龙头企

业 130 家，稳居第一，与河南、江苏、四川所在第二梯队差距明显，充分体现了山东省作为农业大省的实力。但在 20 个产茶省份中，有 6 个省份没有茶产业国家重点龙头企业，其中包含山东省。在《2021 中国茶企百强名单》中，山东省茶企无一上榜。全省获得食品生产许可证的茶叶加工企业不足 20%，年销售额超过 500 万元的企业不足 10%，缺少大型龙头企业带动，茶产业发展水平不高，无法形成典型带动作用。

（四）缺乏持续长久的品牌规划，品牌效应不明显

山东省茶产业品牌建设已具备一定的发展基础，"崂山绿茶""日照绿茶""泰山绿茶""诸城绿茶""长清茶"等 12 个品牌主产茶区通过国家农产品地理标志认证，"日照绿茶"等 6 个茶叶品牌荣获中国驰名商标，"日照绿茶""崂山绿茶""泰山茶""沂蒙绿茶"等区域公用品牌知名度不断扩大。但茶产业品牌建设总体水平与日益增长的高质量品牌需求之间的矛盾仍然较为突出。根据《2022 中国茶叶区域公用品牌价值评估报告》，品牌收益前 20 位茶叶区域公用品牌榜单中，山东省无品牌上榜；山东省参与评估的品牌总价值 72.47 亿元，排第 9 名，但平均品牌价值为 10.35 亿元，品牌溢价能力不足，在参与评选的省份中排名靠后。品牌总数及规模总体偏少偏小，品牌多而杂，知名品牌少，品牌价值及影响力偏低偏弱，品牌引领作用还不够强，未能真正形成品牌优势和溢价效应。缺乏健全的品牌管理机制，只注册不开发，缺少农产品质量管理体系，不注重产品形象包装的优化提升和营销宣传，严重制约了品牌化建设。

（五）科研及推广能力较弱，科技支撑作用不明显

茶产业科研队伍不断壮大，但在开展技术示范、推广、服务方面未能形成合力，高校人才培养机制不能满足茶产业发展需求，标准更新效率不高，山东省茶产业现代技术体系目前仅设置试验站 4 个，覆盖不够全面。目前还没有茶产业协同推广项目，项目示范带动作用弱，新技术新品种新模式推广应用率、科技成果转化率（55%）较低，基层推广服务效果不

佳。适合山东省的抗逆良种不多，全程机械化、标准化生产水平偏低，主产区茶园田间投入成本高，是全国平均水平的两倍以上，尤其是茶树越冬成本较高，一定程度影响产业效益，削弱了市场竞争力。受市场形势和耕地保护政策影响，茶产业比较效益逐年降低，各地发展新茶园积极性明显下降。山东省茶产业科技成果转化渠道较窄，成果交易平台建设与信息宣传相对滞后，相关政策法规不完善，评价体系尚未建立。茶叶关键加工装备标准化和自动化程度偏低，加工技术的智能化、定向化调控欠缺，茶资源跨界应用技术创新深度不够，产业和产品仍处于全球产业链、价值链中低端，茶产业的国际地位和话语权还需提升。

（六）业态融合发展形式单一，缺乏核心竞争力

山东省茶类结构单一，同质化问题突出，以绿茶为主。鲁东南沿海茶区主产崂山绿茶、胶南绿茶、日照绿茶等，鲁中南茶区主产沂蒙绿茶、泰山绿茶等，胶东半岛茶区主产荣成绿茶、乳山绿茶等，绿茶处于绝对主导地位，每个地区都以绿茶为主，其他品类的茶叶较少，各地茶叶品种同质化问题突出，市场竞争力不强。随着社会的发展和人们个性化消费需求的增长，传统饮茶方式无法满足需要，消费者开始追求更加简便、快捷、多元化的茶叶消费方式，例如各式茶饮料、新茶饮、茶叶主题餐厅、茶叶主题酒店等。然而山东省目前茶产业链条延伸不充分，跨界融合水平有待进一步提升，跨行业评价体系、保障措施不够系统化，制约投资主体和要素支撑多元化发展。

（七）茶文化同茶产业融合水平偏低，特色不鲜明

山东省茶文化底蕴深厚，最早可追溯到唐宋时期。灵岩佛家茶文化、崂山和昆嵛山道家茶文化、泰山女儿茶文化、南茶北引茶文化等独特的齐鲁茶文化历史悠久、源远流长，但是山东省对茶文化的弘扬力度不足，较少从文化视角对茶产业进行挖掘和创新，茶产品缺少文化元素，茶文化宣传载体和宣传方式有待创新，茶文化内涵需要进一步挖掘。茶文化旅游等领域产品形式和盈利模式较为单一，制约产业整体提升。

四 山东省茶产业发展的主要建议

（一）加强顶层设计，强化政策引导扶持

山东省应结合发展实际，制定详细的茶产业专项发展规划，细化实施方案，加强顶层设计和产业政策引导；各茶叶主产区政府部门要把茶产业发展纳入现代农业、乡村振兴和农民增收的整体战略进行部署，因地制宜地研究制定茶产业发展规划，进一步明确任务目标，突出发展重点，强化工作措施，确保取得实效。加强金融政策支持，建立多元化投融资机制，吸引社会资本投资茶产业建设。政府部门积极搭建茶产业合作交流平台，建立以市场为主导、以科研院所为智力支撑、社会组织广泛参与的茶产业高质量发展高地，积极举办茶产业高质量发展论坛，建立互联互通的合作机制。

（二）优化供给结构，提高茶企创新能力

一是夯实茶叶生产基础。实施高标准茶园建设，强化基础设施和配套装备支撑，积极应用减量化、资源化、再循环、再利用、再制造等绿色环保技术，大力发展低碳、清洁、高效、节能的茶叶生产模式。二是提升生产技术水平。开展茶叶产品标准化生产示范，按标生产、规范管理，推进茶叶全程标准化生产。普及先进的质量管理体系和技术，加强全员、全过程、全方位的质量管理，加强质量控制和质量创新，坚持高标准、高质量茶叶供给。三是创新产品结构，增加有效供给。积极引导广大茶农和茶叶生产企业注重产销平衡和产品结构平衡，加强不同档次、不同风格、不同功效、不同定位的茶产品组合供应。

（三）积极培育新型经营主体，发挥龙头带动作用

加大专业合作社、专业大户、家庭农场等培育力度，加强茶区种植

能手、新型职业农民、经济能人培训。培育新型服务组织，提供茶园委托管理、病虫统防统治、肥料统配统施、市场营销宣传等服务，提高生产组织化程度。创新经营方式，推广订单生产、茶叶庄园等，构建新型利益联结机制，提高综合效益和竞争力。注重典型带动和龙头带动，把培育国家级茶产业龙头企业和茶产业合作社联合社提上重要日程并加快推进。在集中优势产区打造一批加工带动能力强、辐射面广的省市级茶产业龙头企业和合作社，实现数字化管理、智能化加工。改造提升县级茶叶加工企业和中小型茶叶初制企业，使其达到市级龙头企业要求。鼓励支持茶企采取合资合作、股份合作、股份制等方式方法，组建企业联盟或集团。

（四）加强品牌建设，提高品牌核心竞争力

一要结合山东省各茶叶产区产业发展和品牌建设现状，按照特点突出、以点带面的原则，对部分规模小、影响力小的区域品牌进行整合，发挥优质区域品牌的支撑作用和优势品牌企业的引领作用，协同发展，培育一批特色鲜明、竞争力强、市场信誉度高的茶叶品牌，建立品牌资源共享机制，形成品牌合力。二要加强对现有品牌的持续管理，加强对品牌等无形资产的保护，构建品牌发展良好生态。三要加大对相关品牌的宣传和推介力度，借助传统媒体、直播带货和"互联网+"等新兴手段加强品牌市场营销，深入挖掘品牌文化内涵，讲好品牌故事。每年安排专项资金通过有影响力的媒介宣传茶产业、茶品牌。积极参加国内茶博会、推介会、赛茶会。在全国茶叶主销区、大中城市，通过直销、连锁、加盟、代销等形式，建设一批"鲁茶"专卖店、连锁店。拍摄、制作山东茶叶宣传片，在高铁、机场、港口等交通枢纽醒目位置投放山东茶叶广告。

（五）强化科技支撑，努力提升产业科技含量

加强对大专院校和科研院所的支持，鼓励茶学研究和实用人才培养，提高科技创新能力，加强校企合作，鼓励社会多方力量参与构建茶产业发展体

系，形成合力。支持有关企业和科研单位引进先进技术、设备，进行新品种引进、栽培模式创新、加工技术提升、茶类新产品开发及山东特色茶食品、茶饮品和茶旅游产品等开发，推进茶叶深加工，延伸茶产业链，提升附加值。创新技术推广机制，以创建生态示范茶园为平台，以龙头企业、农民专业合作社和家庭农场为主体，以信息网络为渠道，大力开展多种形式的技术培训和技术服务，加快新品种、新技术和新成果的转化和推广。加大茶农培训力度，引导和鼓励茶产业从业人员参加园艺工、茶艺师、评茶师、炒茶师等职业技能培训和资格认证，提高从业人员技术水平。

（六）持续推进"三茶"统筹，促进产业高水平发展

"十四五"以来，茶产业融合发展持续推进，茶产品结构更加多元以适应消费的多元化发展。消费者对茶文化等精神层面的需求不断增长，茶文化体验、研修和文化创意产品等市场空间有望扩大。茶旅消费、新茶饮消费、茶电商销售规模进一步扩大，成为茶叶消费、销售渠道的重要组成部分。茶保健功能性产品、衍生产品、跨界产品快速发展。山东茶产业发展应坚持深入贯彻"把茶文化、茶科技、茶产业统筹起来"的重要指示精神，以深入挖掘、保护茶文化精髓和传统技艺推动创新传承，以整合科技资源推动"产学研用"深度融合发展，从而实现全产业链开发、全价值链提升、全政策链扶持，让茶产业在乡村振兴战略的实施过程中真正起到农业支柱产业的作用。

（七）推动茶旅文康健一体化发展，拉长茶产业链条

一要挖掘茶叶文化内涵。发挥山东省丰富的茶文化历史资源和人文资源优势，充分利用"好客山东"文化名片，组织开展山东"谷雨茶"文化研讨会，不断提升齐鲁茶文化的影响力。持续办好济南、青岛、日照茶博会，充分利用这些平台宣传山东茶叶品牌和优势。二要发掘茶叶新功能、新产品、新价值。依托茶园风光、乡土文化、历史遗迹、非遗等资源，加强对茶文化遗产的发掘、保护、传承和利用。三要促进山东各地茶

产业与文化旅游的信息对接与要素融合，在茶叶主产区积极开发"茶之旅"等旅游项目，鼓励茶区茶企在茶叶生产流通环节中融入文化旅游元素，扶持开发茶技艺非遗工坊、茶主题旅游演艺、非遗体验、团建康疗、健康餐饮、茶浴茶疗等茶文化产业新模式、新业态。四要丰富茶文化产品和服务。开展齐鲁茶文化相关讲座和培训，围绕茶礼、茶器、茶食、茶饮、茶品、茶点等创新饮茶方式，发展茶文化创意产品营销，加强茶文化对经济发展的推动作用，塑造齐鲁茶文化品牌的良好形象。

五 经典案例评析

（一）企业概况

山东蒙山龙雾茶业有限公司（以下简称"蒙山龙雾公司"）成立于2002年10月，注册资本800万元，是集山茶新品种选育、有机化种植、精致化加工、多方位营销于一体的省级林业产业龙头企业，拥有茶文化研究、茶博园旅游、山茶园观光、茶餐饮服务、茶制品体验一体化发展的国家3A级旅游景区。主营业务包括茶叶种植、加工、销售，兼营茶文化旅游、茶餐饮服务等，获得山东省林业产业龙头企业、山东省守合同重信用企业等称号，产品获得山东省著名商标、山东名牌、山东省首届知名农产品企业产品品牌等荣誉，是鲁南地区最大的茶叶生产企业和特色茶文化旅游景区。

（二）发展模式

1. 深耕稀缺资源

山茶产业是临沂市沂水县的农业特色产业，起源于"南茶北引"工程。山茶种植于沂蒙山群山之中，这里资源稀优、生态原始、茶区独特、文化丰富，为蒙山龙雾公司耕耘茶产业、开发茶文化旅游奠定了坚实的基础。

2. 打造"六园"发展模式

近年来，蒙山龙雾公司立足"茶"字，充分研究、挖掘茶文化，定位于休闲农业和茶文化旅游这一朝阳产业，发展成以稀有资源为载体、以百年品牌为目标、以观光农业为基础、以乡村旅游为主线、以茶叶加工为主体、以特色餐饮为窗口的旅游型茶叶生产企业。蒙山龙雾公司努力拉长茶产业链条，抓住旅游业改革发展机遇，立足茶产业特点和企业实际，围绕"吃、住、行、游、购、娱"六大旅游要素，大力实施"六园"建设工程，全面提升茶文化旅游服务水平，实现了茶产业量的突破和质的提升。

（1）发展休闲农业——建采摘园

蒙山龙雾茶叶基地是全国农业旅游示范点，在留虎峪、院东头、香炉崖等6处茶园建立了茶叶采摘园，可以让游客自己动手，体验亲手采茶的乐趣。

（2）开发茶文化旅游——建茶文化园

立足茶文化，突出特色、彰显个性，建设了3A级旅游景区——茶文化园。建有茶文化展区、加工示范区、茶艺表演区、品茶区、特色餐饮服务区、鲜叶采摘园、茶制品体验园7个功能区和20多个小景点，为游客提供集茶博园游览、就餐、住宿、体验于一体的茶文化旅游综合配套服务。

（3）拉长茶产业链条——建茶文化美食园

突出茶特色，开发茶餐饮。"茶，可饮也可吃"，秉承茶主题，独家研制数十道用高山绿茶制作的美味佳肴和茶水饺、茶面条等美食，游客在品尝美食的同时能"吃出健康、吃出美丽"。

（4）游客参与茶（点）制作——建茶制品体验园

茶制品体验园分为制茶体验区、制茶点体验区、游客休憩区三大功能区。游客可采摘茶叶鲜叶，在制茶师的指导下学习制茶技术，了解加工工艺流程，体验炒茶的乐趣；面点师指导游客边学习边制作，熟悉糕点制作工艺，体验茶食品的制作过程，让游客感受茶文化的独特魅力。

（5）集评品赏购于一体——建旅游购物乐园

包括评茶区、品茶区、茶艺欣赏区、综合购物区四个功能区。评茶区主要用于组织大型评茶赛事或茶叶质量评比、鉴赏活动。游客在品茶区可以品茶，谈茶论道、以茶会友。茶艺欣赏区的茶艺员一边介绍蒙山龙雾茶，一边

进行茶艺表演,让游客边欣赏茶艺表演、边学习泡茶技巧;综合购物区场地宽敞、品种繁多、装修别致,摆放着蒙山龙雾系列优质茶叶近30个品种和来自沂蒙风情旅游小镇的特色农产品,供游客挑选和购买,成为山东省金牌旅游购物商店。

(6) 宾馆营造茶文化氛围——建"茶文化温馨家园"

建设茶文化主题宾馆,建筑面积5380平方米,房间内茶文化氛围浓厚,成为蒙山龙雾茶文化园的又一道亮丽风景线,让游客"住得温馨、住得舒畅"。

(三) 带农增收

近年来,蒙山龙雾公司立足企业自身情况和山茶产业发展实际,大力实施"321"茶农增收工程,即三项帮扶措施、两项优惠政策、一项服务承诺,带动当地农民致富增收。

1. 采取三项帮扶措施

一是免费技术培训推广,对茶叶种植技术薄弱的新茶农,免费提供技术指导,让广大茶农尽快掌握植茶技术,每年现场培训班不少于12期,培训茶农6000人次;二是开展"五统一、三集中"服务,架起了一二产业之间的桥梁,公司牵头组建了高山茶业专业合作社,为茶农提供统一选种、统一供肥、统一培训、统一规划种植、统一产品收购,以及茶鲜叶集中加工、集中储存、集中销售服务,从而降低了生产成本。合作社在服务过程中不断发展壮大,年服务收入达到360万元,合作社社员达到301户,每年盈余分配近200万元,人均6640元。三是加大电商销售力度,以销促产、以产增收。建立电商服务中心,开设网店4个、微信公众号2个、网站1个,一方面在线上销售蒙山龙雾各种茶制品、茶文化园旅游产品,另一方面根据农户需求代卖茶农自产的农副产品。截至2022年,电商服务中心已发展会员4200余人,实现电商平台收益967万元,100户贫困户从中受益,年均增收800余元。

2. 实行两项优惠政策

一是对所有山茶鲜叶实行加价补贴政策,一级鲜叶加价补贴15元/斤,二级鲜叶 10 元/斤，三级鲜叶 5 元/斤，高出鲜叶市场收购价格的 12%～15%，平均每亩鲜叶净增效益 1000 多元；二是对贫困茶农进行农资补助，2016 年对留虎峪、曲家洞子 60 户贫困茶农补助有机肥等农资 12 万元，2017 年帮扶贫困茶农 100 户，贫困户每年增收 1500 元以上。

3. 兑现一项服务承诺

凡是来自公司签约基地的茶鲜叶一律实行保护价收购，有采就收，从不压级压价。公司签约基地 8600 亩，占茶园总面积的 83%，全部推行有机种植技术，并获得有机产品认证，鲜叶品质稳步提升，茶鲜叶价格稳定增长，2010 年以来没有出现过鲜叶"卖难"问题，提升了茶农的积极性，重点植茶村设立收购点，做到收购鲜叶到田间地头。

参考文献

中国茶叶流通协会：《2022 中国茶叶行业发展报告》，中国轻工业出版社，2022。

山东省农业农村厅：《山东省"十四五"茶产业规划》。

尚晓阳等：《日照市有机茶产业发展现状及对策》，《现代农业科技》2021 年第 8 期。

王志：《旅游体验视角下日照市茶文化旅游发展研究》，硕士学位论文，曲阜师范大学，2021。

李兆红：《日照市茶产业发展措施探讨》，《现代农业科技》2019 年第 19 期。

王薇：《古老的罐头产业萌发勃勃新意》，《中国食品报》2022 年 1 月 11 日。

刘懿等：《乡村振兴背景下汉中茶产业发展探讨》，《中国茶叶》2021 年第 7 期。

梅宇、梁晓：《2021 年中国茶叶生产与内销形势分析》，《中国茶叶》2022 年第 4 期。

冷杨等：《我国茶产业发展"十三五"回顾及"十四五"展望》，《中国茶叶》2021 年第 9 期。

田丽丽等：《山东省茶产业现状与发展建议》，《落叶果树》2021 年第 2 期。

B.16
江苏省茶产业发展研究报告

王玉花 黎谋 赵真*

摘 要： 2019~2021年，江苏省茶叶生产总体平稳，茶园面积与2018年基本持平，但茶叶产量稍有下降，以名优绿茶生产为主、红茶为辅的传统格局尚未改变。江苏积极引导茶企发展区域公用品牌，促进茶旅融合，着重发展采收加工全程机械化作业的碾茶生产，大力发展茶叶深加工，茶产业发展呈现新的特点。

关键词： 茶品牌建设 茶旅融合 茶产业 江苏省

在新茶饮、花草茶及茶衍生品等新消费增长极继续拓展的同时，"围炉煮茶""宋代点茶"等茶文化现象次第涌现，"中国传统制茶技艺及其相关习俗"列入联合国人类非物质文化遗产代表作名录更是为中国茶产业的发展提供了新的机遇。江苏省茶园面积与茶叶产量较为稳定，单位面积产值和效益在全国处于较高水平。近年来，江苏省茶产业发展增速放缓、微调结构，推动发展区域公用品牌，促进茶旅融合，大力发展碾茶生产和茶叶深加工，实现了茶类消费结构的调整与升级。

---

* 王玉花，博士，南京农业大学园艺学院教授、博士生导师，研究方向为茶树生理生态；黎谋，南京农业大学园艺学院助理农艺师，研究方向为茶树栽培；赵真，南京农业大学园艺学院实验师，研究方向为茶树生物学。

一 江苏省茶产业发展概况

（一）生产环节

1. 茶叶种植

（1）面积、产量、品种

2019~2021年，江苏省茶园面积由33788公顷增长至34208公顷，开采面积由30260公顷增长至30821公顷（见表1）。茶叶生产规模和销售规模已趋于平衡，除非有重大产品或品种突破，维持现有茶园面积应是江苏省茶园发展的主基调。

表1 2019~2021年江苏省茶园面积

单位：公顷

年份	茶园面积	开采面积
2019	33788	30260
2020	34239	30723
2021	34208	30821

资料来源：相关年份《江苏统计年鉴》。

2019~2021年，江苏省茶叶（干毛茶）总产量由14332吨降低至10921吨，茶叶总产值由27.65亿元增长至33.09亿元，按开采面积折算平均每公顷产值由91375元增长至107361元。2019~2021年，名优茶总产量增长缓慢，由5000吨增长至5200吨，2021年产量占比接近50%，名优茶总产值逐年增加，2021年贡献了全部产值的70%以上（见表2）。

表 2　2019~2021 年江苏省茶叶产量与产值

单位：吨，亿元

年份	干毛茶总产量	干毛茶总产值	名优茶总产量	名优茶总产值
2019	14332	27.65	5000	18.76
2020	11227	29.24	5100	20.67
2021	10921	33.09	5200	24.51

资料来源：2019~2021 年《江苏统计年鉴》。

2021 年，江苏省各产茶地级市中产量超过 1000 吨的有无锡、常州、镇江和南京（见表3），主要产茶县（县级市、区）为无锡宜兴，常州溧阳、金坛，镇江句容及南京高淳、溧水等地。2019~2021 年无锡市茶叶产量明显下降，其他市茶叶产量基本平稳。

表 3　2019~2021 年江苏省主要产茶市茶叶产量

单位：吨

年份	无锡	常州	镇江	南京	扬州	连云港	苏州
2019	6820	2773	1613	1058	690	514	445
2020	4026	2609	1610	1406	651	465	419
2021	4381	2217	1597	1436	644	464	443

资料来源：相关年份江苏省各市统计局。

在茶树品种方面，江苏省茶树品种多样，栽培面积大于 33.33 公顷的有性系主栽品种除了传统的江苏本地的洞庭种、宜兴种外，还有引自安徽的楮叶种、黄山种，福建的福鼎种，浙江的鸠坑种。2019~2021 年，有性系栽培面积逐年减少，新建茶园基本使用无性系品种，无性系茶园面积占比越来越高，2021 年全省无性系茶园面积达 15000 公顷，占全省茶园总面积的 40%以上。目前江苏省栽培的无性系以浙江省、福建省育成的品种为主，福鼎大白茶、福鼎大毫茶、中茶 108、龙井 43、龙井长叶等品种总体栽培面积较大，安徽省育成的舒茶早和江苏省育成的苏茶早等品种也有一定范围的推广。黄色系列如黄金芽、中黄系列，白色系列如白叶1号、中白系列，紫色系列如紫鹃等栽培面积也有所增长（见表4）。

表4　2019~2021年江苏省主要茶树品种栽培面积

单位：公顷

地市	有性系品种			无性系品种		
	<6.67	6.67~33.33	>33.33	<6.67	6.67~33.33	>33.33
南京			群体种、槠叶种、鸠坑种、福鼎种、黄山种	浙农113、春雨1号、白毫早	浙农139、黄金芽、中黄3号、福鼎大毫茶、浙农117、中白4号、苏茶早	龙井长叶、龙井43、嘉茗1号、迎霜、中茶108、福鼎大白茶、平阳特早
无锡	槠叶种		鸠坑种、祁门种、宜兴种	舒茶早、福云6号、黄金芽、迎霜、龙井长叶、黄观音、黄玫瑰、奥绿、浙农114、梅占、中黄3号、春雨2号、春雨1号	嘉茗1号、薮北、苏茶早、中黄1号、黄金芽、白毫早、迎霜、金观音、金牡丹、龙井长叶、黄棪、福云6号、浙农135、平阳特早	福鼎大白茶、浙农139、白叶1号、龙井43、福鼎大白茶、浙农117、中茶108、福鼎大毫茶、浙农113
常州		茅麓种、槠叶种	鸠坑种	黄金芽、浙农139、平阳特早、千年雪、中黄1号、嘉茗1号、紫鹃	中茶108、福鼎大毫茶、龙井43、浙农117、黄金芽、中白4号、苏茶早、苏玉黄	龙井长叶、浙农113、白叶1号、福鼎大白茶、中白1号
苏州		洞庭种、鸠坑种、宜兴种	洞庭种	槎湾3号、浙农139、福选9号、龙井长叶、浙农117	迎霜、福鼎大白茶、龙井43、嘉茗1号、福鼎大毫茶	白叶1号
连云港	云台山种	宜兴种	鸠坑种	浙农113	中茶108	福鼎大白茶、龙井43

续表

地市	有性系品种			无性系品种		
	<6.67	6.67~33.33	>33.33	<6.67	6.67~33.33	>33.33
扬州	楮叶种		鸠坑种、群体种	蒙山9号、浙江139、锡茶5号、中黄3号、中白1号、中白4号、楮叶齐、锡茶11号		龙井43、龙井长叶、福鼎大白茶、中茶108、黄金芽、白叶1号
镇江		茅麓种	鸠坑种、福鼎种、楮叶种	黄金芽、中白4号、农抗早、翠岗早、白芽奇兰、楮叶齐、舒茶早、中茶102、金牡丹、黄玫瑰、金观音、黄观音、浙农119、浙农117、碧云、御金香、福云6号、中黄1号、中黄3号、碧香早、白毫早	茂绿、浙农113、楮叶齐、中白1号、金宣、中茶108	嘉茗1号、福鼎大毫茶、福鼎大白茶、龙井43、龙井长叶、白叶1号、乌牛早

（2）绿色有机茶园建设

江苏省在绿色有机茶园建设方面具有清明前后出名优茶及采用立体多点采摘法的特点，多为春季产茶后进行重修剪，名优茶采后和夏秋两季病虫害防治压力相对较小。近年来，全省严格控制化学农药种类，坚决禁止使用农药，加上防虫色板、"防虫灯+诱芯"技术的大范围推广，绿色防控理念深入所有茶企。2018~2019年，全省有机茶园面积由3333公顷增长至5000公顷，但2019~2021年基本无变动，主要原因是江苏省各大型茶企所拥有的茶园面积占比普遍偏低，大部分茶园由零散茶农和小型茶企管理，大型茶企茶产品的消费群体相对稳定,且大型茶企普遍认识到在提高自身茶叶品质和品牌信誉保证的前提下,大面积地进行有机认证与企业效益增长并无直接关联。

(3) 茶园管理

江苏茶园的管理模式已经由早些年粗糙的人工管理逐渐发展至目前的智能化、机械化管理,水肥管理、绿色防控、复合栽培等方面实现了智能机械管理的精准化和精细化,部分茶园基本实现了机械化管理。然而,江苏省茶园管理模式仍有较大的进步空间,茶园管理的机械化、轻简化程度仍然不高。

江苏省人工投入最多的为采摘环节,名优茶对采摘原料的要求普遍较高,如南京雨花茶、苏州碧螺春、金坛雀舌等均需单芽或一芽一叶,因此生产名优茶的鲜叶原料需要人工采摘。早春开采期较长,每个茶园均需要大量的人工进行鲜叶采摘,以保证春茶产量和早春优质鲜叶原料不被浪费。江苏省已开展适宜机械化采摘的茶树品种选育工作,并取得了不错的进展。目前,全省机械化茶园的比例仍然较低,但有进一步提升的趋势。虽然近几年使用机器采摘鲜叶加工名优茶仍有一定难度,但机械化采摘的鲜叶加工碾茶是完全可行的。解决好碾茶的销售问题,特别是扩大早春优质碾茶受众群体和提升碾茶产值,有助于江苏省机械化采摘茶园面积实现可观的增长。

除采摘外,茶园管理中人工投入较多的就是草害防治,因茶园无公害化管理禁施除草剂,茶园草害防治工作基本需要人工除草来完成,尤其是在夏秋季节,草害相较春季更加严重。目前,江苏大部分茶园治理草害的方法为利用白三叶草、紫云英、苕子等豆科绿肥植物进行间作。茶园间作豆科植物可通过根系化感物质抑草、根系和茎干生理占位控草、匍匐茎物理占位控草等机制有效防止草害的发生。此外,江苏新建茶园中也会通过覆草、使用防草布及覆膜来解决行间草害。从茶园管理及长期草害防治来看,物理防治(覆草、机械化除草)、生物防治(间作豆科植物)及生态防治是将来茶园草害防治的趋势,多功能茶园管理机械在茶园管理中扮演重要角色。

茶园养分管理对茶叶品质与产量意义重大。在茶园水肥管理中,有机肥应用是大型茶企的共识,主要以菜籽饼、畜禽粪污为基肥的秋季施用模式被广泛应用,其他类型的有机肥特别是商品有机肥及茶树专用配方肥已

在全省范围内推广，然而价格偏高、见效缓慢及施用费工等问题是大多数茶农难以接受商品有机肥的因素。其他如菌肥、叶面肥等有机肥应用并不多且对茶树的适应性不强，仍需要进一步的开发和推广。经过多年的有机肥替代化肥试点项目的开展，江苏省根据茶叶生产特点、水肥管理与沼液资源化利用需要，以茶园灌溉管道系统为载体，将无害化处理后的沼液稀释喷施于茶园中，创新应用"地下管道+支杆喷施""地下管道+高架喷施""智能配肥+沼液微喷""智能预警+支杆喷施"4种水肥一体化新模式，取得了"三节"（节约化肥、节约用水、节约用工）、"三抗"（抗病虫害、抗寒、抗旱）、"三提"（提高茶叶产量、提高茶叶品质、提高土壤有机质）的显著效果。

随着劳动力成本的逐年增加，茶园的管理成本不断上升，江苏要在现有的茶园规模和场地条件下，发展合适的管理机械并推广相应的配套技术。在建设新茶园时，要考虑如何按照机械化管理的方向进行标准化建设，茶园管理和采摘的机械化也是迫切任务之一。

2. 茶叶加工

（1）初加工、精加工

江苏省茶叶加工种类以绿茶为主、以红茶为辅，其他茶类基本不再生产。2019~2021年，江苏省茶叶加工种类以绿茶为主，但产量持续下降，从2019年的10736吨下降到2021年的8433吨，下降约20%。红茶产量则在2020年大幅下降，从2019年的3589吨下降至2020年的2293吨，下降约30%，但在2021年略有回升，产量2485吨（见表5）。

表5 2019~2021年江苏省不同茶类产量

单位：吨

年份	绿茶	红茶
2019	10736	3589
2020	8920	2293
2021	8433	2485

资料来源：相关年份《江苏统计年鉴》。

江苏省各茶企多年来以名优茶生产为主，但近年来这种情况有所改变，部分茶企在保证现有名优茶产量的基础上大力开发碾茶产品。随着国内抹茶市场及其受众人群的增加，碾茶作为抹茶的原料茶，其生产加工呈现爆炸式增长。自2018年起，江苏茶企碾茶生产线增长迅猛，但大多为日本进口的生产加工设备和生产线，且大部分拥有碾茶生产线的茶企并未完全掌握碾茶的生产技术，碾茶产品的产量和质量仍有待提高。2020年，江苏对碾茶生产原料茶树品种、碾茶生产加工技术开展了大量试验与优化，碾茶的生产与加工发展迅速，并呈现产品多样化的特点。

近年来，在地方政府茶叶学会、协会的支持下，江苏邀请红茶主产省份茶企及红茶制作专家开展红茶加工技术培训，省内各大茶企纷纷推出红茶产品或增加红茶产量。随着江苏市场对本地红茶认同度、接受度的上升，茶企不同生产时期产品的不断丰富以及对夏秋茶开发利用的不断增加，可以预见江苏红茶产量在今后几年将会出现小幅上升的趋势，可能占茶叶总产量的30%左右。随着红茶加工技术的不断进步，江苏红茶的品质和生产效益也将迎来不小的提升。

除绿茶与红茶外，2019~2021年江苏其他茶类产量极低，乌龙茶、黑茶、白茶与黄茶虽有生产，但基本无规模可言，但随着这些茶类消费群体的不断扩大，预计将逐步形成一定规模。此外，特异叶色茶叶生产已成为江苏茶产业发展另一重点方向。特异叶色茶树品种含有丰富的氨基酸和花青素，具有较高的附加值和较好的市场前景，但其加工尚未形成适合江苏本土化生产的系统和标准，目前特异叶色茶树品种鲜叶多按绿茶加工方法生产。随着特异叶色茶树品种的推广种植及其鲜叶产量的增加，江苏省各茶企及茶叶研究院所已大力开展特异叶色茶树鲜叶的生产加工技术试验，更好地保持其生物学特性，提高产品质量，开发具有特殊风味和特定功能的产品。

（2）深加工

近年来，江苏省茶叶深加工产业发展迅速，产业升级规模逐步扩大。目前，以速溶茶、茶多酚、茶多糖等茶叶提取物和抹茶、超微茶粉等全茶粉为主导的茶叶深加工产品，以及在其基础上开发的茶食品和日化产品产

业集聚优势明显,是江苏省茶叶深加工企业的主要产品。江苏鑫品茶业有限公司是目前省内茶叶深加工代表企业,是国内最早从事抹茶生产研究的单位之一,一直应用日本抹茶加工生产线,并新建先进"碾茶—抹茶"成套加工设备,已具备碾茶、抹茶及茶固体饮料等多种茶叶深加工产品开发的能力,参与起草制定超微绿茶粉江苏省地方标准、粉茶行业标准和抹茶国家标准等。南京融点食品科技有限公司是江苏省另一家代表性茶叶深加工企业,目前也是国内最大的速溶茶生产企业,其茶叶深加工产品主要涉及速溶茶粉、茶浓缩液和固体茶饮料等,年产速溶茶粉3000吨以上,销售收入达1.6亿元。

曾经无人问津的夏秋茶、低档茶,摇身一变成了大受欢迎的茶制品,茶企走出了一条前景广阔的新路子,不仅提高了茶叶附加值和利用率,还提升了茶产业整体经济效益。江苏省将在茶叶精深加工方面继续发力,利用丰富的夏秋茶资源,加强茶叶精深加工产品的开发应用,解决茶园利用率低、夏秋茶资源浪费等问题。

(3) 技术创新

近年来,江苏省茶叶加工技术创新方面主要体现在智能化制茶设备的引进,即智能化全机械化茶叶加工。2021年,苏州市吴中区引进的智能化制茶设备投入使用,从传统手工炒茶跨越式步入了智能制造时代,给碧螺春茶产业升级带来了新发展机遇。此外,金坛雀舌、南京雨花茶等名优茶也开展了全机械化加工设备与生产线的试验。按照电脑设定的制作程序,经过鲜叶摊放、杀青、揉捻、毛火、精揉整形、复火足烘等流程后,加工出的茶叶不仅标准统一,而且干净卫生。智能机械化制茶设备根据茶叶的长短、老嫩、水分、品相等不同,通过调整设定的温度、工艺流程等来确保质量,不仅能炒制绿茶,还能发酵制作红茶,拉长茶叶生产周期,增加产能。

(二)流通环节

1. 交易方式

江苏省茶叶消费量远大于生产量,但江苏茶企茶园面积总体规模小,采摘人工及田间管理成本相对较高，加上地方名优茶的品牌价值高，导致本地茶叶价格一般高于其他省份的茶叶。近年来，本地茶企茶产品与外省茶叶交易方式趋于一致，但大部分江苏省茶企仍保持着传统的交易方式，即企业自建营销网络，通过老客户或老客户介绍进行产地直销。但也有部分茶企的茶产品进入各级茶叶市场，而茶企茶叶品质和价格稳定，基本维持了交易市场的稳定。茶农因自有茶园面积较小，手工制茶或小型机械制茶导致每批茶叶品质不均，多为朋友介绍及区域性较强的线下"点对点"交易方式，价格有一定波动性。在经历政策性因素导致的销量下滑后，2019~2021年江苏多数茶企顶住成本上升带来的压力，茶叶价格基本维持不变，销量得以稳定。

除了线下交易外，随着互联网经济的快速发展，线上销售持续发力，江苏茶企开始入驻网商平台，但仅有一些大型茶企构建了较为完善的网商平台，小型茶企和茶农多保持着线下交易方式。江苏名优茶在网商平台上优质度和体现度逐渐升高，但外省名优茶价格高的同时，体现度却极高。另外，平台运营增加了小型茶企或茶农的额外成本，因此，江苏茶企在网商平台上的开店数量与销售量占比并不高。除直接在各类网商平台销售外，一些社交平台成了茶企和茶农宣传及销售的突破口，茶企和茶农可以通过茶树品种、茶园管理、各茶类产品展示等方式，拓展潜在客户群体。部分产茶市县农业部门加大线上茶叶销售扶持力度，为一些传统茶叶生产企业提供了政策及网络平台。

2. 交易场所

多年来，江苏省所生产的茶叶及其深加工产品主要是"点对点"销售，刚开始进入茶叶市场。一些大型茶企有一定量的大宗茶销售，其主要途径多为商超、茶叶市场，目前单一茶叶市场上大规模销售江苏茶叶的并不算多，门店销售茶叶多为外省茶源，也有部分从江苏茶农处收购而来。近年来，江苏省茶企与茶农更倾向于线下"点对点"交易及线上网商平台和社交平台交易。

江苏各茶企和茶农还缺乏在各级各类茶叶市场中展示自身茶产品的适宜

模式，其原因可能是茶企规模较小、年产量有限。目前，江苏茶产品在全国推广交易的模式主要还是参加茶相关展会，但从长远来看，江苏省相关部门应整合优势资源，打造省内地方茶叶公用品牌，在全省乃至全国茶叶市场中开设专营店，为江苏省茶产品打开销路，发展和壮大江苏茶产业，提升江苏名优茶及优质茶叶深加工产品的竞争力。

（三）消费环节

1. 消费总体情况

（1）消费量、价格

2019~2021年，江苏省居民人均茶叶消费量基本平稳，城镇居民人均茶叶消费量均为0.2千克，农村居民人均茶叶消费量由2019年的0.1千克增加至2021年的0.2千克（见表6）。

表6 2019~2021年江苏省城乡居民人均茶叶消费量

单位：千克

年份	城镇居民人均消费量	农村居民人均消费量
2019	0.2	0.1
2020	0.2	0.1
2021	0.2	0.2

资料来源：根据相关年份《江苏统计年鉴》数据计算。

2019~2021年，江苏省高端名优茶在消费环节受到影响，茶产业面临转型困境，但早春茶叶市场价格较往年没有太大变化，原因一是茶鲜叶成本不降反升，二是茶叶公务消费减少的部分被茶企通过拓展其他销售渠道逐步转化。近些年，不同等级的南京早春雨花茶基本维持在3000~8000元/千克，苏州早春碧螺春维持在700~7600元/千克，常州天目湖白茶维持在2400~3200元/千克。

（2）国际贸易

随着全球贸易的发展，江苏省茶企逐渐打开茶叶出口渠道，茶叶出口量由2018年的959吨增长至2019年的1337吨，出口额由2018年的3512万元增长至2019年的13143万元（见表7）。但茶叶出口量与出口额仅占总产量和产值的不到10%，因此，江苏省茶叶仍以内销为主。

表7 2018~2019年江苏省茶叶出口状况

单位：吨，万元

年度	出口量	出口额
2018	959	3512
2019	1337	13143

注：由于新冠疫情影响，《江苏统计年鉴》中未列出2020~2021年茶叶出口数据。
资料来源：《江苏统计年鉴》。

2. 第三产业

（1）茶旅游

茶旅游是茶产业与旅游业融合发展的业态，江苏各地以茶为载体，在讲好茶文化故事的同时，丰富游客旅途中的文化内涵，有效加强茶叶消费人群与茶叶种植栽培、生产加工等环节的深度互动。依托得天独厚的茶叶资源优势，江苏省各产茶市均走上了茶旅融合发展的产业新路，积极探索茶旅融合创新发展模式。极富宜兴特色的紫砂茶器，富有太华特色的竹茶器，还有各类与茶相关的创新衍生产品陈列在各家茶文化展厅，展示当地深厚的茶文化底蕴和突出的茶产业优势。为促进乡村休闲旅游，相关部门与茶企探索推出茶园共享项目，吸引了不少爱茶人士，极大程度上带动了当地农民增收。以亲子互动、紫砂制作等为特色的文化体验园，为各地慕名而来的游客带来别样的生态文化旅游体验。目前在建或拟建的茶相关旅游区在苏南各市均有代表，苏州吴中区，无锡宜兴市，常州溧阳市、金坛区，镇江丹徒区、句容市，南京江宁区等均有以茶及茶文化为主题的相关旅游小镇或者旅游推介项目。

苏州市吴中区已建成茶文化博物馆，推动茶文化进入民宿、酒店。下一步，苏州将建设"洞庭山碧螺春"水月坞茶旅基地，促进茶产业与文化和旅游深度融合，打造一批交通便捷、线路合理、文化浓郁、景点各异的茶文化旅游精品线路、名茶主题庄园和名茶特色休闲养生小镇，进一步提升"洞庭山碧螺春"品牌价值。中山陵茶厂地处南京钟山风景区内，每年初春的南京国际梅花节期间，四季常青的茶树映衬着争芳吐艳的梅花，令人流连忘返；雨花台茶厂位于南京雨花台风景区内，茶厂的绿色生态与风景区的红色文化相融，形成了一条"红绿融合"的旅游线路；拥有173平方千米茶园的江宁区黄龙岘村则入选全国乡村旅游重点村。扬州在茶旅融合工作方面同样成绩不俗：将扬州美景与以早茶为代表的特色非遗美食串联起来，推出了一批非遗旅游线路，打造了一批集观光、度假、养生等功能于一体的茶旅产业区，还鼓励富春等非遗老字号开发茶主题文创。2019年宜兴·阳羡国家旅游度假区茶旅风情季开幕式在湖㳇镇茶旅风情小镇客厅广场举行。活动期间，湖㳇镇推广了雅达健康产业园、龙山民宿集聚区、"五朵金花"文创空间、阳羡茶文化传承基地、紫砂文化体验等文旅项目，展示了阳羡国家旅游度假区的旅游发展质态。

（2）茶馆业、茶艺、茶饮店

目前江苏茶馆业的发展仍未走上快车道，很少有人单纯以品茶为主题前往茶馆消费，茶馆盈利状况堪忧，多数茶馆也经营餐饮业务，这与消费群体多是商务人士相关，茶馆逐渐成为商务活动的场所。此外，一些茶馆会开展茶产品推介会、茶艺培训等业务。根据各类消费App数据统计，2019~2021年江苏省茶馆业发展态势良好。此外，与茶馆相联系的茶艺目前在江苏各地开展顺利。一方面，很多人将对饮茶的热爱转化为对茶文化与茶艺的热情；另一方面，国家对茶艺师培训费用有一定的补助，因此茶艺培训与推广力度逐年加大。

近些年，新消费时代赋予了茶产业新的文化内涵，传统的茶文化要通过弱化仪式、强化氛围、研究新口味积极适应新时代。如今，"95后"逐渐成为消费主力，他们对于茶的香型、质感需求都与其他年龄群体有明显的不同，这就要求茶产业快速适应这种变化。在新式茶饮的集中发力下，茶饮市场已经往年轻化方向发展，2019~2021年，江苏各类茶饮店层出不穷，如

"7分甜""茉沏""甜荟"等，无论是门店密度、价格区间，还是品牌卖点，江苏茶饮市场均呈现出高成熟度。从奶茶到水果茶，再到特色细分品类，品类范围广、相当齐全；从高端、中端到低端，价格区间错落有致、分层均匀。2020年上半年支付宝消费大数据显示，全国奶茶消费榜前十位城市，江苏省占据两席，其中苏州市排名第三，南京市排名第九。

3. 茶文化

（1）茶品牌

江苏省茶品牌众多，各产茶市均有一种甚至多种名优茶品牌，然而各产茶市茶企多点开花，自有茶园面积较小，各茶企宣传侧重于自身品牌而忽略传统的公用品牌，出现了自身品牌难以走出省市区域，而公用品牌宣传力度又不够的情况，因此有较大影响力的品牌不多。各产茶市的茶叶宣传推广部门逐渐认识到规模小而零散的品牌不利于当地茶叶市场影响力的提升，因此各产茶市纷纷开始打造自己的区域公用品牌并申请地理标志产品。近年来，江苏省各地加强区域公用品牌建设，并利用各类平台对外展示，取得较好效果，逐渐形成南京雨花茶、无锡毫茶、阳羡雪芽、宜兴红茶、金坛雀舌、天目湖白茶、洞庭（山）碧螺春、连云港云雾茶、扬州绿杨春、茅山长青、金山翠芽等苏茶知名区域公用品牌产品。

（2）茶文化推广

茶文化活动丰富，各地将当地文化特色与名优茶推介相结合，纷纷推出各类茶文化群众活动，在丰富大众文化生活的同时提升茶叶的品牌价值，提高群众饮茶积极性。2019年4月，茅山长青茶文化节暨茅山红色旅游年活动在句容市茅山风景区新四军纪念牌前广场开幕，倡导茶旅结合，不断加快句容茶产业的发展，进一步宣传、推广句容独有的著名茶叶品牌——茅山长青。2019年12月，第七届"虞山茶文化节"在常熟望虞台举行，活动吸引了众多热心茶友参与，各茶企展示茶文化产品，游客现场品尝，共同交流、共同推进虞山茶文化发展。2020年5月，南京黄龙岘茶文化活动月"云"开幕式在紫金山新闻、抖音、一直播等多个平台同步直播，通过主持人出镜体验采茶、炒茶、品茶礼仪、猜茶谜等茶文化环节，让广大游客全面了解黄龙岘茶特色，传播千年茶文化礼仪。2021年5月，江苏农林职业技术学院茅山校区联合国际教育学院开展"茶香中国 共享美好"茶文化交流活动。

4. 茶学教育

江苏省尽管不是产茶大省，但是茶学科研力量在全国位于前列。截至2021年，全省有国家茶叶产业技术体系岗位专家2名，另有国家茶叶产业技术体系示范基地2个，国家茶叶产业技术体系综合试验站1个。在茶树栽培、树体管理等技术领域优势显著。

江苏省茶学教育已经具备完整的人才培养体系，其中南京农业大学茶学专业重点培养茶学研究和科技型茶产业人才，至2021年已连续招生4年，2022年已有3届茶学本科生毕业，目前研究生与本科生比例约为1∶2。江苏农林职业技术学院及苏州农业职业技术学院培养茶学高职人才，为茶企和其他涉茶单位输送大量专业技术人才。

南京农业大学主要从事茶学本科、硕士、博士生的培养，拥有博士后流动站，参与国家和江苏省茶叶产业技术体系的科研与技术推广任务，主要研究方向有茶树栽培、育种、品质形成机制等，每年毕业博士生3人以上、硕士20人左右、本科25人左右，是江苏重要的茶学人才培养基地与科研基地。

江苏农林职业技术学院教学实训条件完备，同时拥有茶博园、习茶苑等基础设施，每年招收茶树栽培与茶叶加工、茶艺与茶叶营销等茶学相关专业，培养大量实用型、复合型人才。同时，学院拥有江苏省茶产业技术体系首席专家，并建有综合示范基地，主要从事生态栽培等技术研究与推广工作。

5. 茶产业科技创新

2019年，江苏省茶产业科技发展大会结合江苏省茶产业发展需求，推进茶产业与科技对接，加强产学研合作，促进茶产业相关科技成果转化应用，旨在提高江苏省茶产业科技水平，进一步推进茶产业高质量发展。南京农业大学、江苏省农业科学院和农业农村部南京农业机械化研究所等单位全面开展了茶树育种、茶树栽培、茶树生理、茶园管理机械、茶叶加工与深加工技术等全方位的科学研究。除科技项目外，江苏省每年投入固定资金用于茶产业技术的推广与应用，在全省范围内进行茶树良种繁育、茶树优质安全栽培及茶树绿色防控等多种技术的推广，同时加强不同地区示范基地建设，基本实现各市全覆盖。

江苏省茶叶科学技术创新与发展主要体现在：创新品种繁育模式，扩大无性系良种茶苗的繁育，利用短穗扦插繁育技术和轻机制穴盘育苗技术，加快良种育苗进度，缩短育苗周期；创新栽培方式，根据不同产茶市当地气候条件和市场需求，选种早生、优质、高抗且适制当地公用品牌茶叶的茶树品种，以短穗茶苗栽植加快茶园良种化；创新茶园栽培管理模式，从高效施肥技术、绿色病虫害防治技术、树冠培养修剪技术，达到绿色、清洁、无公害化茶园生产；创新茶叶加工技术，大力开展名优茶全机械化生产加工试验。

二　江苏省茶产业发展主要政策与措施

（一）主要政策

1. 稳步推进茶产业结构优化

实施重大茶树新品种创制项目，集中力量选育创制一批特色鲜明、具有自主知识产权和重大应用前景的绿色优质茶树新品种，加快茶园品种更新换代。稳定茶园面积与产量，利用新品种、新工艺开发新产品，茶产品以传统绿茶为主导，开发研制精品红茶、精制白茶黄茶、创制青茶黑茶，同时研发生产抹茶、粉茶、茶叶提取物等精深加工产品。

2. 着力推进茶产业生产绿色化

划分茶园土壤环境质量类别，支持茶园污染修复治理、标准化生产、产品贮存、防腐保鲜等技术及产品包装材料研发，推动茶产品生产流通全程绿色化。加快生物农药等高效低毒低残留农药开发，加大安全用药品种筛选力度。严格投入品行政许可审批，完善农药等投入品生产经营使用全程监管体系，净化茶叶产品生产源头。鼓励茶园全面推广高效低毒低残留农药，禁止使用剧毒、高毒农药。大力推行茶产业绿色生产方式，积极推

行统防统治、绿色防控、配方施肥等技术，构建全产业链的绿色生产技术服务体系。

3. 着力推进茶产业生产标准化

实施"标准化+"现代茶产业工程，完善现代茶产业标准体系，大力推进茶产业标准化生产。建立健全茶叶产品质量安全标准体系，加强茶叶质量安全标准和生产规范研制。鼓励龙头企业、行业协会及其他社会团体制定企业标准或团体标准，加快形成覆盖茶产业投入品使用、生产操作过程以及鲜叶收购、贮存、运输、产品追溯等生产经营全过程的标准体系，支持具有一定规模的茶企承担标准化试点工作。

4. 大力推进茶产业生产机械化

充分发挥苏南农机装备产业发展基础优势，大力推进农机装备技术创新和质量提升，加大特色优势茶叶产品生产设备设施和绿色环保农机装备技术研发力度，推动"机器换人"。以补齐大功率拖拉机、变量施肥机、植保无人机等高端装备短板为重点，聚焦茶叶生产机械智能化、绿色化、高效化，鼓励支持农机制造企业对标国际先进水平开展关键技术攻关和高端装备赶超研发。

5. 加快推进产业化品牌化

培育市级以上茶叶龙头企业64家，工商注册茶叶企业（合作社）1000多家，连续举办17届"陆羽杯"名特茶评比打造苏茶精品，充分利用中国国际茶叶博览会、香港国际茶展等知名平台，宣传苏茶区域公用品牌，提高洞庭（山）碧螺春、南京雨花茶、天目湖白茶、金坛雀舌、茅山长青、宜兴红茶等苏茶品牌知名度和影响力。

6. 不断拓展多元化功能化

加快推进茶产业经济与文化交融、茶叶生产与休闲观光结合，依托美丽茶园发展休闲观光旅游，将茶区打造成景区，不断拓展茶区功能，茶产业综合效益全国领先，成为茶农增收致富的重要产业，苏茶知名度得到提升、影响力得以增强，苏茶文化得到传承。

（二）主要措施

1. 无性系新品种选育、引进与繁育技术

根据目前市场对特异叶色茶树的需求和新开垦茶园对优异无性系的需求，重点推广白叶1号、中白4号、黄金芽、紫鹃、中茶108及苏茶早等品种，同时针对全国市场对扦插茶苗的需求，提高轻基质扦插茶苗的繁育与栽培技术。江苏新建数个穴盘苗基地，除了满足本省需求外，还满足了山东、贵州等省份对茶苗的需求。

2. 茶园土壤改良技术

针对茶园土壤酸化及有机肥用量仍偏低的情况，江苏通过各种培训普及茶园土壤改良方案，开展有机肥替代化肥比例研究，并根据茶树吸肥特性研制茶树专用肥，实行测土配方施肥或多种肥料经复配施用。

3. 茶园优质栽培技术

利用茶园泵房中现有的基础抽水系统，安装水肥灌溉设施，研发肥料处理装置及灌溉控制装置，安装无线电磁阀将大面积茶园分为多个灌溉区进行轮灌。通过土壤墒情传感器对茶树生长环境信息进行监测，建立茶树生长期间所需要的土壤含水量、氮磷钾含量等信息数据库，设计开发与智能化精量灌溉决策软件配套的田间信息采集和灌溉控制系统，实现对田间数据的采集、灌溉源和电磁阀的远程智能控制，以及多功能网络式自动灌溉与管理。

4. 茶园病虫草害绿色防控

确立以农业生态调控为基础、以生物防治为主、以物理防治为辅、化学农药零使用的无化防治技术，继续全面禁止茶园使用农药、定期发布病虫害指数，全面推广低毒低残农药、"性诱激素+频振灯诱捕"技术、覆膜（防草布）防草及以草防草等绿色防控技术。

5. 茶园全面机管机采与开发利用夏秋茶

加快名优茶与机采茶混采模式与相应配套生产技术的研究与推广，提升茶园田间管理机械化程度。加强碾茶生产技术推广，开发全机采茶园机制产品，推进红茶生产与加工技术改良。

三 江苏省茶产业发展主要建议

（一）做大做强苏茶区域公用品牌，完善公用品牌标准

"中国茶·2021产业高峰论坛"上发布的品牌声誉现状研究报告指出，近年来茶公用品牌通过在营商环境、电商物流、茶旅融合、人才培养、新茶饮和声誉风险管理六个方面的努力，助力打赢脱贫攻坚战，持续带动乡村振兴。在江苏各级行业协会组织下，茶企参加国内外展销会明显增多，茶企也从以加强品质为主的发展思路向在保证品质的基础上拓展市场转变。江苏茶叶频繁出现在全国性茶叶展销会上，同时省级及各地茶叶协会利用各种平台推广展示江苏茶叶，在打造苏茶精品的同时，利用中国国际茶叶博览会等大型平台，宣传苏茶区域公用品牌和"江苏茶、高品质"的理念，提高苏茶整体品牌知名度和影响力。同时，注重维护茶园生态，加强基础设施建设，实现自然生态、民族风情与茶产业的深度融合。在人才培养方面，一些地区已经敲响了茶产业链各环节存在人才缺口的警钟，陆续出台针对性政策缓解燃眉之急。下一步，江苏要培养更多"懂茶"又"懂网"的专业人才，搭建数字化营销平台与数字化供应链，打造苏茶区域公用品牌，更好地赋能乡村振兴。此外，一些新茶饮品牌聚力打通产销渠道，探索长效助农模式。

江苏名优茶众多，各产茶区县一般有2~3种名优茶产品，各企业也有各自的品牌，因此市场上同一公用品牌会出现多个企业品牌，而各茶企标准不一，从外形到内质可能都有所不同，缺乏统一的质量标准，这让大部分消费者再次购买时无从下手。同时，外省还有大量仿制茶进入江苏市场，销售量却往往超江苏本地名优茶，同样给消费者带来困扰。

（二）保证绿茶发展优势与茶园效益最大化

近年来，江苏绿茶生产比例逐年降低，2021年占比约77%，随着省内各地茶企纷纷推出红茶产品，这一占比在未来几年可能还会进一步下降。红茶的开发和研制提升了茶企的产品丰富度，延长了茶叶采摘期，总体上提高了生产效率。此外，江苏部分茶企往往利用春茶采收后一段时间的鲜叶来生产红茶，但由于江苏红茶加工工艺较为落后和鲜叶原料品质不及早春名优绿茶，红茶生产和制作水平还远不及国内名优绿茶。因此，在目前红茶工艺还未有明显突破时，必须保证绿茶的发展优势，而要使茶园效益最大化，则需要加强夏秋茶资源利用。

江苏省夏秋茶资源利用率一直较低，长期以早春名优茶生产为主，名优茶占比较高。夏秋茶生产需要在春茶采后进行一系列的管养，增加了一定的人工与肥料投入，还会在一定程度上影响第二年的春茶产量与品质，因此如何合理利用夏秋茶、提升茶园效益，还需要进行更多的尝试。目前，除红茶外，也有部分企业进行少量抹茶、碾茶、白茶、黑茶等产品的试制与推广，制作碾茶产品、开发机采绿茶产品及进行深加工有望成为江苏省提升茶园效益的较佳方案。

（三）人工成本持续上升与全面推广茶叶生产机械化

江苏农村大量劳力外出务工，茶产区采摘、加工劳力严重不足，加上茶产业生产规模快速增长，茶叶需求的不断增长与人工成本不断上升和茶区"用工荒"的矛盾日趋凸显。各茶企名优茶价格近年来几乎没有大的提升，但是人工成本上涨明显。因此，开展名优茶机械采摘、加工技术的研究显得尤为迫切。在茶叶机管、机采、机制中，目前江苏仅机制相对成熟，茶园管理需要人工相对较少，面临的主要问题是现有机械与茶园栽培技术不配套，这个问题可以通过新建茶园和改建茶园时重新规划，或者开发改进现有机型逐步解决。机采制作名优茶要从茶树品种入手，但建园规划、机采设备、采后分级或加工后分级等目前仍然处于实验阶段，在名优绿茶机采机制的目标未能实现时，人工成本较高将长期是江苏茶产业发展的难点。机采机制的突破口是碾茶的生产，碾茶产品对制茶原料要求不高，可以做到全程机械化，如果销路能有所突破，

企业会在茶园管理中进一步投入，使产品更加符合高品质抹茶的要求，从而进一步完善全工艺链。

四　经典案例评析

江苏鑫品茶业有限公司（以下简称"鑫品茶业"）作为江苏省最大的金坛雀舌茶生产企业以及国内最大的绿茶粉生产企业，在品种引进、栽培管理、加工技艺、品牌建设及茶旅融合等方面取得了一定成效。

（一）品种引进

"龙井长叶"和"中茶108"是生产加工金坛雀舌茶的主要品种，其外形挺秀尖削、香气清高突出、滋味鲜醇。金坛当地的鑫品茶业在政府的支持下扩大生产规模、加大引进力度，做大金坛雀舌茶产业。此外，"薮北种"和"鄂茶1号"是生产加工碾茶的主要品种，因其春季发芽整齐、密度高，且其内含物丰富、色泽深绿，非常适宜作为机采、机制茶的原料茶树品种，鑫品茶业扩大推广种植面积，做大碾茶及绿茶粉相关茶产业。

（二）栽培管理

精细的田间栽培管理为金坛雀舌茶的品质提供了保障。整个产区特别是规模茶企极为重视施肥环节和绿色防控环节。为了生产出高质量茶叶，除了严选品种，鑫品茶业还发明了高棚架遮阳网。春季茶叶长到一定的高度之后需要覆盖遮阳网，可提高茶叶叶绿素、氨基酸含量和产品总体品质。遮阳覆盖这项创新不仅产出了高品质鲜叶，还让茶园从一年只采摘1季延长至春夏秋3季，茶园产出效率和利用率大大提高。

（三）名优茶加工及茶叶深加工技术

鑫品茶业引进名优绿茶成套加工设备、汽热杀青机、热风杀青机、茶叶咖啡因脱除机、电热提香机以及日本产超微粉碎机、大宗绿茶自动化加工生产流水线等，具备名优绿茶、大宗绿茶、丹毫红茶、超微绿茶粉（抹茶）及低咖啡因绿茶等茶类产品开发能力。

（四）品牌建设

溧阳市发挥政企协同作用，重点打造金坛雀舌茶品牌，仅用几年时间就迅速提升了品牌知名度。金坛雀舌茶先后通过无公害农产品省部级认定、有机茶认证和茶叶出口基地认证，连续五届获江苏省"陆羽杯"特等奖，连续三届获全国"中茶杯"特等奖，两次获全国金奖，并获江苏省名牌产品、江苏省著名商标和江苏省名牌农产品。

（五）茶旅融合

2017年，鑫品茶业在5A级金坛茅山风景度假区核心区域投资兴建茅山茶海茶旅融合项目。茅山茶海园区占地1100余亩，依托茶产业、茶科技和茶文化打造茶主题公园。茅山茶海通过茶树良种化、生产机械化、防控绿色化、茶园水肥一体化等新技术应用，推进茶叶精深加工、茶食品开发、茶文化传播、茶旅融合的可持续发展，打造了集"茶+劳动实践""茶+游研学""茶+文化传播""茶+拓展或亲子活动""茶+康养"等多项体验和专题活动于一体的具有当地特色的茶主题旅游目的地。

参考文献

黄剑虹等：《碾茶自动化生产线的设计开发与参数试验》，《农产品加工》2021年第8期。

左小博等：《"十三五"期间我国茶叶深加工科技发展报告》，《中国茶叶加工》2021年第3期。

梁爱芬、杨国英：《桃园种植白三叶除杂草技术》，《农业开发与装备》2022年第5期。

贺望兴等：《生态茶园绿色防草技术研究进展》，《蚕桑茶叶通讯》2020年第3期。

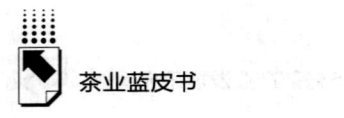

邰子君：《水韵江苏奏响茶旅"交响乐"》，《中国旅游报》2023年2月10日。

顾雨霏：《加强区域公共品牌建设　做强做大做优茶产业》，《中国食品报》2021年12月31日。

尹娟、王镇、尹福生：《三茶统筹理论在茅山茶海的应用实践》，《农业与技术》2022年第22期。

专题篇

B.17 中国茶叶谱系构建

中国茶叶谱系构建研究团队

摘　要： 中国茶叶历史悠久，茶树资源丰富，茶叶种类繁多，大多数省份产茶，中国是世界上唯一生产白茶、绿茶、青茶、黄茶、红茶、黑茶等六大品类茶叶的国家，市场茶产品品类繁多，混淆消费者。开展中国茶叶谱系研究，旨在为中国茶叶打造系统、全面、权威的坐标系，形象展示中国茶叶的分布、分支与面貌，为茶叶追根溯源提供学术支撑。同时，应将中国茶叶谱系打造成茶产业数字化的底座和中国茶文化的坐标系，强化中国茶文化完整性、系统性。

关键词： 茶叶谱系　茶产业　茶文化

一　研究原则

一是谱系的构建要以逻辑清晰、结构严谨、能涵盖所有茶类为总原则。

二是大体按茶类、省份、产区、代表性茶、企业、产品的逻辑层级进行理顺（有的茶类下又细分品类）。

三是入选的代表性茶属地域主产品，并有一定知名度和市场规模。

四是内容重复的部分，归到相应茶类部分，如白茶饼归到白茶。

五是建议入驻企业具有 SC 认证。

六是根据福茶网科技发展有限公司的中国茶叶谱系，企业与产品由福茶网科技发展有限公司根据入驻情况填补上去。

二 研究团队

研究团队包含福建农林大学、福建省农业农村厅、福建省农业科学院、福建省茶叶质量检测与技术推广中心、福建茶叶进出口有限责任公司、福茶网科技发展有限公司等多个单位。项目总牵头人：杨江帆、危赛明、孙云、尤志明、何开杰。项目成员按茶类分工分组见表1。

表1 项目成员按茶类分工分组

茶类	牵头人	成员
白茶	杨如兴	周琦、张磊
绿茶	孙云	邓婷婷、林宏政等
乌龙茶	杨江帆	吴芹瑶、陈哲
黄茶	兰元	陈百文等
红茶	郑迺辉	江铃等
黑茶	尤志明	项丽慧等
再加工茶	叶乃兴	岳川、黄建锋等
调味茶	危赛明	罗星火、林霄等
代用茶	危赛明	罗星火、林霄等

三 谱系

（一）白茶收集情况

由杨如兴作为牵头人，与成员周琦、张磊收集了福建、云南、安徽、湖南、贵州、山东等省份生产的白茶（见表2）。

表 2 白茶谱系

省份	产区	代表性茶		企业	产品
福建	福鼎	福鼎白茶	散茶	福建品品香茶业有限公司	白毫银针
					白牡丹
					贡眉
					寿眉
			紧压白茶		紧压白毫银针
					紧压白牡丹
					紧压贡眉
					紧压寿眉
					紧压小块白茶饼
	政和	政和白茶	散茶	福建省政和云根茶业有限公司	白毫银针
					白牡丹
					贡眉
					寿眉
			紧压白茶		紧压白毫银针
					紧压白牡丹
					紧压贡眉
					紧压寿眉
					紧压小块白茶饼
	建阳	建阳白茶	建阳水仙白茶	南平市建阳区漳墩老畲乡生态茶业有限公司	水仙银针
					水仙牡丹
					水仙寿眉

（注：表格中"代表性茶"列下"散茶"与"紧压白茶"分别对应福鼎白茶和政和白茶；企业栏中"福建品品香茶业有限公司"对应福鼎产区，"福建省政和云根茶业有限公司"对应政和产区。）

续表

省份	产区	代表性茶			企业	产品
福建	建阳	建阳白茶	建阳小白茶	小白银针	南平市建阳区漳墩老畲乡生态茶业有限公司	小白银针
				小白贡眉		小白贡眉
				小白寿眉		小白寿眉
			漳墩小白茶	贡眉白茶		贡眉白茶
	松溪	松溪白茶	九龙大白茶	九龙银针	松溪县瑞茗茶业有限公司	九龙银针
				九龙白牡丹		九龙白牡丹
			散茶	白毫银针		白毫银针
				白牡丹		白牡丹
				松溪小白茶		松溪小白茶
				寿眉		寿眉
			紧压白茶			
	宁德	宁德天山白茶	散茶	花香白茶	福建省宁德市茶叶公司	花香白茶
				白毫银针		白毫银针
				白牡丹		白牡丹
				寿眉		寿眉
			紧压白茶			
			白茶袋泡茶			
	柘荣	柘荣高山白茶	散茶	白毫银针	柘荣县茗源茶叶有限公司	白毫银针
				白牡丹		白牡丹
				花香牡丹		花香牡丹
				贡眉		贡眉
				寿眉		寿眉
			紧压白茶			
	福安	福安白茶	散茶	白毫银针	福建农垦茶业有限公司	白毫银针
				白牡丹		白牡丹
				花香牡丹		花香牡丹
				贡眉		贡眉
				寿眉		寿眉
			紧压白茶	紧压白毫银针		紧压白毫银针
				紧压白牡丹		紧压白牡丹
				紧压花香牡丹		紧压花香牡丹
				紧压贡眉		紧压贡眉
				紧压寿眉		紧压寿眉

续表

省份	产区	代表性茶		企业	产品
福建	寿宁	寿宁高山白茶	散茶	福建省天禧御茶园茶业有限公司	白毫银针
					白牡丹
					花香牡丹
					贡眉
					寿眉
		寿宁生态硒锌白茶			
		寿宁金花白茶			
	霞浦	霞浦白茶	散茶	霞浦县天然峰茶业有限公司	白毫银针
					白牡丹
					贡眉
					寿眉
		紧压白茶			
		陈香白茶			
	周宁	周宁白茶	散茶	福建周宁归来客有机茶叶有限公司	白毫银针
					白牡丹
					贡眉
					寿眉
		紧压白茶			
云南	云南	云南白茶	散茶	凤庆滇茗茶业有限公司	白毫银针
					白牡丹
					贡眉
					寿眉
		紧压云南白茶	云南古树白茶		云南古树白茶
		景谷白茶	散茶	云南海鑫堂茶叶有限公司	月光白
					月光美人
					景谷大白毫
安徽	旌德	旌德白茶		旌德县白地白茶有限公司	
湖南	郴州	郴州福茶白茶	散茶	汝城县九龙白毛茶农业发展有限公司	白毫银针
					白牡丹
					贡眉

续表

省份	产区	代表性茶			企业	产品
贵州	遵义	遵义老白茶	散茶	遵针	贵州湄潭兰馨茶业有限公司	遵针
				遵丹		遵丹
				遵寿		遵寿
			紧压白茶			
山东	沂蒙山	沂蒙山白茶	散茶	白毫银针	山东正山堂茶叶有限公司	白毫银针
				白牡丹		白牡丹
				贡眉		贡眉
				寿眉		寿眉
			压制白茶			
	崂山	崂山白茶			青岛万里江茶业有限公司	

（二）绿茶收集情况

由孙云作为牵头人，与成员邓婷婷、林宏政等收集了22个省份生产的绿茶（见表3）。

表3　绿茶谱系

省份	产区	代表性茶	企业	产品
安徽	安庆	天柱剑毫	安徽省潜山市天柱山名茶开发有限责任公司	天柱剑毫
		天柱云雾	安徽馥水茶业有限公司	天柱云雾
		天华谷尖/南阳谷尖	太湖县茶叶开发有限公司	天华谷尖/南阳谷尖
		桐城小花	安徽桐城小花茶叶有限公司	桐城小花
		岳西翠兰	安徽绿月茶业有限公司	岳西翠兰
	池州	肖坑绿茶	池州市九华山肖坑有机茶有限责任公司	肖坑绿茶
		金地雀舌/东岩雀舌	池州皖海茶叶专业合作社	金地雀舌/东岩雀舌
		九华毛峰	天方茶叶股份有限公司	九华毛峰

续表

省份	产区	代表性茶	企业	产品
安徽	池州	蓬莱仙茗	蓬莱仙山茶业有限公司	蓬莱仙茗
		雾里青	天方茶业股份有限公司	雾里青
	合肥	白云春毫	安徽白云春毫茶业开发有限公司	白云春毫
	黄山	黄山毛峰	黄山谢裕大茶叶股份有限公司	黄山毛峰
		紫霞贡茶	黄山紫霞茶业有限公司	紫霞贡茶
		安徽条茶	安徽兰香有限公司	安徽条茶
		白云茶	安徽兰香茶有限公司	白云茶
		汀溪兰香	安徽兰香茶有限公司	汀溪兰香
		涌溪火青	安徽省泾县涌溪火青茶叶有限公司	涌溪火青
		黄山绿牡丹	黄山绿牡丹茶业公司	黄山绿牡丹
		黄山银钩	安徽省歙县茶叶公司	黄山银钩
		徽州烘青	黄山市徽州区浮溪人家茶业有限公司	徽州烘青
		老竹大方/顶谷大方	黄山市老竹大方茶业有限公司	老竹大方/顶谷大方
		太平猴魁	黄山市猴坑茶叶有限公司	太平猴魁
		黄山松针	安徽弋江源茶叶有限公司	黄山松针
		松萝茶	黄山王光熙松萝茶业股份公司	松萝茶
		屯绿	休宁屯绿茶业有限责任公司	屯绿
		黟山雀舌	黄山野雀舌茶业有限公司	黟山雀舌
		黟山石墨	安徽弋江源茶叶有限公司	黟山石墨
	六安	六安碧毫/六安龙芽	六安市金六茶厂	六安碧毫/六安龙芽
		华山银毫	六安市东石笋野茶开发有限责任公司	华山银毫
		霍山翠芽	霍山县雨佳有机茶公司	霍山翠芽
		小岘春	安徽弋江源茶叶有限公司	小岘春
		抱儿云峰	霍山抱儿钟秀茶业有限公司	抱儿云峰

续表

省份	产区	代表性茶	企业	产品
安徽	六安	金寨翠眉/齐山翠眉	金寨县名优茶开发有限责任公司	金寨翠眉/齐山翠眉
		六安瓜片	安徽省六安瓜片茶业股份有限公司	六安瓜片
		舒城小兰花	安徽世态兰花茶业有限公司	舒城小兰花
		皖西早花	舒城县早花名优开发有限责任公司	皖西早花
	铜陵	野雀舌	黄山野雀舌茶业有限公司	野雀舌
	宣城	高峰云雾/塌泉云雾	祁东县石门山高峰云雾茶业有限公司	高峰云雾/塌泉云雾
		太极云毫/广德云雾	安徽乌松岭生态农业有限公司	太极云毫/广德云雾
		芜绿	安徽乌松岭生态农业有限公司	芜绿
		金山时雨/金山茗雾	绩溪县金山时雨茶叶有限公司	金山时雨/金山茗雾
		天山真香	安徽省旌德县祥云绿色食品有限公司	天山真香
		瑞草魁	郎溪县白阳岗瑞草魁茶厂	瑞草魁
		阳春白雪	郎溪县白阳岗瑞草魁茶厂	阳春白雪
		黄花云尖	安徽詹氏食品有限公司	黄花云尖
		敬亭绿雪	安徽敬亭绿雪茶业有限公司	敬亭绿雪
湖北	恩施	恩施玉露	恩施清江茶叶有限责任公司	恩施玉露
		恩施富硒茶	恩施市富之源茶叶有限公司	恩施富硒茶
		马坡茶	建始县马坡玉峰茶业有限公司	马坡茶
		鹤峰茶	湖北省鹤峰县茶业公司	鹤峰茶
		唐崖茶	咸丰县长青茶叶有限公司	唐崖茶
		宣恩贡羽	宣恩贡硒实业有限责任公司	宣恩贡羽
		伍家台贡茶	湖北伍家台贡茶有限公司	伍家台贡茶
	黄冈	黄梅禅茶	黄梅县大别山紫云松针茶场	黄梅禅茶
		罗田香露茶	罗田县香炉观茶场	罗田香露茶
		董河碧珍茶	浠水县董河茶叶专业合作社	董河碧珍茶

续表

省份	产区	代表性茶	企业	产品
湖北	黄冈	英山云雾茶	湖北英山云雾茶业股份有限公司	英山云雾茶
		龟山岩绿	麻城市龟峰山岩绿茶叶有限公司	龟山岩绿
	神农架	木鱼绿茶	神农架林区青天袍民俗山庄	木鱼绿茶
	十堰	武当道茶	湖北武当山八仙观茶叶总场	武当道茶
		武当针井	湖北武当山八仙观茶叶总场	武当针井
		圣水绿茶	湖北圣水茶场有限责任公司	圣水绿茶
		龙峰茶	湖北龙王垭茶业有限公司	龙峰茶
		梅子贡茶	十堰梅子贡茶业股份有限公司	梅子贡茶
	武汉	柏泉绿茶		柏泉绿茶
		江夏光明茶	武汉市江夏区山坡光明茶厂	江夏光明茶
		江夏碧舫	武汉鑫碧舫生态果茶有限公司	江夏碧舫
		金水翠峰	武汉金水翠峰农产品专业合作社	金水翠峰
	咸宁	百丈潭茶	通城县百丈潭茶业有限责任公司	百丈潭茶
		九宫山茶	湖北省九宫山茶业有限公司	九宫山茶
		松峰茶	羊楼洞茶业股份有限公司	松峰茶
	襄阳	襄阳高香茶	湖北玉皇剑茶业有限公司	襄阳高香茶
		保康真香茶	保康荆山锦天然有机茶有限公司	保康真香茶
		保康松针	湖北采花茶业集团有限公司	保康松针
		薤山叠翠	湖北玉皇剑茶业有限公司	薤山叠翠
		磨坪贡茶	南漳县春天里茶叶种植专业合作社	磨坪贡茶
		水镜茗芽	湖北水镜茶业发展有限公司	水镜茗芽
	孝感	孝感龙剑茶	孝感市孝南区浐川茶场	孝感龙剑茶
		大悟绿茶	开悟湖北大悟绿茶有限公司	大悟绿茶
		观音湖绿茶	湖北尖峰茶叶股份有限公司	观音湖绿茶
	宜昌	五峰绿茶	五峰东方茶业有限公司	五峰绿茶
		采花毛尖	湖北采花茶业集团有限公司	采花毛尖

续表

省份	产区	代表性茶	企业	产品
湖北	宜昌	兴山白茶	湖北昭君生态农业有限公司	兴山白茶
		邓村绿茶	湖北邓村绿茶集团股份有限公司	邓村绿茶
		峡州碧峰	宜昌峡州碧峰茶叶公司	峡州碧峰
		玉泉仙人掌茶	湖北汉品茶业有限公司	玉泉仙人掌茶
		曲溪绿茶	长阳土家族自治县茶叶公司	曲溪绿茶
湖南	常德	武陵毛峰		武陵毛峰
		东山秀峰	石门东山秀峰茶业有限责任公司	东山秀峰
		牛抵茶	湖南石门渫峰名茶有限公司	牛抵茶
		石门银峰	湖南壶瓶山茶业有限公司	石门银峰
		都梁毛尖		都梁毛尖
		野针王	湖南省怡清源茶业有限公司	野针王
	郴州	桂东玲珑	桂东县玲珑王茶叶开发有限公司	桂东玲珑
		汝白银针		汝白银针
		狗脑贡茶	湖南资兴东江狗脑贡茶业有限公司	狗脑贡茶
	衡阳	塔山山岚	湖南谷佳茶业生态农业科技有限公司	塔山山岚
		岳北大白		岳北大白
	沅陵	官庄毛尖	湖南官庄干发茶业有限公司	官庄毛尖
		碣滩茶	湖南碣滩茶场有限公司	碣滩茶
	娄底	双峰碧玉		双峰碧玉
	湘潭	韶山韶峰	湖南韶峰生态茶业有限公司	韶山韶峰
	湘西	保靖黄金茶	湖南省茶叶集团股份有限公司	保靖黄金茶
		古丈毛尖	湖南省茶业集团有限公司	古丈毛尖
	益阳	安化松针	湖南潇湘茶业有限公司	安化松针
		桃江竹叶	桃江县七尖茶业有限公司	桃江竹叶
	永州	江华苦茶	湖南瑞鑫源生物科技开发有限公司	江华苦茶

续表

省份	产区	代表性茶	企业	产品
湖南	永州	江华毛尖	湖南瑞鑫源生物科技开发有限公司	江华毛尖
	岳阳	洞庭春	岳阳县洞庭春纯天然茶叶有限公司	洞庭春
		洞庭春芽	岳阳市洞庭山茶叶有限公司	洞庭春芽
		君山毛尖/白毛尖/君山茶	湖南岳阳君山银针茶叶有限公司	君山毛尖/白毛尖/君山茶
		凤凰毛尖	岳阳三湘茶业有限公司	凤凰毛尖
		汨罗龙舟	汨罗市茶叶示范场供销公司	汨罗龙舟
		兰岭毛尖	湖南省兰岭茶叶有限公司	兰岭毛尖
	张家界	大庸毛尖/青岩茗翠	张家界大庸毛尖茶叶开发专业合作社	大庸毛尖/青岩茗翠
	长沙	东湖银毫		东湖银毫
		高桥银峰	湖南省天牌茶叶有限公司	高桥银峰
		湘波绿	湘丰茶业集团	湘波绿
		金井毛尖	湖南金井茶业有限公司	金井毛尖
		河西园茶		河西园茶
		南岳云雾	湖南省南岳云雾茶业有限公司	南岳云雾
		岳麓毛尖		岳麓毛尖
江苏	常州	银芽茶	南京七仙银芽茶叶专业合作社	银芽茶
		茅山青锋	江苏茅山青锋茶叶有限公司	茅山青锋
		金坛雀舌	江苏鑫品茶业有限公司	金坛雀舌
		南山寿眉	溧阳市李家园茶场	南山寿眉
		翠柏茶	江苏天目云品生态农业有限公司	翠柏茶
		沙河桂茗	溧阳市桂林茶场	沙河桂茗
		天目湖白茶	天目云露茶业有限公司	天目湖白茶
		前峰雪莲	江苏前峰茶业有限公司	前峰雪莲
	连云港	连云港云雾茶	连云港市野仙茶叶有限公司	连云港云雾茶
	南京	南京雨花茶	南京雨花茶茶业有限公司	南京雨花茶

续表

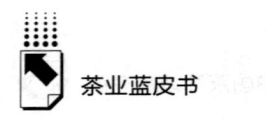

省份	产区	代表性茶	企业	产品
江苏	苏州	暨阳雁翎		暨阳雁翎
		洞庭碧螺春	苏州市吴都碧螺春茶叶有限公司	洞庭碧螺春
	无锡	太湖翠竹	无锡太湖翠竹茶业有限责任公司	太湖翠竹
		无锡毫茶	无锡市马山锡灵蔬果茶农民专业合作社	无锡毫茶
		二泉银毫	无锡市山水茶果专业合作社	二泉银毫
		阳羡雪芽	宜兴市阳羡茶业有限公司	阳羡雪芽
		荆溪云片	宜兴市阳羡茶业有限公司	荆溪云片
		善卷春月	宜兴市善卷善林茶场	善卷春月
	扬州	绿杨春	扬州绿杨春茶叶有限公司	绿杨春
	镇江	金山翠芽	镇江金山翠芽茶业股份有限公司	金山翠芽
		三山香茗	镇江三山香茗茶叶专业合作联社	三山香茗
		茅山长青	句容市茅山镇苏福茶场	茅山长青
江西	抚州	云林茶	江西云林茶业有限公司	云林茶
		麻姑茶	江西麻姑山生态茶业有限公司	麻姑茶
		资溪白茶	资溪一亩茶园有限公司	资溪白茶
	赣州	安远和雾茶	赣州富泰茶业发展有限公司	安远和雾茶
		九龙茶	赣州富泰茶业发展有限公司	九龙茶
		窝坑茶	赣州市大山脑蕉溪生态茶业有限公司	窝坑茶
		小布岩茶	宁都县小布岩茶业有限公司	小布岩茶
		翠微金精茶	宁都县益春生态茶叶食品有限公司	翠微金精茶
		上犹绿茶	上犹犹江绿月食品有限公司	上犹绿茶
		梅岭毛尖	江西上犹梅岭有机茶实业有限公司	梅岭毛尖
		通天岩茶	石城县正斌茶叶有限责任公司	通天岩茶

续表

省份	产区	代表性茶	企业	产品
江西	吉安	遂川狗牯脑茶	江西御华轩实业有限公司	遂川狗牯脑茶
		蜀口茶	泰和县蜀口茶叶生产专业合作社	蜀口茶
		永新崖雾茶	永新崖雾茶业有限公司	永新崖雾茶
		井冈翠绿	江西井冈山茶厂	井冈翠绿
	景德镇	浮梁茶	浮梁茶开发(集团)有限公司	浮梁茶
		瑶里嫩蕊	江西省浮梁县瑶里茶叶有限公司	瑶里嫩蕊
	九江	庐山云雾茶	江西省本无尘茶业有限责任公司	庐山云雾茶
		双井绿茶	江西大椿茶业有限公司	双井绿茶
		攒林茶	永修县黄氏茶业有限公司	攒林茶
	南昌	前岭银毫	江西绿韵茶业科技有限公司	前岭银毫
		梁渡银针	江西省蚕桑茶叶研究所茶厂	梁渡银针
	上饶	上饶白眉	江西茗龙实业集团有限公司	上饶白眉
		黄岗山玉绿	铅山县黄岗山有机资源开发有限公司	黄岗山玉绿
		苦甘香茗	铅山县篁碧独竖尖茶叶专业合作社	苦甘香茗
		婺源绿茶	婺源县郭公山茶叶实业有限公司	婺源绿茶
		灵岩剑锋	江西婺源生态茶业有限公司	灵岩剑锋
		婺源茗眉	江西省本无尘茶业有限责任公司	婺源茗眉
		婺源仙芝	婺源县华源茶业有限公司	婺源仙芝
		大鄣山茶	江西省婺源大鄣山绿色食品有限公司	大鄣山茶
		三清山白茶	江西三山实业有限公司	三清山白茶
	宜春	罗峰茶	辰溪县罗峰茶业有限公司	罗峰茶
		靖安白茶	江西九岭白茶开发有限公司	靖安白茶
		宜丰盈科泉茶	江西盈科泉茶业有限公司	宜丰盈科泉茶
		黄檗茶	江西黄博士农业科技开发有限公司	黄檗茶

续表

省份	产区	代表性茶	企业	产品
浙江	浙江	龙井茶	杭州西湖龙井茶叶有限公司	龙井茶
	杭州	淳安大方	淳安千岛湖严家大方茶业有限公司	淳安大方
		鸠坑毛尖	淳安一品鸠坑毛尖茶叶有限公司	鸠坑毛尖
		千岛玉叶	杭州千岛玉叶茶业有限公司	千岛玉叶
		安顶云雾茶	杭州富阳安顶山道茶文化有限公司	安顶云雾茶
		建德苞茶	建德市峰鼎茶业有限公司	建德苞茶
		千岛银珍	浙江千岛银珍农业开发有限公司	千岛银珍
		天目青顶	临安青顶茶楼有限公司	天目青顶
		天尊贡芽	桐庐鼎峰茶叶有限公司	天尊贡芽
		雪水云绿	桐庐雪水云绿茶叶有限公司	雪水云绿
		西湖龙井	杭州狮峰茶业有限公司	西湖龙井
		径山茶	杭州余杭径山茶业有限责任公司	径山茶
	湖州	安吉白茶	安吉极白白茶有限公司	安吉白茶
		莫干黄芽	杭州顶峰茶业有限公司	莫干黄芽
		顾渚紫笋	浙江省长兴县紫笋名茶开发公司	顾渚紫笋
		明月峡茶	浙江省长兴县紫笋名茶开发公司	明月峡茶
	金华	婺州举岩	浙江婺州举岩茶业有限公司	婺州举岩
		太白顶芽	浙江省东阳市茶叶有限责任公司	太白顶芽
		兰溪毛峰	浙江采云间茶业有限公司	兰溪毛峰
		磐安云峰	浙江磐安云峰茶业有限公司	磐安云峰
		浦江春毫	浦江县春毫茶业有限公司	浦江春毫
		武阳春雨	浙江更香有机茶业开发有限公司	武阳春雨
		箬阳龙珍	金华锦科食品有限公司	箬阳龙珍

续表

省份	产区	代表性茶	企业	产品
浙江	丽水	丽水香茶	遂昌龙峰茶业有限公司	丽水香茶
		仙都曲毫	缙云县同丰有限公司	仙都曲毫
		仙都笋峰	缙云县同丰有限公司	仙都笋峰
		金奖惠明/惠明茶	景宁若水茗心农旅开发有限公司	金奖惠明/惠明茶
		松阳香茶	浙江松红松阳香茶有限公司	松阳香茶
		松阳银猴	松阳县林氏茶叶专业合作社	松阳银猴
		龙谷丽人茶	遂昌县龙谷丽人茶叶专业合作社	龙谷丽人茶
		遂昌银猴	遂昌县龙峰茶业有限公司	遂昌银猴
	宁波	奉化曲毫	宁波市奉化山水印茶业有限公司	奉化曲毫
		望府银毫	宁海望府茶业有限公司	望府银毫
		望海茶	宁海望府茶业有限公司	望海茶
		东海龙舌	宁波福泉山茶场	东海龙舌
		四明十二雷	宁波十二雷茶业有限公司	四明十二雷
		余姚瀑布仙茗	余姚市瀑布仙茗茶叶专业合作社	余姚瀑布仙茗
	衢州	常山银毫	浙江东方茶业科技有限公司	常山银毫
		江山绿牡丹	江山绿牡丹茶业有限公司	江山绿牡丹
		开化龙顶	浙江省开化龙顶名茶集团	开化龙顶
		龙山银尖	龙山茶业有限公司	龙山银尖
		龙游方山茶	龙游县方山茶厂	龙游方山茶
	绍兴	平水日铸茶	绍兴日铸茶业有限公司	平水日铸茶
		平水珠茶	骆驼茶业有限公司	平水珠茶
		泉岗辉白	嵊州市泉岗名茶开发有限公司	泉岗辉白
		大佛龙井	浙江府燕尔茶业有限公司	大佛龙井
		绿剑茶	浙江省诸暨绿剑茶业有限公司	绿剑茶
		石笕茶	浙江省诸暨绿剑茶业有限公司	石笕茶
	台州	临海蟠毫	临海市云峰茶业公司	临海蟠毫
		羊岩勾青	浙江羊岩勾青茶厂	羊岩勾青
		华顶云雾	浙江天台山茶业有限公司	华顶云雾
		仙居碧绿	仙居县天顶林业有限公司	仙居碧绿

续表

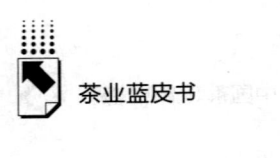

省份	产区	代表性茶	企业	产品
浙江	温州	苍南翠龙茶	苍南绿剑茶业有限公司	苍南翠龙茶
		雁荡毛峰	乐清市芳芯绿雁茶叶有限公司	雁荡毛峰
		三杯香	浙江泰龙制茶有限公司	三杯香
		香菇寮白毫	泰顺县雪龙茶业有限公司	香菇寮白毫
		刘基贡茶	浙江乌牛早实业股份有限公司	刘基贡茶
		乌牛早	浙江乌牛早实业股份有限公司	乌牛早
	舟山	普陀佛茶	舟山市普陀山海天佛茶有限公司	普陀佛茶
甘肃	陇南	碧峰雪芽	甘肃文县清明春天茶叶有限公司	碧峰雪芽
		阳坝毛尖茶	甘肃龙神茶业有限公司	阳坝毛尖茶
		陇南绿茶	陇南文县李子坝朝露春茶厂	陇南绿茶
河北	灵寿	北方太行茶		北方太行茶
河南	南阳	桐柏玉叶	淮河源桐柏玉叶	桐柏玉叶
		淮源剑毫	河南桐柏县嘉木茶业有限公司	淮源剑毫
	信阳	信阳毛尖	河南信阳毛尖集团有限公司	信阳毛尖
		固始云雾/青峰云雾	河南青峰云雾茶业有限公司	固始云雾/青峰云雾
		九华雾毫	固始九华山茶庄	九华雾毫
		赛山毛峰	河南赛山悟道生态茶业科技有限公司	赛山毛峰
		赛山玉莲	河南辰龙茶业有限公司	赛山玉莲
		光州雪芽	潢川县光州茶业有限责任公司	光州雪芽
		震雷剑毫	河南新林茶业有限公司	震雷剑毫
		震雷春	河南仰天雪绿茶业有限公司	震雷春
		金刚碧绿	商城县金刚碧绿茶业有限公司、商城县商茶茶叶有限公司	金刚碧绿
		仙洞云雾	河南蓝天茶业有限公司、河南商城县远会茶业有限公司	仙洞云雾
		壁渡剑毫	河南商城县山河茶业有限公司	壁渡剑毫
		鸡公山云雾	鸡公山云雾茶厂	鸡公山云雾

续表

省份	产区	代表性茶	企业	产品
河南	信阳	香山翠峰	河南草木人生态茶业有限责任公司	香山翠峰
		龙眼玉叶	河南信阳新县大地茶业公司	龙眼玉叶
	驻马店	白云毛峰	河南大茗茶业有限公司	白云毛峰
辽宁	锦州	闾山绿茶		闾山绿茶
山东	临沂	沂蒙碧芽	临沂市玉芽茶元有限公司	沂蒙碧芽
		沂蒙绿茶	山东沂蒙绿茶业有限公司	沂蒙绿茶
		沂水绿茶	沂水茗香茶业有限公司	沂水绿茶
	青岛	海青茶	青岛海青茶业有限公司	海青茶
		海青毛峰	青岛黄岛区海青雪峰茶厂	海青毛峰
		胶南绿茶	青岛海青雪峰茶业有限公司	胶南绿茶
		莒南绿茶	莒南富源春茶叶有限公司	莒南绿茶
		崂山云峰茶	青岛崂池云峰茶业有限公司	崂山云峰茶
		东海龙须	青岛晓阳春有限公司	东海龙须
	日照	日照绿茶	日照北极春茶业有限公司	日照绿茶
		日照碧芽	日照市绿雪芽茶场有限公司	日照碧芽
		日照雪青	日照雪青茶场有限公司	日照雪青
		凤眉茶	日照凤玉茶业有限公司	凤眉茶
		雪毫	日照丰苑茶业有限公司	雪毫
		浮来青	山东浮来青茶业有限公司	浮来青
		莒州碧芽	山东日照碧波茶业有限公司	莒州碧芽
		卧龙剑/沂蒙旗枪	山东日照碧波茶业有限公司	卧龙剑/沂蒙旗枪
		莲山翠芽	日照春苑茶业有限公司	莲山翠芽
	泰安	泰山绿茶	山东泰山茶业有限公司	泰山绿茶
	威海	荣成绿茶	威海乳山绿茶有限公司	荣成绿茶
		乳山绿茶	威海乳山绿茶有限公司	乳山绿茶
	潍坊	诸城绿茶/北端茗茶	诸城市大舜府茶业有限公司	诸城绿茶/北端茗茶
	烟台	烟台绿茶	烟台市供销社茶业有限公司	烟台绿茶
陕西	安康	八仙云雾	平利县八仙云雾茶业有限公司	八仙云雾
		女娲银峰	平利县女娲银峰茶叶有限公司	女娲银峰
		紫阳翠峰	紫阳县龙潭茶业有限公司	紫阳翠峰
		紫阳毛尖	陕西省紫阳县和平茶厂	紫阳毛尖
		紫阳富硒茶	陕西紫阳富硒茶业有限公司	紫阳富硒茶

续表

省份	产区	代表性茶	企业	产品
陕西	汉中	汉中仙毫	陕西西乡县茶业有限公司	汉中仙毫
		定军茗眉	陕西省汉中市巴山茶业有限公司	定军茗眉
		午子仙毫	陕西省午子绿茶有限责任公司	午子仙毫
		汉水银梭	汉中市汉祥茶业有限公司	汉水银梭
		宁强雀舌	宁强县羌州茶业有限责任公司	宁强雀舌
		午子仙毫	宁强县山高茶业有限公司	午子仙毫
		午子绿茶	陕西大唐午子绿茶生物科技(集团)有限公司	午子绿茶
		秦巴雾毫	陕西秦巴茶业有限公司	秦巴雾毫
	商洛	商南泉茗	商南县金丝泉茗茶业有限公司	商南泉茗
福建	福州	福清煎茶	福建省南湖山茶业有限公司	福清煎茶
		顶峰毫	福州恩顶茶场	顶峰毫
		鼓山白云	福州恩顶茶场	鼓山白云
		莲峰大毫	福州红旗茶场	莲峰大毫
		梅兰春	福州恩顶茶场	梅兰春
		鹿池茶	连江县鹿池绿茶茶厂	鹿池茶
		七镜茶	福建七境茶业有限公司	七镜茶
		雪峰白毛猴	闽侯县雪峰圣标茶叶有限公司	雪峰白毛猴
		雪峰第一春	福州市田垱茶场	雪峰第一春
		永泰绿茶	福建省卢峰茶业有限公司	永泰绿茶
	龙岩	武平绿茶	武平县松花寨生态茶庄园	武平绿茶
		龙岩斜背茶	龙岩市新罗区江山斜背茶专业合作社	龙岩斜背茶
	南平	邵武碎铜茶	邵武市进士碎铜茶业有限公司	邵武碎铜茶
		松溪绿茶	福建松溪瑞茗茶业有限公司	松溪绿茶
		武夷金眉	武夷星茶业有限公司	武夷金眉
		武夷龙须茶	武夷星茶业有限公司	武夷龙须茶
	宁德	福云曲毫	福建省农科院茶叶研究所	福云曲毫
		太姥翠芽	福鼎市天毫茶业有限公司	太姥翠芽

续表

省份	产区	代表性茶	企业	产品
福建	宁德	金绒凤眼	福建省福鼎市张元记茶业有限公司	金绒凤眼
		莲心绿茶	霞浦县龙津茶业有限公司	莲心绿茶
		天山绿茶	宁德市白马山茶叶股份有限公司	天山绿茶
		寿宁高山茶	寿宁县龙虎山茶场	寿宁高山茶
		霞浦元宵绿	霞浦县茶场、霞浦龙津茶业有限公司	霞浦元宵绿
		彭山翠芽	柘荣县彭山翠芽农业发展有限公司	彭山翠芽
		仙岩雪峰绿茶	柘荣县彭山翠芽农业发展有限公司	仙岩雪峰绿茶
		官司茶	福建海雾茶业发展有限公司	官司茶
		周宁高山云雾茶	福建海雾茶业发展有限公司	周宁高山云雾茶
	泉州	石亭绿茶	福建泉州石亭绿茶有限公司	石亭绿茶
	三明	大仙峰毫茶	大田县大方广茶业有限公司	大仙峰毫茶
		雪山毛尖	大田县大方广茶业有限公司	雪山毛尖
		孔坑茶	福建一笔峰茶业有限公司	孔坑茶
		莲花银丝	清流苏福茶叶有限公司	莲花银丝
		云峰螺毫	永安市茶叶公司	云峰螺毫
		云峰毛峰	永安市茶叶公司	云峰毛峰
		尤溪绿茶	福建碧叶馨茶业有限公司	尤溪绿茶
广东	江门	古劳茶	鹤山市古劳生态园有限公司	古劳茶
		大沙茶	江门市天露仙源农业科技发展有限公司	大沙茶
	茂名	合箩茶	三唛顶合箩茶有限公司	合箩茶
	梅州	金螺春绿茶	梅州市云岐圣峰生态农林发展有限公司	金螺春绿茶
		梅县绿茶	梅县华银茶业有限公司	梅县绿茶
		清凉山茶（又名谷壳茶、鸟舌茶）	广东清凉山茶业集团有限公司	清凉山茶（又名谷壳茶、鸟舌茶）

续表

省份	产区	代表性茶	企业	产品
广东	清远	连南大叶茶	连南瑶族自治县瑶山特农发展有限公司	连南大叶茶
		大银毫茶	英德八百秀才茶业有限公司	大银毫茶
		英德绿茶	英德市红源茶叶有限公司	英德绿茶
	汕尾	海丰莲花山茶	海丰县莲银生态农业有限公司	海丰莲花山茶
	韶关	广北银尖	乐昌市绿茗茶叶有限公司	广北银尖
		乐昌白毛茶	乐昌市沿溪山茶场有限公司	乐昌白毛茶
		仁化银毫茶	仁化县红丹舒茶业有限公司	仁化银毫茶
广西	百色	凌螺春	广西八桂凌云茶业有限公司	凌螺春
		凌云白毫	凌云白毫茶业有限公司	凌云白毫
	贵港	龙山绿茶	广西贵港天福茶业有限公司	龙山绿茶
		圣地毛尖	广西万翁茶业有限公司	圣地毛尖
		桂平西山茶（又名棋盘茶、棋盘仙茗）	广西桂平市西山茶文化发展有限公司	桂平西山茶（又名棋盘茶、棋盘仙茗）
		覃塘毛尖	广西贵港市覃塘富伟茶业有限公司	覃塘毛尖
	桂林	桂林三青茶	桂林永福福寿养生茶业有限公司	桂林三青茶
		龙脊茶	龙胜县龙脊十三寨茶业有限责任公司	龙脊茶
		平乐石崖茶	桂林平乐阳发茶业有限公司	平乐石崖茶
		桂林毛尖	桂林漓江茶厂有限公司	桂林毛尖
		漓江银针	茶王茶业集团有限公司	漓江银针
	贺州	开山白毛茶	贺州市开山镇东南茶场	开山白毛茶
		将军峰云绿茶	广西将军峰茶业集团有限公司	将军峰云绿茶
		凝香翠茗	广西昭平县天成生态农业有限公司	凝香翠茗
		象棋云雾	昭平县象棋山茶叶有限公司	象棋云雾
		昭平绿茶	广西昭平县故乡茶业有限公司	昭平绿茶
		昭平银杉茶	广西亿健茶业有限公司	昭平银杉茶

续表

省份	产区	代表性茶	企业	产品
广西	来宾	白牛茶	金秀县白牛茶业有限公司	白牛茶
		古琶茶	象州县天宝古琶茶业有限公司	古琶茶
	柳州	伏桥绿雪	广西柳州市柳城县春江茶厂	伏桥绿雪
		三江绿茶	广西三江天湖茶业有限公司	三江绿茶
	南宁	南山白毛茶	广西南山白毛茶业有限公司	南山白毛茶
	钦州	灵山绿茶	广西正久茶业有限公司	灵山绿茶
海南	白沙	白沙绿茶	白沙绿茶股份有限公司	白沙绿茶
		峨剑岭绿茶	白沙峨剑岭绿茶专业合作社	峨剑岭绿茶
	保亭	海南龙井	海南龙井茶公司	海南龙井
	定安	海南大白毫		海南大白毫
		龙岭毛尖		龙岭毛尖
	琼中	白马岭茶	海垦乌石白马岭茶业公司	白马岭茶
	万宁	万宁鹧鸪茶	万宁百年香鹧鸪茶种植有限公司	万宁鹧鸪茶
		香草兰绿茶	海南万宁新中茶叶公司	香草兰绿茶
	五指山	水满绿茶	海南省农垦五指山茶业集团股份有限公司	水满绿茶
		五指山绿茶	海南省农垦五指山茶业集团股份有限公司	五指山绿茶
台湾	台北	海山龙井茶	唐明皇	海山龙井茶
重庆	巴南	巴南银针	重庆茶业集团	巴南银针
		巴山银芽	秀山县华瑞茶叶专业合作社	巴山银芽
	北碚	缙云毛峰	重庆市北碚区缙云毛峰茶场	缙云毛峰
	城口	鸡鸣贡茶	鸡鸣茶业有限责任公司	鸡鸣贡茶
	大足	松茗茶	重庆市大足区青龙茶叶有限公司	松茗茶
	奉节	香山贡茶	香山茶叶有限责任公司	香山贡茶
	南川	南川金佛玉翠茶	南川区茶叶总公司	南川金佛玉翠茶
	綦江	滴翠剑茗	綦江区茶叶有限责任公司	滴翠剑茗
	荣昌	天岗玉叶	重庆荣昌茶叶公司	天岗玉叶

续表

省份	产区	代表性茶	企业	产品
重庆	万州	太白银针	重庆市万州区移都茶叶有限公司	太白银针
	秀山	秀山茶叶	秀山凯堡茶业有限责任公司	秀山茶叶
	永川	永川秀芽	重庆市永川茶叶集团有限公司	永川秀芽
四川	巴中	云顶绿茶	南江县茗云茶叶有限责任公司	云顶绿茶
	成都	蒲江雀舌	成都市蒲江叶茗茶业有限公司	蒲江雀舌
		青城雪芽	四川都江堰青城茶叶有限公司	青城雪芽
		邛崃文君茶	邛崃市临峰茶业有限公司	邛崃文君茶
	达州	巴山雀舌	万源市茶叶集团公司	巴山雀舌
		九顶翠芽	宣汉当春茶业有限公司	九顶翠芽
	乐山	峨蕊	峨眉山金顶芽心茶叶有限公司	峨蕊
		仙芝竹尖	峨眉山安信茶业有限公司	仙芝竹尖
		竹叶青	四川省峨眉山竹叶青茶业有限公司	竹叶青
		马边云雾茶	马边高山茶叶有限公司	马边云雾茶
		沫若香茗	乐山市沙湾玉芽茶业有限责任公司	沫若香茗
	泸州	凤羽茶	泸州拂羽茶叶有限公司	凤羽茶
		纳溪特早茶	泸州纳溪梅岭茶叶有限公司	纳溪特早茶
	眉山	洪雅绿茶	洪雅县聚雅茶叶有限责任公司	洪雅绿茶
	绵阳	匡岭春茗	四川省江油市茶叶公司	匡岭春茗
		匡山翠绿	江油观雾山茶叶有限公司	匡山翠绿
	雅安	蒙顶甘露	四川大川茶业有限公司	蒙顶甘露
		蒙顶石花	雅安市友谊茶叶有限公司	蒙顶石花
		蒙山春露	雅安市雅雨露茶叶有限公司	蒙山春露

续表

省份	产区	代表性茶	企业	产品
四川	雅安	万春银叶	雅安市宽舍茶业有限公司	万春银叶
		峨眉毛峰	雅安市蒙屿茶茶业有限责任公司	峨眉毛峰
	宜宾	宜宾早茶	四川川茶集团	宜宾早茶
		叙府龙芽	四川省宜宾张杨茶业有限责任公司	叙府龙芽
		龙湖翠	四川省屏山县龙湖名茶有限责任公司	龙湖翠
		屏山炒青	四川省屏山炒青茶业集团有限公司	屏山炒青
云南	云南	滇青	云南滇青茶叶有限公司	滇青
		云南炒青	云南茶叶进出口公司	云南炒青
	保山	清凉磨锅茶	腾冲腾茶茶业有限公司	清凉磨锅茶
		滕翠茶	云南腾冲极边茶业股份有限公司	滕翠茶
	楚雄	牟定化佛茶	云南牟定化佛茶叶有限责任公司	牟定化佛茶
		白竹山茶	云南省双柏县白竹山茶业有限责任公司	白竹山茶
		花地香茶	双柏县竹山春茶叶制造有限公司	花地香茶
	大理	苍山雪绿	苍山茶叶股份有限公司	苍山雪绿
		南翠眉绿	南涧茶叶公司	南翠眉绿
		云龙茶	云龙县腾龙茶叶有限责任公司	云龙茶
		感通茶	宣恩县巅峰茶业有限公司	感通茶
	德宏	回龙茶	梁河回龙生态茶业有限责任公司	回龙茶
		九龙拥翠	梁河县弘梁茶叶有限公司	九龙拥翠

续表

省份	产区	代表性茶	企业	产品
云南	红河	绿春玛玉茶	绿春县鲁沙茶叶有限公司	绿春玛玉茶
	景洪	龙山云毫	云南大渡岗茶业有限公司	龙山云毫
	昆明	十里香茶	昆明正沁茶叶有限公司	十里香茶
		宜良宝洪茶/宜良龙井	昆明宜良滇香茶业有限公司	宜良宝洪茶/宜良龙井
	临沧	晓光山蒸绿茶	临沧世冠茶叶有限公司	晓光山蒸绿茶
		云南大叶茶	云南临沧叶佑茶叶有限公司	云南大叶茶
		早春绿	临沧普粹茶叶有限公司	早春绿
	普洱	墨江云针	墨江县森茂茶叶有限公司	墨江云针
	西双版纳	勐海佛香茶	云南勐海汉福源茶叶有限公司	勐海佛香茶
		南糯白毫	子民茶业有限公司	南糯白毫
		云海白毫	勐海雨林古茶坊茶叶有限责任公司	云海白毫
	玉溪	峨山炒青绿茶	玉溪绿森古韵茶叶有限公司	峨山炒青绿茶
		峨山银毫	玉溪江川茶叶有限公司	峨山银毫
	昭通	大关翠华茶	云南省昭通市大关县茶叶有限责任公司	大关翠华茶
贵州	贵州	贵州绿茶	贵州贵茶有限公司	贵州绿茶
		贵州绿宝石	贵州天品茶业有限公司	贵州绿宝石
	安顺	黄果树毛峰	安顺市西秀区银山茶场	黄果树毛峰
		瀑布毛峰	安顺市西秀区银山茶场	瀑布毛峰
		朵贝茶	贵州省朵贝茶业股份有限公司	朵贝茶
	毕节	金沙贡茶	贵州金沙贡茶茶业有限公司	金沙贡茶
		清池翠片	贵州省金沙县清池茶业有限公司	清池翠片
		香炉山茶	贵州贵天下茶业有限公司	香炉山茶
	都匀	都匀毛尖	都匀市匀城春茶叶有限公司	都匀毛尖
		独山高寨茶	独山县高寨韦氏茶叶产销农民专业合作社	独山高寨茶

续表

省份	产区	代表性茶	企业	产品
贵州	都匀	贵定雪芽	贵州省贵定县雪芽茶厂	贵定雪芽
		贵定云雾	贵定县云雾镇茶山村股份经济合作社	贵定云雾
	贵阳	羊艾毛峰	贵州羊艾生态茶业有限公司	羊艾毛峰
	凯里	雷公山银球茶	贵州省雷山县茶叶公司	雷公山银球茶
		云雾翠绿	雷山县黔兴绿茶有限公司	云雾翠绿
	铜仁	武陵剑兰茶	武陵山茶场	武陵剑兰茶
		石阡苔茶	贵州石阡苔茶有限责任公司	石阡苔茶
		东坡毛尖	贵州思南县茶场	东坡毛尖
		梵净翠峰	贵州印江梵净山翠峰茶业有限公司	梵净翠峰
	兴义	贵隆银芽	贵州省晴隆县茶业公司	贵隆银芽
		状坡柳娘娘茶	贞丰县坡柳种养殖专业合作社	状坡柳娘娘茶
	遵义	凤冈富锌富硒茶	贵州凤冈县仙人岭锌硒有机茶业有限公司	凤冈富锌富硒茶
		龙泉剑茗	凤冈县茗缘茶业有限责任公司	龙泉剑茗
		湄江翠片	贵州茗芽馨茶业有限公司	湄江翠片
		湄潭翠芽	贵州茗天下茶业有限公司	湄潭翠芽
		湄潭毛峰	湄潭县永健茶叶有限公司	湄潭毛峰
		正安白茶	贵州正安璞贵茶业有限公司	正安白茶
西藏	西藏	西藏绿茶	林芝墨脱茶业有限公司	西藏绿茶
	林芝	林芝绿茶	林芝市易贡茶厂、林芝市易贡珠峰农业科技有限公司	林芝绿茶
		墨脱绿茶	林芝墨脱茶业有限公司	墨脱绿茶
	山南	门隅佛芽·玉罗冈吉	林芝墨脱茶业有限公司	门隅佛芽·玉罗冈吉

（三）乌龙茶收集情况

由杨江帆作为牵头人，与成员吴芹瑶、陈哲收集了福建、广东、台湾等省份生产的乌龙茶（见表4）。

表 4　乌龙茶谱系

省份	产区	代表性茶		企业	产品
福建	武夷山市	武夷岩茶	大红袍	香江集团有限公司等	大红袍等
			肉桂	中国茶叶股份有限公司等	肉桂等
			武夷水仙	武夷星茶业有限公司等	武夷水仙等
			武夷奇种	武夷星茶业有限公司等	武夷奇种等
			花名（铁罗汉、水金龟、白鸡冠、半天妖、瓜子金、不见天、百瑞香、金锁匙、北斗、百岁香等）（上百种）	武夷山市戏球茶叶有限公司等	铁罗汉等
	建瓯市	闽北水仙	建瓯水仙	建瓯市苑北茶叶有限公司等	建瓯水仙等
		闽北乌龙	矮脚乌龙	建瓯市成龙茶厂等	矮脚乌龙等
			高脚乌龙		高脚乌龙等
	建阳区	闽北水仙	建阳水仙	建瓯市德全茶业有限公司等	建阳水仙等
	沙县	红边茶			红边茶等
	安溪县	铁观音		福建省沙县宏苑八马茶业有限公司等	铁观音等
		黄金桂		福建八马茶业股份有限公司等	黄金桂等
		色种	本山	福建安溪三洋梅山岩茶叶专业合作社等	本山等
			梅占	日春股份有限公司等	梅占等
			毛蟹		毛蟹等
			大叶乌龙		大叶乌龙等
	永春县	永春佛手		永春佛手茶业有限公司等	永春佛手等
		闽南水仙		永春佛手茶业有限公司等	闽南水仙等

444

续表

省份	产区	代表性茶	企业	产品
福建	漳平市	漳平水仙	漳平贤芳水仙茶厂等	漳平水仙等
		永福猴公茶	漳平市永福高山茶发展有限公司等	永福猴公茶等
		永福高山乌龙（台湾乌龙）	漳平市永福高山茶发展有限公司等	永福高山乌龙（台湾乌龙）等
	平和县	平和白芽奇兰	平和闽鑫白芽奇兰茶有限公司等	平和白芽奇兰等
	诏安县	诏安八仙茶	福建省诏安县玉峰八仙茶开发有限公司等	诏安八仙茶等
	云霄县	云霄黄观音	福建有坑生态茶业有限公司等	云霄黄观音等
	大田县	美人茶	福建省江山美人茶业有限公司等	美人茶等
	莆田县	铁观音	莆田县华亭龟山茶业有限公司等	铁观音等
广东	潮安县	凤凰单丛	潮安区凤凰镇鹏龙茶业发展有限公司等	凤凰单丛等
		凤凰茉浪	潮安区凤凰镇鹏龙茶业发展有限公司等	凤凰茉浪等
		凤凰水仙	潮安区凤凰镇鹏龙茶业发展有限公司等	凤凰水仙等
	饶平县	饶平乌龙	饶平县岭旭茶业有限公司等	饶平白叶单丛等
		饶平白叶单丛		

445

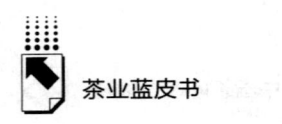

续表

省份	产区	代表性茶		企业	产品
广东	饶平县	饶平乌龙	饶平色种	饶平县岭旭茶业有限公司等	饶平色种等
	大埔县	西岩乌龙	大叶奇兰、黄旦、铁观音、梅占等	西岩上湖岩雾生态茶业（潮州）有限公司等	西岩乌龙等
	潮州市	石古坪乌龙		蓝氏茶业有限公司等	石古坪乌龙等
	饶平县	岭头乌龙	单丛	汕头市胜辉茶业有限公司等	单丛等
			奇兰	汕头市胜辉茶业有限公司等	奇兰等
	湛江市	湛江乌龙		广东省名上茗茶业有限公司等	湛江乌龙等
台湾	文山区	包种乌龙	文山乌龙	台湾佳顺茶业有限公司等	文山乌龙等
	宜兰县		宜兰包种	台湾佳顺茶业有限公司等	宜兰包种等
	南投县	大禹岭乌龙		台湾金壶春茶业有限公司等	大禹岭乌龙等
		冻顶乌龙		台湾金壶春茶业有限公司等	冻顶乌龙等
	嘉义县	白毫乌龙	东方美人茶（椪风茶等）	永茗企业有限公司等	白毫乌龙等
		金萱乌龙		永茗企业有限公司等	金萱乌龙等
	台中县	阿里山乌龙		永茗企业有限公司等	阿里山乌龙等
		梨山乌龙		鹿谷清幽茶业有限公司等	梨山乌龙等
	台北市	木栅铁观音		台湾兆能茶公司等	木栅铁观音等

（四）黄茶收集情况

由兰元作为牵头人，与成员陈百文等收集了安徽、湖南、湖北、浙江、四川、贵州、广东等省份生产的黄茶（见表5）。

表5　黄茶谱系

省份	产区	代表性茶	企业	产品
安徽	六安市	霍山黄芽	安徽省六安瓜片茶业股份有限公司	霍山黄芽
		皖西黄大茶	安徽省六安市金寨县大别山香源茶叶有限公司	皖西黄大茶
		皖西黄小茶		皖西黄小茶
湖南	岳阳市	君山银针	湖南省君山银针茶业股份有限公司	君山银针
		北港毛尖		北港毛尖
	宁乡市	沩山毛尖	湖南沩山茶业股份有限公司	沩山毛尖
		沩山白毛尖	湖南沩山茶业股份有限公司	沩山白毛尖
湖北	远安县	鹿苑毛尖/远安鹿苑	湖北鹿溪玉贡茶业有限公司	鹿苑毛尖/远安鹿苑
浙江	平阳县	平阳黄汤	浙江子久文化股份有限公司	平阳黄汤
	泰顺县	泰顺黄汤		泰顺黄汤
	德清县	莫干黄芽	德清县莫干山光明茶场	莫干黄芽
四川	雅安市	蒙顶黄芽	四川蒙顶山茶业有限公司	蒙顶黄芽
贵州	大方县	海马宫茶		海马宫茶
广东	湛江市	大叶青		大叶青
	韶关市	大叶青		大叶青
	肇庆市	大叶青		大叶青
	台山市	白云茶		白云茶

（五）红茶收集情况

由郑迺辉作为牵头人，与成员江铃等收集了20个省份生产的红茶（见表6）。

表6 红茶谱系

省份	产区	代表性茶	企业	产品
福建	武夷山	正山小种	福建正山堂茶业有限责任公司	正山小种
		金骏眉	福建正山堂茶业有限责任公司	金骏眉
		武夷奇红	福建正山堂茶业有限责任公司	武夷奇红
	建瓯	烟小种	福建省建瓯市百丈岩茶有限公司	烟小种
	建阳	烟小种		烟小种
	邵武	烟小种	福建省邵武市绿园茶叶有限公司	烟小种
	政和	政和工夫茶	福建茂旺茶业有限公司	政和工夫茶
	松溪	政和工夫茶	政和县东平镇樟林茶厂	政和工夫茶
	光泽	烟小种		烟小种
		干坑红茶	光泽县司前乡干坑林场	干坑红茶
	福安	坦洋工夫茶	福建新坦洋茶业集团股份有限公司	坦洋工夫茶
	福鼎	白琳工夫茶	福鼎市芳茗茶业有限公司	白琳工夫茶
	蕉城	天山红	宁德市万恒绿源茶叶发展有限公司	天山红
	宁德	金闽红	福安市金闽红茶业有限公司	金闽红
	寿宁	寿宁高山红茶	福建达敏农业综合开发有限公司	寿宁高山红茶
	古田	古田红茶	古田县鹤塘明之艳茶叶专业合作社	古田红茶
	尤溪	尤溪红	尤溪县光兴茶业有限公司	尤溪红
	沙县	沙县工夫茶	沙县其宗茶叶有限公司	沙县工夫茶
	惠安	工夫红茶	福建泉州市鼎模农业综合开发有限公司	工夫红茶
	安溪	工夫红茶	福建安溪历山茶仙茶业有限公司	工夫红茶
	永泰	永泰红茶	福建元泰茶业有限公司	永泰红茶
江西	铅山	河红	江西河红茶业有限公司	河红
	修水	宁红	宁红集团	宁红
	景德镇	浮红	江茶集团	浮红
	遂川	狗牯脑红茶	江西省遂川县狗牯脑茶厂	狗牯脑红茶
	井冈山	井冈红	井冈红茶公司	井冈红
	婺源	婺源红茶	婺茗堂生态茶业有限公司	婺源红茶
湖北	宜昌	宜红	宜红茶业股份有限公司	宜红
	恩施	宜红	恩施市宜红茶业有限公司	宜红
	巴东	巴东红	正山堂茶业	巴东红
	利川	利川红	利川红茶业	利川红

续表

省份	产区	代表性茶	企业	产品
湖北	十堰	武当道红茶	武当道茶业	武当道红茶
	赤壁	米砖红茶	赵李桥茶业	米砖红茶
	五峰	宜红	五峰宜红茶都有限公司	宜红
湖南	安化	湘红	安化茶厂	湘红
		安化红茶	安化中茶茶业有限公司	安化红茶
	新化	湘红	湖南省新化茶厂	湘红
		湖南新化红茶	新化红茶茶叶有限公司	湖南新化红茶
	涟源	湘红	涟源茶厂	湘红
	平江	湘红	平江茶厂	湘红
	浏阳	湘红	浏阳市兴乐农业科技开发有限公司	湘红
	桃源	湘红	湖南省茶叶公司	湘红
	古丈	古丈红	正山堂茶业	古丈红
	郴州	莽山红茶	逸思园茶业	莽山红茶
	保靖	保靖黄金茶	保靖黄金茶有限公司	保靖黄金茶
	岳阳	巴陵春	巴陵春茶叶有限公司	巴陵春
	沅陵	碣滩红茶	辰龙关茶业	碣滩红茶
	桂东	湖南桂东红茶	悦茗轩茶叶店	湖南桂东红茶
	常德	石门红茶	石门武陵红茶加工基地	石门红茶
	长沙	长沙红茶	长沙县金井镇湘丰茶厂	长沙红茶
	江华	瑶乡红茶	江华县冯河大龙山农业开发有限公司	瑶乡红茶
安徽	祁门	祁红	安徽省祁门红茶发展有限公司	祁红
	东至	祁红	安徽祁乡园红茶有限公司	祁红
	贵池	祁红	贵池茶厂	祁红
	石台	祁红		祁红
	黟县	祁红	安徽省祁门县祁红茶业有限公司	祁红
	东至	红牡丹	安徽省东至茶厂	红牡丹
	金寨	金寨红茶	安徽省福驾茶业有限公司	金寨红茶
	休宁	休宁红茶	安徽休宁齐云红茶厂	休宁红茶
	歙县	歙县红茶	黄山谢裕泰茶业有限公司	歙县红茶

续表

省份	产区	代表性茶	企业	产品
安徽	潜山	潜山红茶		潜山红茶
	岳西	岳西红茶	岳西徽宏茶业开发公司	岳西红茶
浙江	温州	越红	越江茶业有限公司	越红
	双浦	九曲红梅	杭州九曲红梅茶业有限公司	九曲红梅
	龙泉	龙泉红	龙泉红国礼茶业有限公司	龙泉红
	绍兴	越红	绍兴市越城区越红茶叶商行企业	越红
		会稽红	浙江绍兴会稽红茶业有限公司	会稽红
	安吉	安吉红	安吉茶产业集团有限公司	安吉红
	松阳	松阳红茶	玉川茶叶	松阳红茶
	衢州	衢州红茶	芹阳茶叶	衢州红茶
	泰顺	泰顺红茶	御茗乡村	泰顺红茶
	金华	金华红茶	古茗茶业	金华红茶
	惠明	惠明红茶	景宁惠明茶叶	惠明红茶
	径山	径山红茶	杭州南野茶叶有限公司	径山红茶
	平阳	平阳工夫茶	平阳天韵茶叶有限公司	平阳工夫茶
	丽水	丽水红茶	浙江百山茶叶公司	丽水红茶
	宁海	宁海红茶	宁海望府茶业有限公司	宁海红茶
	永嘉	永嘉红茶	浙江巨农茶业有限公司	永嘉红茶
	武义	武阳工夫茶	浙江更香有机茶业开发有限公司	武阳工夫茶
云南	凤庆	滇红	凤庆茶厂	滇红
	勐海	滇红	泓叶红茶业	滇红
	临沧	滇红	凤牌茶叶	滇红
	双江	滇红	滇红集团	滇红
	云县	滇红	云县嘉木公司	滇红
	昌宁	昌宁红茶	昌宁红茶叶有限公司	昌宁红茶
	高黎贡山	高黎贡山红茶	高黎贡山茶叶有限公司	高黎贡山红茶
	滇西、滇南	紫鹃红茶	滇红集团	紫鹃红茶
	保山	昌宁红茶	保山昌宁红茶业集团有限公司	昌宁红茶
	西双版纳	西双版纳红茶	西双版纳纳格红茶业有限责任公司	西双版纳红茶
	大理	大理红茶	景东彝族自治县庆康土产有限责任公司	大理红茶

续表

省份	产区	代表性茶	企业	产品
云南	红河	红河红茶	绿春县康丽达精品茶厂	红河红茶
	思茅	思茅红茶	普洱市思茅区茶叶公司	思茅红茶
	文山	文山红茶	云南普香茶业有限公司	文山红茶
	德宏	德宏红茶	德宏古茶有限公司	德宏红茶
	腾冲	腾冲极边	极边茶叶有限公司	腾冲极边
广东	英德	英红	广东英红茶业股份有限公司	英红
		英德金毫	英德市上茗轩茶叶有限责任公司	英德金毫
	湛江	湛江金毫	深圳市荔花村茶叶有限公司	湛江金毫
	广东各产茶区	荔枝红茶	广东英德金帆茶业有限公司	荔枝红茶
		单丛红茶	粗石茶叶有限公司	单丛红茶
		条形工夫红茶		条形工夫红茶
	仁化	丹霞岩红	仁化县红丹舒茶业有限公司	丹霞岩红
	梅县	梅县红茶	梅州雁南飞茶田有限公司	梅县红茶
广西	凌云	凌云红茶	广西八桂凌云茶业有限公司	凌云红茶
	昭平	昭平红茶	广西象棋山茶叶有限公司	昭平红茶
	金秀	金秀红茶	金秀瑶族自治县马骏红茶业有限公司	金秀红茶
	西林	西林红茶	八马茶业	西林红茶
	三江	三江红茶	侗美仙池茶业	三江红茶
海南	五指山和尖峰岭一带	海南红茶	椰仙五指山水满香有机红茶生产基地	海南红茶
贵州	遵义	遵义红	遵义茶业集团	遵义红
	印江	梵净山红茶	贵州省印江净贡茶业有限公司	梵净山红茶
	贵阳	贵茶红宝石茶	贵州贵茶有限公司	贵茶红宝石茶
	安顺	安顺红茶	贵州省普定县化处青峰茶叶专业合作社	安顺红茶
	都匀	都匀红茶	贵州贵台红制茶科技有限公司	都匀红茶
	普安	普安红	贵州正山堂普安红有限公司	普安红
四川	宜宾	川红	川红茶业集团	川红
	高县	红贵人	四川红贵人茶业有限公司	红贵人
	峨眉山	峨眉山红茶	四川省峨眉山竹叶青茶业有限公司	峨眉山红茶

续表

省份	产区	代表性茶	企业	产品
四川	雅安	雅安红茶	青衣美人茶叶有限公司	雅安红茶
	蒲江	蒲江红茶	蒲江县雀红茶叶专业合作社	蒲江红茶
	马边	马边工夫茶	四川马边金星茶厂	马边工夫茶
	广元	广元红	正山堂茶业	广元红
重庆	南川	南川红碎茶	重庆南川区大观茶厂	南川红碎茶
江苏	宜兴	苏红	苏茗茶业	苏红
	天目湖	天目湖红茶	麓雨茶叶	天目湖红茶
	西山	碧螺春红茶	苏州西山吴庭碧螺春茶厂	碧螺春红茶
	金坛	金坛红茶	金坛区德润轩茶业开发有限责任公司	金坛红茶
	东山	吴红	苏州市东山御封茶厂	吴红
河南	信阳	信阳红	信阳市信阳红茶业有限公司	信阳红
	桐柏	桐柏红	河南桐柏红茶业有限责任公司	桐柏红
山东	日照	日照红茶	圣谷山	日照红茶
	诸城	诸城红茶	正山堂茶业	诸城红茶
	崂山	崂山红茶	青岛崂山茗苑	崂山红茶
陕西	汉中	汉中红茶	鹏翔茶业有限公司	汉中红茶
	紫阳	紫阳红茶	安康紫阳富硒茶业有限公司	紫阳红茶
西藏	拉萨	拉萨红茶	正山堂茶业	拉萨红茶
	林芝	藏地红茶	西藏雪域高原茶业有限公司	藏地红茶
	墨脱	墨脱红茶	林芝墨脱茶业有限公司	墨脱红茶
甘肃	康县	陇南红茶	康县梅园茶业有限公司	陇南红茶
台湾	日月潭	台红		台红
	花莲	台红		台红
	鹤岗	台红	佰朔茶业有限公司	台红

（六）黑茶收集情况

由尤志明作为牵头人，与成员项丽慧等收集了湖南、湖北、四川、云南、广西、陕西等省份生产的黑茶（见表7）。

表7 黑茶谱系

省份	产区	代表性茶		产品
湖南	安化	安化黑毛茶		安化黑毛茶
		湘尖茶	天尖	天尖
			贡尖	贡尖
			生尖	生尖
		花卷茶	十两茶	十两茶
			百两茶	百两茶
			千两茶	千两茶
			万两茶	万两茶
		黑砖茶	特制黑砖	特制黑砖
			普通黑砖	普通黑砖
		花砖茶	特制花砖	特制花砖
			普通花砖	普通花砖
		茯砖茶	超级茯砖茶	超级茯砖茶
			特制茯砖茶	特制茯砖茶
			普通茯砖茶	普通茯砖茶
		工艺饼		工艺饼
	临湘	临湘黑茶	临湘黑毛茶	临湘黑毛茶
			青砖茶	青砖茶
湖北	赤壁	赤壁青砖茶	边销青砖茶	边销青砖茶
			精细青砖茶	精细青砖茶
			袋泡青砖茶	袋泡青砖茶
			陈化青砖茶	陈化青砖茶
			黑精条茶	黑精条茶
		牌坊米砖茶		牌坊米砖茶
		凤凰米砖茶		凤凰米砖茶
		火车头米砖茶		火车头米砖茶
	襄阳	黑茯砖茶		黑茯砖茶
	宣恩	硒尖茶		硒尖茶
		黑砖茶		黑砖茶
		花砖茶		花砖茶
		花卷茶		花卷茶
	其他	速溶青砖茶		速溶青砖茶
		拼配砖茶		拼配砖茶
		工艺砖茶		工艺砖茶

续表

省份	产区	代表性茶		产品
四川	乐山	南路边茶	康砖茶	康砖茶
			金尖茶	金尖茶
			雅细茶	雅细茶
	雅安	南路边茶	康砖茶	康砖茶
			金尖茶	金尖茶
			雅细茶	雅细茶
		雅安藏茶	散茶	散茶
			紧压茶	紧压茶
	邛崃	邛崃黑茶	散茶	散茶
			紧压茶	紧压茶
	都江堰	西路边茶	方包茶	方包茶
			圆包茶	圆包茶
			民族团结茯砖茶	民族团结茯砖茶
	北川	西路边茶	方包茶	方包茶
			圆包茶	圆包茶
			民族团结茯砖茶	民族团结茯砖茶
	宜宾	宜宾黑茶	金江青砖茶	金江青砖茶
			金江康砖茶	金江康砖茶
			叙府青砖茶	叙府青砖茶
	马边	马边黑茶	马边高山黑茶	马边高山黑茶
			马边彝黑茶	马边彝黑茶
云南	临沧	普洱熟茶	普洱砖茶	普洱砖茶
			普洱饼茶	普洱饼茶
			普洱沱茶	普洱沱茶
			普洱特型茶	普洱特型茶
			普洱散茶	普洱散茶
		普洱生茶	普洱砖茶	普洱砖茶
			普洱饼茶	普洱饼茶
			普洱沱茶	普洱沱茶
			普洱特型茶	普洱特型茶
			永德古树普洱茶	永德古树普洱茶
			镇康古树普洱茶	镇康古树普洱茶
			沧源古树普洱茶	沧源古树普洱茶
			云县古树普洱茶	云县古树普洱茶

续表

省份	产区	代表性茶		产品
云南	临沧	凤庆古树普洱茶		凤庆古树普洱茶
		耿马古树普洱茶		耿马古树普洱茶
		双江古树普洱茶		双江古树普洱茶
		临翔古树普洱茶		临翔古树普洱茶
	普洱	普洱熟茶	普洱砖茶	普洱砖茶
			普洱饼茶	普洱饼茶
			普洱沱茶	普洱沱茶
			普洱特型茶	普洱特型茶
			普洱散茶	普洱散茶
			普洱速溶茶	普洱速溶茶
		普洱生茶	普洱砖茶	普洱砖茶
			普洱饼茶	普洱饼茶
			普洱沱茶	普洱沱茶
			普洱特型茶	普洱特型茶
		景东古树普洱茶		景东古树普洱茶
		镇沅古树普洱茶		镇沅古树普洱茶
		景谷古树普洱茶		景谷古树普洱茶
		墨江古树普洱茶		墨江古树普洱茶
		宁洱古树普洱茶		宁洱古树普洱茶
		江城古树普洱茶		江城古树普洱茶
		澜沧古树普洱茶		澜沧古树普洱茶
	西双版纳	普洱熟茶	普洱砖茶	普洱砖茶
			普洱饼茶	普洱饼茶
			普洱沱茶	普洱沱茶
			普洱碎银子	普洱碎银子
			普洱特型茶	普洱特型茶
			普洱散茶	普洱散茶
			普洱速溶茶	普洱速溶茶
			普洱饮料(益源素)	普洱饮料(益源素)
		普洱生茶	普洱砖茶	普洱砖茶
			普洱饼茶	普洱饼茶
			普洱沱茶	普洱沱茶
			普洱特型茶	普洱特型茶
		景洪古树普洱茶		景洪古树普洱茶
		勐海古树普洱茶		勐海古树普洱茶
		勐腊古树普洱茶		勐腊古树普洱茶

续表

省份	产区	代表性茶		产品
广西	六堡	六堡茶（散茶）	六堡篓茶（传统工艺）	六堡篓茶（传统工艺）
			六堡篓茶（现代工艺）	六堡篓茶（现代工艺）
			六堡罐装茶（传统工艺）	六堡罐装茶（传统工艺）
			六堡罐装茶（现代工艺）	六堡罐装茶（现代工艺）
		六堡茶（紧压茶）	六堡砖茶（传统工艺）	六堡砖茶（传统工艺）
			六堡砖茶（现代工艺）	六堡砖茶（现代工艺）
			六堡饼茶（传统工艺）	六堡饼茶（传统工艺）
			六堡饼茶（现代工艺）	六堡饼茶（现代工艺）
			六堡沱茶（传统工艺）	六堡沱茶（传统工艺）
			六堡沱茶（现代工艺）	六堡沱茶（现代工艺）
		六堡花茶	六堡茉莉花茶	六堡茉莉花茶
			六堡桂花茶	六堡桂花茶
		六堡工艺茶	六堡小青柑	六堡小青柑
			六堡陈皮茶	六堡陈皮茶
陕西	泾阳	泾阳茯茶	泾阳茯砖茶	泾阳茯砖茶
			泾阳块泡茯茶	泾阳块泡茯茶
			泾阳茯茶散茶	泾阳茯茶散茶
			泾阳袋泡茯茶	泾阳袋泡茯茶
	咸阳	咸阳茯茶	咸阳茯砖茶	咸阳茯砖茶
			咸阳块泡茯茶	咸阳块泡茯茶
			咸阳茯茶散茶	咸阳茯茶散茶
			咸阳袋泡茯茶	咸阳袋泡茯茶
	陕西南部地区	陕南黑茶	陕南黑毛茶	陕南黑毛茶
			陕南茯砖茶	陕南茯砖茶
			陕南茯茶散茶	陕南茯茶散茶

（七）再加工茶收集情况

由叶乃兴作为牵头人，与成员岳川、黄建锋等收集了福建、广西、四川、云南、湖南、重庆、浙江、安徽、湖北、江苏、北京等省份生产的再加工茶（见表8）。

表 8　再加工茶谱系

省份	产地	代表性茶	企业	产品
福建	福州	茉莉花茶	闽榕茶业有限公司	茉莉花茶
		茉莉红茶	福建元泰茶业有限公司	茉莉红茶
		茉莉白茶	福建茶叶进出口有限责任公司	茉莉白茶
		茉莉乌龙	福建春伦集团有限公司	茉莉乌龙
		桂花茶	福州市绿金茶业有限公司	桂花茶
		玫瑰花茶		玫瑰花茶
		栀子花茶		栀子花茶
		白兰花茶		白兰花茶
		珠兰花茶		珠兰花茶
		柚子花茶		柚子花茶
		玳玳花茶		玳玳花茶
		工艺花茶	福建春伦集团有限公司	工艺花茶
	宁德	茉莉花茶	福建隽永天香茶业有限公司	茉莉花茶
		玳玳花茶	福建隽永天香茶业有限公司	玳玳花茶
		茉莉白茶	福建品品香茶业有限公司	茉莉白茶
		工艺花茶	福安市工夫茶叶有限公司	工艺花茶
		玫瑰花茶		玫瑰花茶
		桂花茶		桂花茶
		栀子花茶		栀子花茶
	南平	茉莉花茶	福建省隆合茶业有限公司	茉莉花茶
		茉莉白茶	福建省政和云根茶业有限公司	茉莉白茶
		山苍白茶	建阳区上林茶业有限公司	山苍白茶
		桂花茶		桂花茶
		玫瑰花茶		玫瑰花茶
广西	横州	茉莉花茶	广西顺来茶业	茉莉花茶
		茉莉红茶		茉莉红茶
		桂花茶		桂花茶
		玫瑰花茶		玫瑰花茶

续表

省份	产地	代表性茶	企业	产品
广西	横州	白兰花茶		白兰花茶
		茉莉凌云白毫	茂盛茶业有限公司	茉莉凌云白毫
		工艺花茶		工艺花茶
四川	犍为	茉莉花茶	四川省清溪茶业有限公司	茉莉花茶
		茉莉红茶		茉莉红茶
		桂花茶		桂花茶
		玫瑰花茶		玫瑰花茶
		白兰花茶		白兰花茶
		柚子花茶		柚子花茶
		工艺花茶		工艺花茶
		梅花茶	四川省炒花甘露茗茶有限公司	梅花茶
		兰花茶	四川省炒花甘露茗茶有限公司	兰花茶
		玫瑰红茶	四川省炒花甘露茗茶有限公司	玫瑰红茶
		栀子红茶	四川省炒花甘露茗茶有限公司	栀子红茶
		栀子花茶	四川省炒花甘露茗茶有限公司	栀子花茶
	成都	茉莉花茶	四川省峨眉山竹叶青茶业有限公司	茉莉花茶
	宜宾	桂花红茶	宜宾川红茶业集团有限公司	桂花红茶
	自贡	茉莉花茶	自贡市春兰茶业有限公司	茉莉花茶
云南	元江	茉莉花茶	元江县云丰茉莉花集团有限公司	茉莉花茶
		茉莉红茶	云南滇红集团股份有限公司	茉莉红茶
		菊花普洱茶		菊花普洱茶
		桂花茶		桂花茶
		玫瑰花茶		玫瑰花茶
	临沧	茉莉花茶	临沧海诚茶产业发展有限公司	茉莉花茶
湖南	长沙	茉莉花茶	湖南省茶业集团股份有限公司	茉莉花茶
		茉莉红茶		茉莉红茶
		桂花红茶		桂花红茶
		栀子花茶		栀子花茶
		玫瑰花茶		玫瑰花茶
		白兰花茶		白兰花茶

续表

省份	产地	代表性茶	企业	产品
重庆	北碚	茉莉花茶	西农茶叶有限公司	茉莉花茶
		柑橘花茶	西农茶叶有限公司	柑橘花茶
		桂花茶	西农茶叶有限公司	桂花茶
		玫瑰花茶		玫瑰花茶
浙江	金华	茉莉花茶	浙江婺州茶业有限公司	茉莉花茶
		珠兰花茶		珠兰花茶
		玳玳花茶		玳玳花茶
	杭州	茉莉花茶	杭州艺福堂茶业有限公司	茉莉花茶
		桂花茶	龙冠茶业有限公司	桂花茶
安徽	黄山	珠兰花茶	黄山市歙县裕恒茶业制品厂	珠兰花茶
		桂花茶		桂花茶
湖北	十堰	茉莉花茶	竹山三花茶业有限公司	茉莉花茶
		桂花茶	竹山三花茶业有限公司	桂花茶
江苏	常州	茉莉花茶	江苏鑫品茶业有限公司	茉莉花茶
	苏州	茉莉花茶	苏州东山茶厂	茉莉花茶
北京	北京	茉莉花茶	北京张一元茶叶有限责任公司	茉莉花茶
		茉莉白茶	北京吴裕泰茶业股份有限公司	茉莉白茶
		桂花乌龙茶	北京吴裕泰茶业股份有限公司	桂花乌龙茶
		桂花红茶	北京吴裕泰茶业股份有限公司	桂花红茶
		兰花茶	北京吴裕泰茶业股份有限公司	兰花茶
		桂花龙井茶	北京吴裕泰茶业股份有限公司	桂花龙井茶
		珠兰花茶	北京吴裕泰茶业股份有限公司	珠兰花茶
		玫瑰花茶	北京吴裕泰茶业股份有限公司	玫瑰花茶

（八）调味茶收集情况

由危赛明作为牵头人，与成员罗星火、林霄等收集了福建、甘肃、浙江、安徽、湖南等省份生产的调味茶（见表9）。

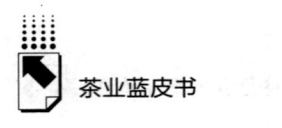

表 9 调味茶谱系

品类	省份	产区	代表性茶	企业	产品
加料调味茶	福建	福州	陈皮白茶	福建茶叶进出口有限责任公司	陈皮白茶
	甘肃	兰州	三泡台	甘肃渭河源生物科技有限公司	三泡台
	浙江	杭州	陈皮普洱茶	浙江艺福堂茶业有限公司	陈皮普洱茶
			八宝茶	浙江艺福堂茶业有限公司、杭州忆江南茶业有限公司	八宝茶
			玄米绿茶	浙江艺福堂茶业有限公司	玄米绿茶
			红枣桂圆枸杞陈皮白茶	浙江艺福堂茶业有限公司	红枣桂圆枸杞陈皮白茶
			荷叶冬瓜乌龙茶	浙江艺福堂茶业有限公司	荷叶冬瓜乌龙茶
			小青柑普洱茶	杭州忆江南茶业有限公司	小青柑普洱茶
			丽妍茶	杭州忆江南茶业有限公司	丽妍茶
加香调味茶	福建	福州	玫瑰红茶	福建茶叶进出口有限责任公司	玫瑰红茶
			柠檬绿茶	福建茶叶进出口有限责任公司	柠檬绿茶
			薄荷绿茶	福建茶叶进出口有限责任公司	薄荷绿茶
	安徽	合肥	伯爵红茶	联合利华(中国)有限公司	伯爵红茶
混合调味茶	浙江	杭州	荔枝红茶	浙江艺福堂茶业有限公司	荔枝红茶
			蜜桃乌龙	杭州忆江南茶业有限公司	蜜桃乌龙
			草莓红茶	杭州忆江南茶业有限公司	草莓红茶
	安徽	合肥	抹茶奶茶	联合利华(中国)有限公司	抹茶奶茶
袋泡调味茶	福建	福州	玫瑰红茶	福建茶叶进出口有限责任公司	玫瑰红茶
			柠檬绿茶	福建茶叶进出口有限责任公司	柠檬绿茶
	浙江	杭州	柠檬红茶	杭州忆江南茶业有限公司	柠檬红茶
			桂花乌龙	杭州忆江南茶业有限公司	桂花乌龙
			陈皮普洱	杭州忆江南茶业有限公司	陈皮普洱
			咖啡普洱	杭州忆江南茶业有限公司	咖啡普洱
			玫瑰白茶	杭州忆江南茶业有限公司	玫瑰白茶
			薄荷绿茶	杭州忆江南茶业有限公司	薄荷绿茶
紧压调味茶	湖南	安化	陈皮茯砖茶	中茶湖南安化第一茶厂有限公司	陈皮茯砖茶
			荷叶茯砖茶	湖南久扬茶业有限公司	荷叶茯砖茶

(九)代用茶收集情况

由危赛明作为牵头人,与成员罗星火、林霄等收集了浙江、安徽、贵州、湖南、宁夏、广东、北京等省份生产的代用茶(见表10)。

表10 代用茶谱系

品类	省份	产区	代表性茶	企业	产品
花类代用茶	浙江	杭州	金银花茶	浙江艺福堂茶业有限公司	金银花茶
			玫瑰花茶	浙江艺福堂茶业有限公司	玫瑰花茶
			茉莉花茶	浙江艺福堂茶业有限公司	茉莉花茶
			桂花茶	浙江艺福堂茶业有限公司	桂花茶
			玳玳花茶	浙江艺福堂茶业有限公司	玳玳花茶
			桃花茶	浙江艺福堂茶业有限公司	桃花茶
			蒲公英双花茶	浙江艺福堂茶业有限公司	蒲公英双花茶
			玫瑰茄花茶	浙江艺福堂茶业有限公司	玫瑰茄花茶
			菊花茶	浙江艺福堂茶业有限公司	菊花茶
	安徽	亳州	菊花茶	亳州市香味来生物科技有限公司	菊花茶
叶类代用茶	贵州	贵阳	苦丁茶	贵州银河湾茶业有限公司	苦丁茶
	浙江	杭州	绞股蓝茶	浙江艺福堂茶业有限公司	绞股蓝茶
			薄荷茶	浙江艺福堂茶业有限公司	薄荷茶
			蒲公英茶	浙江艺福堂茶业有限公司	蒲公英茶
			桑叶茶	浙江艺福堂茶业有限公司	桑叶茶
			荷叶茶	浙江艺福堂茶业有限公司	荷叶茶
	湖南	张家界	杜仲茶	桑植县信翼商贸有限公司	杜仲茶
		长沙	罗布麻茶	神农金康(湖南)原生态茶业有限责任公司	罗布麻茶
	宁夏	中卫	枸杞叶茶	宁夏宁安堡土特产品有限公司	枸杞叶茶
	广东	深圳	枇杷叶茶	深圳市宝润自然食品有限公司	枇杷叶茶
	安徽	亳州	银杏叶茶	安徽省义堂生物科技有限公司	银杏叶茶
果(实)类代用茶	浙江	杭州	柠檬茶	浙江艺福堂茶业有限公司	柠檬茶
			老陈皮茶	浙江艺福堂茶业有限公司	老陈皮茶
			枸杞茶	浙江艺福堂茶业有限公司	枸杞茶
			大麦茶	浙江艺福堂茶业有限公司	大麦茶

续表

品类	省份	产区	代表性茶	企业	产品
果（实）类代用茶	浙江	杭州	苦瓜茶	浙江艺福堂茶业有限公司	苦瓜茶
			苦荞麦茶	浙江艺福堂茶业有限公司	苦荞麦茶
			胖大海茶	浙江艺福堂茶业有限公司	胖大海茶
			罗汉果茶	浙江艺福堂茶业有限公司	罗汉果茶
			山楂茶	浙江艺福堂茶业有限公司	山楂茶
			大枣茶	浙江艺福堂茶业有限公司	大枣茶
	广东	深圳	莲子芯茶	深圳市宝润自然食品有限公司	莲子芯茶
根茎类代用茶	北京	大兴	人参茶	北京同仁堂健康药业集团	人参茶
			黄芪茶	北京同仁堂健康药业集团	黄芪茶
			葛根茶	北京同仁堂参茸中药制品有限公司	葛根茶
	广东	深圳	鱼腥草茶	深圳市泰斯古德食品实业有限公司	鱼腥草茶
	浙江	杭州	甘草茶	浙江艺福堂茶业有限公司	甘草茶
			蒲公英根茶	浙江艺福堂茶业有限公司	蒲公英根茶
混合类代用茶	浙江	杭州	胖大海菊花茶	浙江艺福堂茶业有限公司	胖大海菊花茶
			金银花菊花枸杞茶	杭州忆江南茶业有限公司	金银花菊花枸杞茶
			红枣知己茶	杭州忆江南茶业有限公司	红枣知己茶
			红豆薏米芡实茶	杭州忆江南茶业有限公司	红豆薏米芡实茶
			菊花枸杞决明子茶	浙江艺福堂茶业有限公司	菊花枸杞决明子茶
			酸枣仁百合茯苓茶	浙江艺福堂茶业有限公司	酸枣仁百合茯苓茶
			金橘桂花冰糖雪梨茶	浙江艺福堂茶业有限公司	金橘桂花冰糖雪梨茶
			玫瑰红糖姜枣茶	浙江艺福堂茶业有限公司	玫瑰红糖姜枣茶
			桂圆红枣枸杞茶	浙江艺福堂茶业有限公司	桂圆红枣枸杞茶
			黄桃桑椹山楂火龙果茶	浙江艺福堂茶业有限公司	黄桃桑椹山楂火龙果茶

续表

品类	省份	产区	代表性茶	企业	产品
混合类代用茶	浙江	杭州	玉竹百合金橘茶	浙江艺福堂茶业有限公司	玉竹百合金橘茶
			益生元百香果柠檬茶	浙江艺福堂茶业有限公司	益生元百香果柠檬茶
			桑叶杞菊茶	浙江艺福堂茶业有限公司	桑叶杞菊茶
			山楂乌梅茶	浙江艺福堂茶业有限公司	山楂乌梅茶
			桂圆红枣枸杞玫瑰花茶	浙江艺福堂茶业有限公司	桂圆红枣枸杞玫瑰花茶
			菊苣栀子茶	浙江艺福堂茶业有限公司	菊苣栀子茶
	安徽	亳州	冬瓜荷叶茶	亳州市美芝仟生物科技有限公司	冬瓜荷叶茶

四　总结

2022年6月24日，福茶网科技发展有限公司组织有关专家，对福建农林大学茶叶科技与经济研究所承担的"中国茶叶谱系研究"项目进行验收。专家组听取了项目组的汇报，审阅了相关材料，经讨论和质询，形成如下验收意见。

一是项目组完成了项目要求的任务指标，提供的材料完整、充分，符合验收要求。

二是中国茶叶谱系的设计，大体按茶类、省份、产区、代表性茶、企业、产品的逻辑层级进行理顺（有的茶类下又细分品类），内容全面，逻辑清晰，结构严谨，具有创新性与可操作性。项目组共收集白茶、绿茶、乌龙茶、黄茶、红茶、黑茶、再加工茶、调饮茶、代用茶等9个大类。

三是构建的中国茶叶谱系是目前系统、全面、权威的中国茶叶坐标系，能形象地展示中国茶叶的分布、分支与面貌，为茶叶追根溯源提供学术支撑。

综上，专家组认为该研究完成了合同任务，一致同意通过验收。

参考文献

周春江:《"老鹰茶标准化加工技术及产品活性评价研究"科技成果评价暨省公益技术应用研究项目验收会顺利召开》,《中国茶叶加工》2018年第2期。

B.18
中国茶产业的新特点与变化趋势

欧阳道坤　田友龙　杨京京*

摘　要： 茶为国饮，而在近年来受到热烈关注和较多表扬的茶产业中，新茶饮算其一。综观2021年中国茶产业，传统原叶茶虽依然是中国茶产业的核心，但传统原叶茶这个赛道正在收窄，而在收窄的过程中，必然是内部竞争加剧，促使产品分化与创新加速。因此，本报告基于2021年的中国茶产业发展情况，归纳出了中国茶产业的新特点与变化趋势的六个关键词。

关键词： 品牌两极化　品饮便捷化　赛道多样化　渠道立体化　流量私域化

一　品牌两极化

2021年，全球疫情二轮暴发，企业发展受到极大影响，中国传统茶企似乎更艰难一些。艰难之中必有亮点。亮点一是头部品牌效应凸显；亮点二是个性小微茶企增多。营销上把这种现象称为"品牌两极化"。

茶产业是传统产业，虽然散，但经过多年的市场进化，头部效应已有积累，包括各个茶叶品类的头部、各种茶业态的头部、各个茶赛道的头部、各个茶产业链的头部等。疫情是一个加速器和放大器，头部效应更加突出，形成强者愈强的趋势，原因大抵有三：其一，疫情之下，居民的外出行动减少，此时消费者买茶首选"大品牌"，简化了决策过程，买的是放心；其

---

* 欧阳道坤，中国茶业商学院执行院长，中国茶企领袖俱乐部秘书长，研究方向为茶产业发展；田友龙，弱势品牌营销专家，终端营销专家，研究方向为品牌营销；杨京京，中国茶业商学院院长助理，研究方向为茶叶营销。

二，消费者迭代进行时，新生代更相信品牌，他们买茶时首选"大品牌"，为的是简化采购过程，靠谱就好；其三，品牌企业的实力更强，专业化能力和系统化能力更强，敢于也善于反向发力，此时干扰更小，更容易脱颖而出，优势进一步放大。

中国茶企基本上是非公众公司，数据没有公信力，很难直接证明这一点，但是可以得到有力佐证的是线上的"双十一"数据，2021年"双十一"淘系电商平台上TOP100的茶行业店铺交易总额为4.25亿元，其中TOP10的店铺交易总额为2.29亿元，TOP10的上榜者为大益、CHALI（茶里）、馥益堂、晒白金、八马、中茶、茶颜悦色、陈升号、天福茗茶、艺福堂。

产业经济的基本逻辑是大树底下不长草。通常头部集群都是小企业的墓志铭写成的，这个普遍性规律与茶相遇后却变成了例外。

2021年，传统原叶茶一方面头部品牌突出，但另一方面个性小微茶企数量却在增加。企查查数据显示，2021年第一季度茶企注册数量同比增长17.3%，新增茶企6万多家，新增茶企排名前三的省份分别是广东、福建、云南，广东把玩家与收藏做到极致，福建把品种与工艺做到极致，云南把山头与亚文化做到极致。这就是传统原叶茶的另一极——极致个性化。

中国茶产地物种多样，自然环境复杂，工艺流派繁多，亚文化群落丰富，喝茶方式多样，这是培育极致个性的沃土，或是茶树品种的极致个性，或是微小产区甚至山头的极致个性，或是茶园栽培的极致个性，或是制作工艺的极致个性等。茶产区有不小的个性茶玩家群体，他们培养出了为数众多的个性茶爱好者，在产与销两重力量的相互作用下，个性茶不断细分，追求极致，他们喝的就是"与众不同"，玩的就是"仅此一泡"，说的都是"来之不易"。做出个性似乎不难，但赢家是做到个性的极致，并持之以恒，禁得住诱惑，耐得住寂寞。

两极化的背后是中国传统原叶茶消费者的演变逻辑，如果把茶当作消费品，消费者会逐渐倾向于"大品牌"，然后会有一部分茶的消费者演变成茶的爱好者，甚至再演变成茶的发烧友，茶的爱好者和发烧友就是极致个性茶的追随者、消费者和推动者，这个群体中，少不了一些有钱有闲的玩家。

由此，茶企业面向未来，要么奔向品类头部，要么回归极致个性，中间地带是不安全的。

二 品饮便捷化

传统原叶茶，冲泡与品饮方式都有讲究，泡茶器具、水质与水温、冲泡技术与流程、喝茶的环境与心情，这一套"喝法"不仅复杂、麻烦，而且费时，却能让茶更好喝，包括香气激发、汤色呈现和滋味浸出等，让喝茶有仪式感，这是中国茶的魅力所在。

成也"喝法"，败也"喝法"。这套讲究的"喝法"让喝茶变成了技术活和艺术活，但受到时间、场地和器具的三重限制，对泡茶技术的要求极高。

这套"喝茶"方式，技术上挡住了茶的小白级消费者，便捷性上不适应现代生活的快节奏和多场景，严重制约了原叶茶的消费量。其实，传统原叶茶企早已意识到这个问题，也在寻求原叶茶的"妥协喝法"，即既能基本保留原叶茶的灵魂与魅力，又能让喝茶简单化、便捷化，最好是变成万能泡，不讲究器具，不需要技巧，不受场地限制，简单、方便地泡出一杯不错的茶。在这个方向上，通过多年的努力，2021年出现了一番新景象。如普洱茶的非紧压沱茶（恒印茶业），安化黑茶的轻压茶（冠隆誉茶业），福鼎白茶的迷你紧压茶（品品香茶业），都既可以杯泡也可以闷泡，市场上流行多款"闷泡壶"；还有数家茶企开发出适合杯泡的红茶（润思茶业）、武夷岩茶（艺福堂茶业）、黄茶（抱儿钟秀茶业），推向市场后销售情况都不错；更多企业推出了更便捷的原叶袋泡茶。

茶企业不懈努力，消费者适度妥协，也许有那么一天，中国六大茶都能像绿茶一样万能泡，中国传统原叶茶的消费量将大大增加。

三 赛道多样化

大产业小企业，大品类小品牌，是中国茶的现状。其实中国茶的从业者也并不都是"小富即安"，怀揣梦想与情怀者大有人在，把中国茶产业做强做大，把自己的企业做大做强，茶界同人一直在努力。

中国名优茶的地域性因素，在理论上限制了垂直品牌的规模；碎片化的供应链又造成了茶企的规模不经济；去地域化的标准化大单品战略还在路上，整合供应链和培育消费者都需要时间。茶企怎样实现规模增长？不少茶企早已经尝试打破自我边界，走多元化经营之路。还有的茶企在原先的赛道上无法形成竞争优势，于是积极探索新赛道寻求自我突破。经过多年的实践，2021年曙光初现。

赛道多样性包括两个流派。一个流派是做品类加法，以原叶茶为基础，夯实核心产品的竞争力，在高品质的基础上，针对不同的细分市场推出不同的品类品牌，形成更广阔的市场覆盖，集合成品牌簇群，提高市场竞争力。做品类加法的标杆企业有竹叶青，绿茶品牌有论道和竹叶青，花茶品牌有碧潭飘雪，红茶品牌有万紫千红。

另一个流派是创造物种，一老一新两条腿走路。中国茶界并没有外界想象得那么保守，对新思想和新事物的接受度还是比较高的，运用新技术、新工艺开创新物种，传统茶一直都在积极实践。不少传统茶企低调试水采用萃取技术的各种速溶茶，也有多家传统茶企悄然进入当下火热的新式茶饮赛道，这些茶企中就有大益、八马、正山堂、湖南省茶业集团等头部企业。值得一提的是，贵茶集团在持续优化传统原叶茶经营的基础上，大力发展抹茶产业，2023年，贵茶集团的抹茶业务已经达到中国第一、世界第二的规模。

需要注意的是，"聚焦"是现代企业的经验法则，不相关的多元化是危险的，相关的多元化也必须遵循基本原则，比如，部分供应链和管理后台可以共享，但品牌必须独立，经营团队必须独立。

四　渠道立体化

艾媒咨询研究表明，2021年中国消费者选购茶叶的三大渠道分别是电商平台（56.0%）、茶叶专卖店（55.0%）和线下商超（48.6%）。不仅如此，茶企在"直播热"的助力下不断加码线上渠道多元化建设，短视频直播带货也成为茶企的常态化销售通路，渠道立体化已成为中国茶企的常规战法。

茶企的渠道立体化建设在2021年的表现可圈可点。在线上渠道方面，平台电商已基本普及，各行业、各系统的垂直平台电商在深度开发；社交电商参与者众多；短视频和直播卖茶也在全面发力。在线下渠道方面，已基本覆盖专卖店、茶城、店中店、店中专柜、特产店、旅游渠道等。疫情之下，茶企还在积极开展跨界渠道和创新渠道的探索，而且业绩不俗。但商超板块亮点不多，传统茶企还需努力。

需要指出的是，渠道的开发与运营需要较强的专业性，茶企要量力而行，对于新兴渠道，茶企切不可盲目跟风。此外，渠道与产品是密切相关的，脱离自有产品去开发渠道，茶企得不偿失。

五　流量私域化

移动互联网时代，流量红利消失，众媒兴起。通过内容智造，形成知识体系，通过分发与再创造，就能从公域流量、他域（平台、媒体渠道、合作伙伴等）流量引流到自己的私域（自媒体体系），聚集成自己的流量池，形成品牌的闭环，关键是这个流量池有黏性、能共情、让消费自然发生，还能锁定用户终身，价值巨大，成为中国企业共同奋进的方向。

茶私域流量基因与生俱来，品类物种多元，亚文化多姿多彩，工艺复杂有故事，消费场景丰富有内涵，因此其内容生态也十分繁茂，还自带人设，链接与触达能力十分强大，私域流量前景光明。

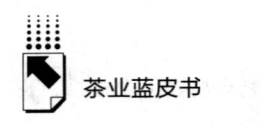

茶产业一直在实践自流量，不少茶企在2021年基本建成了"直播+社群+小程序+双微一抖"的流量池体系，形成独具茶产业特色的"购物助手+话题专家+私人伙伴"的私域流量闭环模型。购物助手如竹叶青导购小程序用产品内容力链接客户，让更多消费者享受到高端绿茶的茶韵，打造私域运营的营销闭环。话题专家如八马，"专业性/场景"内容创造，集聚品牌的超级粉丝，形成兴趣社群，让社群变成品牌的扩音器。私人伙伴如众多的个人IP，为一个特定的小圈子，建立伙伴型关系，提供一站式的茶知识体验与购买服务。

相对于其他行业，茶私域流量池还不大，创意与创作能力还有待提升，但已迈出重要一步，体系初成，假以时日，自流量池将为中国茶插上腾飞的翅膀，助力中国茶走得更快更远。当然，把公域流量、他域流量引流到私域，需要基于优质内容用心经营与创意经营，而不是简单地购买，更不能无底线地蹭热点。与此同时，私域流量需要真心的运营与有温度的维护，不能只是卖茶。

六 资本不喝茶

中国本土有两个文化十分厚重的原生产业，一个是酒，一个是茶。有人说中国社交文化，一半在一杯酒里，一半在一壶茶里，可以说酒与茶都是华夏文明的符号，是人们生活中不可缺的组成部分。

两个厚重的原生产业，在资本市场的际遇却是冰火两重天。酒业巨子林立，备受资本热捧，上市公司众多，还诞生了中国股市市值之王。酒有多热，茶就有多冷。

中国茶企一直很努力。仅2021年就有中茶公司、八马茶业、澜沧古茶三家头部企业向A股发起冲锋。茶企在资本市场上市难，融资难，相对于新茶饮动辄数亿元的融资，传统茶一比三分低。即使往前追溯，融资案例也不多，2021年基本没有传统原叶茶企获得融资的消息。

资本不喝茶，其原因是多方面的。其一，茶企流行从茶园到茶杯全产业链模式，不符合现代产业分工协作的精神，茶企的管理也难以规范化；其二，茶产业农业属性强，技术含量低，生产没有完成工业化，产品没有完成商品化；其三，面对地域物种太多太杂太分散，茶企没有找到自己清晰的商业模式。

茶企上市，口号喊了很多年，一方面，茶企对资本市场的基本规则与核心要求还缺乏了解和把握；另一方面，在茶行业基本特点的背景下，茶企的商业模式不明确，比如，茶企持续增长并持续盈利的商业逻辑不清晰。

中国茶产业，既没有洋为中用，也不能古为今用，我们都在路上。消费者的迭代，营商环境的变迁，技术与工具的进步，永远不会停止。或是洞察变化，应变求变；或在万变中把握不变，持续优化。商业，需要激情和勇气，也需要智慧和理性。

参考文献

陈浩：《奋楫扬帆　顺时而谋　青春早为——写在2022年茶周刊开篇》，《中华合作时报·茶周刊》2022年1月11日。

梁妍：《茶叶市场"新黑马"将走向何处？》，《中华合作时报·茶周刊》2021年10月19日。

B.19 福建政和锦屏村茶产业历史、现状与发展措施

政和县岭腰乡人民政府

摘　要： 福建省产茶历史悠久，茶叶种类繁多，在全国茶产业发展格局中具有独特的地理、气候和区域优势。本报告以福建省政和县锦屏村为例，通过对锦屏村茶产业发展历史、发展原因、发展优势、发展措施进行阐述，以期进一步增强政和茶叶知名度、美誉度、影响力和竞争力，从而助推政和茶产业发展。

关键词： 红茶　贡眉　政和县

一　引言

锦屏村，古名吴家山，始建于五代后周时期（951~960年），南宋绍兴三十二年（1162年）时该村始开采银矿便更名遂应场，取天遂人愿之意，1951年更名为锦屏。距政和县城约40千米，距岭腰乡约20千米。下辖7个自然村13个村民小组，全村547户1957人，常住人口782人。海拔在800~1000米，年均气温13.5℃，冬无严寒，夏无酷暑，森林覆盖率87%，是天然氧吧。境内奇峰叠翠，苍松翠竹，有状元杉、千手观音柳、虎头飞瀑等自然景观，古民居、老茶楼、茶马古道等人文景观。同时，锦屏村还是政和工夫发源地，获评"高山野白第一村"，得天独厚的生态环境孕育出锦屏茶叶，品质居全县之冠。先后获得国家3A级旅游景区、中国历史文化名村、中国传统村落、国家级生态文化村、省级旅游名村、省旅游文化品牌村、第二批省级特色景观旅游名村、省级水利风景区等荣誉，被形象地称为"小九寨沟"，更被誉为

"翡翠锦屏"。

2021年3月,习近平总书记在福建武夷山考察时指出:"要把茶文化、茶产业、茶科技统筹起来,过去茶产业是你们这里脱贫攻坚的支柱产业,今后要成为乡村振兴的支柱产业。"[1] 近年来,锦屏村深入学习贯彻习近平总书记重要讲话精神,立足山青、水秀、生态好、传承久等优势,依托丰富的群体种茶树资源,聚焦茶产业一二三产业融合发展,着力打响"中国贡眉之乡""锦屏野小白"等区域公用品牌,实现生态优势转化为生态价值。

二 锦屏村茶叶发展史

(一)唐朝

锦屏村产茶历史悠久,至今已有1000多年种茶、产茶历史。据陈椽编著《茶业通史》记载:唐末宋初福建茶区形成,建州茶叶从浙江台州、处州的庆元传入政和,经松溪再传到建瓯,后发展出北苑贡茶产区。[2] 而锦屏村位于庆元、松溪、政和三县交界处,位于茶叶传播的必经之路,故锦屏村产茶之初约在唐末宋初。

(二)宋朝

北宋政和五年(1115年),关隶县向徽宗皇帝进贡白茶,徽宗龙颜大悦,将年号"政和"赐作县名,沿用至今。宋朝锦屏所产之茶多数是由"崖林之间偶然生出"的本地小茶野枞加工而成的白毫茶。这种白毫茶通过建州北苑进献给朝廷,故蔡襄在任福建漕运使时有《咏白毫茶》之作:"北苑灵芽天下精,要须过寒入春生。故人偏爱云腴白,佳句遥传玉律清。"[3]

据传,南宋以前遂应民众不知茶叶为何物,南宋以后,遂应银矿开采,

---

[1] 《央视网评丨把茶文化、茶产业、茶科技这篇文章做好》,央视网百家号,2021年3月23日,https://baijiahao.baidu.com/s?id=1695000641139132760&wfr=spider&for=pc。
[2] 陈椽编著《茶业通史》,中国农业出版社,2008,第50页。
[3] 《咏白毫茶》,《政和茶志》,海峡书局,2018,第36页。

四面八方的客商来此经商，有一老翁来到遂应场，教村民辨识茶树，并授以制茶之法，为遂应场制茶之始。后老翁腾云而去，当地人疑茶树是仙人所栽、仙人指点，故将种茶之山称为仙岩山，称茶为仙岩茶。

（三）明朝

据嘉靖《建宁府志》卷20记载，时北苑"设官焙三十有二，小焙十余，又有内园三十六所，以供御食。外园三十八所，以备赐予"。

遂应场银矿从南宋开采至明朝封禁，鼎盛时期，一度成为福建历史上最大的银矿。当地有民谣称："三千买卖客，几万打银人。"在这众多的官焙、民焙中，锦屏因仙岩茶滋味独特，与官银一同进贡。

明洪武三年（1370年）开始大规模开采，据《政和茶志》证实，"遂应场著名的仙岩茶，大多是在明代栽培的。在明武宗正德十六年（1521年）遂应场银矿停采之前的150年间，遂应'三千买卖客'，有不少是做茶叶生意的，他们除了为当地矿工提供茶品外，主要是将'仙岩茶'贩运到外地，一定程度上促进了遂应场茶叶生产的发展"。[1] 人气的兴旺，加速了茶叶采制技术的交流和产品的交易。

明万历二十七年（1599年），知县车鸣时在《政和县志·序》中说："政延袤数百里……然西南十分之九不尽宜于五谷，勤于事事亦足自赡，上播茶粟，下植麻苎……"这一时期，全县各地茶园遍布，特别是在高海拔的山区（即西、南里），几乎无村不种茶。如今锦屏村遍布山间河畔的古茶树，大多是在那时种植的。

三 锦屏村红茶概况

（一）红茶分类

红茶，按加工工艺分为小种红茶、工夫红茶和红碎茶三类，其中工夫红

---

[1] 《政和茶志》，第38~39页。

茶中的闽红分白琳工夫、坦洋工夫和政和工夫三种。

采用政和大白茶制成的"政和工夫红茶"，是闽红三大工夫的上品。外形近似滇红，条索粗壮，色泽乌润，披金毫；冲泡后，香气浓而鲜甜，滋味浓厚，汤色红艳具"金圈"，有罗兰香，叶底肥壮。

采用政和大白茶、浙农12、浙农139、浙农121、福鼎大白茶、龙井43等品种制成的红碎茶中，政和大白茶的品质最优，其品质特征：外形颗粒细匀，乌黑油润；香气浓，带甜香；汤色红深明亮；滋味浓强鲜；叶底红明亮。

（二）锦屏村红茶之兴盛

为何锦屏这么一个偏僻的村庄，能有如此辉煌的红茶历史，不仅走出大山，走向福州，甚至走出国门远销海外？

1. 遂应红茶的兴起

武夷茶声名远扬，开设茶厂之风从武夷山蔓延到周边地区。蒋蘅说："瓯宁一邑，不下千厂，每厂大者百余人，小亦数十人，千厂则万人，兼以客贩担夫，络绎道途，充塞逆旅，合计又数千人。田不加辟，而岁多此万数千人耗食，米价安得不贵。"① 锦屏距武夷山不远，因此产茶设厂之风也在当时开始兴盛。民国《崇安县新志》载："武夷茶，始于唐，盛于宋、元，衰于明，而复兴于清。"②

自1662年嗜好饮茶的葡萄牙公主凯瑟琳嫁给英国国王查理二世后，饮茶风尚逐渐推广于英国宫廷。英国进口中国红、绿两种茶叶，红茶占绝大比例，英国进口的中国茶叶，绿茶主要来源于安徽、江苏、浙江三省，红茶主要源于福建武夷山区。"闽东福宁府诸县，起初采制绿茶供自饮，海禁开放后，开始采制红茶。"③ 正因为当时国外偏好红茶，福建红茶

---

① 蒋蘅：《云寥山人诗钞》卷2《禁开茶山议》，第21页。
② 民国《崇安县新志》，1942年本。
③ 《19世纪的茶叶革命：英、俄联手破除中国茶叶垄断》，澎湃新闻，2016年6月21日，https://www.thepaper.cn/newsDetail_forward_1467622。

开始兴盛。

从 1815 年起,东印度公司在茶叶贸易中获得的利润占其商业总利润的 90%。英国每年征收的茶叶税占英国国库全部收入的 10%。1839 年,英国从中国进口茶叶达 4000 多万英镑,超过了英国财政的全年收入。

2. 福州通商口岸之争

在茶叶对外贸易中,欧洲人以武夷茶为中国茶之总称,称作 Bohea(武夷的讹音)。从星村到广州全程 1400 千米,路途遥远,关卡林立,人挑畜驮行程 45 天。从星村北运至上海,全程 900 千米,行程 30 天。福州与上海和广州相比,离武夷山较近,水陆交通也较为便利,武夷茶从星村顺流而下,仅 4 天就可到达福州。仅就运茶到广州与福州之间的费用的差别来说,每担可节省 4 两,那么每年 15 万担,一年就可节省 60 万两。

王尔敏在《五口通商变局》一书中指出:"武夷茶为英商要求福州口岸之最大吸引条件。"曾任江苏巡抚的梁章钜更是直截了当地指出,"该夷所必须者,中国之茶叶,而崇安所产,尤该夷所醉心。既得福州,则可以渐达崇安。"① 英国政府选定福州为通商口岸的关键原因,在于福州距离武夷茶产区较近。

1853 年,太平天国运动在华南和江南地区打乱了武夷茶叶经过广州和上海的对英贸易路线,使英美洋行和福州官府开辟了武夷茶叶对英贸易的福州线路。武夷茶叶经由福州口岸出口后,迎来了快速发展的历史时期,正如班思德所言,"各国船只驶闽运茶者遂呈争先恐后之状,福州由是遂成驰名世界之茶叶集中地"。②

福州从 1853 年解除海禁之后,输出的茶叶数量迅速增长,1856 年就超过了广州成为中国第二大茶叶出口港。占全国茶叶出口的比重也迅速上升,

---

① 《派江吻海,有福之州!世界遗产大会在这里拉开帷幕》,环球网百家号,2021 年 7 月 18 日,https://baijiahao.baidu.com/s?id=1705591603752611324&wfr=spider&for=pc。
② 《你不知道的福建⑧ | 报人与茶》,澎湃新闻,2022 年 6 月 29 日,https://www.thepaper.cn/newsDetail_forward_18798216。

1855年占14%，到1860年就占了35%。这种盛况一直延续到1886年前后，这三十多年是武夷茶叶对英贸易最为辉煌的时期。

清中叶以前，政和茶叶外销渠道不畅，甚至有茶无市。清乾隆五十五年（1790年），政邑知县蒋周南有《咏茶》诗一首："丛丛佳茗被岩阿，细雨抽芽簇实柯；谁信芳根枯北苑？别饶灵草产东和。上春分焙工微拙，小市盈筐贩去多；列肆武夷山下卖，楚材晋用怅如何。"① "东和"是政和的别号，这首诗既反映了清朝初期政和产茶的盛况，也感叹政和县的优质茶叶没有自己的外销渠道，而要送到武夷山拼入武夷茶。

3. 清末民初的发展

锦屏村作为贡茶主产区，进贡的历史一直持续到清同治十三年（1874年），遂应工夫红茶出现。在此之前，一直以加工简单、方便保存运输的白茶为主。在工夫红茶加工技艺流传到遂应场后，以遂应场小茶为原料制作的工夫红茶，其香味、汤色、口感、品质上乘，从此声名大噪。此后，锦屏村形成工夫红茶、贡眉白茶两大茶类同时生产的鼎盛局面。

清朝中叶以后，遂应场茶栽培、加工和流通均呈现空前繁荣景象。据陈椽编著《茶业通史》记载，同治十三年，江西赵姓茶商来到遂应场，以当地小叶种茶为原料创制红茶，称为"遂应场仙岩工夫"。"咸丰年间，福建政和有一百多家制茶厂，雇用工人多至千计；同治年间，有数十家私营制茶厂，出茶多至万余箱。"② 这一时期，遂应场茶叶生产也得到空前发展，所产红茶供不应求，均出口外销，茶庄林立。乡绅叶之翔因经营茶叶而成为富商。

清光绪二十二年（1896年），叶之翔等人以政和大白茶为原料制作工夫红茶，始称"政和工夫"，成为"闽红"三大工夫茶之首。由于技艺精湛，品质高，工夫红茶声名鹊起，成就了松溪、政和的茶市兴旺，也引出了从松溪、政和经寿宁斜滩到福安赛岐港的茶盐古道，将松溪、

---

① 《政和茶志》，第3页。
② 《政和茶志》，第42页。

政和茶叶从陆路运至赛岐港后再经海运外销,远销俄、美等国家。

由于遂应仙岩茶品质特佳,运至福州后受到各家茶行青睐,且被省城各大茶行视为标样茶,每年都要待仙岩茶运到后方定价开市,茶商看到标有这种招牌的茶箱运到,不多问,全部收入便是。名品戴誉,数年间茶商云集遂应场,茶号纷纷创立,最多时在遂应场有"万春生""万先春""万新春"等茶号20余家。而在县城也有"之恭""金圃""裕成"等茶庄。所产茶由英国的裕昌洋行、德国的禅成洋行抢购包销。

清光绪初、1900~1914年、1925~1932年,是政和工夫繁荣的三个时期,年产量都在两万多担,根据《政和县志》记载:"欧战前,茶叶这项年收入在三十万以上(银圆)。"

光绪十一年(1885年)茶商公捐巨款修葺义仓。光绪十三年腊月,叶之翔独资在邑南状元峰建元峰书院,翌年九月完工,工程浩大,费用不赀,此又证明茶商获利之厚,为政和茶复兴之时期。政和有此光荣灿烂之历史,宜乎政和工夫驰名欧美,占领世界市场。

1914~1918年,政和县茶业出现兴旺局面,茶行遍布城乡,其中遂应场"万新春"、"万先春"、"万春生"(万裕生)等,所产茶叶全部运往福州再转销世界各地。

1926年,锦屏茶叶因其品质及风味纯正精良,深得海外客商推崇,为肃清假伪产品,遂应场万先春茶行以英文发布《打假声明》,其中第一段为:"We the undersigned have established ourselves at the Soy Eng Chiong District for over one hundred years purchasing and manufacturing Teas from the 'King Ping' Hills which have been well known in China and other countries。"[我方即商标注册人(万先春),在遂应场成立有一百多年的历史,从锦屏山采购和生产出来的茶叶在中国和其他国家有很高的知名度]其在遂应场已建厂100多年生产仙岩工夫,则遂应场创制工夫红茶时间当在道光六年(1826年)之前,比同治十三年(1874年)早近半个世纪。从中可见锦屏茶产业的辉煌往事。

四 锦屏村白茶概况（主要是贡眉）

（一）白茶分类

白茶根据不同的茶树品种，又可分为大白茶（白毫银针、牡丹、寿眉）和小白茶（贡眉）。其中，小白茶是以群体种茶树品种的嫩梢为原料，经萎凋、干燥、拣剔等特定工艺制成的白茶产品。根据白茶的国家标准，小白茶（贡眉）按照品质可分为四个等级，分别为特级、一级、二级、三级（见表1）。

表1 贡眉的等级

级别	外形				内质			
	条索	整碎	净度	色泽	香气	滋味	汤色	叶底
特级	叶态卷、有毫心	匀整	洁净	灰绿或墨绿	鲜嫩、有毫香	清甜鲜爽	橙黄	有芽尖、叶张嫩亮
一级	叶态尚卷、毫尖尚显	较匀	较洁净	尚灰绿	鲜纯、有嫩香	醇厚尚爽	尚橙黄	稍有芽尖、叶张软尚亮
二级	叶态略卷稍展、有破张	尚匀	夹黄片铁板片少量蜡片	灰绿稍暗、夹红	浓纯	浓厚	深黄	叶张较粗、稍摊、有红张
三级	叶张平展、破张多	欠匀	含鱼叶蜡片较多	灰黄夹红稍葳	浓、稍粗	厚、稍粗	深黄微红	叶张粗杂、红张多

资料来源：中华人民共和国国家标准GB/T 22291-2017。

（二）锦屏村群体种茶树与贡眉

1. 群体种茶树概念

群体种茶树并非特指某个茶树品种，而是指当地土生土长的有性繁殖的群体种茶树，其品种繁多，茶树发芽时间、发芽位置、叶片大小、新梢持嫩性等性状均不一致，属于在某个空间内互相繁殖成长的茶树统称。

群体种茶树是优质品种茶之母。群体种茶属野生种，在漫长的岁月里任其野生形成了不确定性、多样性的特征。

2. 群体种茶树分类

锦屏村群体种茶树大致可以分为八个不同类型：圆叶类、小圆叶类、瓜子叶类、长叶类、小长叶类、水仙类、阔叶类、苦瓜类。

3. 群体种茶树特征

锦屏村群体种茶树属灌木型，中、小叶类，树姿开展或半开展，低分枝。叶多水平着生，多呈长椭圆形，叶色多浓绿具有光泽，亦有暗绿缺光泽，叶肉多数较厚，大部叶长5~8厘米，宽2~3厘米，大部侧脉7~9对，叶缘平整，锯齿较齐，大部20~30对。树大或中等，直径多为4厘米左右，花瓣多为6~7瓣，雌蕊多半多于雄蕊，子房多数密生绒毛，结实率中等。嫩芽梢较短小，色绿或稍带紫红，芽毫一般。属中迟芽种，3月下旬萌芽，4月上中旬开采，11月中旬停止生长。抗逆性较强，较耐旱耐寒，病害较少。

锦屏村因其境内丰富的群体种茶树资源，于2018年被划入福建省茶树优异种质资源保护基地，2021年全省首个优质优异茶树种质资源野外定点观测站落户锦屏村。

4. 群体种茶树的优势

锦屏村群体种茶树实生苗，有垂直的主根，因此茶树的抗逆性及抗旱性好，同时深入土层深处茶树更容易获取更多的矿物质，所以群体种制成的贡眉内含物质含量更高。

锦屏村群体种茶树出于历史原因而野放荒弃，更少受到人为干预，自然生长、优胜劣汰，普遍树龄较长，保留了独特的野韵山场特征，不仅新茶时期就体现出汤厚、韵深、香气穿透力强、汤厚且耐泡度高等特点，后期转化过程中在香气滋味的呈现上也有优势。

（三）锦屏村贡眉发展优势

1. 地理环境优越

锦屏村森林覆盖率达87%，森林茂密，土壤以砂砾土为主，通透性好，茶树扎根深，又有腐殖质为营养物质，土壤有机质含量高达3.0%。得益于矿藏的分布，一些微妙的矿物质给了茶树良好的影响，所以锦屏村的贡眉品质居全县同类茶之冠。

2. 水源内含物丰富

锦屏村位于乐溪流域源头，一条清澈见底的溪流贯穿全乡，水色碧绿，犹如翡翠。溪流水源自虎头漈瀑布上方万亩原始森林，沿着乐溪峡谷滋养着岭腰茶园，好山好水出好茶，清澈、甘冽、富含矿物质的溪流造就了岭腰贡眉独特的品质。

3. 生态环境优美

锦屏村栖息着猕猴、鸳鸯、白鹇等野生动物，还保留有银杏、穗花杉等比较丰富的第三纪和第四纪以前古老科属和孑遗植物。海拔为800~1000米，年降水量1900毫米，年均气温13.5℃，有利于茶叶芳香物质及氨基酸积累。优美的自然生态环境为茶树生长提供了绝佳的条件。

4. 茶树栽培历史悠久

锦屏村群体种茶树栽培历史已有1000多年，全乡群体种茶树面积为8000余亩，树龄大多在百年以上，2018年岭腰乡被列为福建省茶树优异种质资源保护区，2021年福建省首个原生茶树种质资源野外定点观测站落户岭腰。群体种茶树抗逆性较强，较耐旱、耐寒，病虫害较少，品质上乘，是最适宜制作贡眉的茶叶原料。所产贡眉特点是入口顺滑，汤稠水润，有独特的幽兰香。

5. 现存古茶树价值高

政和县现存最古老的茶树，生于明万历年间，长在锦屏村仙岩山下的一条石沟之中，它从岩石缝里长出来，历经400多年风吹雨打，非但没有枯萎死亡，反而枝繁叶茂，树干直径12厘米，树高3米，树冠直径3.5米。现在主干虽已枯死砍掉，但树高还有2米左右，每年可采茶青8公斤，是茶中之王。

6. 茶园分布范围广

锦屏村现有茶园面积5000余亩，其中小茶园面积3500余亩。锦屏村小采茶树种基本在百年以上，其中树龄 200~300 年的古茶树有近 300 棵，主要分布在：上场铜坑（虎头漈瀑布上原始森林内）40 余棵；茶叶优质种子资源保护基地内 50 余棵；古隘口燕子坪附近 30 余棵；古银洞景区旁 20 余棵；松林岛 2 棵；大林洞自然村 50 余棵；锡坑自然村 50 余棵；北岩自然村 50 余棵；岩根自然村 30 余棵。值得一提的是，在锦屏下场楒坪还有一棵 400 余年的政和大白母树。

（四）锦屏村贡眉产业发展措施

1. 下派书记：建机制，打基础

农村党支部在农村各项工作中居于领导核心地位，要从整体上破解"三农"难题，必须抓好村党支部书记这支关键队伍的建设。受下派科技特派员工作的鼓舞和启示，南平市委、市政府及时将这一方法应用于村党支部书记这支农村带头人队伍的建设。全市陆续从市、县、乡三级党政机关和事业单位中选派优秀后备干部，到问题较多的行政村去，经村党支部大会选举后担任党支部书记，主要任务是为农村基层"找好一条路子、建好一个机制、带好一个班子、打好一个基础"。如通过下派书记，建设茶青交易市场、成立岭腰乡贡眉茶协会等，为产业发展搭建平台等。

2. 科技特派员：提质量，赋内涵

为满足许多农民提出的由政府派出农技人员帮助他们依靠科技兴农致富的要求，南平市委、市政府从市县两级涉农部门、农业科研院所以及部分乡镇农技站中，选派农业科技人员到各行政村担任科技特派员。通过科技力量发展茶产业，建设生态茶园、选育优质单株，把优势做优、特色做特。如省农科院茶科所所长陈常颂调研锦屏古茶园群体种茶树资源；省级科技特派员、武夷学院高级农艺师张见明调研选育优异群体种茶树品种；等等。

3. 流通环节：拓渠道，增收入

农产品难卖问题是困扰农村经济发展和农民增收的一大难题，而导致这一难题的一个重要原因，是农民自发组织的流通组织规模小、分散，难以在农产品流通中充分发挥作用。为有效解决这一问题，南平市委、市政

府从机关抽调了有营销经验的机关干部到乡镇担任流通助理，主要任务是把分散的农民经纪人队伍组织起来，围绕产品或产业形成区域性的农产品流通组织或专业协会，运用现代化的营销方式，拓宽流通渠道，积极开拓市场。如推出"锦小仙"系列产品，建立贡眉溯源体系，提高产品辨识度、附加值，同时开发直播带货等新业态，拓宽流通渠道，把好产品卖出好价格等。

政和茶叶生产历史悠久，不仅感官品质独特，保健价值也高。同时，茶叶市场的拓展和国家标准的修订，不仅使政和茶叶的知名度、美誉度、影响力和竞争力明显增强，还对改善生态环境、提高质量安全水平有着重要意义，将进一步促进政和茶产业快速、持续及和谐发展。

参考文献

朱步泉等：《遂应场茶史专记》，《福建茶叶》2020年第10期。
赖江坤：《1853年福州茶市开辟的历史原因再探》，《闽西职业技术学院学报》2017年第4期。
叶乃兴等：《政和大白茶的品种特性》，《福建茶叶》2009年第1期。
徐晓望：《鸦片战争前后中英茶叶贸易的口岸之争》，《福建论坛》（人文社会科学版）2015年第8期。
邱志华、高建生、余仕军：《突出重围》，《中国企业报》2008年12月26日。
程镇芳：《鸦片战争与福州茶港的兴起》，《福建论坛》（文史哲版）1985年第6期。
高瑞华：《五口通商后福州港对外茶叶贸易的兴衰》，《广东茶业》2019年第4期。
朱步泉、施成就：《松溪白茶史寻迹（续）》，《福建茶叶》2021年第12期。
刘小婧：《科技特派员制度实施与乡村高质量发展水平的耦合分析——以福建省为例》，《科技和产业》2023年第3期。
林燕萍、黄毅彪、郭雅玲：《白茶优异品质成因分析与品鉴要领》，《武夷学院学报》2021年第2期。

Abstract

China is the largest producers and consumers of tea in the world, and plays a significant role in the global tea trade. In 2022, China's tea production reached 3.342 million tons, the area of tea plantations reached 3389 thousand hectares, and the cumulative export volume of tea reached 375300 tons, an increase of 1.59% year-on-year, hitting a new high. With its absolute proportion of tea in the world, Chinese tea has profoundly influenced and led the development of the global tea industry. Thus, it is important to examine productivity of tea, channels of tea distribution, the imbalance between supply and demand in China's tea industry, the differences in tea exports, and current situation of China's tea industry.

Since China's position on the global tea industry is getting more and more important, this series of books was devoted to examine the current situation and medium term prospects for production, consumption and trade of tea, combined with hot topics in the development of the tea industry from the perspective of science and technology studies. As the data collection in the tea industry is rather complicated, each book was determined to integrate data with combination of technical innovations and new perspectives by using scientific method in a technology view the basis of previous reports, the main contents of this book, combined with new problems and new situations of China's tea industry in 2020 can be summarized as follows.

Overall analysis of China's tea industry. Chapter one is a systematic effort to arrange, analyze and examine the development of China's tea industry in terms of production, distribution, consumption and culture. Based on new problems and new situations of China's tea industry, this chapter addresses the key topics including imbalance in the development and imbalance between supply and demand in China's tea industry, tourism of tea culture, the effect of the "Belt and Road" initiative on China's tea export, etc. Regional reports of China's tea industry. To follow the traditions of previous reports, chapter two outlines the characteristics of dynamic variation of China's tea industry in recent years by analyzing the recent developments of each tea area in China. Reports on China's tea industry of selected topics. The development trend of the tea industry since 2020 is analyzed in detail. The overall development of "tea culture, tea industry and tea science and technology" in China, the emergence of Chinese tea lineage, tea regional public brand value, tea yield level and tea industry policy and other factors have a positive role in promoting the expansion of tea garden planting area in tea areas; the tea industry presents six characteristics: "brand polarization, drinking convenience, diversified track, three-dimensional channels, private flow domain, capital does not drink tea".

Keywords: Tea Industry; Big Data; Tea

Contents

I General Report

B.1 Annual Development Report on China's Tea Industry
    Yang Jiangfan, Guan Xi, Fu Yan, Chen Danyang and Zheng Jiahui / 001

    Abstract: By using the data from *China Statistical Yearbook*, *China Rural Statistical Yearbook*, the website of the Ministry of Commerce and survey, combined with the new trend of tea industry since 2020, the report summarized the development in production, circulation, consumption and trade of Chinese tea industry, and analyzed the "Belt and Road" tea export effect, tea culture economy, tea e-commerce, in order to promote the development of Chinese tea industry with high-quality.
    Keywords: Tea Industry; "Belt and Road"; Tea Culture

II Regional Reports

B.2 The Research Report on Tea Industry's Development
    of Fujian Province   *Zheng Naihui, Jiang Ling* / 058

    Abstract: By summarizing the development of the planting, processing, quality and safety, tea culture tourism and tea e-commerce of the Fujian tea industry, the development results and existing problems of the Fujian tea industry were analyzed, and the policy suggestions for promoting the further development of the Fujian tea industry were put forward from the aspects of ecological tea garden construction, scientific and technological level improvement, financing environment improvement, brand building and sales channel construction.

Keywords: Tea Industry; Tea Culture; Fujian Province

B.3 The Research Report on Tea Industry's Development of Yunnan Province

Zhou Hongjie, Li Yali, Tian Di, Deng Xiujuan, Wang Zhihui,
Yu Juan and Huang Yuan / 101

Abstract: In 2022, Yunnan Province will maintain the first place in the country in terms of tea planting area and output. The export of tea is dominated by black tea, green tea and pu-erh tea. With the development of the market economy, more and more pu-erh tea enterprises in Yunnan Province will combine tea planting, processing and tea sales, forming a multi-channel trading mode, sales channels and consumption methods are becoming more and more diversified, around the tea planting, production, processing, packaging and other tea industry chains, and gradually derived a variety of additional industries such as tea garden tourism, tea culture tourism, tea culture and creative products, and the tea industry complement each other, close interaction, showing the development trend of the original shape of coordination and linkage. The intensive processing of the tea industry in Yunnan Province will promote the continuous upgrading of the industry in the future.

Keywords: Pu-erh Tea; Tea Industry; Tea Culture; Yunnan Province

B.4 The Research Report on Tea Industry's Development of Sichuan Province　　　*Zhang Dongchuan, Li Jie* / 140

Abstract: Sichuan is a major tea province, the birthplace of tea trees and the birthplace of tea culture, and the advantageous area of famous and high-quality green tea and export tea in the upper and middle reaches of the Yangtze River planned by the state. In recent years, the provincial party committee and the provincial government have attached great importance to the development of the Sichuan tea industry, taking refined Sichuan tea as the key development of the "5+1" modern industrial system, and giving priority to the development of the "10+3" industrial system of modern agriculture.

Keywords: Tea Industry; Refined Sichuan Tea; Modern Agriculture; Sichuan Province

B.5 The Research Report on Tea Industry's Development of Guizhou Province　　*Yang Wen, Pan Ke and Liu Jianjun* / 153

Abstract: Guizhou is recognized as an important production area of high-quality green tea in China, and the unique quality of "emerald green, tender chestnut aroma and strong refreshing taste" has laid a solid foundation for the production of high-quality green tea in Guizhou. This paper systematically summarizes the development of the tea industry in Guizhou Province in recent years from seven aspects, including tea garden construction, tea processing, tea culture, tea science and technology, tea education, tea digitalization, and tea estate, and puts forward future development ideas and suggestions for the existing problems.

Keywords: Tea Industry; Tea Tourism Integration; Guizhou Province

B.6 The Research Report on Tea Industry's Development
　　　　of Hubei Province　　　　*Zong Qingbo, Zeng Weichao* / 176

Abstract: Tea industry is an advantageous industry in Hubei Province and an important industry to solve the problems of agriculture, rural areas and rural areas. Hubei Province has six major types of tea, among which green tea is the mainstay, and the number of "China's famous tea township" and "national key tea-producing counties" is increasing, which has formed a tea advantageous area. From 2020 to 2022, with the great attention of leaders at all levels and the joint efforts of major tea areas, Hubei tea industry has developed rapidly and has a high degree of social concern, and has become a characteristic and advantageous industry for the social and economic development of rural areas in the mountainous areas of the province.

Keywords: Characteristic Industry; Integration of "Three Industries"; Rural Revitalization; Hubei Province

B.7 The Research Report on Tea Industry's Development
　　　　of Hunan Province
　　　　　　Xiao Lizheng, Chen Daihui, Wang Zhun, Wu Chongyue and
　　　　　　　　　　　　　　　　　　　　　　　　Yin Zhong / 201

Abstract: In 2021, the comprehensive output value of the tea industry in Hunan Province will exceed 100 billion yuan for the first time, and a good situation of increasing the income of tea farmers, increasing the efficiency of enterprises, increasing taxes by the government, and sustainable development of the industry has been initially realized. Hunan Province adheres to cultivates high-quality technical and skilled professionals working in the front line of the tea industry, and strives to build five provincial public brands of "Xiaoxiang Tea", "Hunan Black Tea", "Anhua Black Tea", "Yueyang Yellow Tea" and

"Sangzhi White Tea".

Keywords: Tea Industry; Hunan Tea Culture; Multi-tea Production and Marketing Pattern; Hunan Province

B.8 The Research Report on Tea Industry's Development of Zhejiang Province *Su Zhucheng, Huang Handan / 244*

Abstract: In recent years, the tea industry in Zhejiang Province has maintained a good development momentum. The online sales of tea in Zhejiang continue to develop, and the content and form of tea culture activities are rich, which has a positive effect on the promotion of tea in Zhejiang Province. As a "strong province of green tea", Zhejiang Province is still the core industry of Zhejiang Province to maintain a dominant position in tea. At present, the shortage of tea pickers in Zhejiang Province has caused the operating costs to rise and the profit margin has been squeezed, and the profits of the tea industry can be further increased by improving the degree of mechanization and carrying out the development of "tea + N" and tea tourism and other industrial integration.

Keywords: Tea Industry; Green Tea; Zhejiang Province

B.9 The Research Report on Tea Industry's Development of Anhui Province

Sun Chen, Li Daxiang, Shen Zhougao and Sun Tong / 276

Abstract: In 2022, the area of tea gardens in Anhui Province will stabilize at 3.2 million mu, of which the area of tea gardens mined will be 2.9729 million mu, the output of dry hair tea will be 169400 tons, and the comprehensive output value of tea will reach 73.468 billion yuan. The development results of the tea industry in Anhui Province: the output value is stable and progressive, the green prevention and control has shown initial results, the management of tea gardens has been upgraded, the main body of business has grown steadily, the rapid development of intensive processing, and foreign trade has been steady and steady, but there are still problems such as continuous increase in production costs, insufficient excavation of benefits per mu, low level of modern operation, lack of focus on brand promotion, and insufficient scientific and technological support.

Keywords: Green Prevention and Control; "Three Teas" Co-ordination; Anhui Province

B.10 The Research Report on Tea Industry's Development of Guangdong Province *Chen Haoyang* / 291

Abstract: As the largest tea consumption province and circulation province in the country, from 2020 to 2022, the average annual growth rate of tea garden area, total tea output and dry hair tea output value in Guangdong Province will be about 12.78%, 12.00% and 13.58% respectively, and the average yield per mu and output value of tea gardens in the province are among the top in the country and higher than the national average. Guangdong mainly produces oolong tea, green tea and black tea, and the annual output of various tea categories has continued to maintain a good trend of steady growth since the "13th Five-Year Plan". In terms of tea processing, the development of "Yinghong No. 9" processing process continuous, automated and clean production line, continuous innovation and improvement of processing technology, so that the production and processing capacity has been steadily improved, research and development integration of "quality and health-oriented Guangdong tea resources innovation and utilization of key technologies and applications" and "Yinghong No. 9 functional ingredient activity research and new product development and application" two important technical achievements, has achieved significant economic and social benefits. It has made an important contribution to the innovative utilization of Guangdong tea resources leading the quality and health orientation.

Keywords: Tea Production; Brand Building; Tea Tourism; Guangdong Province

B.11 The Research Report on Tea Industry's Development of Guangxi Zhuang Autonomous Region

Zhou Yanhui, Hu Qiming and Sun Qinglei / 310

Abstract: Tea industry is the dominant characteristic industry in Guangxi, mostly distributed in mountainous areas, is a green industry to increase farmers' income and get rich, and is also a leading industry for rural revitalization in poverty-stricken areas. In recent years, the Party Committee and the government of the Autonomous region have issued a number of policies to support the development of the tea industry, through the implementation of green and efficient tea garden construction project, tea processing level improvement project, brand improvement and marketing system construction project, and other "seven major projects" to build the whole tea industry chain, solve the problems existing in industrial development, expand and improve the quality and efficiency of the tea industry, and promote the high-quality development of the tea industry.

Keywords: Tea Industry; Tea Culture; Guangxi Zhuang Autonomous Region

B.12 The Research Report on Tea Industry's Development of Henan Province

Zhou Qiongqiong, Zhao Renliang and Wang Long / 332

Abstract: The tea industry is a regional characteristic industry in Henan Province, a green industry for farmers to increase their income and get rich, and a leading industry for rural revitalization in some areas. In 2023, the tea garden area of Henan Province will be 2.4024 million mu, the output of dry hair tea will reach 102000 tons, and the output value will be 18.7 billion yuan, an increase of 17.11% over 2021. By expounding the advantages and disadvantages, development practices and achievements of the development of the tea industry in Henan Province, the development direction of the tea industry in Henan Province is introduced: guided by market demand, based on the development of tea consumer groups in the province, and focusing on "building a base, adjusting the structure, creating a brand, cultivating a leader, and driving culture", so as to boost the tea industry in Henan Province to achieve leapfrog development.

Keywords: Tea Industry; "Three Teas" Co-ordination; Brand Building; Henan Province

B.13 The Research Report on Tea Industry's Development of Jiangxi Province

Li Daohe, Chen Jianghua and Zhong Tianyue / 340

Abstract: In 2023, the planting area of tea plantations in Jiangxi Province reached 123919 hectares, ranking 10th in the country, an increase of 6226 hectares year-on-year, with a growth rate of 5.29%. Jiangxi Province is the spiritual highland of "Wanli Tea Road" to spread Chinese tea culture, is the longest section of the water channel of the entire tea ceremony, Jiangxi Province takes "Jiangxi Tea, Fragrant World" as the theme, takes the millennium tea porcelain culture as the carrier, and takes the ecological, green and organic as the direction to improve the quality of tea, accelerate brand integration, open up the international and domestic tea market, form a modern tea industry development pattern with distinctive characteristics and best-selling market, and realize the revitalization and development of Jiangxi tea industry.

Keywords: Tea Industry; "Wanli Tea Ceremony"; Jiangxi Province

B.14　The Research Report on Tea Industry's Development of

　　　Chongqing Municipality　　　*He Ding*, *Zhang Kai* / 358

Abstract: The period 2020-2021 is the historical intersection of the "Two Centenary Goals" and the first five-year plan for a new era. Chongqing municipality attaches great importance to the development of the tea industry, relevant departments have introduced corresponding policies and measures, increase policy subsidies, integrate relevant special funds, based on resource advantages, highlight green leadership, strengthen scientific and technological support, adhere to stabilizing the area, adjusting the structure, improving quality, strengthening the brand, expanding the market, and increasing efficiency, accelerate the transformation and upgrading of the tea industry, and promote the development of the tea industry to improve quality and efficiency and the continuous growth of tea farmers.

Keywords: Tea Industry; Resource Advantages; Chongqing Municipality

B.15　The Research Report on Tea Industry's Development of

　　　Shandong Province　　*Li Zhonghua*, *Li Yusheng and Li Meng* / 373

Abstract: Shandong Province is an important producing area of "South tea from the north" and an important province of "South tea from the north". This paper summarizes the tea industry in Shandong Province from the aspects of production link, circulation and consumption link, tea culture and industry integration link, and various tea development. Since 2020, Shandong Province has attached great importance to the development of the tea industry, and has made investment and support in policy, science and technology, capital, talent and model innovation, which has played a role in promoting the development of the tea industry. In 2021, the province's tea garden area, clonal tea garden area, organic tea garden area, production area, comprehensive output value, export earnings, income of tea farmers and industrial integration and development have further development. The pattern of tea industry in Shandong Province is basically formed, with the development of green tea as the main, the production of famous and excellent tea as the breakthrough, and the development of high quality as the goal. At the same time, this paper analyzes some bottleneck problems faced by Shandong tea industry in the development, and proposes to strengthen the top-level design, strengthen policy guidance and support, optimize the supply capacity and level, improve the innovation ability of tea enterprises, actively cultivate new business subjects, play a leading role, strengthen brand construction, improve the core competitiveness of the brand. Strengthen scientific and technological support, strive to improve the scientific and technological content of the industry, continue to promote the overall planning of the "three teas", promote the high-level development of the industry, promote the integrated development of tea tourism, health and culture, and lengthen the development of the tea industry chain.

Keywords: Tea Industry; High-quality Development; Shandong Province

B.16 The Research Report on Tea Industry's Development of Jiangsu Province　　*Wang Yuhua, Li Mou and Zhao Zhen* / 396

Abstract: From 2019 to 2021, tea production in Jiangsu Province was generally stable, and the total planting area was basically the same as that in 2018, but the output decreased slightly. At the same time, the government of Jiangsu tea producing area actively guides the development of tea enterprises to develop public brands, promote the integration of tea tourism, and focus on the development of tea milling production based on the mechanized operation of harvesting and processing, and vigorously develop the tea deep processing industry, showing the new development characteristics of the tea industry in Jiangsu Province.

Keywords: Tea Brand Building; Tea Tourism Integration; Tea Industry; Jiangsu Province

Ⅲ Special Reports

B.17 Lineage Construction of China's Tea

The Research Team Lineage Construction of China's Tea / 419

Abstract: China tea has a long history, China tea resources are rich, a wide variety of tea, 20 provinces produce tea, is the only country in the world to produce white tea, green tea, green tea, yellow tea, black tea, dark tea six tea, the market variety of tea products, confusing the identification of consumers. The research on the lineage of Chinese tea aims to create the most systematic, comprehensive and authoritative coordinate system for Chinese tea, show the distribution, branch and appearance of Chinese tea, and provide academic support for the tracing of tea. At the same time, "Chinese Tea Spectrum" is conducive to promoting the building of the digital base of the tea industry and the coordinate system of Chinese tea culture, and strengthening the integrity and systematization of Chinese tea culture.

Keywords: Tea Lineage; Tea Industry; Tea Culture

B.18 The New Characteristics and Changing Trends of China's Tea Industry

Ouyang Daokun, Tian Youlong and Yang Jingjing / 465

Abstract: Tea is a national drink, and in the tea industry that has been warmly concerned and praised more in recent years, the new tea drink is one of them. When scanning the Chinese tea industry in 2021, although traditional original tea is still the core and main board of China's tea industry, it is predicted that the traditional original tea track is narrowing, and in the historical process of narrowing, internal competition and industry differentiation and innovation are intensify. Therefore, in this paper, aiming at the Chinese tea industry in 2021, it summarizes six key words designed to analyze the new characteristics and changing trends of the Chinese tea industry.

Keywords: Brand Polarization; Drinking Convenience; Diversified Track; Three-dimensional Channels; Private Flow Domain

B.19 History, Current Situation, and Development Measures of the Tea Industry in Jinping Village, Zhenghe County, Fujian Province

Zhenghe County Lingyao Township People's Government / 472

Abstract: Fujian province has a long history of tea production and a wide variety of tea, which has unique geographical, climate and regional advantages in the development pattern of the national tea industry. Taking Jinping Village, Zhenghe County, Fujian Province, as an example, this report expounds the development history, development reasons, development advantages and development measures of the tea industry in Jinping Village, in order to further enhance the popularity, reputation, influence and competitiveness of government and tea, so as to boost the development of government and tea industry.

Keywords: Black Tea; Gongmei; Zhenghe County

社会科学文献出版社

皮 书

智库成果出版与传播平台

✣ 皮书定义 ✣

皮书是对中国与世界发展状况和热点问题进行年度监测，以专业的角度、专家的视野和实证研究方法，针对某一领域或区域现状与发展态势展开分析和预测，具备前沿性、原创性、实证性、连续性、时效性等特点的公开出版物，由一系列权威研究报告组成。

✣ 皮书作者 ✣

皮书系列报告作者以国内外一流研究机构、知名高校等重点智库的研究人员为主，多为相关领域一流专家学者，他们的观点代表了当下学界对中国与世界的现实和未来最高水平的解读与分析。

✣ 皮书荣誉 ✣

皮书作为中国社会科学院基础理论研究与应用对策研究融合发展的代表性成果，不仅是哲学社会科学工作者服务中国特色社会主义现代化建设的重要成果，更是助力中国特色新型智库建设、构建中国特色哲学社会科学"三大体系"的重要平台。皮书系列先后被列入"十二五""十三五""十四五"时期国家重点出版物出版专项规划项目；自2013年起，重点皮书被列入中国社会科学院国家哲学社会科学创新工程项目。

权威报告·连续出版·独家资源

皮书数据库
ANNUAL REPORT(YEARBOOK) DATABASE

分析解读当下中国发展变迁的高端智库平台

所获荣誉

- 2022年，入选技术赋能"新闻+"推荐案例
- 2020年，入选全国新闻出版深度融合发展创新案例
- 2019年，入选国家新闻出版署数字出版精品遴选推荐计划
- 2016年，入选"十三五"国家重点电子出版物出版规划骨干工程
- 2013年，荣获"中国出版政府奖·网络出版物奖"提名奖

皮书数据库　　"社科数托邦"微信公众号

成为用户

登录网址www.pishu.com.cn访问皮书数据库网站或下载皮书数据库APP，通过手机号码验证或邮箱验证即可成为皮书数据库用户。

用户福利

- 已注册用户购书后可免费获赠100元皮书数据库充值卡。刮开充值卡涂层获取充值密码，登录并进入"会员中心"—"在线充值"—"充值卡充值"，充值成功即可购买和查看数据库内容。
- 用户福利最终解释权归社会科学文献出版社所有。

数据库服务热线：010-59367265
数据库服务QQ：2475522410
数据库服务邮箱：database@ssap.cn
图书销售热线：010-59367070/7028
图书服务QQ：1265056568
图书服务邮箱：duzhe@ssap.cn

社会科学文献出版社　皮书系列
SOCIAL SCIENCES ACADEMIC PRESS (CHINA)
卡号：872865919183
密码：

S 基本子库
SUB DATABASE

中国社会发展数据库（下设12个专题子库）

紧扣人口、政治、外交、法律、教育、医疗卫生、资源环境等12个社会发展领域的前沿和热点，全面整合专业著作、智库报告、学术资讯、调研数据等类型资源，帮助用户追踪中国社会发展动态、研究社会发展战略与政策、了解社会热点问题、分析社会发展趋势。

中国经济发展数据库（下设12专题子库）

内容涵盖宏观经济、产业经济、工业经济、农业经济、财政金融、房地产经济、城市经济、商业贸易等12个重点经济领域，为把握经济运行态势、洞察经济发展规律、研判经济发展趋势、进行经济调控决策提供参考和依据。

中国行业发展数据库（下设17个专题子库）

以中国国民经济行业分类为依据，覆盖金融业、旅游业、交通运输业、能源矿产业、制造业等100多个行业，跟踪分析国民经济相关行业市场运行状况和政策导向，汇集行业发展前沿资讯，为投资、从业及各种经济决策提供理论支撑和实践指导。

中国区域发展数据库（下设4个专题子库）

对中国特定区域内的经济、社会、文化等领域现状与发展情况进行深度分析和预测，涉及省级行政区、城市群、城市、农村等不同维度，研究层级至县及县以下行政区，为学者研究地方经济社会宏观态势、经验模式、发展案例提供支撑，为地方政府决策提供参考。

中国文化传媒数据库（下设18个专题子库）

内容覆盖文化产业、新闻传播、电影娱乐、文学艺术、群众文化、图书情报等18个重点研究领域，聚焦文化传媒领域发展前沿、热点话题、行业实践，服务用户的教学科研、文化投资、企业规划等需要。

世界经济与国际关系数据库（下设6个专题子库）

整合世界经济、国际政治、世界文化与科技、全球性问题、国际组织与国际法、区域研究6大领域研究成果，对世界经济形势、国际形势进行连续性深度分析，对年度热点问题进行专题解读，为研判全球发展趋势提供事实和数据支持。

法律声明

"皮书系列"（含蓝皮书、绿皮书、黄皮书）之品牌由社会科学文献出版社最早使用并持续至今，现已被中国图书行业所熟知。"皮书系列"的相关商标已在国家商标管理部门商标局注册，包括但不限于LOGO（ ）、皮书、Pishu、经济蓝皮书、社会蓝皮书等。"皮书系列"图书的注册商标专用权及封面设计、版式设计的著作权均为社会科学文献出版社所有。未经社会科学文献出版社书面授权许可，任何使用与"皮书系列"图书注册商标、封面设计、版式设计相同或者近似的文字、图形或其组合的行为均系侵权行为。

经作者授权，本书的专有出版权及信息网络传播权等为社会科学文献出版社享有。未经社会科学文献出版社书面授权许可，任何就本书内容的复制、发行或以数字形式进行网络传播的行为均系侵权行为。

社会科学文献出版社将通过法律途径追究上述侵权行为的法律责任，维护自身合法权益。

欢迎社会各界人士对侵犯社会科学文献出版社上述权利的侵权行为进行举报。电话：010-59367121，电子邮箱：fawubu@ssap.cn。

社会科学文献出版社